本书系法治建设与法学理论研究部级科研
"中国企业投资海外基础设施建设的政府违约风险防范与应对"（项

U0518936

中国企业投资海外基础设施建设的
政府违约风险防范与应对

张瑞萍　著

知识产权出版社
全国百佳图书出版单位
——北京——

图书在版编目（CIP）数据

中国企业投资海外基础设施建设的政府违约风险防范与应对／张瑞萍著．—北京：知识产权出版社，2024.7

ISBN 978 - 7 - 5130 - 9100 - 8

Ⅰ.①中…　Ⅱ.①张…　Ⅲ.①企业—海外投资—基础设施建设—涉外经济法—研究—中国　Ⅳ.①D922.295

中国国家版本馆 CIP 数据核字（2023）第 237249 号

责任编辑：刘　雪　　　　　　　　　　　责任校对：王　岩
封面设计：杰意飞扬·张悦　　　　　　　责任印制：孙婷婷

中国企业投资海外基础设施建设的政府违约风险防范与应对
张瑞萍　著

出版发行：知识产权出版社 有限责任公司　　网　　址：http://www.ipph.cn
社　　址：北京市海淀区气象路 50 号院　　　邮　　编：100081
责编电话：010 - 82000860 转 8112　　　　　责编邮箱：jsql2009@163.com
发行电话：010 - 82000860 转 8101/8102　　　发行传真：010 - 82000893/82005070/82000270
印　　刷：北京中献拓方科技发展有限公司　　经　　销：新华书店、各大网上书店及相关专业书店
开　　本：720mm×1000mm　1/16　　　　　印　　张：23.25
版　　次：2024 年 7 月第 1 版　　　　　　　印　　次：2024 年 7 月第 1 次印刷
字　　数：372 千字　　　　　　　　　　　定　　价：98.00 元
ISBN 978 - 7 - 5130 - 9100 - 8

前　言

　　基础设施建设是我国海外投资的重点领域，特别是近些年，为推进"一带一路"倡议的实施，以高铁企业为代表，中国企业大量投资海外基础设施建设项目。与一般海外投资项目相比，海外基础设施建设投资规模大，建设周期长，从合同谈判、合规调查、项目设计、现场勘探、施工准备到全线施工、建成运营等各个环节均可能遇到商业风险与政治风险。特别是在海外基础设施建设项目中占有很大比例的公共基础设施建设项目，因社会关注度高，社会影响大，更易受到政治、外交、社会、环境等方面的影响，从而引发政治风险。

　　在我国"一带一路"建设过程中，基础设施的互联互通是优先建设的方向和领域。配合"一带一路"倡议，中国企业海外投资的重点是"一带一路"共建国家。这些国家大多为发展中国家，国家综合实力较弱，经济发展较落后，社会体制不够健全，不具备完善有效的法律法规及相关政策来保护外国投资者。中国企业到这些国家投资需要高度重视风险的防范。唯有做好风险防范，才能够使海外基础设施建设项目顺利进行，"一带一路"倡议才能够扎实地向前推进。

　　在诸多风险中，政府违约风险是不容忽视的，是可能导致基础设施建设项目失败的重大风险。海外基础设施建设项目的招标人通常为项目所在地政府或政府授权的公司，通常也为基础设施建设项目合同的一方主体。政府方易因其财力以及其他经济、政治、社会等方面的原因，违反与外国投资者签订的合同，不履行合同义务，导致外国投资者遭受重大经济损失，甚至产生不良的社会影响。已发生的案例表明，海外投资的政府违约风险已经不是个别的、纯商业性质的、短期的风险。政府虽然比一般的商事主体具有更高的信誉，但政府违约比商事主体违约对投资者的影响更大，甚至直接关系到项目的成败。因此，仅从个别环节与局部环节防范政府违约风险是不够的，需要构建系统性的防范机制才有可能从根本上防范风险的发生。但是，许多海外投资企业对此仍缺少足够的认识，无论是在合同订立上还是在防范措施的实施上均存在问题。本书旨在使企业充分认识政府违约风险的存在及其特殊性，应如何采取有效的措施防范政府违约风险，以及一旦发生风险企业应采取何种应对措施实施救济。

本书将风险控制理论运用到政府违约的风险防范中，系统阐述了政府违约的风险控制问题。有效的风险管理须以全面的风险评估为基础，在评估风险的基础上缓释和转移风险。转移风险的积极应对即为风险防范。本书以政府违约风险控制为目标，将合同风险防范与投资协定的风险防范、投资者的风险防范与本国政府的风险防范、风险防范的建构与争议解决的应对协调地加以研究，使政府违约的风险防范制度化和体系化，并建立起海外投资政府违约风险防范与救济的控制体系与基础框架。在注重系统性和体系性分析的同时，本书通过分析我国海外投资基础设施建设所遇到的政府违约风险案例，寻找企业在防范政府违约风险中的薄弱环节，并提出完善的对策。

依循政府违反了何"约"、为何违"约"、如何防范政府违"约"以及违约后如何救济的基本思路，本书重点介绍了海外基础设施项目协议的主要类型及基本内容，阐述了海外基础设施建设与项目运营中政府方与海外投资者之间的合同关系，明确了政府违约中"约"的形式与性质，分析了政府违约的原因。在此基础上，集中对项目建设与运营中涉及政府方的权利与义务条款逐一进行分析，清晰准确地设定基础设施建设合同政府方的权利与义务，对可能发生的政府违约风险通过合同的约定予以化解或缓释。尽管政府方所具有的公共事务管理者的地位使其拥有特殊的权力，但仍应遵循公平公正原则、禁止权力（权利）滥用原则、风险由最有控制力且最有效率的一方承担原则及透明度原则订立与履行合同。

严密的合同条款不仅可以有效地约束政府行为，还可以为企业寻求救济提供依据。一旦政府违约，企业应及时依照与我国签订的国际投资协定行使救济权利。如果企业拟采用国家与投资者争端解决机制通过国际仲裁解决纠纷，要求政府方承担违约责任，则需要以我国缔结和参加的国际投资协定为依据。针对中国企业在寻求救济过程中可能遇到的问题，根据已有的国际仲裁案件，本书分别阐述了国有企业在国际投资仲裁中的投资者身份问题、公平公正待遇条款的运用问题、间接征收的认定标准问题以及在国际仲裁过程中条约解释规则的运用问题。

　　投资海外基础设施建设是中国企业实施"一带一路"倡议、践行人类命运共同体理念的具体体现。防范政府违约风险不只是企业的事情，也是政府的责任。我国政府亦有义务为中国企业提供良好的制度供给，应担当起保障本国投资者利益的责任。处理好资本输入国与资本输出国的双重身份的关系，既用好国家管理经济的权力，也维护好海外投资者的利益，体现我国政府的智慧和能力。从协调国内外法律以及保护海外投资者角度出发，本书提出了应消除不同法律和规则对PPP合同性质的含糊甚至矛盾的规定，根据国情的变化及时修改双边投资保护协定中不利于海外投资者的条款，如在后续与他国尤其是"一带一路"共建国家签订双边投资保护协定时，应明确总括条款的适用范围及适用规则；细化公平公正待遇条款，使其既具有开放性又明确清晰，通过封闭式列举清单的方式明确违反公平公正待遇的具体情形；可探索建立区域性投资担保机构和投资争端解决机制，为"一带一路"共建国家的投资者提供充分与便利的政治风险担保，建立规范的和可操作性强的区域性调解规则与执行机制，以此解决高昂的仲裁成本和冗长的诉讼程序问题。

　　本书为应用性研究成果，力求解决中国企业在海外投资基础设施建设中遇到的政府违约问题，为海外投资企业防范政府违约风险、为"一带一路"倡议的实施和我国对外经济发展提供因应之策。为达到这一目标，本书收集了中国企业近些年在基础设施建设领域遭遇的政府违约案例，复盘这些案例，运用国际经济法学基本理论，深入分析政府违约背后的真实原因与动机，为企业正确认识政府违约风险并采取切实可行的风险规避措施提供帮助。

　　海外投资基础设施建设的政府违约问题，既跨越了传统的公法和私法领域，也跨越了实体法与程序法领域；既涉及合同相关法律问题，也涉及跨国投资法律问题，这就需要对该问题的研究具有比较宽广的视角。本书将海外基础设施的建设与运营纳入国内与国际、政府与社会、风险防范与风险发生之后的救济这样比较广泛的视野下进行研究，立体呈现了海外基础设施建设与运营的风险防范与救济全貌。本书注重跨学科的交叉研究与综合性研究，以此丰富相关理论研究成果，为经济法与国际经济法理论研究提供了新的视角。

　　虽然笔者意图完整地解决中国企业投资海外基础设施建设中遇到的政府违约难题，但是，在实际研究过程中发现很难做到完美。海外基础设施建设涉及基础设施项目建设的实务问题，专业性比较强，在建设与运营的各个不同环节亦涉及不同的法律问题，因此，很难对各方面的法律问题进行全面与细致的分析。尽管在研究中本书充分注意到了一般与重点的关系，并尽可能做到有详有略，将研究重点放在核心和焦点问题上，但由此也使得亦应详细研究的问题没有得到展开性论述，对有些问题的分析也不够深入，对基础设施项目的司法救济基本上没有涉猎。由于有关政府违约的细节很少发布在公开的文献中，在资料的收集上也遇到很大的困难，笔者虽尽其所能，但仍感觉文中所引事例存在不够详细的问题。如之后有时间和精力，笔者将继续进行研究，以弥补上述缺憾。

本书是笔者主持的司法部课题"中国企业投资海外基础设施建设的政府违约风险防范与应对"结项成果。秦淑敏、陈星宇和潘宇同学参与了本课题的研究工作，特别是陈星宇同学为本书提供了大量的资料与观点，在此向他们表示深深的感谢。此外，特别感谢知识产权出版社的刘雪编辑为本书出版所付出的辛劳。由于笔者的专业与时间所限，本书在内容与观点上存在很多需要进一步完善的地方，恳请读者给予批评指正。

目录

CONTENTS

第一章 中国企业投资海外基础设施建设概述

　　基础设施建设是一个高投入但收入相对有限的行业，存在很大的投资风险。投资海外基础设施建设相比投资国内基础设施建设的风险更大，因为海外投资的不可控因素更多。中国企业投资海外基础设施建设既是其生存与发展的需要，也是践行人类命运共同体理念、实施"一带一路"倡议的重要体现。本章从基础设施的概念、分类和作用分析开始，阐述基础设施建设在一国经济与社会发展中的意义，介绍中国企业投资海外基础设施建设的现状，并在此基础上，阐释中国企业投资海外基础设施建设的主要风险，以及风险防范机制。

一、基础设施的概念、分类与作用

（一）基础设施的概念与分类

　　基础设施的英文为 infrastructure，最初的含义为"构成任何操作系统的装置"，具有不可移动性和系统性。世界银行将基础设施定义为永久性工程构筑、设备、设施以及它们所提供的为居民所用和企业所用的经济生产条件和服务。❶由于"为居民所用和企业所用的经济生产条件和服务"的范围过于广泛，学界基于研究的不同需求对基础设施进行了分类。最基础的分类是将基础设施分为狭义基础设施和广义基础设施，在此分类基础上再予以细化。

　　狭义基础设施通常是指运输、通信、电力生产与供应、供水、排污等城市

---

❶ 世界银行：《1994 年世界发展报告：为发展提供基础设施》，毛晓威译，中国财政经济出版社 1994 年版，第 22 页。

基础设施和农业灌溉系统等农业基础设施。在世界银行发布的《1994 年世界发展报告》中将基础设施具体划分为三部分：一是以电力、电信、自来水、卫生设施与排污、管道煤气等为代表的公共设施；二是以公路、大坝、灌溉和排水渠道工程等为代表的公共工程；三是以城市与城市间铁路、市内交通、港口、机场和航道等为代表的交通设施。这三类基础设施构成基础设施的核心部分，因而也被称为核心基础设施；又因为这些基础设施发挥着提高物质资本和土地生产力的作用，由此，这些设施也被称为经济基础设施。

广义基础设施除包含狭义基础设施，还包含教育、科学研究、环境保护和公共卫生等公共服务设施，❶ 如医疗服务设施、学校、监狱、养老院、保障性住房等。这些设施能够有效地提高劳动力的生产率，被称为人文基础设施、生活性基础设施或社会基础设施。❷ 很多情况下，这类基础设施的承包方不仅承担建设工作，也会负责设施的运营和维护，或者直接提供社会公共服务。

如果在广义基础设施将法律、秩序、公共安全等纳入其中，则为更广义的基础设施概念。但更广义的基础设施概念脱离了基础设施的"硬件"特性，因此，只在特定语境下使用，一般意义上的基础设施是指狭义或广义的概念。

广义基础设施包括了经济基础设施和社会基础设施。经济基础设施是社会基础设施的基础，社会基础设施通常是在经济基础设施基础上提供和完善的。因此，一般来说，一国会首先重视经济基础设施的建设，在经济基础设施较为完善的基础上再投入更大的力量建设社会基础设施。

基于本书的研究目的，书中所使用的基础设施均为狭义的概念，即从经济基础设施角度研究中国企业海外投资的政府违约问题。

(二) 基础设施的作用

基础设施是一国经济和社会发展的基础，在经济发展中起着先行者的作用。如电信基础设施对生产力和经济增长的贡献即非常明显。在我国，20 世纪 80 年代以来，信息技术的发展促进了电信基础设施的大规模投入，电信基础设施

---

❶ 李强：《基础设施投资与经济增长的关系研究》，载《改革与战略》2010 年第 9 期，第 55 页。
❷ 王丽辉：《基础设施概念的演绎与发展》，载《中外企业家》2010 年第 4 期，第 28 页。

成为我国建设信息高速公路的基础，这一基础被夯实之后，极大地促进了企业技术扩散和技术创新，对经济增长产生了显著的溢出效应。❶ 电信基础设施对经济增长的作用非常明显。基于此，各国都十分重视电信基础设施建设。尽管基础设施并不是经济发展的充分条件，经济发展还取决于其他许多因素的作用，如技术创新、社会环境等，但确是经济赖以发展的基础性条件。

事实表明，只有做好基础设施建设，才能为经济发展提供良好的基础环境，才可能促进生产和服务要素的合理与有效流动；才能有效降低运营成本，提高经济效率，进而带动经济整体发展。如果基础设施建设滞后于经济发展水平，那么基础设施将成为制约经济和社会发展的瓶颈。

基础设施建设程度能够反映一个国家的经济和社会发展水平。总体上说，经济发展较好的国家的基础设施建设水平相对较高。以"一带一路"亚洲区域内的国家为例，新加坡的经济比较发达，基础设施建设远好于其他国家，各种不同功能的基础设施之间以及基础设施与国家经济发展之间表现出良好的协调与均衡。而土耳其等国家的基础设施相对不够发达，各种基础设施之间存在不平衡，无法有效地发挥作用。又如柬埔寨、越南、印度尼西亚等国家的基础设施整体上处于落后状态，还有些国家基础设施远远滞后于国家经济发展水平，如蒙古国、科威特、塞浦路斯、黎巴嫩等。这一事实也说明，只有经济发展比较好的国家才有能力大规模投资基础设施建设。

基础设施建设还能够反映一个国家的社会治理能力和治理水平。基础设施不只是发展经济的基础，也是为经济建设服务的。很多基础设施与社会生活紧密相关，如交通基础设施、通信基础设施、能源基础设施等均为公众生活所必需，提高这些设施提供的程度与服务水平，对于提升社会福利、增强公众对政府的信任和情感都有积极的作用。因此，许多国家会积极进行基础设施建设。实际情况表明，基础设施建设比较好的国家，其社会治理能力也比较高，两者呈现出正相关关系。

基础设施在经济发展与社会生活中的重要作用使得各国都非常重视基础设施建设。但是，基础设施建设需要大规模的资金投入，由于资金、技术和劳动

---

❶ 郑世林、周黎安、何维达：《电信基础设施与中国经济增长》，载《经济研究》2014 年第 5 期，第 79 页。

力等方面的限制，基础设施建设仍为许多国家的短板，基础设施建设比较落后的国家，亟须改善基础设施，因此，对基础设施建设的需求巨大。据经济合作与发展组织（Organization for Economic Co - operation and Development，OECD）测算，到2030年，全球基础设施需求将达50万亿美元。❶ 亚洲开发银行认为亚洲发展中经济体从2016年到2030年对基础设施建设资金需求共需要26万亿美元，平均每年需要1.7万亿美元。❷ 其中电力建设需要14.7万亿美元，交通建设需要8.4万亿美元，通信建设需要2.3万亿美元，水利和卫生设施建设需要0.8万亿美元。❸ 这些数据表明，在未来一段时间内全球的基础设施建设均需要大规模的资金投入。根据全球基础设施中心（Global Infrastructure Hub，GIH）发布的《全球基础设施建设展望》报告，到2040年全球基础设施投资总需求将达到94万亿美元，约有15万亿美元的投资缺口，各国需要将基础设施支出占GDP的比重从3%提高到3.5%。要实现联合国2030年可持续发展目标还需要额外增加部分投资，从而使基础设施投资需求占GDP的比重增至3.7%。❹

近些年，随着经济与技术的快速发展，许多发展中国家制定了基础设施发展战略和发展规划，加大了基础设施建设投入。如印度尼西亚公共工程与民居部（PUPR）公布的《2015—2025年高速公路建设规划》确定，将建设3733千米的高速公路以及未来西部海上交通枢纽北苏门答腊省瓜拉丹戎港（Kuala Tanjung）;❺ 马来西亚、印度等国积极地进行基础设施建设规划，不断加大基础设施投资力度。除了对新建基础设施有着极大的需求，对现有基础设施的维护和升级改造也成为一些国家基础设施建设的重点。如新加坡为了更充分地利用数码科技改善公共交通体系，利用电子商务等现代生活设施与支持体系，推出了"智慧国家2025"计划，进行公共交通的升级换代，以创造更好的工作机会和商业机会。美国等发达国家也在加大基础设施投入，对基础设施进行改造。

---

❶ 慧筱美：《建筑企业海外工程市场研究报告》，载《中华建筑报》2016年8月8日。
❷ 张鹏飞、黄烨菁：《中国企业参与"一带一路"基础设施建设PPP合作模式的影响因素研究——以亚洲发展中国家为合作对象的分析》，载《新金融》2019年第1期，第25页。
❸ 周武英：《亚行报告：亚洲基础设施年需求有望达1.7万亿美元》，载 https：//www. yidaiyilu. gov. cn/p/8838. html，2023年9月21日访问。
❹ 陈小宁：《国际基础设施建设新趋势及建议》，载《国际经济合作》2018年第9期，第16页。
❺ 慧筱美：《建筑企业海外工程市场研究报告》，载《中华建筑报》2016年8月8日。

不同发展阶段的国家对基础设施建设呈现出不同的需求。"一带一路"共建国家基础设施项目投资与建设市场需求旺盛，呈现扩张趋势，其中跨国基建项目前景广阔，国家发展潜力持续增长。❶

二、中国企业投资海外基础设施建设的现状、目的与作用

我国作为发展中国家，不仅国内需要大规模的基础设施建设，以提高国内基础设施的公共服务供给，同时，还需要实施"一带一路"倡议，不断为其他国家的基础设施建设添砖加瓦。根据中华人民共和国商务部 2021 年 2 月 2 日发布的《中国对外投资合作发展报告 2020》，我国对外直接投资流量已连续三年稳居全球第二，❷ 我国对外投资合作格局不断拓展，企业"走出去"的步伐不断加快，而基础设施建设投资是其中重要的组成部分。

（一）中国企业投资海外基础设施建设的现状

1. 中国企业投资海外基础设施建设的规模

中国企业具有很强的基础设施建设能力，在很多方面呈现出很高的水平。基础设施建设是我国改革开放之后重要的"出口项目"。近些年，中国企业更是加大了对外投资的步伐和投资比重，在 2014 年对外非金融直接投资即达到 1029 亿美元，其中，对外承包的各种基础设施建设占据很大的比重，与共建"一带一路"的 61 个国家签订了对外承包工程项目合同近万份。❸ 投资的地域范围也不断扩大，投资的国家不仅有"一带一路"共建国家，如新加坡、印度尼西亚、老挝、越南等国家，也与拉美和加勒比国家开展基础设施领域的合作。2014 年，中国企业在拉美和加勒比国家签订的合同额达到 165 亿美元。❹ 2021 年中国企业的投资已经遍布全球 180 多个国家和地区，许多企业在国外设立了专门的投资或经营机构，如中国铁建股份有限公司（以下简称中国铁建）在共建"一带一路"的 34 个国家和地区设立了经营机构，在 2014 年一年就承揽了

---

❶ 中国对外承包工程商会：《2017 "一带一路" 国家基础设施发展指数报告》，载 https：//www. sohu. com/a/194389950_99917590，2019 年 7 月 19 日访问。

❷ 商务部发布《中国对外投资合作发展报告 2020》，载 http：//www. mofcom. gov. cn/article/i/jyjl/j/202102/20210203038329. shtml，2021 年 3 月 25 日访问。

❸ 陈春霞、孙莉：《"一带一路" 工程承包保函索赔风险研究》，载 https：//www. goalfore. cn/a/430. html，2019 年 9 月 28 日访问。

❹ 慧筱美：《建筑企业海外工程市场研究报告》，载《中华建筑报》2016 年 8 月 8 日。

包括基础设施建设在内的 41 个项目，合同额共计 61.8 亿美元。❶ 截至 2020 年 5 月底，中国铁建海外业务现有项目合同规模达到 1200 多亿美元，与 45 个 "一带一路" 共建国家建立合作，拥有 300 多个在建项目。❷

2. 中国企业投资海外基础设施建设的主要领域

中国企业投资海外基础设施的领域已覆盖了广义基础设施范围，如通信、道路、桥梁、电站、港口、机场、水利、电力、石油、化工、冶金等基础设施领域，基础设施建设的范围仍在不断扩大。在许多项目上，中国企业提供了涵盖技术咨询、勘察设计、建设管理、施工、监理、调试、运营维护与教育培训等多环节以及全周期的建设、经营和服务，成为国际基础设施建设，特别是 "一带一路" 共建国家基础设施建设的重要力量。以下仅以几个投资比较多的领域为例，通过典型案例说明中国企业在跨国基础设施建设中发挥的作用和展示的实力。

（1）交通运输领域。

交通运输是一国的大动脉，只有大动脉畅通，才能物尽其流，人尽其行，经济与社会的持续、稳定与协调发展才有可能。因此，交通基础设施建设在基础设施建设中占有极其重要的地位，受到各国的普遍重视。中国企业参与了许多国家的铁路、公路、港口与桥梁建设。

在铁路建设方面，高铁建设是近些年我国最具影响力的海外投资项目。2010 年，当时主管全国铁路建设的铁道部成立了十几个工作小组，面向不同国家推进高铁项目的海外投资建设。2014 年中国土木工程集团有限公司（以下简称中国土木）承包建设的土耳其首都安卡拉和最大城市伊斯坦布尔之间的高速铁路二期工程经过 11 年建设顺利通车。❸ 该条铁路是中国在海外承建的第一条高速铁路。之后，中国不断加大高铁 "走出去" 的速度。2015 年中国铁路总公司投资 55 亿美元，承接了印度尼西亚从雅加达到万隆的高铁建设项目（以下简称雅万高铁），该条铁路全长 142.3 千米，最高时速可达 350 千米/小时，

---

❶ 齐慧：《中国铁建克服 "走出去" 的水土不服》，载《经济日报》2016 年 1 月 11 日。

❷ 王丽新、郭冀川：《中国铁建推出 "海外优先" 战略 境外业务合同规模超 1200 亿美元》，载 https：//baijiahao. baidu. com/s? id = 1669475689425693049&wfr = spider&for = pc，2021 年 9 月 10 日访问。

❸ 华璐：《高铁 "出海" 路线图高铁出海挑战》，载 http：//magazine. caijing. com. cn/20141013/3719624. shtml，2020 年 4 月 10 日访问。

是东南亚第一条高铁项目。❶ 中国承建的其他铁路建设项目如中老磨万铁路、中泰铁路、匈塞铁路贝尔格莱德至布达佩斯段改造工程、巴基斯坦拉合尔橙线轻轨项目、巴西里约地铁等铁路建设项目都获得了成功。

在公路建设方面，中国企业以周边国家为投资重点，在"一带一路"共建国家进行公路建设。如中国铁建承建了孟加拉国达卡公路、埃塞俄比亚 AA 高速项目、巴基斯坦公路、马来西亚槟城二桥、牙买加南北高速公路、中巴木尔坦—苏库尔的高速公路等公路建设项目。公路项目建设对于跨境的人流和物流提供了稳定的通道。

在港口与桥梁建设方面，中国铁建承建了泰国马塔普港、巴基斯坦瓜达尔港、希腊比雷埃夫斯港等一批有影响力的标志性项目。中远太平洋有限公司、招商局国际有限公司、中投海外直接投资有限公司等三家央企联手收购了土耳其第三大码头，对其进行基础设施建设与运营；中国远洋海运集团有限公司成功协助希腊更新了比雷埃夫斯港口（Piraeus）基础设施并促使该港口盈利，参与了包括斯里兰卡科伦坡港、汉班托塔港等 34 个国家的 42 个港口的建设和经营。❷ 中国电力建设集团有限公司（以下简称中国电建）投资建设了孟加拉国的沙特帕德玛大桥及河道疏浚项目。这些建设项目直接推动了"一带一路"水上运输的发展。

从完成项目来看，中国交通建设集团有限公司旗下的中国港湾承建的文莱大摩拉岛大桥于 2018 年竣工，该桥全长 5915 米，为双向四车道公路桥梁，设计时速为 100 千米/小时。该项目采用 EPC 合同模式，合同金额约合 12.73 亿元人民币。大摩拉岛大桥是文莱第一座跨海特大桥梁，大桥的建成打通了文莱西部摩拉区和东部大摩拉岛的人员和物资流动通道，对推进文莱城市的发展以及大摩拉岛石油和天然气开发建设起着举足轻重的作用，该项目也成为我国"一带一路"桥梁建设的新名片。❸

（2）能源领域。

---

❶ 梁晓蓓：《"一带一路"战略下中国对印尼投资高铁产业风险分析与规避》，载《沿海企业与科技》2016 年第 2 期，第 6 页。

❷ 刘梦：《"一带一路"这五年：互联互通交出亮丽成绩单》，载 https://www.yidaiyilu.gov.cn/p/67936.html，2019 年 12 月 12 日访问。

❸ 《2019 年度 ENR 全球承包商 250 强解析》，载 https://www.sohu.com/a/339832069_481639，2019 年 12 月 12 日访问。

能源是经济发展的原动力，是现代社会赖以生存和发展的物质基础，没有电力、煤炭、石油和天然气等能源，人类社会或将进入瘫痪状态。因此，各国非常重视能源行业的发展，并重视能源领域的基础设施建设。我国五大电力集团❶、国家电网公司、南方电网国际有限公司、神华国华电力公司等大型国有电力企业均在海外设立了投资机构，专门负责海外电站投资业务。这些企业承接了许多重要的能源项目。如南网国际有限公司在越南投资建设了永兴BOT 燃煤发电厂；大唐集团在柬埔寨投资、建设、运营了斯登沃代水电站和金边—马德望 230 千伏输变电项目。目前中国企业投资最大的海外 BOT 火电项目是南方电网公司、中国电力国际发展有限公司旗下的中国电力投资集团公司子公司、越南煤电公司三家共同投资 17.49 亿美元建设的两台 60 万千瓦的燃煤发电机组，该机组使用越南当地的无烟煤做燃料生产电力，生产的电力全部由越南电力公司收购。再如中缅油气管道、老挝 230 千伏北部电网、埃塞俄比亚 GDHA500 千伏输变电工程都是中国企业在国外建设与运营的成功项目。2021 年中国电建又与埃塞俄比亚电力公司签署了埃塞俄比亚 ARGO 工业园配套变电供电 LOT3A、LOT4A 两个标段的 EPC 总承包合同，建设两个 132 千伏变电站的新建工程以及对原有三个 132 千伏变电站进行改造及扩建。项目建成后，可以极大地改善埃塞俄比亚新建的 ARGO 工业农业产业园的供电状况，保障产业园的电力供应，有效促进埃塞俄比亚的工农业的产业化发展。❷ 中缅油气管道项目已经全线贯通，中俄天然气管道东线于 2019 年 12 月实现部分通气，2024 年全线通气。

（3）电信领域。

中国企业在通信基础设施等方面积极参与全球合作，由中国联通与"一带一路"共建国家和地区共同建设了亚非欧 1 号（AAE－1）海缆、东南亚—中东—西欧 5 号（SMW5）海缆，与喀麦隆电信共同投资建设的 SAIL 海缆，全长约 6000 千米，是第一条横跨南大西洋海域、连接非洲大陆和南美洲大陆的洲际

---

❶ 中国五大电力（发电）集团公司分别为中国华能集团有限公司、中国电力投资集团公司、中国大唐集团有限公司、中国国电集团有限公司以及中国华电集团有限公司。

❷ 《中国电建海外市场 2 连签》，载 https：//baijiahao.baidu.com/s？id＝1697521302511664569&wfr＝spider&for＝pc，2021 年 11 月 1 日访问。

直达海缆。❶ 中缅、中巴、中吉、中俄跨境光缆信息通道都在顺利进行之中，中国通信跨境基础设施网络化建设扎实推进。❷ "一带一路"共建国家共同推进跨境光缆等通信网络建设，不断提高国际通信互联互通水平。

（4）其他领域。

如中国铁建建设的卡塔尔卢塞尔体育场、在中美洲的特立尼达和多巴哥承建的库勒珀立交桥、阿利玛总医院，在阿富汗建设的国家职业技术学院项目；中国化学工程集团有限公司在俄罗斯波罗的海建设的化工综合体项目；中国建筑集团有限公司承建的印度尼西亚美加达卫星城项目等合同额均超过百亿美元。❸

（二）中国企业投资海外基础设施建设的目的与作用

中国企业通过参与国际基础设施项目建设竞争，积累了较多的经验，成功建设了许多值得称道的基础设施项目，实现了物有所值的建设目标。❹ 多年的拼搏使中国企业在海外工程承包市场上具有举足轻重的力量。根据 2019 年美国《工程新闻纪录》（ENR）统计，全球承包商 250 强，中国建筑企业已占据 57 席。❺

1. 中国企业投资海外基础设施建设的目的

毋庸置疑，中国企业投资海外基础设施建设的目的首先是生存。企业只有盈利，才能维持其运行，也才有能力实现其他的价值目标。盈利是中国企业投资海外基础设施建设的目标。从更深层的意义上说，中国企业投资海外基础设施建设践行了人类命运共同体理念，实施了"一带一路"倡议。

"人类是一个命运共同体"这一理念已成为国内并逐渐成为国际社会的共

❶ 《中国联通主导的首条南大西洋国际海底光缆全线贯通》，载 https：//baijiahao.baidu.com/s？id = 1610827010179828017&wfr = spider&for = pc，2019 年 11 月 20 日访问。

❷ 《共建"一带一路"转向高质量发展阶段》，载《新京报》2019 年 4 月 24 日。

❸ 《"十三五"中国对外承包工程企业"走出去"发展成就、贡献和经验回顾》，载 https：//www.sohu.com/a/440012990_481639？_trans_=000019_wzwza，2021 年 11 月 28 日访问。

❹ 物有所值是指一个组织运用其可利用资源所能获得的长期最大利益，这是国际上通用的评价传统上由政府提供的公共产品和服务是否可运用政府和社会资本合作模式的评估体系。摘自《财政部关于印发政府和社会资本合作模式操作指南（试行）的通知》（财金〔2014〕113 号，已失效）。

❺ 赵佃龙：《大型国有建筑企业海外基建项目投建营模式研究》，载《石家庄铁道大学学报》（社会科学版）2020 年第 3 期，第 1 页。

识。在党的十八大报告中人类命运共同体的概念被形象地概括为"人类生活在同一个地球村，生活在历史和现实交汇的同一个时空里，越来越成为你中有我、我中有你的命运共同体"。2013 年 3 月，习近平主席访问俄罗斯时在莫斯科国际关系学院发表演讲，首次在国际场合提出构建人类命运共同体的倡议。2017年 1 月 18 日，习近平主席在联合国日内瓦办事处发表的题为"共同构建人类命运共同体"的主旨演讲中，提出人类命运共同体是一个"持久和平、普遍安全、共同繁荣、开放包容、清洁美丽的世界"。2017 年，人类命运共同体理念被首次写入联合国安理会决议中。2018 年十三届全国人大一次会议通过宪法修正案，将人类命运共同体思想正式写入《中华人民共和国宪法》序言部分。在面对事关全人类命运的一些难以解决的诸如气候变化、重大传染性疾病、恐怖主义、地区冲突、网络安全、贫富差别等全球问题时，人类命运共同体思想容易理解并被接受，因为人类命运共同体关注的是国际社会的整体利益、全人类的共同"命运"。但是，要实现人类命运共同体面临着许多困难，需要改变以往一直以政治领土化、主权至上和国家中心主义为基本特征的国际经济交往理念以及在这一理念基础上形成的国际经济关系，从"国家治理"向"全球治理"转变，最后建成人们所期待的人类命运共同体。

人类命运共同体建设需要全人类的共同努力，需要依靠扎扎实实的工作去实现。"一带一路"倡议是人类命运共同体理念的具体体现。"一带一路"非常形象地概括了它的基本内涵，即通过"一带一路"建设促进共建国家经济发展与社会融合，实现"五通三同"。"五通"体现为"政策沟通、设施联通、贸易畅通、资金融通、民心相通"，即以基础设施的互联互通为基础，通过完善区域基础设施，在政策沟通和设施联通基础上实现贸易畅通与民心相通。"三同"体现为利益共同体、命运共同体和责任共同体。"五通"与"三同"互为因果，"五通"的实现有助于实现"三同"，而"三同"的形成会为"五通"开辟道路。"一带一路"倡议是中国贡献的世界智慧和中国方案，"是中国主动参与国际经济合作的重大构想，标志着中国逐步迈入了主动引领全球经济合作和推动全球经济治理变革的新时期"。❶ "一带一路"倡议所要达到的目标与联合国2030 年可持续发展议程所确定的可持续发展目标相一致，"共建'一带一路'，

---

❶ 毛艳华：《"一带一路"对全球经济治理的价值与贡献》，载《人民论坛》2015 年 3 月，第 32 页。

顺应经济全球化的历史潮流，顺应全球治理体系变革的时代要求，顺应各国人民过上更好日子的强烈愿望。面向未来，我们要聚焦重点、深耕细作，共同绘制精谨细腻的'工笔画'，推动共建'一带一路'沿着高质量发展方向不断前进"。❶

　　"一带一路"倡议的基础目标是实现"五通"。而在"五通"中，"设施联通"又成为基础的基础。如果设施不能互联互通，"一带一路"倡议所要达到的目标将很难实现。基础设施建设是"设施联通"的核心部分，是"一带一路"建设的优先领域。只有共建国家基础设施水平得到提升，投资环境得到改善，才会带动共建国家投资和贸易的发展，实现贸易和投资的便利化。贸易和投资的便利化是指所有能够提高贸易和投资效率的政策与措施。基础设施是实现贸易和投资便利化的载体，从这个意义上说，基础设施建设也是贸易与投资便利化的组成部分。基础设施功能的发挥不仅取决于设施本身，还取决于同类基础设施及其与其他类型的基础设施之间的协调。如铁路、公路等交通基础设施功能的充分发挥，既需要铁路之间、公路之间的相互衔接，也需要铁路与公路之间的相互衔接，甚至需要与海上运输相衔接，采取多式联运的方式。而铁路的运行受制于能源的供给，只有充分的能源供应才能保证铁路顺畅运行，因此需要能源基础设施发挥作用；智能化的铁路与公路亦需要高水平的通信设施为基础。跨国之间的交通运输、能源供应和通信设施则需要相关国家基础设施的协同作用。只有区域基础设施水平整体得到提高，基础设施建设的经济效益及社会效益才能得以有效发挥。

　　"五通"与"三同"的提出源于"不通"与"不同"。"一带一路"共建国家的历史渊源、文化传统、社会制度、经济水平、风俗习惯等差异很大，由此产生了彼此交流与协调发展的各种障碍，形成了各种"不通"与"不同"。就基础设施而言，共建国家基础设施建设程度差距明显，各种设施的连通性不强，这不仅表现在同一性质的基础设施无法连通，如跨国公路出现断头路，不能实现跨境运输，也表现在不同性质的基础设施之间不能协同发生作用。"一带一路"共建国家中，绝大部分为发展中国家，由于其经济发展不平衡，导致其基

---

❶　习近平在第二届"一带一路"国际合作高峰论坛开幕式上的主旨演讲：《齐心开创共建"一带一路"美好未来》，载 http://epaper.hljnews.cn/hljrb/20190427/418786.html，2020 年 4 月 2 日访问。

础设施建设差距很大。以亚洲地区的交通基础设施为例，中亚内陆国家的交通基础设施都比较落后，供给不足，运营效率不高，如越南、老挝、菲律宾、也门和黎巴嫩等国家的公路运输均比较落后；大多数国家铁路设施或者严重短缺，或者年久失修，运载能力较差。❶ 这种交通状况，不仅对本国而言，交通基础设施的作用有限，货物交易受到制约，无法吸引外商投资进入，同时妨碍了相邻国家之间的运输，即使东南亚区、东亚区以及中东石油出口国经济区的经济相对发达，交通基础设施较好，但是整个亚洲区域内不均衡的交通基础设施阻碍了跨越不同国家的大型区域基础设施发挥作用，影响了区域贸易与投资的发展。只有相关国家的基础设施均衡发展，消除"不通"与"不同"，确保每个环节或区域的基础设施畅通，才能实现整体的运力和效率。"基础设施是互联互通的基石，也是许多国家发展面临的瓶颈。建设高质量、可持续、抗风险、价格合理、包容可及的基础设施，有利于各国充分发挥资源禀赋，更好融入全球供应链、产业链、价值链，实现联动发展。"❷

"一带一路"以人类命运共同体为总体目标，以"五通""三同"建设为具体目标，得到了"一带一路"共建国家和国际组织的广泛认同。俄罗斯一直致力于西伯利亚和远东地区的开发，提出了"跨欧亚发展带"的建设目标。2014 年 2 月，习近平主席与普京总统会晤时，习近平主席正式邀请俄罗斯参与"一带一路"建设，普京总统建议将俄罗斯的跨欧亚铁路与丝绸之路经济带对接。❸ 2014 年 8 月习近平主席访问蒙古国，将两国关系提升为全面战略伙伴关系，双方签署了 26 项合作协议。之后，蒙古国政府提出了铁路、高速公路、石油和天然气运输管道、高压输电线路一体的"草原之路"计划，分别对接俄罗斯的跨欧亚铁路和中国"丝绸之路经济带"倡议，期望通过该计划的实施为蒙古国带来更多投资，提升蒙古国的能源和矿产开采与加工能力。❹

---

❶ 杨海燕：《"一带一路"沿线国家的基础设施状况及供给模式——基于区域性混合产品理论的研究》，载《复旦国际关系评论》第 22 辑，第 196 页。

❷ 习近平在第二届"一带一路"国际合作高峰论坛开幕式上的主旨演讲：《齐心开创共建"一带一路"美好未来》，载 http://epaper.hljnews.cn/hljrb/20190427/418786.html，2020 年 4 月 2 日访问。

❸ 《外国政要谈丝路共建 普京：愿将俄方跨欧亚铁路与"一带一路"对接》，载《人民日报》2014 年 7 月 2 日。

❹ 李新：《丝绸之路经济带对接欧亚经济联盟：共建欧亚共同经济空间》，载《东北亚论坛》2016 年第 4 期，第 66 页。

2014 年 9 月，蒙古国总统邀普京总统访问蒙古国，倡议共建"草原之路"。俄罗斯铁路总公司与蒙古国道路和运输部已经签署协议，对经过蒙古国领土的过境运输铁路线进行现代化改造，增加运能，提高速度。同月，中蒙俄三国元首会晤，提出打造中蒙俄经济走廊，对接中方提出的共建丝绸之路经济带、俄罗斯跨欧亚大铁路、蒙古国草原之路倡议。2015 年 7 月，三国元首第二次会晤，批准了《中俄蒙三方合作中期路线图》，签署了《关于编制建设中俄蒙经济走廊规划纲要的谅解备忘录》《关于创建便利条件促进中俄蒙三国贸易发展的合作框架协定》《关于中俄蒙边境口岸发展领域合作的框架协议》等文件。中蒙俄经济走廊建设高度契合三国发展战略，带动了铁路、公路、油气管道、输电线路等交通与输油输电基础设施建设。❶ 中蒙俄三国的合作说明，国家之间的交往应"国不以利为利，以义为利也"。国家之间需要本着相互尊重、合作共赢的态度，以开放、包容、均衡、普惠、可持续发展作为行动的基本准则，通过共商、共建、共享，最终形成一个政治互信、经济融合、文化包容的区域命运共同体。

为实现"一带一路"倡议，实现倡议下规划的"六廊六路多国多港"的大格局建设，中国企业不断深度参与"一带一路"建设，注意与相关国家的发展对接，与相关国家建立了平等参与的新型投资关系，在共商共建共享原则下，以高标准、可持续、惠民生为目标，建设优质项目，已经完成或正在完成的海外基础设施建设显示了中国企业的社会责任与担当。

2. 中国企业投资海外基础设施建设的作用

中国企业积极投资海外基础设施建设，践行"一带一路"倡议，推动了"一带一路"共建国家基础设施的互联互通，在很多方面发挥了积极的作用。

（1）助力"一带一路"共建国家经济与社会发展。

基础设施建设是一个国家自己的事情，"一带一路"共建国家应根据自己的国情和计划，对基础设施建设作出安排。但是，当这种安排受到资金、技术和人才等方面的限制无法得以实现时，就需要外力的帮助。中国企业就是这样一种力量，对相关国家基础设施建设的支持，有效提升了这些国家的基础设施

❶ 李新：《丝绸之路经济带对接欧亚经济联盟：共建欧亚共同经济空间》，载《东北亚论坛》2016 年第 4 期，第 64 页。

建设水平，成果超出预期。❶ 在这方面有许多案例值得称道。

在雅万高铁建设中，中国政府始终坚持合作共赢理念，与印度尼西亚政府共商、共建。印度尼西亚财政每年用于基础设施建设的预算支出只有 200 多亿美元，但需要建设的基础设施项目很多，因此，在雅万高铁项目建设之初，印度尼西亚政府即提出，其不提供政府预算和主权担保，只采用企业对企业的商业合作（B－B）模式进行建设。中方投资者充分理解印度尼西亚政府面临的困难，双方经过协商，最后确定以合资公司模式建设和运营雅万高铁，印度尼西亚方占合资公司股权的 60%，中方占 40%，双方作为雅万高铁的共同业主，成为名副其实的利益共同体和命运共同体。❷ 雅万高铁将雅加达到万隆的时间由 3 个多小时缩短至 40 分钟。蒙内铁路项目也是一个典型的例子。该铁路是中国帮助肯尼亚建设的从蒙巴萨至内罗毕的铁路，是东非铁路网的组成部分，是肯尼亚独立以来的最大基础设施建设项目，亦是肯尼亚实现 2030 年国家发展愿景的"旗舰工程"的项目。中方建设者充分考虑了肯尼亚的经济发展水平和承受能力，对蒙内铁路建设和融资进行科学的规划，没有给肯尼亚政府造成新的债务风险和财政负担。

通过基础设施建设，中国企业为项目所在国建设了高水平的基础设施，同时也为当地提供了大量的就业机会。在亚洲，很多国家电网都很落后，输电损耗率高，中国企业积极参与了这些国家的电网改造项目。如中国电力技术装备有限公司在埃塞俄比亚承建了多项电力设施建设项目，包括 GDHA500 千伏输变电工程、轻轨配套输变电项目、埃塞俄比亚—肯尼亚 ±500 千伏直流输电线路项目、中低压配网升级改造项目等。在建设与埃塞俄比亚财政部签署的 PPP 输配电项目时，中国企业采用先进技术和经验，建成了非洲最先进的输变电工程，保障了埃塞俄比亚 16 个工业园的供电，助推了埃塞俄比亚的经济发展，得到了埃塞俄比亚政府的肯定。❸ 如中国中铁股份有限公司（以下简称中国中铁）和中国铁建承建的从埃塞俄比亚至吉布提的亚吉铁路项目，为埃塞俄比亚和吉

---

❶ 刘梦：《"一带一路"这五年：互联互通交出靓丽成绩单》，载 https：//www.yidaiyilu.gov.cn/p/67936.html，2019 年 12 月 12 日访问。

❷ 《中日高铁印尼雅万项目之战：大使披露中方中标内幕》，载《环球时报》2015 年 10 月 16 日。

❸ 《国家电网与埃塞俄比亚签署 PPP 输配电项目执行协议》，载 https：//www.chem17.com/company_news/detail/1181671.html，2019 年 8 月 20 日访问。

布提籍工人提供了 4.5 万人的就业岗位,❶ 带动了当地就业水平、建设能力和财税收入的增长。

通过基础设施建设,中国企业帮助项目所在国家实现了相关的社会发展目标。如大唐集团在柬埔寨投资建设的斯登沃代水电站和金边—马德望 230 千伏输变电项目,为当地提供了清洁、可靠的能源保障。2016 年 9 月中核集团为柬埔寨 19 个省的农村实施了中国援助柬埔寨乡村的供水项目。2018 年 7 月 2 日供水项目一期工程建成,让柬埔寨 6 个省的民众喝上了放心水。❷ 2006 年中国铁建、中国机械进出口(集团)有限公司以及土耳其当地两家公司组成的联合体,通过国际竞标方式承揽的由土耳其首都安卡拉到伊斯坦布尔的安伊高铁二期工程项目,使土耳其成为世界上第八个拥有高铁的国家,解决了两大城市之间交通不便利,特别是对于普通公众来说,搭乘飞机票价偏贵而乘坐大巴车时间又太长的问题。中国铁路建设总公司建设了尼日利亚第一条现代化铁路阿卡铁路,在建设公路的同时,为当地修建了 6 所小学,给铁路沿线的村庄都打了水井,并雇用了 2.5 万名当地员工。❸ 中国铁建在阿富汗建设的国家职业技术学院项目助力阿富汗实施大规模国家职业教育,为阿富汗战后重建培养急需的建筑、工程、机械设备等专业技能人才。❹ 中国土木承建了尼日利亚系列公路项目新建及改造工程,其中 13 条道路建设已如期高质量完成。其中,卡杜纳州多条市政道路的通车大大缓解了堪称当地"交通大动脉"的道路拥堵问题。过去东部地区村民到市区需要 1.5 小时车程,通车后只需要 10 分钟。公路畅通之后,一座座建筑拔地而起,大大加速了东部地区的城镇化进程。在公路建设期间,中国土木为当地创造了超过 2500 个工作岗位。此外,在新型冠状病毒感染防控期间,中国土木向当地捐赠防疫物资,积极帮助尼日利亚

---

❶ 《"一带一路"PPP 项目案例——东非亚吉铁路项目》,载 https://www.sohu.com/a/167917441_444154,2019 年 7 月 2 日访问。

❷ 《让柬埔寨人民不再为饮水急》,载 https://www.sohu.com/a/245129119_673510,2019 年 8 月 20 日访问。

❸ 郭淼:《中国铁路技术标准走向世界》,载 http://www.sac.gov.cn/sbgs/mtjj/201506/t20150610_189444.htm,2020 年 1 月 5 日访问。

❹ 王丽新、郭冀川:《中国铁建推出"海外优先"战略 境外业务合同规模超 1200 亿美元》,载 https://baijiahao.baidu.com/s? id = 1669475689425693049&wfr = spider&for = pc,2021 年 9 月 10 日访问。

抢建方舱医院。❶

大型基础设施建设，特别是公共基础设施项目建设投资回收慢、运营风险很高，因此，发达国家很少参与这些项目的建设与运营，例如，日本、法国、德国的铁路项目基本上采取技术输出、承包工程、出口装备等模式，很少进入运营阶段，以此来避免铁路运营风险。❷ 但中国企业在很多项目中采用了投资—建设—运营的一体化模式，在项目所在国缺少运营经验、缺少合格的工作人员的情况下，通过对当地人员的培训与实际管理技能的传授，帮助项目所在国运营和管理项目，直到当地人员能够掌握项目的运行为止。如在坦赞铁路、雅万高铁等项目中，中方都承担了培训管理和运营人才的责任。中国电建集团在波兰弗罗茨瓦夫完成的奥得河防洪项目于2018年拿到履约证书，成为中国企业在欧盟基础设施建设市场顺利履约并拿到移交证书的首个项目。该项目位于华沙西南方约350千米处的奥得河畔。这里经常发生洪水。2010年持续的强暴雨曾导致多人死亡。中国电建通过对河道进行疏浚拓宽、堤岸改造、船闸升级，以及修建新进水口结构、鱼道等构筑物，不仅极大提升了弗罗茨瓦夫市的洪水防御能力，将防洪标准提高一倍，而且美化了当地河道景观，为当地居民创造了大量就业岗位。❸

不是单一地考虑盈利，而是注重项目的实际效用，为项目所在国家带来实实在在的经济与社会效益，是中国企业能够获得项目所在国家认可的原因。中国企业的目标与做法改变了长期以来在传统的国际投资体系下，以自由市场竞争机制为基础建立起来的只片面强调资本输出国利益、保护投资者的投资，却缺少对东道国利益予以充分关注的问题。长期以来，发达国家处于资本输出国的地位，更多地考虑其本国投资者的利益是否受到了东道国的保护，并以此作为制定国际投资规则的原则和重点。投资者也以获取投资利益为基本出发点，常常采取漠视东道国利益的做法，由此引发了与东道国之间的紧张关系。东道国不得不通过主张和行使国家经济主权来控制外国投资者的自利行为，防范外

❶ 田士达：《中企承建尼日利亚公路项目通车——"中土速度"建设民生工程》，载《经济日报》2022年3月2日。

❷ 徐飞：《中国高铁"走出去"的十大挑战与战略对策》，载《学术前沿》2016年第14期，第60页。

❸ 《中国企业在波兰基础设施建设领域崭露头角赢得信任》，载 https://baijiahao.baidu.com/s? id = 1631475495787084083&wfr = spider&for = pc，2022年3月2日访问。

国投资对本国经济与社会发展产生的负面影响。中国企业在国外基础设施项目建设中表现出来的对项目所在国家和民众利益的关注，已经超越了纯粹的经济利益目标，实现了经济利益与非经济利益之间的平衡。中国企业投资海外基础设施建设为项目所在国及其民众带来了实实在在的好处。"基于大型基础设施建设对产业发展和经济增长的巨大带动作用，中国通过在全球范围内拓展基础设施项目投资，将为项目所在国及地区的经济发展注入新的动力。有人甚至认为，当前中国推动全球基础设施项目建设的重要意义堪比20世纪美国对全球海上通道的保护作用。"❶

（2）打通了阻碍贸易发展的通道，加快了区域贸易与投资的便利化进程。

中国企业投资海外基础设施建设为项目所在国提供了公共产品。公共产品所具有的非排他性和非竞争性在一定程度上会抑制跨国基础设施的建设。例如，"一带一路"共建国家虽然愿意建设高铁，实现互联互通，但高铁的建设成本很高，一些国家限于经济实力，无法投资建设，但也有国家寄希望于其他国家投资建设，而自己不愿出资建设，采取搭便车的行为。无论出于何种原因，都会导致高铁作为区域公共产品供应不足。中国企业投资高铁建设，既为相关国家提供了公共产品，也解决了跨国之间的公共产品不充分问题，对于打破国家之间的地域界限，实现区域互联互通起到了重要的作用，为贸易和投资的跨境流动创造了条件。

中国与老挝共同建设的磨万铁路项目起点位于中老边境口岸磨丁，终点为老挝人民民主共和国的首都万象市。磨万铁路的建设打通了两地之间的交通枢纽，为老挝居民出行带来了极大的便利，改善了老挝的投资环境。同时，磨万铁路北接中国境内拟建的玉溪至磨憨线，南连泰国境内规划的曼谷至廊开线，因而成为泛亚铁路主要骨干铁路通道之一。磨万铁路的建设与运营为中国与老挝的贸易往来提供了便利，也为东盟国家之间的贸易交往与投资打下了良好的基础。中国企业承建的雅万高铁、中老铁路、吉亚铁路、匈塞铁路、瓜达尔港等基础设施项目都使得"一带一路"共建国家的铁路和港口建设水平得到了快速提升，解决了共建国家和地区之间存在的基础设施"联而不通、通而不畅"

❶ Parag Khanna. China's Infrastructure – driven Alliances. Geo – Economics Seven Challenges to Globalization. World Economic Forum, Jan. 2015, p. 10. http://www.weforum.org/docs/WEF_Geo – economics_7_ Challenges_Globalization_2015_report.pdf. visited on 20April 2019.

的问题，这些铁路和港口的建设将共建国家连接到一起，消除了制约共建国家深度合作与共同发展的薄弱环节，加快了贸易与投资的便利化进程。

（3）带动了区域经济乃至全球经济的发展。

"一带一路"是我国主导的区域性合作倡议，其核心意义在于促进区域的协同发展，通过基础设施的互联互通，突破制约单个国家以及国家之间的发展瓶颈，实现共同发展。中国企业作为践行"一带一路"倡议的先锋，通过项目建设将共建国家连接起来，区域基础设施建设形成了"基础设施合作共同体"，由此强化了国家间的经济互补性，并进一步拓展了合作空间。❶ 亚吉铁路是一条以货运为主、客货列车共线运行的横跨非洲两国的骨干铁路，被埃塞俄比亚和吉布提两国民众视为"通向未来的生命线工程"。亚吉铁路的建设将从吉布提港到埃塞俄比亚首都的客货运输时间从至少一周时间缩短至 8 小时，解决了运费居高不下且运力严重不足的问题，极大地改善了两国的交通基础设施现状和物流贸易效率，并将辐射广大非洲内陆地区，推动区域协同发展。❷

"一带一路"倡议的推行不仅使共建国家受益，共建国家的出口合作方也将因使用这些升级改良的基础设施而受益。❸ 最典型的例子是中欧班列的运营。中欧班列作为国际陆路运输的新型组织方式，重庆于 2011 年率先开行了直达欧洲地区的班列。之后，中欧班列年开行数量快速增长，截至 2018 年 8 月底，中欧班列累计开行数量突破 1 万列，到达欧洲 14 个国家 42 个城市。目前，中欧班列线路主要分布在德国、俄罗斯、哈萨克斯坦、塔吉克斯坦、波兰、白俄罗斯等国家。❹

除了在"一带一路"共建国家进行投资，中国企业也将视角投向其他区域。当前比较典型的跨区域基础设施项目当属"两洋铁路"。"两洋铁路"是从巴西至秘鲁的一条横贯南美大陆的陆路大通道，它可以将南美大陆、大西洋与太平洋港口连接起来。建设这条铁路是玻利维亚、哥伦比亚、巴拉圭等一些南

❶ 孙海泳：《巴西—秘鲁"两洋铁路"：地缘经济意义、挑战与对策建议》，载《太平洋学报》2016年第 5 期，第 53 页。
❷ 《PPP 支持"一带一路"基础设施建设的建议》，载 https：//www.sohu.com/a/296696819_480400，2022 年 2 月 20 日访问。
❸ Simeon Djankov：《中国"一带一路"战略的理论基础（节选）》，范璐晶编译，载 https：//www.wells.org.cn/index.php/home/Literature/detail/id/349.html，2019 年 12 月 20 日访问。
❹ 刘梦：《"一带一路"这五年：互联互通交出亮丽成绩单》，载 https：//www.yidaiyilu.gov.cn/p/67936.html，2019 年 12 月 12 日访问。

美国家很久以来的愿望。2015 年 6 月，巴西政府首先将巴西—秘鲁"两洋铁路"巴西段工程列为重要的规划项目，以提振巴西国内经济的发展，实现区域产业的带动效应。中国企业了解了巴西、秘鲁等国家的意愿后，便与这些国家一起进行规划，在已有约 2000 千米铁路线基础上新建约 3000 千米铁路。中国企业承建的这段铁路将成为南美大陆陆运系统的主要干线，对促进南美区域的经济发展，降低物流成本，改善沿线内陆与沿海地区经济发展的不平衡状况具有重要的意义，❶ 也开辟了全球化发展的新路径。再如，2018 年 9 月 5 日由中国联通和喀麦隆电信共同投资建设的 SAIL 海缆全线贯通，该条海缆全长约 6000 千米，设计容量 32Tbit/s，是第一条横跨南大西洋海域、连接非洲大陆和南美洲大陆的洲际直达海缆。作为南半球重要的基础设施，构建起非洲—南美、非洲—北美、南美—欧洲高可靠性、高安全性、低时延、大容量全新互联网通道，进一步提升了非洲互联网国际出口能力。❷

中国企业参与的这些大型区域跨国基础设施建设需要在两国甚至多国参与下，通过国家之间的共商共建，在相互信任与合作的基础上完成，由此推动了国家之间的利益协调，进而促进了相关国际贸易与投资规则的形成与发展。在充分评价我国海外基础设施建设对国际社会，特别是"一带一路"共建国家经济与社会发展所产生的良好作用的同时，我们也必须注意到，以美国为首的西方发达国家在基础设施领域发起的挑战和竞争。在 2021 年 6 月七国集团峰会期间，以美国为首的七国集团共同宣布推出"重建更美好世界"倡议（B3W），旨在满足全球超过 40 万亿美元的基础设施建设需求。相关国家推出的以数字、绿色、气候、卫生等软性基础设施建设为主要内容的建设计划，体现了与"一带一路"倡议的差异，对发展中国家具有吸引力，通过推动发展中国家的能源、社会和数字化转型，强化了在未来新兴领域的国际规则制定。"重建更美好世界"，"这是美欧第一次从集体行动的层面对全球基础设施提出的宏大设想，也是第一次与中国的'一带一路'倡议展开整体性的竞争。"❸ 中国企业必

❶ 孙海泳：《巴西—秘鲁"两洋铁路"：地缘经济意义、挑战与对策建议》，载《太平洋学报》2016年第 5 期，第 53 页。

❷ 《中国联通主导的首条南大西洋国际海底光缆全线贯通》，载 https://baijiahao.baidu.com/s? id = 1610827010179828017&wfr = spider&for = pc，2019 年 11 月 20 日访问。

❸ 吴泽林、王健：《美欧全球基础设施投资计划及其对中国的影响》，载《现代国际关系》，2022 年第 3 期，第 9 – 11 页。

须认识到这一局面的复杂性，及时改进基础设施建设方式，跟进基础设施建设的新技术发展，做好应对各种竞争的准备。

（4）对我国国内经济与社会发展具有重要的作用。

中国企业投资海外基础设施对推动国内经济和社会发展具有重要的作用。主要表现为以下三个方面：

第一，带动国内产品出口，开拓国际市场。

中国企业的海外投资带动了国内产品的出口。据测算，2008年中国每1美元的承包工程项目营业额能带动0.37美元的货物出口，且这个系数呈逐年提高趋势。❶ 2014年，中国铁路建设总公司建设的尼日利亚第一条现代化铁路阿卡铁路就带动了3亿多美元的铁路建筑机器设备、建筑材料和机车的出口。❷ 中国企业投资国外的高铁建设项目带动了钢铁产业、高速机车、电子控制、能源及新材料等行业产品的出口。

出口的带动效应解决了我国近些年经济增长所产生的某些行业产品的过剩问题，如铁路车辆、工程机械和普通机床等产品。这些产品随着我国大规模基础设施建设进入慢速发展阶段，使用规模不断缩减，由此产生了产能过剩问题。再如，我国高速公路路网建设已经完成了大约90%，相应地，对公路建设所需的设备和材料的需求也不断减少。而我国几乎是全球最大规模的生产公路建设设备和材料的制造商。解决相关产业产能过剩问题的措施之一就是扩展国外市场。除了普通的货物出口，通过加大对外基础设施投资建设带动相关产品的出口成为非常重要的途径。中国企业投资海外基础设施直接拉动了我国工程机械、电力设备、钢铁、建材等产品的出口，为中国相关产业的发展提供了机会。

第二，推动中国技术标准在国外的实施。

在输出资本和产品的同时，中国企业还需要输出品牌、技术和标准。中国企业在海外基础设施建设中推行中国标准，对于形成企业竞争力、有效整合各项资源、形成跨境产业链都起到了重要的作用。

技术标准是实现互联互通的基础和准绳。由于"一带一路"共建国家的基

---

❶ 金中夏：《中国的"马歇尔计划"——探讨中国对外基础设施投资战略》，载《国际经济评论》2012年第6期，第58页。

❷ 郭森：《中国铁路技术标准走向世界》，载 https://www.dqzyxy.net/bzh/info/1066/1167.htm，2020年7月19日访问。

础设施比较分散，在许多领域尚未形成统一的标准。以铁路交通为例，各国铁路铁轨标准仍存在不一致的情况。孟加拉国、印度、巴基斯坦等国家多采用1676 毫米阔轨，哈萨克斯坦、吉尔吉斯斯坦、乌兹别克斯坦等独联体国家以及俄罗斯、蒙古国则采用 1524 毫米宽轨，越南、柬埔寨、老挝等东南亚国家多用1200 毫米窄轨，而国际铁路组织规定的标准轨距为 1435 毫米。铁路轨距的不一致直接影响到铁路的海外投资建设以及铁路的互联互通。因此，解决技术标准不一致问题就成为中国企业投资海外铁路建设必须面对的问题。

在基础设施建设中推行和使用中国标准是中国企业实力的表现，也是中国企业成熟的标志。近些年，中国企业不断在基础设施建设中采用中国标准或企业标准。中国铁建中土集团在其承建的安哥拉本格拉铁路、尼日利亚阿卡铁路、拉各斯轻轨、阿布贾城铁等项目中均采用了中国标准。[1] 如前述的亚吉铁路是非洲第一条全线采用中国电气化铁路标准施工的现代电气化铁路。[2] "通过实施中国标准的铁路项目把全产业链带出去，实现了由产品输出的单一模式到产业能力输出的转变。埃塞俄比亚和吉布提正在规划的铁路，基本采取中国标准建设，中国铁路标准将成为埃塞俄比亚和吉布提的技术标准，有效完善了中国铁路在东非区域内的布局。"[3] 而雅万高铁项目是中国高铁全方位走出去的第一个项目，不仅技术标准采用中国标准，勘察设计、工程施工、物资供应以及运营管理、人才培训、沿线开发等全部由中国企业提供，"对于推动中国高铁乃至'一带一路'国家基础设施投资，起到了重要的示范效应"[4]。

第三，维护国家安全。

海外基础设施的建设和运营不仅是经济利益问题，由于基础设施的公共产品属性，在一些情况下还会涉及国家政治与经济安全问题。中国企业投资的海外基础设施项目不仅服务于企业自身，服务于项目所在地国家，其中的一些项目对于我国的政治、经济与国防安全也具有特殊的重要意义。

---

[1] 齐慧：《中国铁建克服"走出去"的水土不服》，载《经济日报》2016 年 1 月 11 日。
[2] 齐慧：《飞驰吧！中国高铁》，载《经济日报》2016 年 1 月 12 日。
[3] 《PPP 支持"一带一路"基础设施建设的建议》，载 https：//www.sohu.com/a/296696819_480400，2022 年 2 月 20 日访问。
[4] 梁晓蓓：《"一带一路"战略下中国对印尼投资高铁产业风险分析与规避》，载《沿海企业与科技》2016 年第 2 期，第 6 页。

以雅万高铁项目为例。印度尼西亚占据着马六甲海峡的核心地位，是亚洲各国海上运输的主要通道，因此，包括中国在内的国家的资源都需要从该海峡运输，例如中国绝大部分的石油等能源，但是从海上运输石油存在很多风险，费用也比较高。雅万高铁的建设"为中国在其他东盟国家建设高铁奠定基础，从而打通物资输送的通道，使得石油等物资凭借自建的铁路进行运输，有效摆脱对马六甲海峡的过度依赖，确保未来中国石油运输安全，降低能源流通成本，为建设良好的对外交通环境打下坚实的基础"❶。可见，雅万高铁项目对于维护我国石油安全、降低输送能源等物资成本所具有的现实价值。

综上所述，中国企业投资海外基础设施建设的作用已经超出了项目本身，承载着企业、项目所在国家以及其他方面的经济与社会价值。虽然对一些基础设施项目的投资建设具有一定的政治属性，个别项目甚至承载着维护国家安全的重任，但不管企业投资海外基础设施建设出于何种目的或发挥何种作用，中国企业都需要遵循市场规则进行建设和经营。要特别防止项目所在国为了某种不正当利益，利用"一带一路"项目的政治属性损害中国企业利益。

三、中国企业投资海外基础设施建设的风险

虽然投资海外基础设施建设无论对我国还是"一带一路"共建国家，抑或其他区域的经济发展都具有重要和积极的意义，但是，基础设施本身的特性以及项目所在国经济与社会发展水平的不同，使得中国企业投资海外基础设施建设会面临各种风险。一些企业因为遭遇风险导致项目损失，未能获得预期回报，甚至投资失败。据人民网报道，2011 年年初，中国铁建与沙特阿拉伯王国签署的轻轨协议亏损人民币 42 亿元。2011 年 9 月，中国中铁在波兰的 A2 高速公路项目亏损 4.47 亿美元。中石油、中石化、中海油三大石油公司近年来在海外的项目亏损已达到项目总数的 2/3。❷ 为避免类似的损失，中国企业在进行海外投资时必须正确认识风险并采取有效措施避免风险的发生，才能最终实现投资目的，并获得良好的预期回报。

---

❶ 梁晓蓓：《"一带一路"战略下中国对印尼投资高铁产业风险分析与规避》，载《沿海企业与科技》2016 年第 2 期，第 6 页。

❷ 孙南申：《"一带一路"背景下对外投资 PPP 项目的风险应对机制》，载《法治现代化研究》2018 年第 3 期，第 34 页。

政府违约风险是海外投资风险中的一种，既有与其他风险的共性，也有其特殊性。清楚地认识了一般风险，即可以比较好地理解政府违约风险，而且，很多情况下，政府违约风险与其他风险相伴而生，互为影响与作用。因此，本部分有必要首先分析一般风险。

（一）风险的特征与分类

1. 风险的概念与特征

何为风险？《布莱克法律词典》将"风险"定义为："结果、发生或损失的不确定性；伤害、损害或损失的可能性；损害可能性的存在和范围；伤害、损害或损失发生的责任"等情形。概括起来，风险具有以下特征：

（1）风险具有不确定性。

不确定性是风险的基本特征。一切不确定的情形都可归结到风险的范畴。事物存在不确定性是普遍现象。在海外国际投资中，投资者在很多方面面临无法控制的因素，不确定性很多，因而风险发生的概率也非常大。由于未来发生的风险存在不确定性，风险很难被预先量化。

（2）风险具有传导性。

风险一旦发生，不仅会直接作用于目标，还会殃及与目标相关的其他客体，由此形成连锁反应，扩大风险范围。

（3）风险会产生损害。

风险一旦发生，对其目标将会产生或多或少的影响，造成或轻或重的损害，这也是人们一定要规避风险的原因。

2. 风险的分类

由于风险形成的原因不同，人们从不同的角度讨论风险并予以分类。笔者归纳有关文献与资料，将风险大致归为以下种类：

（1）按照风险产生的原因，可分为自然风险和社会风险。

自然风险是指由自然现象引发的风险，如洪水、地震、风暴、火灾、泥石流等自然现象的出现引发的人身伤亡或财产损失的风险；社会风险是指由于社会主体包括个人或团体的不当行为引发的人身伤亡或财产损失的风险。

（2）按照风险来源，可分为自身风险和外来风险。

自身风险是因为受损主体自身的原因产生的风险，如企业因经营管理不善产生的风险；外来风险是来自于受损主体之外对受损主体产生损害的风险。

（3）按照风险发生的领域，可分为政治风险、经济风险和社会风险。

社会风险已如前述。政治风险是指由于政治原因如政局变化、政权更替、种族和宗教冲突等引发的社会动荡而产生的风险；经济风险是指在经济活动中，由于市场变化而导致的产品产量减少或价格涨跌等风险，如市场预期失误、通货膨胀、汇率变动等产生的风险。

（4）按照发生风险的标的，可分为财产风险、人身风险、责任风险与信用风险。

财产风险是导致财产发生毁损、灭失和贬值的风险；人身风险是指因人身发生疾病、伤残或死亡等原因产生损失的风险；责任风险是指因侵权行为给他人造成人身伤亡或财产损失应负赔偿责任的风险；信用风险是指在经济交往中因为不履行承诺而给他人造成损失的风险。

（5）按照风险的层次，可分为宏观风险和微观风险。

宏观风险是从国家或社会层面考察可能出现的风险，并非属于受损主体的不确定性产生损失的风险；微观风险是源于受损主体本身可能产生的风险。

（6）按照风险产生的先后，可分为传统风险和新型风险。

传统风险如征收、战乱、汇兑、政府违约等在新型风险出现之前即存在的风险；新型风险是在新的国内外社会环境下产生的如恐怖主义、民族主义、和平时期动乱、主权债务违约等风险。

（7）按照风险发生的数量，可分为单一风险和复合风险。

单一风险为一个风险源产生的风险，复合风险为两个及以上风险源合并引发的风险。

（8）按照风险是否可控，可分为系统性风险和非系统性风险。

系统性风险是指在一定范围内无法通过分散予以避免或降低的风险；非系统性风险是通过分散措施可以予以避免或降低的风险，因此，非系统性风险通常为可控风险。

从上述风险的大致分类可以看出，虽然风险产生的原因不同，但风险无处不在，充斥于自然与社会的各个层面。上述分类还只是在第一层面进行的，每种分类下还可以再进行细分。例如，宏观风险下可细化为政治风险、经济风险与社会风险；政治风险之下又可以细分若干层次，从复杂程度上可以分为复合型政治风险和单一型政治风险，从属关系上可分为主政治风险和从属政治风险，政治风险还分为传统政治风险和非传统政治风险等。❶ 社会风险则可以细化为因战争或武装冲突引发的风险、民族矛盾引发的风险、国家之间关系破裂产生的风险等。再如，微观风险作为源于受损主体本身可能产生的风险，也是可以细化的。具体到基础设施建设中，源于项目本身可能产生的风险，可分为融资风险、设计风险、运营风险、施工风险等。如果从项目可能受损的阶段进行划分，可分为投资准入阶段的风险、经营过程中的风险和投资退出时的风险等。

从不同的角度进行分类极易造成不同分类之间的重合与交叉。为避免逻辑上的矛盾以及不周延，不同的学科出于研究的不同需要而从某类风险出发进行研究。海外投资涉及多方面的问题，其建设和经营时间长，关系复杂，因此风险错综复杂，需要根据特定对象涉及的风险进行重点研究。如萨瓦斯将基础设施领域公私合作项目（PPP 项目）风险分为商业风险、财政风险、政治风险和其他风险四类。❷ 亚洲投资开发银行从商业风险、项目实施风险、财务风险、法律及合同风险、社会资本方和政府方六个方面对 PPP 项目风险进行评级；中国出口信用保险公司（以下简称中国信保）发布的《国家风险分析报告2018——国家风险评级、主权信用风险评级暨 62 个重点国家风险分析》，分别从政治风险、经济风险、营商环境风险和法律风险四个维度分析了国家风险。如中国社会科学院世界经济与政治研究所国际投资研究室发布的《中国海外投资国家风险评级报告》采用了经济基础、偿债能力、社会弹性、政治风险和对华关系五大类共 42 个子指标的量化体系。

综合以上分类，结合我国海外基础设施建设与运营实践，笔者认为，以下三点是理解风险的重点：

第一，风险的发生不是孤立的，不同种类的风险之间存在着内在的联系并相互影响。同时，各类风险之间还可能相互传导。2010 年我国某中央企业集团的二级公司在泰国投资开发燃气轮机联合循环电站项目时，首先遇到了泰国电力技术标准高和厂址缺乏基础设施等问题，导致项目单位千瓦投资额

---

❶ 刘思昊、朱晖：《"一带一路"视角下企业 PPP 模式政治风险的法律防范》，载《南海》2019 年第 1 期，第 93 页。

❷ ［美］E. S. 萨瓦斯：《民营化与公私部门的伙伴关系》，周志忍等译，中国人民大学出版社 2002 年版，第 265—267 页。

过高，购电协议认可的发电容量较低，剩余发电容量和汽机余热无法充分利用，中方投资者反复与第三方用户沟通但仍无法达成购电和购热协议，最终延误了购电方规定的开发周期。当地的合作方闻讯后即撤资。这一系列风险事件致使项目无法推进，公司投入的前期开发费用无法收回，造成了不小的经济损失。[1]

第二，引发风险的原因不同，对风险发生的可预测性也不同。技术风险和投资风险可以通过经济模型和投资者的经验进行分析计算，相对政治风险而言可预见性比较强，也容易予以防范，但是政治风险是否发生则很难预料，可控性很弱。因此，准确识别能够产生风险的各种因素是控制风险的关键。

第三，虽然不同风险引发的直接后果不同，但都会影响基础设施项目的建设甚至导致项目失败。中国企业在投资海外基础建设时需要充分认识风险所可能产生的后果，以便做好相应的防范风险对策。在基础设施项目建设中，因风险的出现导致基础设施无法顺利完工、交付或运营，基础设施建设的目的无法实现，投资者不仅无法实现预期目标，还可能因此招致违约赔偿等法律责任，如支付违约金、赔偿损失等。在一些国家，项目公司如延迟完工，可能会受到政府罚金处罚，甚至终止建设项目等后果。

（二）中国企业投资海外基础设施建设的主要风险

中国企业海外基础设施投资项目大，建设和运营的时间长，出现风险的概率比较高。所遇到的风险按照风险发生的领域主要有以下五种。

1. 自然风险

由自然灾害等引发的自然风险对海外基础设施建设的影响非常明显，特别是公路、铁路、油气管线、水电工程等项目，很容易受到自然灾害的侵害。如高铁项目建设就可能遇到"极端气候条件下基础设施与装备的适应性和可靠性，复杂地质结构区域和强震带的工程建设、安全运营防灾减灾等"问题。[2]共建"一带一路"的一些国家自然灾害频发，灾害类型多样，抗灾能力弱，中国企业在这些国家投资基础设施项目就面临着较高的自然灾害风险。如印度尼

---

[1] 王守清：《"一带一路"PPP项目的政治风险管理》，载《施工企业管理》2017年第11期，第60页。

[2] 徐飞：《中国高铁"走出去"的十大挑战与战略对策》，载《学术前沿》2016年第7期，第74页。

西亚是一个火山地震带上的国家，地质结构不稳定，火山喷发和出现地震的频率较大。而雅万高铁项目恰好位于印度尼西亚火山群地区，这种地理结构直接增加了中国建设印度尼西亚高铁的难度。❶

2. 经济风险

（1）资金风险。

资金风险主要指资金链断裂与无法收回投资的风险。海外基础设施投资存在资产专用性和沉没资本。如果项目在建设过程中出现资金链断裂，或者建成后企业无法盈利，都会使企业难以收回投入的资本而遭受资金损失。

造成企业投资无法收回的原因多种多样。仍以高铁为例，高铁工程的造价和投资成本都很高。而影响高铁工程造价和投资成本的因素很多，如征地成本、劳动力成本以及原材料成本等。这些成本在不同的国家是不同的。中国高铁建设成本低于世界许多国家，甚至低于发达国家平均水平的三分之一，其重要原因之一在于我国征地成本、劳动力成本以及原材料等方面的成本都较低。在中国建设时速为350千米的高铁，每千米的建设成本通常为1700万至2100万美元，而在欧洲则为2500万至3900万美元，在美国加利福尼亚州可高达5600万美元。❷ 在印度尼西亚，土地属于私人所有，建设高铁需要征收当地居民的住用地，因此在印度尼西亚投资建设高铁，征地的费用可能高于在中国征地的费用。❸ 土地征收补贴支出的增加可能产生资金超预算的风险。因此，项目报价就变得十分重要。

由于对项目的成本估价不足，中国企业投资的一些项目出现重大亏损。如中国海外工程集团（以下简称中海外）在投标波兰A2高速公路项目时，为了展现一下中国建筑企业的高效和实力，以及设备和材料价格上的优势，以低于业主一半预算的13亿波兰兹罗提低价中标。❹ 比出价最高的竞争对手低了

---

❶ 梁晓蓓：《"一带一路"战略下中国对印尼投资高铁产业风险分析与规避》，载《沿海企业与科技》2016年第2期，第6页。

❷ 《美国这段地铁修了快100年，结果开通第一天就坏了》，载 https：//www.sohu.com/a/123804233_471292，2020年3月2日访问。

❸ 梁晓蓓：《"一带一路"战略下中国对印尼投资高铁产业风险分析与规避》，载《沿海企业与科技》2016年第2期，第6页。

❹ 《怎样搞砸一个海外项目？回顾波兰A2高速公路项目的失败》，载 https：//www.163.com/dy/article/DDQI4RIN0511RN8S.html，2020年5月2日访问。

200%，因而被一些人称为"倾销报价"。由于从中国运输设备和材料到波兰的路程长、运费高，母公司资金支持不能及时到位，设备和材料不符合欧盟标准，❶ 分包商的酬劳过高、材料价格上涨以及环境保护费用的增加等诸多原因，项目陷入困境。按照合同，2010 年 6 月 13 日项目正式开工，至 2012 年 5 月 31 日完工。但是，到 2011 年 5 月，工期已经过去了一半，整个工程才完成了 20%。中海外承认，若要按期完成工程，相比于 4.72 亿美元的合同总价，整个项目将亏损 3.95 亿美元。❷

除了因为低报价导致的资金额增大，施工物资不足、材料费上涨、材料质量不合格或供应不及时、购买的配套设备不能按时提供或不配套等都会增加项目建设的成本，进而导致资金超出预算。再加上设备损毁须重新购置增加的成本、工期延长导致的人工费增加和设备租金增加等都使得企业不得不增加资金的投入，进而出现资金风险。

此外，一些项目出现亏损的重要原因是企业在工程建设项目中对环境保护投入的成本过多。如果在前期工程预算中没有对环保成本确定合理的预期和预算，项目所在国对环境保护要求很严，对项目所使用的材料有着很高的要求，必然会导致项目成本的增加。❸ 在波兰 A2 高速公路项目建设过程中，中海外即遇到了青蛙的处理问题。"当初雄心勃勃进入波兰的中海外，绝没料到小小的青蛙也会成为影响工期和成本的大挑战。为将珍稀蛙类搬到安全地带，不得不停工两周，而且动物通道、声屏障、路边的绿化和腐质土壤处理都增加了工程成本。"❹

在很多情况下，企业因难以预料或无法控制建设成本导致资金出现风险，无法继续建设或经营。

（2）市场风险。

海外投资项目能否获利，还取决于在项目建设和营运过程中的市场情况。

❶ Simeon Djankov：《中国"一带一路"战略的理论基础（节选）》，范璐晶编译，载 https：//www. wells. org. cn/index. php/home/Literature/detail/id/349. html，2019 年 12 月 20 日访问。

❷ 《怎样搞砸一个海外项目？回顾波兰 A2 高速公路项目的失败》，载 https：//www. 163. com/dy/article/DDQI4RIN0511RN8S. html，2020 年 5 月 2 日访问。

❸ 郑一争、宣增益：《"一带一路"建设中对外工程承包的法律风险及应对》，载《河南大学学报》（社会科学版）2018 年第 2 期，第 66 页。

❹ 《怎样搞砸一个海外项目？回顾波兰 A2 高速公路项目的失败》，载 https：//www. 163. com/dy/article/DDQI4RIN0511RN8S. html，2020 年 5 月 2 日访问。

市场风险包括对市场预测偏差以及对市场规律与市场规则认识不足而带来的负面影响。❶ 项目所使用的原材料及劳动力的价格都会随着市场供求关系而出现变化，市场供需也会因为宏观经济的各种变化出现波动，进而增加项目成本，甚至导致无法获得预期收益。高铁项目建设除需要高成本的投入外，高铁建成后，还需要运营和维护，投资者能否获得收益还受到客流量大小以及来自其他运输方式的竞争等多种因素的影响。雅万高铁的建设与运营就遇到了这些问题。由于高铁运营需要充足的电力，电力消耗会随着高铁时速的增加呈现出阶梯状，而印度尼西亚的电力供应比较落后，全国电力装机容量只有 5000 多万千瓦，还有近 20% 的居民未能用上电，在这种情况下，高铁的正常运营存在很大的风险，而如果不能正常运营，企业的投资就很难收回。另外，高铁与公路、航空等运输方式之间都存在竞争关系，因此会受到这些交通运输方式的制约。从雅加达到万隆乘坐火车或汽车大约需要 3 小时，坐飞机仅需要半小时，因此，当地居民是否愿意乘坐高铁出行存在较大的不确定性，❷ 这些就成为雅万高铁投资者需要重点考虑的问题。

（3）汇率风险。

在经济风险中，汇率风险是需要特别关注的风险之一。绝大多数的基础设施项目建设资金来自国内外的贷款，因此，利率和汇率的变化会直接影响项目的成本与投资者的收益。当贷款利率上升或项目所在国的货币出现贬值时，贷款的偿还就需要更多的项目运营收入。如汇率发生变动可能导致企业取得的收益无法按预期汇率兑换成外汇，从而给投资人带来额外的风险。在"一带一路"共建国家基础设施项目建设中，中国企业即面临着人民币与美元、美元与东道国货币汇兑的双重汇率风险。如果项目所在国政府采取严格的外汇管制措施，或者要求企业必须以高于市场汇率的价格将当地货币兑换为投资货币或汇出投资所在国都会增加企业汇出利润的难度。在项目实施过程中，如果项目所在国发生通货膨胀，会使得原材料和劳动力成本增加，导致建设成本及运营成本上涨。同时项目所在国的货币贬值，也会使得项目汇出收

❶ 王卓甫、安晓伟、丁继勇：《海外重大基础设施投资项目风险识别与评估框架》，载《土木工程与管理学报》2018 年第 1 期，第 9 页。
❷ 梁晓蓓：《"一带一路"战略下中国对印尼投资高铁产业风险分析与规避》，载《沿海企业与科技》2016 年第 2 期，第 6 页。

益降低，减少企业的经营收入。2017 年 9 月，乌兹别克斯坦货币索姆贬值高达 50%。越南货币越南盾在 10 年之内贬值超过了 50%。我国某企业在 2017 年 10 月参与了埃塞俄比亚 PPP 投资，由于该国货币比尔贬值了 15%，损失率上升了 10.2%。❶

3. 社会风险

社会风险是指投资所在国的社会环境如文化、宗教信仰、风俗习惯、民族、战争等对项目建设和运营所产生的负面影响。中国企业投资海外基础设施建设面临许多社会风险，主要表现在以下方面：

（1）战争或武装冲突、内乱、恐怖主义、外敌入侵和社会暴动骚乱等引发的社会风险。

这些社会风险对基础设施项目投资的危害性极大。在中亚、西亚、北非等地区建设的大型基础设施在遇到上述社会风险时极易成为被攻击的目标，如发生战争或武装冲突时东道国的电力供应被断绝、高铁被损毁等。2010 年 5 月，中石油收购叙利亚油气开发公司 35% 的股权，后因叙利亚内战爆发、局势动荡，中石油被迫撤离叙利亚。中国企业投资苏丹、南苏丹边境地区的油田开发项目，金额高达 200 万美元，但 2011 年 7 月，苏丹南北分裂，内战使得石油生产陷于停顿，中国企业因此蒙受重大损失。2016 年 1 月 1 日，在老挝的某中资公司的工棚遭枪袭，造成中国工人伤亡；当晚 20 时左右，一辆大巴车和一辆皮卡车也先后遭到枪击，导致 5 人受伤；24 日不明身份的暴力分子在赛宋本省发动暴力袭击，造成中国公民 2 死 1 伤；3 月 1 日老挝琅勃拉邦省普昆县附近发生不明身份暴力分子持枪袭击事件，造成中国公民 1 人死亡，3 人受伤。2011 年利比亚国内对立党派发生武装冲突，法、英、美等国发动对利比亚政府军的空袭。当时，中国各类企业在利比亚承包大型项目达 50 多个，合同金额近 200 亿美元。危机爆发之后，几乎所有项目都被迫中断，仅有 4 亿元人民币的损失得到了保险赔付。❷ 2021 年 7 月南非发生暴乱，在南非合法经营的华人商店和中国企业也遭到了巨大冲击。一些华人在南非经营十几年，累积起来的家业，一

---

❶ 刘丽娟：《国内企业参与"一带一路"沿线国家 PPP 投资面临的主要风险与防范机制》，载《对外经贸实务》2018 年第 2 期，第 84 页。

❷ 齐晓凡、丁新举：《"一带一路"战略下中国企业海外投资风险应对》，载《企业管理》2017 年第 1 期，第 85 页。

夜之间，损失殆尽。❶ 俄罗斯于 2022 年 2 月 24 日派兵进入乌克兰，乌克兰境内硝烟骤起。乌克兰全境于当地时间 24 日进入战时状态。中国投资企业川开实业集团在乌克兰西部城市捷尔诺波尔建成并运营的一座 20 兆瓦的光伏发电站，迫于俄乌形势急剧恶化，3 月 24 日已停止运营。❷

（2）封锁、禁运、罢工等社会动荡引发的风险。

项目所在国发生罢工，基础设施遭到破坏而产生经济损失。

（3）盗窃、讹诈、勒索等社会治安风险。

如基础设施和各种物资如钢筋、水泥、电缆、煤和油气等被盗窃。

4. 政治风险

政治风险主要源于项目所在国政治环境的变化进而对基础设施项目建设的预期目标所产生的影响。也有学者将项目所在国的经济政策干预行为等纳入政治风险之中。❸

（1）政府更迭产生的风险。

2015 年 1 月，希腊左翼激进党联盟在大选中获胜，新政府随即叫停了中国远洋集团对比雷埃夫斯港的股权收购。新政府的更迭导致"总统上台后，推出的高铁计划可能还没和中国谈妥，就被赶下台，因此成为中国承接高铁的最大障碍"。❹ 另一个典型例子是中国企业投资泰国的高铁项目。2013 年 10 月，中国与泰国签署了谅解备忘录，中国企业参加泰国廊开至帕栖高速铁路系统项目建设，泰国以农产品抵偿部分项目费用，由此这一项目被形容为"高铁换大米"。2014 年 5 月泰国发生政变，英拉政府下台，军政府上台，随后泰国宪法法院判决已获国会通过的高铁项目违宪，高铁项目被停滞。僵持了三个月之后，泰国军方最终宣布改造和提速普通铁路替代原定的高铁建设计划。之后，中国

❶ 《又一个国家暴乱，中企被疯抢》，载 https：//weibo. com/ttarticle/p/show? id＝230940466109 7100870163&ivk_sa＝32692，2020 年 4 月 5 日访问。

❷ 《在乌克兰的中国企业现在什么情况?》，载《济南时报》2022 年 2 月 27 日。

❸ Stephen J. Kobrin. *When Does Political Instability Result in Increased Investment Risk?* Columbia Journal of World Business, 1978, Vol. 13, No. 2. pp. 113－122.

❹ 《希腊新政府叫停向中国出售港口计划 中企已投超 40 亿》，载 http：//m. haiwainet. cn/middle/ 3541640/2015/0128/content_28359419_1. html，2020 年 12 月 20 日访问。

企业与泰国多次就该项目进行协商，开工日期一拖再拖。❶

（2）法律与政策变化引发的风险。

海外基础设施项目关系到项目所在国经济与社会发展，因此项目所在国会通过政策与法律对基础设施项目投资予以规制。如税收、外汇管制、环境保护、国有化、长期劳动合同、知识产权等方面的法律与政策都会对项目建设与运营产生影响。当上述政策与法律发生变化时，必然对已经进入建设和运营的基础设施项目产生影响，甚至使项目的建设丧失合法性。如限制之前允许的投资材料的进口、提高环保标准导致项目无法满足而被迫撤销等。我国某公司在 2005 年计划在马来西亚制造、组装和出口汽车，当一切准备就绪并准备正式开工的时候，马来西亚政府突然宣布新进入的汽车品牌可以在该国生产但不能在其国内销售，必须全部出口，以保证该国汽车产业的发展。这就使得原本在该国建厂并销售汽车的投资者无法继续该项目。在南部非洲国家，投资矿业的中资企业由于局部战乱和政局不稳，甚至基本的勘探权、开采权都无法得到保证。❷

这里需要特别提及的是税收规则的改变。税收规则的变化是引发项目失败的经常性风险。东道国扩大征税范围或减少税收优惠等措施，导致项目公司增大项目成本，不得不因此承受更高的税收负担。如果投资者不了解项目所在国税制，可能导致被重复征税，也会影响项目公司的收益，增加其成本。

（3）政治腐败及政府效率低下引发的风险。

项目所在国家的政府腐败主要表现为政府官员利用权力进行寻租，对项目的建设或运营设置各种障碍，如拖延项目审批以及其他行政手续的审批时间，人为地增加审批环节，导致项目开发建设周期过长、成本上涨、运营成本增加等风险。

（4）政府违约风险。

政府违约风险指项目所在国政府违反合同或协议约定的义务，使得外国投资项目无法实现预定目标。该风险是本书研究的主题，故在以下各部分中进行

---

❶ 《从中东到东南亚，中国高铁出海 18 年往事》，载 https：//www.huxiu.com/article/1962913.html，2023 年 9 月 20 日访问。

❷ 《南部非洲命运坎坷，中资企业如何共渡难关？》，载 https：//www.sohu.com/a/388805471_788233，2020 年 4 月 20 日访问。

详细的阐述，不在这里进行详细分析。

（5）汇兑风险。

项目所在国政府禁止或限制投资者把当地货币兑换为投资货币或将在该国投资所得汇出投资所在国的风险。项目完工并投入运行后，企业所取得的经营性收入产生于项目所在国，将这些收入按照一定的汇率兑换为外汇并汇出该国才能实现投资者的最终目的。但是，项目所在国采取汇出限制措施，使得企业不能将获取的收益顺利汇回本国。也有些国家对收益的汇出设置了一些障碍，如伊朗法律规定，外国投资者不能在当地银行开设外汇账户，其收益只有通过中转行代理才能兑换成外币汇出。

（6）征收、征用或国有化的风险。

项目所在国政府可能对外资企业的资产采取征收、征用、国有化或类似措施，外国投资者的投资及有关权益因此遭受损害。由于对外国投资实施直接征收的社会和经济基础发生了一定的变化，且易引起争议，许多国家采取了间接征收的形式，通过蚕食式做法逐渐将外国投资者的投资进行征收。间接征收的措施很多，例如，通过法律的修改对外国投资者予以股权限制、实行借贷限制和外国人雇佣限制、强制产品出口、实施价格管制等。这些措施的采取使得外国投资者无法有效控制、使用和处置项目公司的财产，无法采取为项目公司发展所需要的经营行为，项目公司的经营目标无法实现，因而达到了与直接征收一样的结果。如 2016 年 3 月，津巴布韦政府推行企业"本土化方案"，所有外资企业必须将至少 51% 的股份转给津巴布韦当地的公司和个人，外国公司不能控股，否则，将被直接吊销营业执照。在马兰吉和奇马尼马尼的钻石矿企拒绝执行政府的决定，因而没有得到政府续签的开采证书，并被要求在 90 天内清理资产并从矿区撤出。在马兰吉，荷枪实弹的武装警察开进矿区，解散了钻石矿企雇用的安保队伍，命令数百名矿区工人"回家待命"，矿企被迫停产。❶

5. 结构性风险

有学者提出了结构性风险概念。结构性风险不是指特定一种风险，而"是

---

❶ 许林贵、王悦：《津巴布韦关停钻石矿企引投资疑虑 企业法庭起诉维权》，环球网，https://huanqiu. com/article/9CaKrnJUkIB，2019 年 10 月 25 日访问。

指那些需要企业决策层从全局角度予以识别和分析，一般无法通过常规风险规避手段进行防范，一旦发生将产生严重后果的重大风险"。❶ 结构性风险不同于前述的特定种类的风险，而是在事实上已经存在的重大缺陷，是一种客观存在的风险。这些风险极易在适当条件下被引发而成为损失的来源。国别市场选择风险、政治利益与市场利益博弈风险是中国"走出去"企业决策层应当首要关注的两大"结构性风险"。❷

笔者认为，结构性风险不同于一般意义上的风险，其概念价值在于提醒中国企业注意那些在特定的市场中已经存在的某些隐藏的重大风险，以避免这些风险以及由此引发的不良后果。2011 年利比亚内战爆发之前，几乎没有哪家国际风险评估机构将该国列入高风险国家。但事实上，利比亚既不是 1958 年联合国制定的《关于承认和执行外国仲裁裁决的公约》（以下简称《纽约公约》）成员方，也不是 1965 年国际复兴开发银行创议设立的《关于解决国家和他国国民之间投资争端公约》（以下简称《华盛顿公约》）成员方，而且与中国之间也没有签订双边投资保护协定。根据这三个指标，利比亚的国家风险是客观存在的。但是，中国企业并未意识到利比亚存在的这些风险，利比亚内战爆发之后，在该国境内拥有大量工程承包项目的中国企业被迫大规模撤离，许多企业损失巨大。"除少数中国企业通过投保出口信用保险得以转嫁部分损失外，绝大多数企业几乎没有任何有效的国际法律救济手段进行索赔。"❸

如果项目所在方不是《纽约公约》的成员方，那么投资者与政府间订立的基础设施协议即使被认定为商事合同，也很难得到执行。如果项目所在国不是《华盛顿公约》的成员方，一旦政府违约，投资者将无法通过国际投资争端解决中心（International Center for Settlement of Investment Disputes，ICSID）予以解决。在"一带一路"共建国家中，若在尚未加入《华盛顿公约》或虽加入但目前尚未生效的国家投资基础设施项目，一旦政府违约，将无法通过该机制寻求

---

❶ 周显峰、田野：《"一带一路"倡议下应重视的两大"结构性风险"》，载《国际工程与劳务》2016 年第 10 期，第 58 页。

❷ 周显峰、田野：《"一带一路"倡议下应重视的两大"结构性风险"》，载《国际工程与劳务》2016 年第 10 期，第 58 页。

❸ 周显峰、田野：《"一带一路"倡议下应重视的两大"结构性风险"》，载《国际工程与劳务》2016 年第 10 期，第 60 页。

仲裁方式解决争议。

鉴于结构性风险可能对企业海外投资所产生的影响，中国企业必须予以高度重视，"在企业进入某一市场之前，必须对目标国的国家风险保持理性认识"，综合考虑目标国的现状与发展，从自然、社会、经济、法律、文化等多方面可能对项目建设和运行引起的风险进行评估，审慎作出投资决定。❶

（三）政府违约风险及其后果

在上述各种风险中，政府违约风险不同于其他风险的明显特点之一是该风险主体的特定性，将特定化的主体违约风险确定为一种单独的风险足以表明政府违约的特殊性与严重程度。"海外重大基础设施项目建设规模一般比较庞大，相对一般基础设施项目较为复杂，社会关注程度高，社会影响重大，引发政府违约的可能性比较高"❷，政府违约风险因此成为一种影响极大的风险。

对政府违约风险的研究大多被纳入政治风险中进行。Adel Al Khattab 等曾对约旦 79 个从事国际项目公司关于国际商业环境风险的问卷调查表明，相比于自然条件、财务和文化方面的风险，受访者最为关注的是政治风险。❸ 而在政治风险中，对投资者而言，政府违约是最为直接的风险。政府直接违反合同约定导致基础设施项目无法进行，即使项目仍能够继续进行，但投资者因政府违约已遭受重大的损失。

政府违约可由多种原因引起，而不同的政府违约对项目的影响是不同的。如政府因为罢工违反合同约定，可能对项目采取特殊的监管措施或暂停项目建设；如因政党间的对立引发政府违约，政府可能直接取消项目建设；由于经济不景气政府违约，政府则可能削减项目规模或资金投入，导致项目收益减少；如果因为法律调整导致政府违约，则政府可能采取提高税收、实施价格管制等措施减少甚至取消项目优惠，减少投资者的收益，直至企业无法继续经营；

---

❶ 周显峰、田野：《"一带一路"倡议下应重视的两大"结构性风险"》，载《国际工程与劳务》2016 年第 10 期，第 58 页。

❷ 王卓甫、安晓伟、丁继勇：《海外重大基础设施投资项目风险识别与评估框架》，载《土木工程与管理学报》2018 年第 1 期，第 9 页。

❸ Adel Al Khattab, John Anchor, Eleanor Davies. *Managerial Perceptions of Political Risk in International Projects*. International Journal of Project Management, 2007, 25 (7). pp. 734–743.

因不可抗力或者公共安全事件导致的政府违约，会导致项目停工停产、建设周期延长、物资供应和人员流动受阻。2019 年暴发的新冠疫情，许多国家先后采取了关闭国界措施，限制货物、人员流动的措施，对国际基建合作项目的开展造成了多重阻碍。❶ 可见，无论何种原因引发的政府违约，均会对项目建设产生不利影响。如果政府违约不是单一原因引发的，其违约后果更为复杂严重。

政府违约常常叠加或引发其他风险。如东道国政府违反了与外国投资者签订的特许协定或者与投资母国签订的投资协定，强行将投资者的资产收归国有，即同时触发了"征收或国有化风险"。下述的北京城建诉也门案正是这种情况。政府因罢工禁止项目建设，同时禁止投资者将在当地挣得的货币兑换为外币并汇回本国，既出现了政府违约，也产生了外汇汇兑风险。由于政府违约易与其他政治风险发生竞合，许多国家没有将其列为单独的风险类型，如美国《对外援助法》第 238 条（b）款规定："国有化征收行为包括但不限于外国政府违反、拒绝履行及损害其与投资者订立的合同，使涉及的投资项目实际上难以继续经营。"❷ 关于政府违约的相关论述，笔者将在第三章中展开。

四、中国企业投资海外基础设施建设的风险防范机制

企业应高度重视政府违约风险的防范。海外基础设施建设投资金额大，一旦东道国政府违约，企业在事后采取何种救济手段，都无法全部挽回其遭受的经济损失。在以下介绍的中缅密松水电站事件中，媒体报道称中国电力投资集团公司前期已经投入 30 亿元人民币，项目停工后，投入资金的财务成本和人员维护费每年达 3 亿元人民币。同时，还面临供应商、施工企业等有关合同方的违约索赔，企业所预期的合同目的无法实现。海外投资随时都可能遇到风险。特别是在当下，贸易保护主义不断加深，针对知识产权、高科技成果转让等方面的技术性标准和环境标准所设置的贸易壁垒不断增多，加之新冠疫情引发的全球经济疲软，国际贸易摩擦加剧，国家之间与行业内部竞争激烈，多种风险

❶ 余度：《疫情延缓"一带一路"基础设施建设 新形势下呈现新特征》，载 https：//baijiahao. baidu. com/s? id = 1697650761159864931&wfr = spider&for = pc，2020 年 9 月 10 日访问。

❷ U. S. Foreign Assistance Act of 1961，Sec. 238（b）.

因素叠加使得基础设施建设风险更大，要求企业具有更高的风险识别能力和风险管控能力。

首先，风险管控是一个由不同主体控制的系统，处于这个系统核心部分的是海外投资企业，相关政府机构和部门处于辅助性地位。其次，风险管控是从项目设立到完成的系统性管控。为避免损失的发生，企业从项目立项开始即应将风险管控纳入其意识与行为中，在项目全周期管控好风险，如图1-1所示。

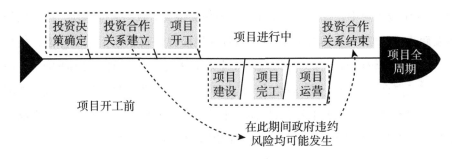

图1-1　企业投资海外基础设施建设项目全周期

虽然在项目全周期均可能出现政府违约风险，但在不同的阶段出现政府违约的概率不同。从表1-1介绍的典型违约事件中可以看出，政府违约基本上出现在项目建设的前期与中期。

表1-1　2010—2020年典型政府违约行为发生的时间点

时间 ＼ 事件	利比亚内乱殃及中国项目事件	中缅密松水电站事件	墨西哥高铁毁约事件	中斯港口城事件	希腊叫停港口私有化事件	委内瑞拉高铁项目烂尾事件	中哥石油合建炼油厂项目终止事件	北京城建诉也门案	马来西亚叫停东海岸铁路项目事件
项目前期	√		√				√		
项目中期	√	√		√	√	√		√	√
项目尾期									

只有清楚地认识风险，知道风险在哪里，才能够有效地避免风险。尽管国内外的基础设施建设与运营在本质上是相同的，但是，由于地域、政治、思想、

文化、习惯和法律制度等方面的不同，在风险的来源与应对措施上也就不相同了。如果不能清楚地认识到这一点，海外投资很可能遭遇风险。仍以中资企业在利比亚的投资为例，中资企业在利比亚主要采用了工程承包的方式。投资当初，大多数企业认为卡扎菲已经执政 42 年了，政权比较稳固，即便国内反政府组织活动频繁，也不可能会被推翻。但是，政变还是发生了，卡扎菲政权被推翻，中资企业前期投入的资本和设备均遭受巨大损失，许多保函被索赔。只有少数企业意识到了风险的存在而购买了投资保险。据统计，在利比亚投资建设的 78 家中资企业中，仅有 7 家企业向中国信保购买了政治风险保险，并在内战爆发后获得了理赔。1 家中资企业在风险发生前曾购买了政治风险保险，但投保后认为风险较低而退保，导致风险发生之后未能获得任何赔偿而倒闭。❶ 海外投资远离企业本部，企业能够动用的资源有限，因此一旦突发风险就可能因应急机制不健全无法得到及时救援而停工停产，以及发生人员伤亡和重大财产损失，甚至酿成外交事件，严重影响中国国家形象和企业声誉。

正确认识项目存在的风险并做好防范的准备，能够避免或在很大程度上避免政府违约的风险。如前述投资利比亚的 7 家企业即采取了向中国信保购买政治风险保险的方式化解损失，也可以根据项目风险的不同采取更加具体化的排除风险措施。例如，2015 年 9 月 22 日，中国港湾工程有限责任公司（以下简称中国港湾）牵头的联合体投标了哥伦比亚马道斯（Mar2）高速公路项目，并以技术标、经济标总体满分的优势中标，成为中资企业在美洲地区中标的第一个 PPP 项目。中国港湾作为总承包方负责建设，工程承包采用总价合同。中国港湾充分分析了该项目建设中可能遇到的汇率波动风险、社会风险、项目实施风险等，并针对这些风险提出了相应的预案。针对哥伦比亚政府允许招标方在投标文件中要求投标者的还款以贷款额的最高比例的 42% 为美元还款、其余58% 采用其他货币还款存在的汇率风险，中国港湾采取了通过合同约定"美元贷款还本付息原则上不超过政府美元还款部分；中国港湾收益部分如果因汇率造成损失，项目公司将在一定程度上补偿中国港湾 50% 的汇率损失"的措施。针对哥伦比亚当地工会组织较为完善，工人罢工或征地拆迁纠纷可能造成项目

---

❶ 《监管新政下的企业海外投资风险管控建议》，载 https：//www. sohu. com/a/146580425_618572，2020 年 5 月 8 日访问。

施工延误的风险，中国港湾利用合作伙伴在当地的关系网络，借鉴在建项目经验，采取了降低风险的预案。及早发现风险并制定防范风险的预案是投资海外基础设施项目取得成功的必要条件和基本保证。

概括上述案例，通过建立风险源识别、风险评估方法、风险规避策略等方面的认知与防范系统，企业可以有效避免风险的发生，即使出现风险也能采取有效的应对措施，使得损失最小化。

（一）风险源的识别

风险源的识别是对风险起源的判断，在跨国投资中，风险源指投资项目和投资地国。对拟建设和运营的投资项目可否产生风险，企业一般能够比较准确地作出判断。而对投资地国的风险识别就相对复杂。由于国情不同，不同国家发生风险的可能性不一样。在"一带一路"共建国家中，在中亚、西亚、北非等国家的投资遇到风险的概率高于东亚国家，因为这些国家自然条件较差，经济结构单一，社会治理水平不高，政府更迭和政策变化快。在这样的国情与条件下，项目所在国政府可能基于一些非项目本身的考量违反合同约定。因此，企业在投资项目之前，需要对项目所在地国能否认真履行合同进行多方面的考量，以避免违约行为的发生。

（二）风险评估

风险评估是防范风险的关键。只有确定投资项目所可能遇到的风险，才能采取正确的应对风险的措施。首先风险评估是企业的行为，企业应对项目进行认真评估；其次，政府管理部门以及行业协会等组织应为企业进行风险评估提供便利。"建立以国家风险基础理论、评估模型和评价方法为核心的国家风险数据库和国家风险预警与评估体系，帮助中国企业抵御宏观风险和系统性风险的冲击，更好地管控重大项目投资风险。"❶

企业作出风险评估不仅需要针对当下的情形，还需要认识到风险是不断变化的，一些在评估时认为存在的风险，可在项目建设过程中采取合理的措施而予以避免，而企业认为不太可能成为风险的因素，由于情况的变化，会发展成为新的风险，因此风险不是静止不动的。在不同的环境和条件下会出现不同的

---

❶ 《海外投资 40 年，数据回顾及发展趋势》，载 https：//zhuanlan.zhihu.com/p/93588238？utm_id＝0，2020 年 9 月 10 日访问。

风险，且各种潜在风险之间存在着关联影响。只有充分注意风险的动态性以及风险的连锁性，才能建立有效的系统性的风险应对机制。

（三）风险防范

企业可以采取的风险防范措施是多方面的，应根据其项目可能发生的风险设置，有针对性地进行防范。除本书重点分析的针对政府方所可能发生的违约行为，通过合同防范条款，防止政府违约行为的发生，以及通过投保国内外的海外投资保险措施之外，归纳已有案例，企业还应主动采取风险防范措施。

1. 从公司治理角度，建立风险管理组织体系

做好风险管理各项应急预案，如境外非传统安全突发事件综合应急预案、境外非传统安全专项应急预案、项目部现场处置方案等。

2. 海外基础设施项目的建设及运营远离国内，企业可以使用的资源有限，需要充分考虑经营中可能出现的问题并做好应对

如为保证项目运营期间原材料的源头供应，防止被原料提供方所控制，应考虑由国内企业提供关键的原材料；控制项目产品的销售渠道，防止销售渠道为他方或第三方所垄断，除非一些项目产品只能为政府方所购买。

3. 关注东道国政治、经济和社会政策的变化，及时获得可能发生政府违约风险的信息

注意项目所在国家的相关政府部门，如外交部领事部门、商务部相关部门发布的安全预警信息，以及专业机构，如中国信保、国际 SOS 救援中心定期发布的风险预警信息，以便及时和有效地应对可能发生的风险。

4. 加强与东道国政府部门的有效互动

在项目进行中，与东道国政府等公共机构保持密切沟通，积极共享信息，及时了解相关部门对项目的利益关切和态度变化，关注东道国当局的政治动向并采取对应的公关策略，减少政策变更给项目带来的消极影响。

5. 通过专门的风险防范团队跟踪风险

我国企业有必要在内部组建专业的投资风险防范团队，该团队除了需要完成投资前的风险评估工作与海外投资保险的研究工作，还需要在项目开展期间进行风险跟踪，对项目全周期的风险实时监测。建立完善的风险防范团队已经是国际大型跨国公司的标配之一。

6. 增强企业社会责任感

基于海外基础设施建设的特殊性，我国企业有必要通过参与社区活动等方式让投资项目获得东道国政府与当地民众的支持，从而实现可持续的合作目标。

（四）风险发生后的救济

一旦出现政府违约，海外投资企业应根据应急预案体系，及时采取救济措施，防止损失的扩大，并依照合同约定和法律规定寻求救济。本书将在第六章对企业如何采取救济措施进行详细阐述。

➢ 本章小结

本章以明确中国企业进行海外投资的目的与作用，以及海外基础设施建设可能遇到的风险为目标，围绕中国企业投资海外基础设施的基本情况展开分析。从明确基础设施的概念、范畴和性质入手，介绍了中国企业投资海外基础设施的现状，阐述了中国企业投资海外基础设施的目标与作用，分析了在海外基础设施建设中遇到的主要风险，指出政府违约作为政治风险的一种，对海外投资项目的成败具有致命性的影响，提示中国企业高度重视风险的防范，采取系统性的防范措施以及救济措施。作为基本问题的概述部分，为以下各章分析打下了坚实的基础。

从 2001 年以来，中国企业积极开拓国际市场，参与国际市场竞争的能力不断增强，成功建设和运营了不少海外基础设施项目。中国企业投资国外基础设施建设不仅获取了收益，还通过项目建设，为当地提供了必需的公共产品，为项目所在国的经济与社会发展作出了贡献，助力可持续发展目标的实现，实施了"一带一路"倡议，践行了人类命运共同体理念。但是，企业投资海外基础设施建设具有很大的风险，一些项目并没有获得预期的效果，甚至产生了难以弥补的重大经济损失。投资失败的原因很多，诸如缺少投资经验、对国际基础设施投资的各种风险缺少足够的重视、没有提前做好投资环境和风险评估、缺少风险规避机制和系统的防范风险机制以及保障机制等。

基础设施建设本身包含设计、施工、移交、维护甚至运营等多个环节，每个环节都有不同的技术要求，会形成不同的法律关系。基础设施工程建设受到项目所在国的政治与经济形势、对外关系、政策和法律等多方面的影响。世界正处于百年未有之大变局，世界政治、经济与安全均处于变化之中，地区发展的不均衡性和结构性矛盾仍然突出，不同发展阶段的国家面临着不同的结构调整与发展问题，地缘政治冲突时常出现，恐怖主义威胁依然严峻，大国之间的博弈亦成常态化。因此，海外基础设施投资所面临的市场环境错综复杂，风险极高。这就要求中国企业必须懂得如何规避和管控各种潜在的风险。

风险管控是海外投资获得成功的关键。"强化风险意识，有效化解风险，完善风险防控机制是中国企业获得成功的基本要求。要通过完善风险防控机制，对风险产生、发展的全过程进行监控，对风险的发生诱因与事前防范、风险的事中演进与有效控制、风险的化解与事后治理等进行全方位管理"❶，做好应对风险发生的各种准备。在强化中国企业风险管控意识和能力的同时，需要完善国家风险评估预警体系，建立统筹协调的投资保障机制。

政府违约风险作为海外投资企业可能遇到的众多风险中的一种，相比其他风险来说，可控性较强，企业应在充分了解政府违约的可能性的基础上，通过合同条款和合同条款之外的其他措施防范政府违约风险，以下各章将对这些问题进行阐述。

---

❶ 中央党校（国家行政学院）习近平新时代中国特色社会主义思想研究中心：《把防范化解重大风险作为重大课题》，载《人民日报》2019 年 2 月 20 日。

第二章　中国企业投资海外基础设施建设的基本模式与主要协议

政府负有提供公共产品的责任，而政府能够提供基础设施建设的资金有限，于是将社会力量引入基础设施建设中，鼓励社会资本投资，用以满足公共设施建设及其服务需求。基础设施建设可以采用不同模式，而不同的建设与运营模式需要签订不同的协议，而不同的协议亦具有不同的性质和内容。本章首先梳理中国企业投资海外基础设施的模式，在此基础上，介绍基础设施项目协议的主要类型及其内容，以便明确政府违约的"约"的性质，形成海外基础设施建设协议的基本框架。

一、基础设施的属性与供给

（一）基础设施的属性

基础设施项目建设工程量大，因而决定了其具有施工周期长、资金需求大、投资回报周期长等特点。短期的基础设施项目为 3 ~ 5 年，长期的为 5 ~ 10 年，甚至有些项目的经营期长达 20 ~ 30 年。如许多高速公路项目的经营期期限就比较长，一般为 15 ~ 30 年，有些项目甚至更长。中国交通建设股份有限公司下属的中国港湾与其他中资企业共同出资在巴巴多斯注册成立了加勒比基础设施投资公司，作为项目公司，与牙买加南北高速公路公司以 BOT 方式承建与运营牙买加南北高速公路。该项目 2013 年 1 月 28 日开工，2013 年 8 月完成融资，2014 年 8 月 6 日中段完工开始试运营，2016 年 2 月南北两段建成，3 月通车，预计 2066 年移交。❶ 如此长的运营期足以表明投资回报的期限有多长。因此，

---

❶ 《PPP 支持"一带一路"基础设施建设的建议》，载 https：//www.sohu.com/a/296696819_480400，2022 年 2 月 20 日访问。

长期以来基础设施都被划入公共产品的范围。

公共产品这一概念来自公共经济学，具有消费上的非排他性和非竞争性两个基本特征。非排他性是指任何人都可消费，无法像私人产品一样被独占；非竞争性是指消费者的增加不会引起边际成本的增加。公共产品这两大特征使得其与私人产品相区别。基础设施，特别是那些为满足社会公共需求，如市政基础设施、交通基础设施、水利基础设施等基础设施，即具有这样的公共产品特性，因为多人消费并不会增大边际成本，所以不用担心被独占，因为技术上存在困难，所以也不可能被独占。即便独占是可行的，公共产品存在"搭便车"的市场失灵现象，独占的成本也过高，获得收益的风险比较大，因此决定了社会资本不愿意将资本投入公共产品的建设上。这就使得基础设施既为社会所广泛需要，但又缺少资金进行建设。

基础设施的公共产品特性，使得基础设施不同于一般性的工程建设项目，体现出明显的公益性和社会性。但是，这种非常明显的正外部效应有时很难被量化。如交通基础设施的改善极大地方便了公众的出行，从而提升了出行人的幸福感；跨国公路与铁路的通行增进了相关国家之间的交往与联系，进而改善了区域投资环境等。

许多基础设施具有网络特点，如铁路、公路、航空、电信等；其他不具有明显的网络特性的基础设施，如码头、能源，也大多需要与其他基础设施联结成网络，才能更好地发挥其价值。基础设施的网络性不仅表现在不同基础设施项目之间，如前章所述，从区域角度看，基础设施只有在不同国家和地区之间形成网络，才能够有效发挥作用，带动区域的发展。

除上述特征外，基础设施还具有整体性。一些基础设施项目的建设与运营需要其他设施和服务，如果这些配套的设施或服务无法提供或无法达到基础设施项目所需要的程度，那么基础设施的建设和运营就会遇到困难，很难获得最优的效益。如供电项目需要连接输变电设施，供热项目需要连接供热管网进行换热。即使交通基础设施良好，但如果通信和能源基础设施很差，那么，交通基础设施也很难发挥最大的效益。因此，很多基础设施项目的建设与运营在一定程度上依赖于其他设施和服务的提供，其经济效益只有在相关基础设施整体水平提升的基础上才能发挥出来，也因此决定了基础设施建设必须注重关键及薄弱环节，只有消除了薄弱环节，才能发挥整体效能。

（二）基础设施的供给

1. 基础设施的供给依据

基础设施建设资金需求大，时间长，收益存在风险，社会资本不愿意投资，因此，公共基础设施建设资金经常出现短缺，政府不得不成为公共产品的免费提供者。政府供给公共产品是政府利用公共资源提供公共产品的方式。许多理论为政府作为公共产品的提供者提供了依据，如政府供给可以有效克服公共产品供给的市场失灵，具有较高的潜在效率；政府通过财政支出可以保证将公共产品公平地提供给社会；可以有效地克服人性弱点等，由此政府被认为是公共产品的最优供给者。于是，政府将财政收入大规模地投入基础设施建设中。财政资金在基础设施建设中占有极大的比重，甚至某些项目的全部资金均由政府提供，特别是在那些金融市场不够发达的国家和地区，基础设施建设资金的筹措经常遇到困难，基础设施建设的主要资金来源为政府财政收入。

由政府提供公共产品固然是有保障的，但是，实践表明，基础设施建设直接受制于政府财政收入，如果政府的财政收入不佳，政府就没有能力建设基础设施。政府提供基础设施等公共产品会经常出现预算约束，无法满足公共产品建设的资金需求。此外，政府提供基础设施等公共产品经常出现的问题是信息不对称，政府不能及时了解社会对基础设施的需求，产生公共产品提供的滞后性。政府也可能出现"政治家短视"，为自身利益考虑而忽视社会公共产品的供给。这些政府失灵现象导致公共基础设施供给经常处于短缺状态。事实表明，仅靠政府无法实现快速增长的经济与社会发展对公共基础设施的需求，如何打破制约基础设施等公共产品发展的瓶颈，采取有效的供给方式和方法就成为亟须解决的问题。

解决问题的基本出路就是发挥社会资本的效用，扩大资金供给的来源，借助公共产品的市场供给理论，通过一定的制度安排，让市场在配置公共产品方面起到积极作用。社会资本投入基础设施建设首先是为了获得回报，只要利润符合追求的目标，就能激发社会资本寻找并参与项目建设，并在社会公众愿意接受的价格范围内提供产品及服务，满足社会需求。❶打破长期以来政府垄断

---

❶ ［美］E.S.萨瓦斯：《民营化与公私部门的伙伴关系》，周志忍等译，中国人民大学出版社2002年版，第12页。

公共产品供给的模式，允许社会资本进入基础设施建设领域，并探索符合公共产品特性的建设和经营模式成为许多国家的尝试。

20世纪80年代，在"重塑政府"的新公共管理理论的指导下，一些发达国家实行了公共服务的市场化。如英国采取了地方公共事业的民营化措施和私有化措施。公共基础设施交由私人企业进行建设，由私人部门外包。❶之后又采取承包和私人部门融资活动模式进行基础设施建设。一些发展中国家在基础设施建设上存在的更大的资金缺口，促使其在许多领域尝试使用社会资本解决资金短缺问题。如在电站建设中引入私人投资者，采用BOT模式筹集资金，以解决电力供应紧张的问题。原本应由政府承担的公共基础设施建设，由于投资额巨大、建设时间长以及较高的维护费用等，在面临资金投入不足时，政府允许社会资本参与收益性公共设施和公共事务的投资和运营，动员社会力量，通过发挥市场在资源配置中的决定性作用来增加公共产品和公共服务的供给。

我国在基础设施领域积极运用社会资本进行项目建设。建设什么项目主要由政府确定，社会资本也可以向政府提出建议。交通、住建、环保、能源、教育、医疗、体育健身和文化等公共基础设施建设项目，一般由行业主管部门从国民经济和社会发展规划及行业专项规划中的新建、改建项目或存量公共资产中挑选出来，财政部门设立的政府和社会资本合作中心负责征集这些项目，并会同行业主管部门对遴选项目进行评估和筛选，确定备选项目后，纳入项目年度和中期开发计划中。各地政府或其指定的有关职能部门或事业单位作为项目实施机构，负责项目的准备、采购、监管和移交等工作。❷

允许社会资本进入基础设施建设领域，通过给予社会资本合理回报，鼓励社会资本降低项目运作成本、提高资源配置效率，已经成为国内外的普遍做法，以此改变了公共基础设施供给不足的问题，克服了基础设施建设周期长、资金需求大、投资回报低等影响社会资本进入的不利因素，促进了社会资本投资公共产品建设的积极性，基础设施建设领域呈现出多主体、多模式的

---

❶ 徐玉德、张若丹、李化龙：《国际视域下PPP模式演进的逻辑与经验借鉴》，载《财会月刊》2019年第13期，第134页。

❷ 参见2014年11月财政部发布的《政府和社会资本合作模式操作指南（试行）》（财金〔2014〕113号，已失效），以下简称《操作指南（试行）》。

建设与运营格局。

2. 基础设施的配置方式

如何实现公共产品的最优供给是公共产品理论所探讨的重点问题。该问题的核心点是在何种方式与价格水平上有效实现公共产品和私人产品的社会供给，实现两者之间的最佳配置，以实现消费者消费效用的最大化。公共产品理论的基本思路是针对不同类型的产品，按照其公共产品、混合产品和私人产品的不同，选择不同的供给方式，产品的生产也因此分为公共生产、混合生产和私人生产三大类。公共产品的生产由政府提供，私人产品的生产由市场主体提供，介于公共产品与私人产品之间的混合产品的生产则由政府与市场主体共同提供。对基础设施而言，混合性的基础设施是指那些具有非排他性和非竞争性两个基本特征，但又不完全具备，处于完全为非公共利益需要建设的基础设施与公共基础设施之间的基础设施。

基础设施投资及建设的过程即为产品的生产过程。生产者如何进行生产取决于其生产的能力、生产要素以及最终产品的性能。不同性质的基础设施建设可以运用不同的生产方式。以能源行业为例，由于其收入比较稳定、回报率高、运营风险却比较低，对社会资本的吸引力较铁路、公路等项目建设更大，在具体模式上，可采用 BOT 方式，由投资者自主进行经营活动，在特许期限结束之后，项目转归项目所在地的政府所有。

公共基础设施建成之后，由谁来付款并进行消费为产品的提供方式。公共基础设施的付款与消费因项目的性质不同而有所不同。一般来说，如果政府负担基础设施的建设费用，项目建成之后社会公众可以免费使用；由投资者自行筹措建设费用，基础设施的使用者通常需要付费使用；由政府和投资者共同出资建设的基础设施，则采用由使用者支付部分费用、政府通过财政补贴支付其余费用的方式。根据项目的性质采取不同的付费形式，可以清楚界定政府和市场的支出责任。

将公共产品的供给分为产品生产和产品提供两个阶段，并因此形成不同的组合，相应地，政府在多大程度上作为投资者或经营者参与生产活动，取决于生产的效率。在新公共治理理念下，国家的角色从公共服务的提供者向统筹者转变。❶ 依照这一思路，将涉及公共利益的公共基础设施和混合型基础设施交由社会资本投资建设和运营，政府作为项目的参与者和监督者，对项目建设行使权利（权力）与义务，双方协同行为，共同实现基础设施的供给。

二、中国企业投资海外基础设施建设的主要模式

由于基础设施项目不同，涉及的主体不同，项目建设与运营的时间、环节不同，建设与运营模式也会不同。常见的建设与运营模式包括项目外包、PPP、BOT、特许经营、租赁经营、合同管理等多种模式。根据建设与运营的不同需要，在这些模式下，又可以采用更细化的模式，如项目投融资模式、项目承包模式、项目运维模式、项目风险分担模式等。不同模式具有不同的特点，具体选择哪种模式需要根据基础设施的性能、规模、建设资金的来源、经营收益的来源、风险分配等方面综合确定。

基础设施建设模式的选择需要平衡政府与投资者之间的利益。项目所在国通常会根据基础设施的性质与需求，提出项目建设可采取或期望采取的模式。如根据越南国内公路建设投融资现状，越南政府期望采取 BOT、PPP 的模式建设公路，特别是高速公路项目。❷ 中国企业到越南投资高速公路建设即应该考虑采取该种模式，因为这样才易于在与其他国家的投资者竞争投标项目时得到政府的认可，增强其竞争力。

中国企业在长期的海外投资实践中不断做大做强，逐渐从最初的单一的工程建设承包模式向股权投融资方向转变，建设方式上也从过去长期采取的简单的分包和承包施工，发展到以工程总承包为主要业务模式，以及特许经营、公私合营等多种模式。例如，在亚吉铁路项目建设中，中国中铁和中国铁建即从之前总承包的"交钥匙工程"转向"建营一体化"模式，实现了从投融资、设计施工到运营在内的全产业链闭环，有效降低建设和运营环节的交易成本，提升企业市场实力和项目整体效益。❸

---

❶ 徐玉德、张若丹、李化龙：《国际视域下 PPP 模式演进的逻辑与经验借鉴》，载《财会月刊》2019 年第 13 期，第 135 页。

❷ 黄思维等：《"一带一路"背景下越南公路建设投融资模式分析与建议》，2018 年第 5 期，第 8 页。

❸ 《"一带一路"PPP 项目案例——东非亚吉铁路项目》，载 https：//www.sohu.com/a/167917441_444154，2019 年 7 月 2 日访问。

（一）PPP 模式

1. PPP 的含义

PPP（Public Private Partnership）是目前基础设施建设中使用较为广泛的模式。但对 PPP 并未有一个准确的被一致认可的概念。[1] PPP 的核心是公共设施建设的私人参与，因而广义上的 PPP 涵盖了公共机构和社会资本提供公共产品或服务的所有的建设模式。世界银行就将图 2 - 1 中所列基础设施建设模式全部纳入 PPP 范畴，只要社会资本参与了公共基础设施建设，无论期限长短以及是否参与运营，均属于 PPP 模式，这使得 PPP 几乎涵盖了基础设施建设的基本模式。

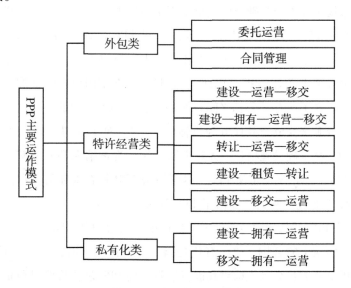

图 2 - 1　广义的 PPP 模式

（1）外包类 PPP。

由政府投资建设基础设施，然后把项目中的一项或者几项服务提供给市场主体建设或运营，市场主体按照双方约定完成建设或服务项目，政府支付相应的建设和服务费用。因为市场主体仅从事部分项目建设，或者代表政府对项目进行运营与维护，或者提供部分的公共服务，所以市场主体承担的项目失败的

---

❶ Brinkerhoff D W, Brinkerhoff J M. Public - Private Partnerships: *Perspectives on Purposes*, *Publicness*, *and Good Governance*. Public Administration and Development, 2011, 31（1）. pp. 2 - 14.

风险较小。

（2）特许经营类 PPP。

由市场主体提供项目建设的部分或者全部资金，在政府给予的一定期间内享有特许经营权并进行经营活动，在特许经营期结束后将项目的所有权移交给政府。根据项目的收益情况，政府可能会向市场主体收取一定的费用或者给予一定的补偿。市场主体与政府共同承担风险，共享收益。

（3）私有化类 PPP。

由市场主体承担全部投资，市场主体通过向用户收费来获取收益。项目的所有权属于企业，且不具备有限追索权，因此市场主体承担的风险比较大。

由于市场主体参与基础设施建设采用了不同的模式，并被纳入 PPP 的概念之下，导致了 PPP 模式的泛化，也导致了对 PPP 认识上的不一致。在德国，PPP 的概念"至今都不统一，在文献和实践中，公权力和私人间各种纷繁复杂的合作都常常被定义为 PPP"。因此，"公私合作在德国更多的是被作为一项集合性概念，包含了所有'公私之间自愿的、正式的和长期的，以共担责任、通过纳用私人资源来完成公共任务为目标的合作'"。❶ 任何涉及市场主体参与投资和运营的公共基础设施项目，无论期限长短，都被纳入 PPP 范畴，也因此被称为广义 PPP。从广义上定义 PPP，尽管使得 PPP 具有很强的包容性，但也导致一些误解的出现，例如，混淆了 PPP 与私有化的区别。前述世界银行采用"私有化类"PPP 的概括即容易使人产生误解，认为 PPP 等同于私有化。PPP 与私有化有着实质上的区别，"私有化是指一项资产的所有权转让给私人部门，由诸如公用事业委员会等机构对其进行监管，而 PPP 是公共部门和私人部门合作的一种制度安排，依据合同法通过合同对双方权利义务进行约定"。❷ 因此，以私有化这一概念概括 PPP 类型，缺少合理性和准确性。

狭义上的 PPP 是指政府和社会资本合作进行的基础设施建设，在英美法系国家也被称为"公私合伙制"或"公私合作关系"，将政府不参与的私有化模式排除在外。据此，有时人们也会从"公私合作"这一视角定义 PPP，即 PPP 是"政府与私人部门为提供公共产品或服务而建立的'全过程'合作关系，以

---

❶ 赵宏：《德国公私合作的制度发展与经验启示》，载《行政法学研究》2017 年第 6 期。

❷ 翁燕珍：《英国公路基础设施运用 PPP 模式的做法及经验》，载 http://www.cnbridge.cn/html/2017/zhuanjia_1226/463.html，2019 年 8 月 10 日访问。

授予特许经营权为基础，以利益共享和风险共担为特征，通过引入市场竞争和激励约束机制，提高公共产品或服务质量和供给效率"。❶

自 20 世纪 90 年代英国提出 PPP 概念并将之运用到实践之后，PPP 概念在其他国家逐渐得到了认同与广泛的适用。PPP 模式除了在基础设施建设中被采用，在环境、体育、文化、养老、医疗、卫生等公共服务领域也被广泛适用。为界定 PPP 的范围并鼓励其在本国的发展，许多国家制定了以 PPP 为核心模式的法律法规，如德国制定了《公私合作促进法》《公私伙伴关系加速推动法》，❷ 韩国制定了《民间参与基础设施法》。许多发达国家设立了专门的 PPP 项目管理机构并赋予其相关的管理职能。例如，英国 PPP 项目管理机构为基础设施局，其主要工作是指导、协调 PPP 公私合作事宜，制定 PPP 文件；澳大利亚设立了 PPP 项目管理局，其主要职责为审核项目，进行 PPP 项目的决策及技术方面的指导等；德国设立了 PPP 管理委员会，负责对项目实施监管；美国建立了全国公私营机构合作委员会（NationalCouncil for PPP，NCPPP），其基本职责是保证 PPP 项目的顺利实施。

我国自 1984 年开始在基础设施建设中采用 PPP 模式。为推动 PPP 模式的发展，各级财政机构均建立了专门的部门或中心，从组织、技术等方面为 PPP 发展提供支持。为实施"一带一路"倡议，拓展 PPP 模式在"一带一路"共建国家的运用，2017 年国家发展和改革委员会（以下简称国家发展改革委）同外交部、生态环境部、交通运输部、中国铁路总公司等 13 个部门和单位共同建立了"一带一路"PPP 工作机制，以加强与共建国家在基础设施建设方面的合作，鼓励和帮助中国企业投资海外基础设施建设。

为促进和规范 PPP 的发展，相关政府部门发布了一系列规范性文件，如2014 年 9 月 23 日，财政部颁布了《关于推广运用政府和社会资本合作模式有关问题的通知》（财金〔2014〕76 号，已失效），提出要拓宽城镇化建设融资渠道，促进政府职能加快转变，尽快形成有利于促进政府和社会资本合作模式（PPP）发展的制度体系。2014 年 11 月 26 日，国务院发布了《关于创新重点领域投融资机制鼓励社会投资的指导意见》（国发〔2014〕60 号），强调"迫切

❶ 《成都政府工作报告》，载《华西都市报》2015 年 1 月 22 日。

❷ Christopher H. Bu. Future Directions in Public Service Partnership in the EU, *European Business Law Review*, Vol. 24, Issue 1, 2013. pp. 6 – 19.

需要在公共服务、生态建设、基础设施等重点领域进一步创新投融资机制，发挥社会资本，特别是民间资本的积极作用"。2014 年 12 月 2 日，国家发展改革委发布了《关于开展政府和社会资本合作的指导意见》（发改投资〔2014〕2724 号），进一步明确了 PPP 的适用范围和相关的一些问题，提出了建立 PPP 项目库的意见。2015 年 3 月 10 日，国家发展改革委、国家开发银行联合发布了《关于推进开发性金融支持政府和社会资本合作有关工作的通知》（发改投资〔2015〕445 号）。2015 年 4 月 21 日，国家发展改革委和财政部发布了《关于运用政府投资支持社会投资项目的通知》（发改投资〔2015〕823 号）。2016 年 8 月 10 日，国家发展改革委颁布了《关于切实做好传统基础设施领域政府和社会资本合作有关工作的通知》（发改投资〔2016〕1744 号）。2017 年 4 月 25 日，国家发展改革委发布了《政府和社会资本合作（PPP）项目专项债券发行指引》（发改办财金〔2017〕730 号）。

上述规范性文件从不同的角度为社会资本参与基础设施建设，拓宽政府和社会资本合作（PPP）项目融资渠道，提高社会资本投资回报等作出具体的规定。在发布了各种指导意见的同时，有关 PPP 的相关立法工作也逐渐展开。一系列政策与措施的实施，为国内 PPP 模式的发展奠定了良好的基础。PPP 已经成为我国基础设施建设的基本模式。

2. PPP 模式的特点与优势

一个完整的 PPP 项目从项目可行性评估开始，经过招投标、合同签订、筹集资金、项目建设、项目验收和项目运营等运行环节，是一揽子工程建设模式。PPP 模式具有涉及关系复杂、投入大、风险高、回报慢等特点。这些特点与前述基础设施项目建设特点是一致的。除此之外，PPP 模式还有许多自己的特点。"PPP 模式打破了过去认为只能由政府运用财政资金来做公共基础设施、公共工程、公共服务项目的传统认识框架"，不仅提供了一种新的融资模式，还创新了管理模式和社会治理机制。❶ PPP 被普遍认为是一项新的制度供给。

（1）PPP 项目最显著的特点是"公私合作"。

政府为满足社会需要而动员和利用社会资本参与基础设施建设，政府与市场主体形成了"利益共享、风险共担、全程合作"的伙伴合作关系。解决了资

---

❶ 贾康：《PPP 机制创新的三大正面效应》，载《先锋》2015 年第 3 期，第 40 页。

金对政府建设基础设施的困扰，使其能够履行应有的提供公共产品的职能，缓解政府财政压力。与此同时，市场的作用也得到了有效的发挥，社会资本投向了公共产品领域，实现了公共产品建设的市场化。因此，PPP 模式得到了许多国家的认同。如前所述，我国也非常重视社会资本对公共产品的作用，政府通过引入社会资本和市场机制，促进重点领域建设，增加公共产品有效供给，提高公共资源配置效率。在 PPP 模式中政府和投资者之间的关系发生了一定的变化。在传统的基础设施建设过程中，政府只是管理者，投资者只是被管理者，两者之间始终体现为管理与被管理关系。但在 PPP 模式中，双方则形成了互利合作关系，政府不仅为管理者，还是项目的参与者，始终关注项目的进展，社会资本在技术、管理、融资等方面的优势也能得到充分的展示。

（2）减少社会资本投资风险，实现利益共享。

PPP 项目建设与运营的时间长，无论是投资者还是政府都无法准确预测未来，因此，实践中多采取动态分担风险的做法，如采取上下限对称原则和动态调节机制等。此种风险承担机制有效减轻了社会资本的压力与对风险的担心，因而促进了社会资本投资基础设施项目。绝大多数 PPP 项目采取了投资者与项目所在国政府共同出资建设，双方按协议达成的比例分享项目收益、承担项目风险的做法，而且风险承担是随着项目的进展进行调整的。

（3）明确的产出要求及绩效指标，提高了项目的收益率。

PPP 项目立项之后，投资者即全程参与项目可行性研究、工程设计、项目融资、项目建设的整个过程，非常了解整个项目的情况，有助于减少项目工作周期，降低相关费用。PPP 合同也会对项目各项具体指标予以明确。投资者只要按照合同约定建设和运营项目，即应实现预期指标。同时，政府对于投资者的支付与投资者的绩效相关联，投资者的回报取决于项目的实际完成情况，由此也会鼓励投资者积极采取措施，提高工作效率。

（4）提高了项目的执行力。

PPP 模式使得政府与社会资本结合在一起，能够实现优势互补。社会资本的高效率可以带动整个项目的快速推进，改变了在传统的基础设施建设过程中，由于项目的非营利性，项目建设往往效率低下的局面。社会资本在获得了政府的支持，特别是获得了特定的优惠政策之后，也在无形中提升了商业信用，增强了融资能力，项目的执行力大大增强。

（5）其他方面的作用。

PPP 模式将社会资本的作用提高到新的高度，可以强化社会资本的全球化竞争意识，增强其核心竞争力，可以将更多的资源用于研发与创新上。

PPP 模式不仅解决了政府在基础设施建设上资金不足这一关键性问题，而且实现了政府与社会资本之间的平等合作，这种伙伴合作关系使双方达到了比单独行动更大、更明显的效果，实现了政府更少的财政支出、企业更少的投资风险的双赢目标。因此受到许多国家，特别是发展中国家的重视。例如，2015年越南颁布了《关于按公私合营模式融资政府议定》，对如何吸引私人投资者参与 PPP 项目，以补充财政资金的不足作出规定。❶ 2020 年越南公布了《公私伙伴关系模式投资法（草案）》，其目的是在交通、能源、教育、电力等领域实行公私合作模式，支持个人、组织投资国家经济社会基础设施建设。

我国不仅在国内推广和广泛使用 PPP 模式，中国企业在海外投资的许多基础设施项目也采用了 PPP 模式，如雅万高铁即采取了 PPP 模式。PPP 模式的海外运用有助于提高中国在全球价值链中的地位。❷ 2017 年 5 月在北京举行的"一带一路"国际合作高峰论坛上，国家发展改革委和联合国欧洲经济委员会共同签署了《"一带一路"PPP 合作谅解备忘录》，就双方如何协同推进 PPP 模式达成了协议。

尽管 PPP 模式相较其他模式在基础设施建设方面有很多优势，但也存在明显的不足之处。由于基础设施项目投资额大、项目融资结构复杂、投资回收期长、利益相关者众多，PPP 项目也存在很多不确定因素，且项目本身直接与所在地的"公共利益"相关，极易受东道国法律和政策变化的影响。

3. PPP 的运行模式

通常来说，PPP 由项目所在地的政府部门或其授权的主体与投资者共同组建项目公司（Special Purpose Vehicle，SPV），由项目公司负责项目的设计、融资、建设和运营。根据政府与投资者订立的合作协议，双方依照一定的原则承担风险，获得利益。

---

❶ 黄思维等：《"一带一路"背景下越南公路建设投融资模式分析与建议》，载《交通企业管理》2018 年第 5 期，第 7 页。

❷ 卢一夫：《"一带一路"的 PPP 项目对中国全球价值链地位的影响》，载《经济研究导刊》2019 年第 16 期，第 48 页。

　　PPP 运行的基本模式如下：项目所在地政府通过招投标或其他形式选择投资者，投资者依照招标规则进行投标；如果中标，投资者与项目所在国政府进行协商并签订协议，共同或单独组建项目公司。项目公司负责项目的筹资、建设及项目的运营。项目公司可以自行建设和运营项目，也可以转给承包商和运营商进行建设或经营。运营期满后，将经营权及设施所有权移交给项目所在地政府。一般来说，投资者通过"使用者付费"及必要的"政府付费"等方式获得投资回报，政府部门负责确定基础设施及公共服务的价格和质量监管，在合作协议期满时取得基础设施所有权。PPP 项目主体与运行的基本模式如图 2 - 2 所示。❶

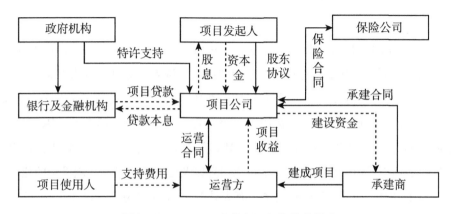

图 2 - 2　PPP 项目主体与运行的基本模式

　　实践中，根据不同项目的特点和规则可以比较灵活地运用 PPP 模式。但在程序方面，PPP 项目的确定一般需要通过资格预审、招投标、合同谈判和签订合同四个主要阶段。以英国伦敦外环高速公路即 M25 高速公路为例。首先进行资格预审。拟建设 PPP 项目的政府部门预先发布信息，将采购项目的基本情况，包括项目产出要求和说明、评估准则、资格预审公告等内容告知潜在的投标人，之后，再发布招标文件和投标要求，包含合同范本、投标说明和指南、项目的可行性设计方案、项目时间安排表等文件，以及提交投标文件的具体要求；投标人按照招标文件要求进行投标。招标人按照招标文件对投标人进行评估，确定候选人名单，再从候选人名单中确定最终中标者。整个过程都要求透

---

❶　摘自《PPP 项目合同指南（试行）》。

明地进行，"社会公众、政府官员、媒体都高度关注这类大型项目，私人部门将其资金投入这类项目时也都非常谨慎。因此，通过采取多种渠道、规范措施提高项目的透明度，满足各方的信息需求是英国在实践中的一块重要工作"。❶

在建设与运营方面，PPP 项目的具体运作模式也不相同。大致上可分为合同型与公司型两大类。合同型的 PPP 模式是以合同作为连接 PPP 项目各方的基础形式，通过 PPP 合同确定各方的权利与义务，各方按照合同约定完成各自承担的建设与运营工作；公司型的 PPP 模式是以建立项目公司的形式，即由政府部门与投资者共同组建特殊目的公司（Special Purpose Company, SPC）的形式，按照公司化运营模式建设和运营项目。

（二）BOT 模式

BOT（Build Operate Transfer，建设—运营—移交）模式，指一国政府或其授权的政府部门将基础设施建设和运营特许给投资者，通过投资者组建的项目公司进行建设和运营，以运营所获得的收益作为投资者的收益，并以此清偿项目所负债务，在特许权期限届满时项目公司将项目无偿移交给政府。BOT 项目期限一般为 20 ~ 30 年。BOT 模式由土耳其总理奥扎尔在 20 世纪 80 年代提出，之后主要用于发电、信息技术、给排水治理以及公路和桥梁等基础设施的建设。

对于 BOT 与 PPP 之间的关系，有人认为 BOT 是独立于 PPP 的一种模式，也有人认为 BOT 模式就是 PPP 模式，BOT 实际上是 PPP 的最初形式。如果从 PPP 模式为公共设施建设的私人参与这一角度，BOT 应属于 PPP 模式的一个类型。但鉴于 BOT 是早期公共基础设施建设的基本模式，具有代表性，并在实践中被广泛采用，本文还是单独将其列出进行分析。

我国第一个 BOT 基础设施项目是 1984 年深圳的沙头角 B 电厂，由香港合和实业公司和中国发展投资公司等作为承包商与广东省政府合作投资建设。之后，我国陆续使用 BOT 模式进行基础设施建设。比较典型的案例是 1995 年广西来宾电厂二期工程。该项工程是安装两台 36 千瓦的进口燃煤机组，总投资为 6.16 亿美元，其中 25% 为股东投资，由法国电力国际和通用电气阿尔斯通公司各占 60% 和 40%，出资额作为项目公司的注册资本；其余 75% 的资金通过项目

---

❶ 翁燕珍：《英国公路基础设施运用 PPP 模式的做法及经验》，载 http://www.cnbridge.cn/html/2017/zhuanjia_1226/463.html，2019 年 8 月 10 日访问。

融资方式筹措。项目融资贷款由法国东方汇理银行、英国汇丰投资银行及英国巴克莱银行组成的银团联合承销，其中 3.12 亿美元由法国对外贸易保险公司提供出口信贷保险。项目特许期为 18 年，其中建设期为 2 年 9 个月，运营期为 15 年 3 个月。广西建设燃料有限责任公司向项目公司供应发电所需燃煤，广西电力公司向项目公司购买每年 35 亿千瓦时（5000 小时）的最低输出电量（超发电量只付燃料电费）。特许期满后，项目公司将电厂无偿移交给了广西壮族自治区政府。广西来宾电厂二期工程是一个成功采用 BOT 模式建设的基础设施项目。国内外很多采取 BOT 模式建设的电站项目均获得了成功，达到或接近了投资的预期利润率。

BOT 模式多用于投资额度大、期限长的项目。从 BOT 项目的确立到特许期满，通常需要十几年或几十年的时间。马来西亚南北高速公路项目的特许经营期即为 30 年。该项目也是实行 BOT 模式的成功案例。该高速公路全长 800 千米，由 United Engineer 公司组建的普拉斯公司作为项目公司，负责筹资、设计、建造与经营。马来西亚政府与普拉斯公司签订了固定总价格合同，然后由普拉斯公司与分包人再签订固定总价合同。项目总投资 18 亿美元，其中的 90% 来自银行贷款。资金筹措采取了传统的资本结构，包括负债与权益资本两部分。马来西亚政府提供了 2.35 亿美元的援助性贷款。项目发起人采用现金方式支付分包人合同总价的 87%，另外 13% 作为分包人的入股资金，在项目完工后再予以转让。该种措施有效缓解了现金紧缺，避免了权益资金的风险。

中国企业在国外投资建设的许多项目采用了 BOT 模式。例如，2001 年中国电力进出口公司改建的柬埔寨基里隆水电站工程、中国水利水电建设集团国际工程公司投资建设的柬埔寨甘再水电站项目、2011 年中国铁路工程总公司与缅甸铁道运输部计划修建的缅甸皎漂—中国昆明的铁路项目。在最后一个项目中，中方负责筹措大部分建设资金，并拥有 50 年铁路运营权。

概括已有案例可见，BOT 模式具有以下明显优势：首先，以项目公司的营业收入作为清偿债务的保障，贷款人着眼于项目的收益而不是投资者的信用向项目公司贷款，既减少了融资者的融资风险，降低了经营成本，也减少了必须由第三方担保的问题。其次，项目公司作为独立法人，在不违反与政府所签订的协议的前提下，可以自主进行经营活动，不受政府的干涉。最后，贷款的偿还依靠项目经营获得的收益，且绝大多数情况下贷款人行使有限追索权，即使项目的收益过低而无法清偿贷款，也不能对投资者进行追索，投资者的投资风险有限。这些特点使其与 PPP 模式相区别。虽然在 PPP 项目下建立的项目公司也独立运营，但是，政府方对项目的监管还是比较严格的。PPP 模式通常需要股本投资和项目融资的结合。在大多数情况下，股本投资占项目投资总额的三分之一，其余三分之二资金须通过项目进行融资，投资者的风险比较大。

BOT 模式也有明显的缺点：对项目发起人而言，融资的成本比较高、周期长，收益存在不确定性，具有一定的风险；由于 BOT 项目在国外运营，投资者很难对其进行控制，尽管项目建成之后项目公司拥有较长时间的经营权，但仍然经常出现无法获得预期收益的情形。正因为有这样一些风险，所以一些国家会给予 BOT 项目以各种优惠。如在越南，以 BOT 方式投资建设（如公路、桥梁等）基础设施，投资者可享受免交项目土地租金以及其他优惠待遇。❶

项目所在地政府与投资者达成的特许经营协议是建设与运营 BOT 项目的依据。有人将 BOT 模式称为"暂时私有化"（temporary privatization）过程，是因为投资者从项目所在国政府获得了建设和运营项目的特许经营权，该经营权赋予了投资者在项目建设和运营期间独自使用项目资产进行各项经营行为的权利。

以 BOT 模式为基础，根据不同项目的特点与需要，实践中产生了 BOT 模式的一些变形。比较常见的变形如下：

（1）BT（Build–Transfer，建设—转让）模式，即交钥匙模式。

基础设施项目建成后即由项目公司转让给政府，项目公司不进行项目的运营。该种模式避免了项目实际运营中可能出现的各种风险，项目公司向政府交付完工的工程，政府即需要依照合同约定支付全部或绝大部分项目款，因此项目公司的收益能够得到保证。实践中，如果政府支付项目款存在困难，也有采用资源和能源或其他实物进行支付的案例。

（2）BLT（Build–Lease–Transfer，建设—租赁—转让）模式。

项目公司负责项目的融资和建设，项目建成后租赁给政府指定的部门或机构，该部门或机构运营租赁的项目，在租赁期内获得的收益以租金形式支付给项目公司，项目公司回收建设成本并获得合理的回报。租赁期结束后，项目公

---

❶ 黄思维等：《"一带一路"背景下越南公路建设投融资模式分析与建议》，载《交通企业管理》2018 年第 5 期，第 7 页。

司将项目所有权移交给政府。项目公司在项目租赁期间负责项目的质量保证以及质量修复责任。

（3）BOO（Build－Own－Operate，建设—拥有—运营）模式。

投资者或项目公司负责项目的建设和运营，项目公司拥有项目所有权，一般不需要在合同期满时将项目移交给政府，但须接受合同中关于保证公益性条款的约束。如中国电力建设集团建设的巴基斯坦卡西姆港项目即采用 BOO 模式。整个项目的规划、设计、采购、施工与运营均由中国电力建设集团负责，项目建设期为 36 个月，商业运行期为 30 年，期满后可向巴方政府申请继续运营。❶

（4）BOOT（Build－Own－Operate－Transfer，建设—拥有—经营—转让）模式。

项目公司负责项目的建设。在项目建成后，项目公司在规定的期限内享有项目的所有权，并运营项目。运营期限届满后，项目公司将项目移交给政府。如中国化工集团采用 BOOT 模式建设和运营了印度尼西亚投资的联合循环电厂项目。在我国承建的国外高铁项目中，一些项目也采用了 BOOT 模式。实践中，BOOT 也可能被修改为（Build－Operate－Own－Transfer，建造—运营—拥有—移交）模式。

（5）TOT（Transfer－Operate－Transfer，转让—运营—移交）模式。

社会资本或项目公司有偿受让政府转让的存量资产所有权，并负责运营、维护和提供用户服务，合同期满后，将资产及其所有权等移交给政府。如果在此种模式下增加改扩建等内容，即成为 ROT（改建—运营—移交）模式。在此模式下，在项目运营过程中资产的所有权属于项目公司，项目期满后转移给政府。

其他的变体还有 LOT（租赁—运营—移交）、BDBOO（收购—设计—建造—运营—拥有）、DBFO（设计—建造—融资—移交）、DBROO（设计—建造—租用—运营—拥有）、DBLOT（设计—建造—出租—运营—移交）、DBROT（设计—建造—租用—运营—移交）、TOT（移交—运营—移交）等多种模式。

---

❶ 《项目案例——巴基斯坦卡西姆港燃煤电站 PPP 项目》，载 http://www.sgcio.com/jyxxhlw/33770.html，2019 年 7 月 2 日访问。

（三）EPC 模式

EPC（Engineering Procurement Construction，设计—采购—施工）模式由承包商承担工程项目的设计、采购、施工和试运行服务，俗称交钥匙总承包模式。该模式是大型基础设施项目建设工程最常采用的模式。许多大型基础设施项目技术复杂，工期要求紧，采购量大，项目管理难度大，而一些国家在项目设计和管理等方面均存在困难，因此，愿意采用 EPC 模式。蒙内铁路就是采用 EPC 总承包模式建设的，从项目的可行性研究报告开始，整个过程包含了初步设计、施工图设计、线下工程实施、铺架、站房施工到线上三电工程采购安装、机车车辆供应到最后联调联试。

EPC 模式的优点在于设计、采购、施工一体化，承包商不受发包方的制约，能够自主控制项目，自主协调在项目进行中产生的各种关系，可以从整体上对项目进行优化配置，如可以进行交叉作业，发挥交叉作业的优势，有效缩短建设周期；有效控制工程造价，增大利润空间等。与此相对应，承包商对其承包工程的质量、安全、工期、造价等全面负责，风险也随之增加，特别是在进行招标时，EPC 项目工程设计尚未进行，承包人在之前的投标报价可能缺少确定的依据，因而出现工程总价与实际资金需求出现极大差额等情形。EPC 项目下的责任及风险基本上由承包商承担，因而发包方实现了责任与风险的最小化。

在 EPC 模式下，实践中也会根据项目的具体情况，采取一些变通做法。

EPCM（Engineering – Procurement – Construction – Maintenance，设计—采购—施工—维护）模式是业主通过招标确定承包商，承包商与业主直接签订合同，全面负责工程的设计、材料与设备的供应、施工管理，承包商再通过招标为业主选择或推荐分包商完成设计、采购、施工等工作。分包商与业主签订分包合同，但接受承包商的管理，对承包商负责。

EPC + O&M（Engineering – Procurement – Construction – Operation & Maintenance，设计—采购—施工—运营 & 维护）模式，承包商不仅承担工程项目的设计、采购、施工和试运行，还负责项目的运营和维护，这对于那些技术相对落后、劳动力素质不够高的发展中国家是非常有益的。沙特麦加轻轨项目即采用了该种模式，由中国铁建负责设计、采购、施工以及系统（包括车辆）安装调试，进行运营与维护，最后将项目交付给沙特阿拉伯政府。

F + EPC（Finance – Engineering – Procurement – Construction，融资—设计—

采购—施工）模式，即融资总承包模式，在 EPC 模式基础上，增加承包商的融资义务，将项目融资与项目建设整合到一起，适用于业主缺少资金、投资大、技术比较复杂的项目。土耳其安伊高铁二期工程项目采用了该种模式。由于承包商承担了融资的责任，F + EPC 模式对承包商的融资能力及运营管理能力要求比较高。但承包商也因此可以更全面地了解项目，合理安排设计、采购和施工各个阶段的工作。

在 F + EPC 模式的基础上，还可以增加 O&M（Operation&Maintenance），亚吉铁路即采用了 F + EPC + O&M 建设模式。

（四）其他模式

在上述基础设施项目建设模式外，实践中，还会采用其他的一些模式。

1. DB 模式

DB（Design – Building，设计—建设）模式，即项目的设计和施工同时进行，而且可以由一个承包商进行设计与施工。采用此种模式，承包商可以比较好地控制项目的进度。但如果在施工时项目设计尚未完成，成本没有完全确定，极易产生问题。

2. DBB 模式

DBB（Design – Bid – Build，设计—招标—建设）模式，即项目设计和施工分离，业主在项目已经确定并具有详细的工程设计之后才进行招投标，然后进行工程建设。DBB 模式是国际上通用的传统项目管理模式，在公共交通领域的应用比较广泛。

3. DBFO 模式

DBFO（Design – Building – Finance – Operation，设计—建设—融资—运营）模式，即项目公司负责项目的设计、建筑、融资和运营，向项目使用者收取费用，或者政府向项目公司支付运营费用。项目特许经营期结束后，基础设施的所有权转归政府。

4. FEED 模式

FEED（Front End Engineering Design，前端工程设计）模式，即承包商在业主没有给出项目参数和设计的情况下，独自进行风险评估、设计并施工。这种模式多用于石油天然气开采项目。

5. O&M 模式

O&M（Operations&Maintenance，委托运营）模式，即政府保留公共基础设施的所有权，将运营与维护委托给社会资本或项目公司，政府则向社会资本或项目公司支付委托运营费用。

6. MC 模式

MC（Management Contract，管理合同）模式，即政府保留公共基础设施的所有权，将运营与维护委托给社会资本或项目公司，由后者向基础设施使用者提供服务，政府则向社会资本或项目公司支付委托运营费用。

7. PFI 模式

PFI（Private Finance Initiative，私人融资活动）模式，也称政府购买服务的私人融资计划模式，是指政府从社会购买服务，主要用于社会福利性质的建设项目，如教育或民用建筑物、警察局、医院能源管理或公路照明，以及公路、监狱和医院等。基础设施建设相对完善的发达国家经常采用 PFI 模式。虽然不同国家使用 PFI 的领域不同，但其主要被用于社会福利、环境保护和基础设施建设。

以上各种基础设施建设模式各有利弊，投资者需要根据项目性质和具体情形，特别是项目所在国家的情况作出选择。基础设施项目的投建营一体化要求承包商具有很强的能力，如果不能很好地把控其中的任何一个环节都可能因此前功尽弃。例如，在沙特麦加轻轨项目中，设计分包商由业主指定，中国铁建没有能够掌握项目设计上的主动权，导致其无法通过优化设计来降低项目成本。设计内容又对设备采购形成制约，很多设备由沙特业主自主采购完成，中国铁建也因此丧失了设备采购权。业主采购的设备价格远高于中国铁建的预期，增加了项目成本，因此产生了很大的损失。由此可见，中国企业在投资海外基础设施项目时需要审慎决定采用哪种建设或运营模式，以便能够有效控制项目的建设和运营。

三、中国企业投资海外基础设施项目涉及的主要合同与基本内容

海外基础设施建设涉及多方利益主体，因此形成了复杂的运作程序，多方利益主体的参与和复杂程序使海外基础设施项目建设需要不同形式和内容的协议加以调整。

项目参加方通过签订一系列合同来确立和调整相互之间的权利与义务关系。

政府与社会资本之间，项目公司的股东之间，项目公司与项目融资方、承包商、专业运营商、原料供应商、产品或服务购买方、保险公司以及其他参与方之间都需要通过签订相关的合同，如 PPP 项目合同、股东协议、融资合同、保险合同以及工程承包合同、运营服务合同、原料供应合同、产品或服务购买合同等确立相互间的权利与义务关系，因而在项目参加方之间形成了错综复杂的法律关系。以英法海底隧道项目为例。该项目是利用社会资本建造的跨国合作工程项目，涉及众多的"干系人"和"当事人"，包括英、法两国和当地政府的有关部门，欧洲多国和美、日等多家贷款银行，上万个股东，许多建筑公司和供货厂商。从法、英两国签订关于隧道连接的坎特布利条约到正式通车，历时 8 年多，耗资约 100 亿英镑。管理的复杂性给合作和协调带来了很多困难，"工程技术问题相对来说解决得比较顺利，主要困难来自组织机构、合同和财务方面"。❶

　　基础设施项目建设中的参加方之间形成了不同性质的合同关系，并以此构成一个完整的合同群。各合同之间既相互联系，紧密衔接，又各自独立，有特定的主体、内容和权利义务，确立和调整基础设施建设与运营中主体之间建立的特定关系。由于各项合同之间存在紧密的联系，一项合同项下的履行出现问题，即可能影响到其他合同的履行，并发生连锁反应。例如，分包合同的履行出现问题，会影响到总承包合同的履行，进而影响到基础设施合同的履行。

　　出于行文的考虑与具体内容的需要，本书所称"政府"应为广义上的概念，即包括了中央政府、地方政府以及政府授权的项目实施机构，但如果没有特指，书中所称"政府"为"中央政府"。如果仅从合同相对人角度论述政府的权利与义务，则在行文中称其为"政府方"。因为海外基础设施项目所在地国家为投资东道国，本书在讨论投资者与政府的关系时，也会称东道国或东道国政府。

　　本书的研究内容为政府违约问题，因此，对于基础设施项目建设与运营中涉及投资者与政府之外的合同关系不进行探讨。上述各项合同中，政府可能违反的合同主要为 PPP 项目合同、特许经营协议、购买服务、股权合作以及担保合同。❷

---

❶ 《国外代表性 PPP 项目案例英法海底隧道 PPP 模式》，载 https://www.docin.com/p - 3282821097.html，2019 年 12 月 9 日访问。

❷ 在伊拉克电力项目中，项目公司所签订的特许经营协议、购电协议、租地协议等合同的相对方均包括伊拉克政府机构。参见张晓慧、丘健雄、程丹：《"走出去"PPP 项目中合同群争议解决机制》，载《国际工程与劳务》2018 年第 7 期，第 60 页。

以下仅对这几类合同及其内容进行概括性分析。

（一）PPP 项目合同

PPP 项目合同是指政府或政府授权机构（以下简称政府方）与社会资本方❶依法就 PPP 项目合作所订立的合同。❷ 由于订立合同时，项目所处地域、行业、市场环境等不同，每一项合同的内容也不相同。

由于目前基础设施建设主要采取 PPP 模式，PPP 项目合同成为最常使用的合同。为指导 PPP 项目合同的订立，2015 年 1 月财政部发布了《PPP 项目合同指南（试行）》，对 PPP 项目合同中涉及的重点问题的解决作出指引。虽然该指南为国内政府部门发布的指导性文件，是为我国政府与社会资本之间订立的 PPP 项目合同提供指导，但对于中国企业与外国政府之间订立基础设施项目合同亦有重要的参考性意义。因此，本部分以该指南为依据和主要参考，解析 PPP 项目合同的基本内容。

1. PPP 项目合同主体

如前所述，基础设施项目参加方众多。在 PPP 项目合同中，涉及的参与方如图 2 - 3 所示：❸

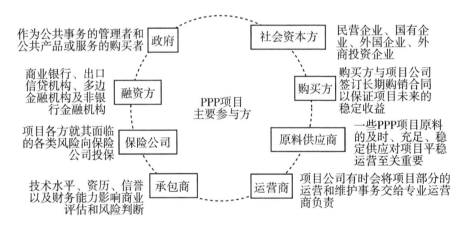

图 2 - 3　PPP 项目合同的主要参与方

---

❶ 根据行文的需要与所述内容的不同，本书在使用社会资本时，可能采用市场主体、社会资本及项目公司等称谓指代社会资本。

❷ 参见《PPP 项目合同指南（试行）》编制说明。

❸ 本图摘自万俊伟《PPP 项目合同的政府承诺研究》，北京建筑大学 2018 年硕士学位论文，第 10 页。

在这些众多的参与方中，核心主体是政府方与社会资本方，其他参与方都是因为政府方与社会资本方订立的 PPP 项目合同而进入 PPP 合同链条中来的。

在我国，政府主体一般应是具有相应行政权力的机构或其授权的实施机构。依照《PPP 项目合同指南（试行）》的规定，政府作为 PPP 项目合同的一方，通常根据政府职权分工，由项目所在地相应级别的政府或者政府授权机构以该级政府或该授权机构自己的名义签署。例如，某省高速公路项目的 PPP 项目合同，由该省交通厅签署。❶

社会资本是 PPP 项目的实际投资人。《PPP 项目合同指南（试行）》将社会资本定义为"依法设立且有效存续的具有法人资格的企业，包括民营企业、国有企业、外国企业和外商投资企业"。❷ 在《国家发展和改革委员会关于开展政府和社会资本合作的指导意见》（发改投资〔2014〕2724 号）之附件《政府和社会资本合作项目通用合同指南》（以下简称《通用合同指南》）中，除明确签订项目合同的社会资本主体应为符合条件的国有企业、民营企业、外商投资企业之外，还将混合所有制企业或其他投资、经营主体列入社会主体的范围。这些企业应为"建立现代企业制度的境内外企业法人"。❸

社会资本参与 PPP 项目主要采用两种方式：一是通过参与公开招标，获得中标人资格后，以发起人身份设立项目公司；二是通过受让股权或者新增股东的方式参与到政府方发起设立的项目公司中。在基础设施项目建设中，社会资本通常不会直接作为 PPP 项目的实施主体，而是作为投资人筹建项目公司，与政府方签订意向书、备忘录或者框架协议，来确定其投资者的地位。

项目公司可以由社会资本出资设立，也可以由政府和社会资本共同出资设立。但依照《PPP 项目合同指南（试行）》的规定，政府在项目公司中的持股比例应当低于 50%，且不具有实际控制力及管理权。项目公司是依法设立的具有自主运营、自负盈亏的独立法人资格的经营实体，在整个基础设施建设过程中处于核心地位，项目公司成立之后，独立于社会资本运营。作为 PPP 项目合同及与项目相关的其他合同的签约主体，项目公司与政府签署 PPP 项目合同，或者对政府与投资人之前签署的各项协议予以确认或补充。

---

❶ 参见《PPP 项目合同指南（试行）》第一章"第一节　PPP 项目主要参与方"。
❷ 参见《PPP 项目合同指南（试行）》第一章"第一节　PPP 项目主要参与方"。
❸ 参见《通用合同指南》第 7 条。

2. PPP 项目合同的属性

PPP 项目合同是规范政府方与社会资本方关系的基础合同，"政府方与社会资本方的权利义务关系以及 PPP 项目的交易结构、风险分配机制等均通过 PPP 项目合同确定，并以此作为各方主张权利、履行义务的依据和项目全生命周期顺利实施的保障"。❶ 图 2 - 4 为 PPP 项目涉及的主体签订的主要合同。❷

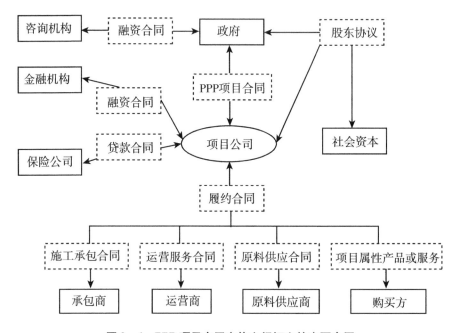

图 2 - 4　PPP 项目合同主体之间订立的主要合同

PPP 项目合同将融资合同、承包合同等合同联系起来，由此确定了 PPP 项目合同在系列合同中的基础和核心地位，❸ 决定和制约着其他合同的内容。PPP 项目合同的履行也会影响其他合同的履行。

PPP 项目合同中，一方主体为政府，不同于两方均为一般商事主体之间订立的合同，由此也产生了对 PPP 项目合同性质的不同认识。近些年，在我国，关于 PPP 合同的法律性质主要有以下几种观点：

---

❶ 参见《PPP 项目合同指南（试行）》编制说明。

❷ 本图摘自万俊伟《PPP 项目合同的政府承诺研究》，北京建筑大学硕士学位论文，2018 年，第 12 页。

❸ 参见《PPP 项目合同指南（试行）》编制说明。

（1）PPP项目合同为行政合同。

该观点认为，虽然合同是在双方协商的基础上订立的，但合同一方为政府行政机关，合同订立的目的是实现政府行政管理职能，在合同内容上也可能出现政府享有行政优益权等内容。如果在合同履行过程中产生了纠纷，有些当事人通过行政复议、行政诉讼等途径予以解决。由此，从签订合同的主体、订立合同的目的、订立合同的基础、合同的内容、纠纷解决途径等方面均表明应该将PPP项目合同定性为行政合同。

（2）PPP项目合同为民事合同。

虽然政府与社会资本不同，但两者并不是隶属关系，而是一种合作关系。通过合同的订立，政府获得社会资本对公共基础设施建设的投资，社会资本则通过资金、技术、劳务的投入，获得一定的收益。合同是在双方平等协商的基础上订立的，通过协商，政府方与社会资本方在项目出资、股权转让、服务质量与标准、收益取得方式、履约担保、风险分担、承诺与保障等方面达成一致，确定各自的权利与义务。从合同订立的目的、形式、内容等方面可以认为，PPP项目合同属于民事合同。将PPP项目合同视为民事合同，可以避免政府单方面变更或解除合同，只有在法律明确授权的情况下政府才享有"行政优益权"。❶

（3）PPP项目合同兼具民事性质和行政性质。

因为PPP项目合同"虽有政府及社会资本平等协商达成的大部分民事权利义务内容，但其中也有赋予政府单方解除权、单方定价权等内容，部分涉及特许经营项目的PPP合同还具有行政许可的内容。因此，不能简单地将PPP合同定性为民事合同或者行政协议"。❷

与此观点具有共通之处，有学者提出，PPP项目合同的本质属性是具有行政法因素的民事合同。正确地识别出PPP项目合同中的行政法因素才是关键。在PPP项目合同中实现约定事宜与法定职权事宜的分离，进而对合同争议进行准确识别并采取不一样的救济方式，是具有十分重要的实践价值的。❸

---

❶ 崔建远：《行政合同族的边界及其确定根据》，载《环球法律评论》2017年第4期，第29页。

❷ 丁建勇：《PPP合同的法律性质及争议解决方式探析》，载《人民法治》2018年第5期，第27页。

❸ 黄建球、谭慧仪、刘明鸿：《PPP项目合同的性质及争议解决机制问题研究（下）》，载http：//www.360doc.com/content/22/0124/00/70808058_1014638067.shtml，2021年4月15日访问。

（4）PPP 合同为一种新的合同类型。

由于"PPP 模式中公共部门与私人部门之间的合作伙伴关系注定了其制度设计无法在'公法'与'私法'之间进行简单归类"，❶ 而对"作为基础性协议的 PPP 项目合同来说，其同时包含有公法性与私法性因素在内就应当是一种常态。单纯认定其具有某一方面法律性质的观点，都是难以成立的"。❷ 因此，应把政府和社会资本合作项目合同"从行政合同与民商事合同的概念体系中独立出来，形成一种新的合同类型"。❸

对于 PPP 项目合同属性的不同观点也在法律、法规与规范性文件中反映出来。《通用合同指南》《PPP 项目合同指南（试行）》及 2016 年财政部发布的《政府和社会资本合作法（征求意见稿）》均认定 PPP 项目合同具有民事合同的属性，强调了合同各方为平等主体，是"以市场机制为基础建立互惠合作关系，通过合同条款约定并保障权利义务"。❹ "政府和社会资本合作应当遵循诚实守信、平等协商、风险分担、互利共赢、公平竞争的原则，合作各方的合法权益受平等保护。"❺ 但是，2017 年 7 月国务院法制、国家发展改革委、财政部起草的《基础设施和公共服务领域政府和社会资本合作条例（征求意见稿）》没有明确 PPP 合同属性，却在争议解决章节中规定，社会资本对行政机关具体行政行为不服的，可以提起行政复议或行政诉讼，对于其他 PPP 合同履行过程中出现的争议可以采取仲裁或诉讼等方式解决。这在事实上认可了 PPP 合同兼具民事性和行政性双重属性。❻《通用合同指南》强调了合同各方的平等主体地位。《PPP 项目合同指南（试行）》也认为，PPP 从性质上属于政府向社会资本采购公共服务的民事法律行为，构成民事主体之间的民事法律关系。同时，政府作为公共事务的管理者，在履行 PPP 项目的规划、管理、监督等行政职能时，与社会资本之间构成行政法律关系。❼

---

❶ 胡改蓉：《PPP 模式中公私利益的冲突与协调》，载《法学》2015 年第 11 期，第 40 页。

❷ 刘飞：《PPP 协议的法律性质及其争议解决途径的一体化》，载《国家检察官学院学报》2019 年第 4 期，第 101 页。

❸ 江国华：《政府和社会资本合作项目合同性质及争端解决机制》，载《法商研究》2018 年第 2 期，第 7 页。

❹ 参见《通用合同指南》编制原则第 2 项。

❺ 参见《政府和社会资本合作法（征求意见稿）》第 4 条。

❻ 丁建勇：《PPP 合同的法律性质及争议解决方式探析》，载《人民法治》2018 年第 5 期，第 27 页。

❼ 参见《PPP 项目合同指南（试行）》编制说明。

在司法实践中，不同法院对涉及基础设施建设的合同纠纷案件的性质也予以不同的认定。如四川巴万高速公路有限公司与巴中市人民政府之间有关仲裁协议效力的认定纠纷，北京市第二中级人民法院经审理确认仲裁协议有效，将双方之间的特许经营协议认定为民商事合同性质；❶ 在河南新陵公路建设投资有限公司与辉县市人民政府之间的合同纠纷管辖权异议案中，最高人民法院认为，新陵公路并不是无偿地向公众提供，双方之间的合同内容亦未涉及行政许可、审批本身，故将其定义为民商事法律关系。❷ 常州同济泛亚污水处理有限公司以常州市武进区人民政府为被告提起的诉讼，江苏省常州市中级人民法院裁定为行政诉讼，驳回了其民事诉讼请求。❸

笔者认为，上述有关 PPP 项目协议性质在理论上与实践中的不一致，主要源于对行政协议的概念和范围的不同理解。通常认为，行政协议的主体是行政机关，行政机关之间互相签订的协议无异为行政协议，而行政机关与私人之间缔结的协议是否属于行政协议则存在争议。为解决这一问题，2015 年 5 月 1 日实施的《最高人民法院关于适用〈中华人民共和国行政诉讼法〉若干问题的解释》（已失效）对"行政协议"进行了界定❹："行政机关为实现公共利益或者行政管理目标，在法定职责范围内，与公民、法人或者其他组织协商订立的具有行政法上权利义务内容的协议，属于行政诉讼法第十二条第一款第十一项规定的行政协议。"而"对行政协议提起诉讼的案件，适用行政诉讼法及其司法解释的规定确定管辖法院"。2019 年，最高人民法院发布《关于审理行政协议案件若干问题的规定》（法释〔2019〕17 号）进一步明确，"符合本规定第一条规定的政府与社会资本合作协议"即 PPP 项目纠纷为"行政协议"纠纷，按行政诉讼处理。据此可以认为，"政府与社会资本合作协议"是行政机关为了实现行政管理或者公共服务目标，与社会资本协商订立的协议属于行政协议。依照我国《行政诉讼法》（2017 修正）第 12 条规定："人民法院受理公民、法人或者其他组织提起的下列诉讼：……（十一）认为行政机关不依法履行、未按照约定履行或者违法变更、解除政府特许经营协议、土地房屋征收补偿协议等协议

---

❶ 北京市第二中级人民法院（2017）京 02 民特 11 号民事裁定书。

❷ 最高人民法院（2015）民一终字第 244 号。

❸ 江苏省常州市中级人民法院（2016）苏行初字第 108 号行政裁定书。

❹ 该司法解释在 2017 年 11 月 13 日被废止。

的……"可见，特许经营协议纠纷属于行政协议纠纷，原告应提起行政诉讼。

对于将PPP合同定义为行政协议所产生的问题，一些学者认为，"PPP合同被界定为行政协议后，合同双方之间非平等主体关系，合同具有较强的行政色彩，政府方享有一定的行政特权及优益权。如PPP合同中常约定政府实施机构可以基于国家利益、社会公共利益单方变更、撤销协议内容，或政府实施机构享有监督权、临时接管权等内容"。❶从纠纷解决方面而言，"签订PPP合同的政府方主体一般为政府授权指定的项目实施机构，依照该规定，PPP合同发生纠纷时，将突破民事合同的相对性原则，直接以授权主体——政府为被告提起诉讼"。❷由此导致诉讼主体的错位，也为当事人逃避承担民事责任提供了依据。

2020年12月就申请人某公司请求与被申请人某人民政府、被申请人某投资公司（香港）控股有限公司于2017年5月26日三方签订的《某港湾国际旅游度假区PPP项目投资合作合同》为行政协议，而行政协议约定的仲裁条款应属无效条款的诉讼请求，北京市第四中级人民法院认定，涉案合同是否属于行政协议，涉案争议是否属于行政争议，应当根据协议的具体内容和当事人的争议事项及仲裁请求进行判断。虽然政府机构作为合同一方，但合同是在双方协商一致，依据自愿、等价、有偿的民法原则订立的，当事人设定的是民事权利与义务，而非行政法上的权利与义务。因此，对PPP合同性质的认定，应根据合同签订目的是否与履行政府的行政管理职能相关，合同签约时是否遵循平等、自愿的原则，合同条款是否经过充分协商，协议的条款是否等价有偿等具体内容加以判断。

对于PPP合同的性质的认定不仅在我国存在争议，在其他国家的认定也不一致。以法国、意大利为代表的国家将其定性为行政协议，如意大利《公共合同法》规定，PPP合同当事方可以约定仲裁，在没有约定仲裁条款的情况下，应当提交行政法院进行行政诉讼。而英国、美国、德国、印度、巴基斯坦等国家相关法律则将其作为民事合同，按照民事诉讼程序解决纠纷。也有一些国家，

---

❶ 《最高院行政协议司法解释出台，PPP合同争议解决将何去何从？》，载https://www.sohu.com/a/360487553_465257，2020年4月25日访问。
❷ 《最高院行政协议司法解释出台，PPP合同争议解决将何去何从？》，载https://www.sohu.com/a/360487553_465257，2020年4月25日访问。

如土耳其、泰国等国家相关法律规定，在当事方没有约定仲裁时，有关特许经营协议争议应提交行政法院解决，其他的 PPP 争议通过民事诉讼解决。由此可见，对于 PPP 项目合同的性质的认定在不同的国家也是不同的，并无统一的认定规则。

本书认同《通用合同指南》编制说明中的观点，认为对 PPP 项目合同不能一概而论，需要通过对合同进行具体分析才能加以确定。

第一，合同主体身份。合同一方当事人为国家行政机关，是行政主体，但不能以此就认定其所订立的合同全部为行政合同。根据 PPP 项目运作方式和社会资本参与程度的不同，政府在 PPP 项目中的权利与义务并不相同，需要判断在合同订立时，政府是否以行政机关的身份订立合同。如果政府是以公共事务的管理者身份订立合同，享有单方面修改、解除合同等行政优益权，其与社会资本签订的 PPP 合同应认定为行政协议。如果政府是以公共产品提供者的身份与社会资本按照平等协商原则订立合同，以明确各自的权利与义务，尽管在项目的规划、管理、监督等环节体现出一定的行政管理职责，但确是作为平等的民事主体与社会资本签订合同的，所签订的合同应视为民事合同。

第二，合同订立的目的。在行政合同中，行政主体签订合同的目的是实现行政管理目标或者公共服务目标，完成行政管理职能，才与社会主体订立具有行政法上权利义务内容的行政协议，❶ 而民事合同订立的目的是实现当事人自己的利益。基础设施项目建设的最终目的固然是政府维护公共利益，为社会提供更优质的公共服务，但就合同本身而言，合同签订的目的是保证项目的建设与实施，这与政府直接实现行政管理目标或者公共服务目标是有一定差异的。

第三，合同的内容。双方是否在协商一致的基础上确定了各自的权利与义务。行政协议是行政管理机构在行使行政管理职能时与社会资本之间建立的行政法律关系，内容上更多体现为依据行政法律的规定，确定有关政府管理职责的事项。而民事合同是由社会资本提供服务、政府支付对价的合同。如政府作为公共产品或服务的购买者，基于 PPP 项目合同形成与项目公司（或社会资本）之间的平等民事主体关系，按照 PPP 项目合同的约定行使权利、履行义

---

❶ 浙江省绍兴市中级人民法院（2020）浙 06 民特 4 号。

务。❶ 对于政府在合同中所承诺的产品最低购买量、特许经营期限、基础设施配套、项目唯一性、适当的价格调整等内容，需要根据合同约定的具体条款加以认定，不能当然地认为是以行政法为依据作出的，并具体确定合同内容是否为双方协商的结果。即使政府为保证 PPP 项目的实施而允诺的税收优惠，也应分辨其是一种合同对价还是税收行政行为。如果双方订立合同的依据不是行政法，且从内容上看主要约定股东出资、违约责任、争议解决等体现平等主体之间的关系、基本上未涉及行政法上的权利义务，应视为民事合同。

第四，意思要素，即双方当事人是否出于自愿订立合同。行政协议中的政府与社会资本具有行政法上的管理与被管理关系，合同通常为实现某种行政目的而订立，因此，社会资本在订立合同时不会像民事合同中的当事人一样完全自愿，协商性也没有那么明显。而民事合同完全是在双方自主决定并在平等的基础上达成的。政府采取公开招投标、竞争性磋商等方式选择投资者，然后就PPP 项目合同内容与社会资本进行谈判，最后订立合同。如果在整个过程中体现出明显的协商性和意思自治，应认为合同为当事人意思自治的结果。

综上，作为基础性协议的 PPP 项目合同同时包含公法性与私法性因素，因此不能简单认定其仅具有其中某一方面的法律性质。❷ PPP 项目合同并不当然属于行政合同，不能仅从合同当事人的主体地位即推定为行政合同，而需要结合合同订立的目的、内容、意思表示和订立过程综合加以确定。

对 PPP 合同性质作出判断的意义不仅在于其本身，仅限于学理上的分析，其关键意义在于其定性涉及纠纷的解决。PPP 合同性质的认定决定了纠纷解决方式及其可选择性。如果 PPP 合同本质上属于行政协议，应该适用行政诉讼方式解决争议。而如果被定性为民事合同，相关争议则可以通过民事诉讼或通过仲裁方式解决。但如上所述，对 PPP 合同定性存在难点，一定要区分行政合同与民事合同，再在此基础上决定应提起行政诉讼、民事诉讼或提起仲裁，存在很大的困难。实践中出现的法律性质争议并不会完全遵循民事与行政二分法的路径即可解决。如果因为两者性质不能准确区分而出现提起诉讼或仲裁错误，则面临着请求不予受理或驳回起诉的风险，因此增加了纠纷解决的成本。为解

---

❶ 参见《PPP 项目合同指南（试行）》第一章"第一节 PPP 项目主要参与方"。

❷ 刘飞：《PPP 协议的法律性质及其争议解决途径的一体化》，载《国家检察官学院学报》2019 年第 4 期，第 102 页。

决这一问题，有学者提出，考虑到现行制度，有关 PPP 协议的争议解决应考虑统一由行政诉讼方式解决，但应将现有行政诉讼一并解决相关民事争议的适用范围予以放宽。也可以考虑采用民事诉讼解决方式，但应当赋予民事审判庭审查、裁判行政职权行为的权能。❶ 有学者则提出应突破公私法二元化分割，改变传统的民事诉讼与行政诉讼相分离的纠纷解决途径，寻求 PPP 协议框架内公私法争议一体化解决方法。❷ 前种建议建立在 PPP 协议两分法之上，后者建议则着眼于行政争议与民事争议一体化解决，笔者认为更具有实用价值。我国现行的《行政诉讼法》（2017 修正）已经在一定程度上表达了此种立法意图。如《行政诉讼法》（2017 修正）第 61 条规定："在涉及行政许可、登记、征收、征用和行政机关对民事争议所作的裁决的行政诉讼中，当事人申请一并解决相关民事争议的，人民法院可以一并审理。在行政诉讼中，人民法院认为行政案件的审理需以民事诉讼的裁判为依据的，可以裁定中止行政诉讼。"该条款明确规定民事纠纷可以在特定范围内与行政纠纷同时解决，且在某种情形下可以中止行政审理而优先进行民事审理。

对于行政协议的仲裁问题，2019 年最高人民法院审判委员会通过的《最高人民法院关于审理行政协议案件若干问题的规定》（法释〔2019〕17 号）第 26 条规定："行政协议约定仲裁条款的，人民法院应当确认该条款无效，但法律、行政法规或者我国缔结、参加的国际条约另有规定的除外。"此规定明确了因行政协议引发的争议不可以进行仲裁，但同时又规定了例外。这在一定程度上表明，如果行政协议中约定了仲裁条款，而该仲裁条款不会受到法院的支持，那么在很多情况下可能无法与实际情况相吻合，特别是当中国与相关国家签订的国际条约对此问题作出明确规定的情况下，仲裁条款的无效会损害社会主体一方的利益。为避免此种情形的出现，国内法律与行政法规或者我国缔结、参加的国际条约作出相关规定时，则应予以尊重，法院可以据此规定认可仲裁条款的效力，而不是当然地认定为无效，体现了司法上的务实与包容态度。

---

❶ 刘飞：《PPP 协议的法律性质及其争议解决途径的一体化》，载《国家检察官学院学报》2019 年第 4 期，第 105 页。

❷ 埃勒斯教授认为：对于同时具有公私法两种法律关系的争议，应当允许行政相对人在选择法律救济途径时在行政法院与普通法院之间进行选择，由受理争议的法院对于争议所涉及的所有法律问题作出裁判。参见刘飞：《PPP 协议的法律性质及其争议解决途径的一体化》，载《国家检察官学院学报》2019 年第 4 期，第 102 页。

从鼓励社会资本投资国内外基础设施建设的角度考虑，笔者认为对 PPP 项目争议解决作出统一的规定更为妥当。因为外国投资者可能依据中国缔结或参加的国际条约针对中国政府在境外提起国际仲裁，而在国内，PPP 协议被认定为行政协议，国内投资者无法通过仲裁方式解决纠纷，只能进行行政诉讼，这样就造成了国内外投资者在诉讼待遇上的不对等，可能因此影响国内投资者投资基础设施建设的积极性，也可能对中国企业在海外的投资及争议解决产生负面影响。

我国与相关国家签订的双边投资协定（Bilateral Investment Treaty，BIT）中不乏关于商事合同争议解决条款，如中国—乌兹别克斯坦在 2011 年签订的 BIT 第 13 条即约定东道国对商事合同项下义务的违反不构成对 BIT 的违反，而如果不构成对 BIT 的违反，即意味着投资者无法依据 BIT 解决投资者与东道国之间的投资纠纷，并将纠纷诉诸 ICSID 仲裁机构。由此，如果将投资者与东道国订立的基础设施协议确定为商事合同，则可以通过商事仲裁解决纠纷，如果排除到商事合同之外，则可以受到 BIT 的保护，并通过 ICSID 机制解决纠纷。可见，对于基础设施项目合同的性质认定涉及法律的适用范围以及争议解决的法律适用，关系到海外投资者的保护。因此，对合同性质的认定不只是国内法问题，更是涉外法律问题，需要从全局考虑 PPP 合同的性质及其法律的使用，不仅应解决国内法上对 PPP 合同性质规定的含混或冲突的现状，也需要考虑与国际条约和规则的统一与协调问题。如第六章所述，我国投资者投资海外基础设施项目建设需要国际条约与规则的保护。此外，我国在基础设施建设领域对外资采取了开放的态度，自 2020 年 1 月 1 日起开始实施的《中华人民共和国外商投资法》将基础设施建设列入负面清单之外，支持外资以特许经营方式参与能源、交通、水利、环保、市政公用工程等基础设施建设。外商进入基础设施建设领域不可避免地会出现纠纷，而一旦出现纠纷，即面临着外国投资者对我国政府进行诉讼或仲裁等。因此，必须正视 PPP 项目合同的国际协定与国内立法的协调。

3. PPP 项目合同的主要内容

PPP 项目合同是明确政府与社会资本有关项目建设与运营的相关权利与义务的协议，应通过合同合理分配项目风险，确保项目全生命周期内的顺利实施，在发生争议时，妥善处理相关争议，保障双方的权益不受侵害。为达到这一目的，PPP 项目合同各方应对项目涉及的问题逐一进行协商，达成一致。

由于 PPP 项目不同，相应的项目实施机制也就不同，合同所包含的条款和内容也不同。可能包括核心条款和一般合同条款、具体项目合同条款和履行合同条款的时间表等内容。就一般 PPP 项目而言，其合同应包括以下基本条款和内容：

（1）引言、定义和解释。

对于一些易于引发歧义的概念需要在合同首部加以明确定义。PPP 项目合同需要定义的概念与术语较多，但通常包含了以下几个部分的概念与术语：如"政府方""项目公司"等涉及合同主体或项目相关方的概念；"服务范围""技术标准""服务标准""特许经营""融资交割""性能测试"等涉及项目技术经济特征的相关概念；如"开工日""运营日""移交日""工作日"等涉及时间安排或时间节点的相关概念；如"批准""不可抗力""法律变更"等涉及合同履行的相关概念等。❶

（2）项目的范围和期限。

项目的范围条款是 PPP 项目合同的核心条款，用以明确在项目合作期限内政府与项目公司的合作范围和主要合作内容，根据项目运作方式和具体情况的不同，政府与项目公司的合作范围可能包括设计、融资、建设、运营、维护某个基础设施或提供某项公共服务等。如果社会资本方不仅需要建设 PPP 项目，还需要提供项目管理、项目培训等服务，还应在合同中明确服务对象及内容。

项目合作期限是通过综合考虑政府所需要的公共产品或服务的供给期间、项目资产的经济生命周期、项目资产的技术生命周期、项目的投资回收期、项目设计和建设期间的长短、财政承受能力以及现行法律法规关于项目合作期限的规定等因素加以确定。❷

（3）前提条件。

前提条件是指 PPP 项目合同的某些条款生效所必须满足的特定条件。只有这些前提条件得到满足，PPP 项目合同才会生效。不同项目生效所需要的前提条件不同。一般而言，前提条件包括了协议双方即东道国政府和项目公司各自

---

❶　参见《通用合同指南》第 1 条。
❷　参见《PPP 项目合同指南（试行）》中的"项目合作期限"部分。

应具备的条件。东道国政府通常须达到的前提条件主要包括相关权力部门对项目的审批和许可等；项目公司须完成的前提条件主要包括公司依法设立、项目公司实施了 PPP 项目需要履行的行政审批程序、项目公司在项目实施前按合同约定获得足额的建设期保险、项目公司完成融资交割等条件。前提条件是否实现对 PPP 合同是否生效至关重要，投资者需要谨慎订立。前提条件的设置对协议双方既是制约也是保护，因此在协议谈判时应重点关注前提条件的内容。

（4）项目融资。

项目合同需要明确项目总投资的资金来源和资金到位计划，约定项目公司进行融资的权利和义务、融资条件，以及融资方的权利、再融资等内容。

在 PPP 项目中，获得项目融资既是项目公司的权利，也是其义务。为进行融资，PPP 项目合同需要对项目公司的资产和权属作出约定，以便确定项目公司是否有权以这些资产和权属向融资方设定抵押或质押等担保。通常情况下，PPP 项目合同会明确约定项目全生命周期内的相关资产和权益属于项目公司。为保证项目能够实施，大多数 PPP 项目合同中会将融资交割设定为项目公司的义务。

合同需要约定项目资本金比例及出资方式、债务资金的规模、来源及融资条件等。如有必要，可约定政府为债务融资提供的支持条件、各类资金的到位计划等事项，例如，政府为合作项目提供的投资补助、基金注资、担保补贴、贷款贴息等支持性措施以及具体方式、必要条件。若需要设定对投融资的特别监管措施，应在合同中明确监管主体、内容、方法和程序，以及监管费用的安排等。

（5）项目用地。

合同需要对项目用地及其相关问题作出约定，如项目用地的获得方式、项目公司使用土地的权限等。

（6）项目建设。

项目合同需要明确项目建设的一些具体问题，如项目建设的进度（建设工期、进度安排、完工日期等）、质量（项目达标投产标准、项目建设标准等）、安全（安全管理目标、安全管理体系、安全事故责任等）及管理要求（对招投标、施工监理、分包等）等内容。项目公司负责按照合同约定的要求和时间完成项目的建设并开始运营，该责任不因项目建设已部分或全部由项目公司分包给施工单位或承包商实施而被豁免或解除。

（7）项目运营。

合同对项目运营的约定通常包括开始运营的时间与条件、运营期间项目公司的权利与义务、政府和公众对项目运营的监督等内容。"具体项目中如何划分项目的运营责任，需要根据双方在运营方面的能力及控制力来具体分析，原则上仍是由最有能力且最有效率的一方承担相关的责任。"❶

项目开始运营的时间与条件需要根据项目的技术特点和商业特性予以确定。高速公路、城市轨道交通等公共交通项目的运营与供水、供热、供气等公用设施项目的运营内容各不相同，其项目运营的标准也必然不同，需要根据各自的需要确定运营技术标准或运营规范。一般而言，关于产品或服务质量、安全生产、环境保护等方面的技术标准和规范，除根据项目的特点和需要设定之外，还需要遵循项目所在地国家的法律规范所规定的标准。

在一般情况下，项目运营由项目公司负责。在项目运营过程中，对项目进行的维修以及出现突发事件时，项目公司不得不暂停服务。暂停服务必然对项目的使用者产生影响，PPP合同需要对此类暂停服务应履行的程序、采取的措施及责任等作出约定。一般来说，对于正常项目维修外的暂停服务，如果是项目公司造成的，项目公司对此产生的损失应承担赔偿责任；但如果是政府方造成的，政府方应承担责任，除应赔偿项目公司的损失外，项目公司还可以向政府方申请延展项目的期限。

政府方虽然不是项目运营的主体，但一些PPP项目，特别是公共服务和公用设施项目的运营通常需要政府方的配合与协助。例如，需要政府方提供部分设施或服务，以便与项目公司负责建设运营的项目进行配套或对接，典型的例子如垃圾处理项目中的垃圾供应、供热项目中的管道对接等。❷ 合同对政府方应提供的部分设施或服务作出明确约定，如果约定不明确，会导致项目缺少配套实施设施无法正常使用，因此合同须对政府方提供项目所需要的设施或服务以及不能提供应承担的责任作出明确的约定。

---

❶ 参见《PPP项目合同指南（试行）》第二章"第八节　项目的运营"。
❷ 参见《PPP项目合同指南（试行）》第二章"第八节　项目的运营"。

政府方对项目公司的运营享有监督权和介入权。合同应对监督权行使的范围和形式作出约定，如应在不影响项目正常运营的情况下入场检查，有权定期获得有关项目运营情况的报告及其运营维护计划、经审计的财务报告、事故报告等相关资料。

项目运营关系到公共产品或服务的供给效率和质量，决定项目公司的收入，因此无论对政府还是对投资者和项目公司都非常重要。双方需要在合同中对上述各项内容尽可能作出详尽的约定。

（8）项目维护。

项目公司负有对项目设施进行维护和修理的义务。合同应对项目公司维护和修理的义务作出约定。此外，根据合同约定，项目公司还需要编制维护方案和手册，规范化地进行维护和修理。通常情况下，项目公司所负有的项目设施维护和修理的义务不因其将部分或全部分包给其他运营维护商而享有豁免权或被解除。

（9）股权。

为了保证项目公司的稳定运行，防止项目公司股权结构发生变化，合同应约定限制股权变更的条款，对股权变更的含义、范围以及股权变更的限制条件、项目公司存续期间的法人治理结构及经营管理机制等作出约定。基于项目公司的股权结构，明确股东的相关权利与义务。如果政府参股项目公司，合同还应明确政府出资人代表、投资金额、股权比例、出资方式等；政府股份享有的分配权益，如是否享有与其他股东同等的权益，在利润分配顺序上是否予以优先安排等；政府股东代表在项目公司法人治理结构中的特殊安排，如在特定事项上是否拥有否决权等。❶

（10）付费机制。

投资者和项目公司通过何种方式获得收益回报是其最为关心的问题，因而付费条款是 PPP 项目合同中的核心条款。当事人须根据项目所涉行业、项目的运作方式、政府的财政能力等选择适合的付费机制，合同应明确约定付费的时间、付费的原则、定价的依据、标准和程序、调价的依据、考虑因素和方法等。

---

❶ 参见《通用合同指南》第 7 条。

（11）履约担保。

该条款主要针对政府方的承诺，政府方对于项目设施的建设和运营提供保证，需要在合同中加以固定，作为政府合同义务，对政府的行为构成约束。合同应约定合同期间内政府所应履行的各项义务，如政府为项目建设提供的条件以及排他性约定。

（12）项目移交。

合作期满时项目公司需要向政府或其指定的机构移交各项设施和资产。为顺利完成移交，合同应对涉及移交的各项事宜作出约定，包括项目公司向政府移交项目的过渡期、移交的范围和标准、移交形式与程序、质量保证及违约责任等。合同应明确移交范围，如资产、资料、产权等，应尽可能明确具体，防止因约定不明确导致移交出现偏差，发生争议。

（13）保险。

保险条款是通过合同约定对在基础设施建设中可能出现的风险通过保险的方式减少损失。项目公司可通过保险的形式化解部分风险。合同应约定运营期需要投保的险种、保险范围、保险责任期间、保额、投保人、受益人、保险赔偿金的使用等内容。比较常见的保险险种为建工一切险、延迟完工险、安装工程一切险、建筑施工人员团体意外伤害保险、第三方责任险等。针对政府违约，应根据保险公司承包的风险，投保政府违约险或政治风险。对于作为总包商的投资方而言，将建造风险部分转嫁给保险公司是一种双重保障。保险期限应与项目运营期相一致。

（14）不可抗力。

不可抗力是影响合同履行的重要事件。合同应约定不可抗力的范围、认定及其影响后果评估的程序、方法和原则。合同应明确不可抗力事件发生后当事人的权利和义务，采取及时通知、积极补救等措施，减少损失。

（15）违约和提前终止条款。

该条款是PPP项目合同中的重要条款之一，通常会规定违约事件、终止事由以及终止后的处理机制等事项。

（16）争议解决与准据法。

合同需要约定在合同履行期间发生争议时解决纠纷的方法以及准据法。

除了上述核心条款，PPP 项目合同通常还会包括其他一些条款，如著作权和知识产权的保护、环境保护、通知、合同可分割、合同修订等。此外，由于 PPP 项目合同涉及的内容很广泛，有些问题在一个条款中不可能规定清楚，必要时应采用合同附件的形式，对相关问题作出详尽的约定。

（二）特许经营协议

1. 特许经营协议的概念与特点

特许经营协议是政府授权特定的投资者在一定期限和范围内经营公用事业产品或者提供公共服务，明确政府与投资者各自权利和义务关系的书面合同。这里所说的特许经营（concession）不同于商业上的特许经营（franchise）。商业上的特许经营是市场主体即作为特许经营的特许人和被特许人之间所进行的一种商事交易，特许者将自己所拥有的商标、商号、产品、专利和专有技术、经营模式等授予被特许者使用，被特许者按合同约定从事经营活动，并向特许者支付相应的费用，当事人之间有关权利义务的约定即为特许经营协议。基础设施特许经营借用了商业特许经营的模式，是在政府与市场主体之间建立起的特许经营关系。在我国，"基础设施和公用事业特许经营，是指政府采用竞争方式依法授权中华人民共和国境内外的法人或者其他组织，通过协议明确权利义务和风险分担，约定其在一定期限和范围内投资建设运营基础设施和公用事业并获得收益，提供公共产品或者公共服务"。❶ 政府作为特许人，将其拥有的公共资源和公共产品的经营权许可给被特许人经营，被特许人在一定范围内承担公共职能并直接获得使用者付费或政府支持。

基础设施特许经营与商业特许经营虽然均表现为特许人特许被特许人进行一定的经营行为，但在主体、内容、纠纷解决方式等方面都呈现出不同，基础设施特许经营有自己的特点，需要单独的法律予以调整。

国家发展改革委、财政部等多部门于 2024 年 3 月发布了《基础设施和公用事业特许经营管理办法》，在"基础设施和公用事业特许经营"部分对基础设施和公用事业特许经营的概念作出了如下界定："政府公开采用竞争方式依法选择中华人民共和国境内外的法人或者其他组织作为特许经营者，通过协议明确权利义务和风险分担，约定其在一定期限和范围内投资建设运营基础

---

❶ 参见国家发展改革委等六部委 2024 年发布的《基础设施和公用事业特许经营管理办法》第 3 条。

设施和公用事业并获得收益，提供公共产品或者公共服务。"从该条规定中可以看出，基础设施（包括公用事业）特许经营协议具有以下特点：

（1）协议主体一方为政府，另一方为法人或其他组织。

政府作为特许经营协议的一方主体处于特许人的地位。法人或其他组织获得特许经营权成为被特许经营人之后，依照政府授权进行经营活动。

（2）协议内容是对投资建设和运营基础设施项目及公用事业所做的约定。

特许经营项目为基础设施和公用事业的建设与运营，因此，许多约定不同于商业特许经营。如产品的定价权基本上属于政府，被特许人只能根据政府确定的价格进行经营，不享有定价自主权。而在商业特许经营中，被特许人则可以按照市场供求关系决定产品或服务的价格。

（3）协议的生效和运行需要得到政府的特殊审批。

项目建设与经营需要政府授予特许经营权，而协议也需要得到政府的审批才能生效和运行。

上述特点表明，政府在特许经营协议中具有举足轻重的作用。政府作为一方主体签订的特许经营协议属于行政协议还是民事合同，学界也曾进行过长时间的讨论，特别是对政府与外国投资者签订的特许经营协议应为国内契约还是国际协议的问题。绝大多数人认为特许经营协议应为国内契约，因为特许经营协议是依据东道国的法律订立的。虽然特许经营协议的主体一方为东道国，另一方为私人投资者，两者经常处于管理与被管理的地位，国家有权力也有能力以"国家利益"或"公共利益"为理由，通过法律与政策的改变违反特许经营协议，或者使得特许经营协议无效，从而使投资者面临政府干预的风险，但个人投资者毕竟还不是国际法主体，双方订立的合同不应受国际法支配。因此，国际特许经营协议应为国内契约。但由于政府在该契约中处于主导性地位，特许经营协议经常被认定为行政协议而非商事合同。

采用特许经营模式进行基础设施建设为许多国家所乐见。早在 19 世纪，法国就采用特许经营模式进行城市基础设施建设。1993 年法国颁布了《萨班法案》，将特许经营更名为公共服务委托，规定采用竞争性采购机制进行基础设

施建设，并对合同期限和采购程序进行监管。❶

我国基础设施特许经营始于 20 世纪 80 年代，主要采用了法国的基础设施运营模式，包括深圳沙角 B 电厂等上千个基础设施项目都采用了特许经营方式。近些年，中国企业在海外建设的基础设施项目很多获得了东道国授予的特许经营权，采用特许经营建设和运营模式。如三峡集团在巴西朱比亚水电站和伊利亚水电站项目、中国电网公司建设的巴西美丽山水电 ±800 千伏特高压直流输出二期等，都是采用特许经营模式建设的项目范例。雅万高铁也是采用特许经营模式建设的。2016 年 3 月 16 日，印尼交通部与印尼雅万高铁合资公司签署了特许经营协议，将雅万高铁的特许经营权给予了由中国铁路总公司牵头组成的中国企业联合体与印尼维卡公司牵头的印尼国企联合体组建的雅万高铁合资公司。根据协议，合资公司对雅万高铁的特许经营权从 2019 年 5 月 31 日开始，为期 50 年。❷ 再如我国土木工程集团公司承担的以色列特拉维夫红线轻轨工程，双方约定特许经营期限为 32 年，其中建设期 5 年，运营期 27 年。❸

2. 特许经营协议与 PPP 合同的关系

在许多 PPP 项目合同中需要政府对项目的建设与运营进行授权，因此，对于特许经营协议与 PPP 项目合同的关系，学界持有不同的观点。

一种观点认为，特许经营协议是 PPP 项目合同的一部分，私人获得特许经营权是获得 PPP 项目的必备条件或前提条件，因此特许经营协议是 PPP 合同的具体体现形式，或者特许经营实际上是 PPP 模式下的一种具体模式。"目前我国对 PPP 协议和特许经营协议并未作严格区分，笔者认为我国 PPP 协议应为广义上的政府与社会资本合作协议，包含特许经营协议。"❹

另一种观点认为，特许经营协议与 PPP 合同在立法用语、适用范围、法律关系上都存在差别。❺ 特许经营协议性质上为行政许可，独立于 PPP 合同。但

---

❶ 徐玉德、张若丹、李化龙：《国际视域下 PPP 模式演进的逻辑与经验借鉴》，载《财会月刊》2019 年第 13 期，第 135 页。

❷ 杨凡欣：《印尼高铁项目背后是"一带一路"何等"大招儿"?》，载 https://m.huanqiu.com/article/9CaKrnJUDLQ，2020 年 3 月 18 日访问。

❸ 郑一争、宣增益：《"一带一路"建设中对外工程承包的法律风险及应对》，载《河南大学学报》（社会科学版）2018 年第 2 期，第 65 页。

❹ 郑雅方：《论我国 PPP 协议中公私法律关系的界分》，载 http://www.zhaiquanlawyer.com/html/detail/694.html，2021 年 10 月 15 日访问。

❺ 周兰萍等：《PPP 项目运作实务》，法律出版社 2016 年版，第 14 页。

实践中泛化了特许经营权的内涵与范围，将原本不属于特许经营的项目也按照授予特许经营项目进行行政审批，因此出现了特许经营协议与 PPP 合同的混淆。

对 PPP 合同与特许经营之间的关系的不同观点表明，两者之间存在复杂的关系。在英国，PPP 被分为特许经营、PFI/PF2、合资等模式，而在美国、印度、保加利亚等国家，许多项目采用 PPP＋特许经营的模式。据此，一些人认为，特许经营与 PPP 存在包含与互补关系。从广义 PPP 上来说，PPP 中即包含了特许经营。而从狭义 PPP 来说，特许经营主要是针对可收费的 PPP 项目而言，甚至可将使用者付费类 PPP 项目直接称为特许经营，如巴西、印度尼西亚、缅甸、越南等国家对于有收费机制的项目即实行特许经营权授予方式。

很长时间以来，我国的基础设施项目建设基本上采取使用者付费的做法，政府通过授予社会资本特许经营权进行基础设施建设。在 2014 年以前，虽然也采用了 PPP 模式进行基础设施建设，但在各部委文件、各地方的条例规章和政策文件中一般均使用特许经营的概念，之后，才在一些文件中陆续出现了特许经营和 PPP 两个概念。但是，在许多文件中，仍然会用特许经营替代 PPP 合同。如 2014 年国家发展改革委在《关于开展政府和社会资本合作的指导意见》（发改投资〔2014〕2724 号）中规定，政府为增强公共产品和服务供给能力、提高供给效率，通过特许经营、购买服务、股权合作等方式，与社会资本建立利益共享、风险分担及长期合作关系，这里的"特许经营"实际上即为 PPP。2015 年国家发展改革委、财政部和中国人民银行在《关于在公共服务领域推广政府和社会资本合作模式的指导意见》（国办发〔2015〕55 号，以下简称《指导意见》）中明确，在公共服务领域鼓励采用政府和社会资本合作模式，在能源、交通运输、水利、环境保护、市政工程等特定领域需要实施特许经营的，按《基础设施和公用事业特许经营管理办法》执行，这实际上是默认了 PPP 包含特许经营。

笔者认为，要确定特许经营协议与 PPP 合同的关系，首先，需要明确特许经营中的"特许"是什么，也就是明确特许经营与行政许可的关系。行政许可的范围很广，政府对市场主体进入市场所行使的资质管理仅为政府行政管理的一部分。特许经营是政府对市场主体进入市场行使的特殊审批权。长期以来，由于基础设施建设项目由政府提供，实行垄断式经营，如果市场主体投资基础设施项目建设就需要得到政府的许可。其次，需要明确 PPP 项目中的哪些事项需要"特许"。并非所有的基础设施建设项目都一定涉及特许经营，都需要获得政府的特许。根据《指导意见》，能源、交通运输、水利、环境保护、市政工程等特定领域采取特许经营协议的形式，需要得到政府的批准，其他的基础设施项目建设不需要政府特许。

特许经营的实践表明，需要获得政府特许的范围是逐渐缩小的。英国自 20 世纪 80 年代起，80% 以上的基础设施和公共服务项目都实行了私有化，需要政府审批的特许经营项目随之减少。有些国家只对基础设施项目中需要政府付费或使用者付费项目进行审批。在我国，由于政府不断简政放权，行政审批的范围也在不断缩小，需要特许审批的项目不断减少。

如果仅从 PPP 项目的付费与否角度考虑，只有在 PPP 付费方式为使用者付费时才需要政府批准，该种 PPP 项目协议才可称为特许经营协议。如果项目属于政府付费，不需要项目公司向使用者收取项目使用费用，因而不需要得到政府的特许，则不应属于特许经营项目。从这一角度而言，特许经营的被限制在政府授权市场主体向使用基础设施项目的社会公众收取费用的权利，其范围远远小于从行业角度所做的界定。

从基础设施建设角度未能对特许经营的概念与范围作出明确的规定，导致对特许经营协议存在不同的认识，学理解释与实际运用都比较模糊，因此有必要厘清特许经营协议与 PPP 合同的关系。"特许经营协议是投资者获得政府授权以及对外签订其他合同的前提和基础，而政府通过授予特许经营权，尤其是协议中政府提供的保证和承诺，以构筑项目运行所必需的政策环境和收益保障，是其他参与方签订和履行其他协议的关键性因素。"❶ 如果 PPP 项目为政府特许项目，那么，特许经营协议是 PPP 合同的组成部分，否则，特许经营协议即可能因为某一特殊需要而订立，与 PPP 合同没有直接关联。

3. 特许经营协议的主要内容

特许经营协议是政府将特许经营权赋予投资者，投资者根据其获得的特许经营权进行基础设施的建设和运营的协议。政府或其授权的项目实施机构可以

---

❶ 龚莉等：《基础项目政府担保因素组成及其对投资激励作用》，载《运筹与管理》2011 年第 1 期，第 165 页。

直接与其选定的特许经营者签订特许经营协议，也可以与投资人签订初步协议，约定在规定期限内成立项目公司，并与项目公司签订特许经营协议。

特许经营协议通常包含以下主要内容：

（1）项目名称、内容。

（2）特许经营方式、区域、范围和期限。

（3）项目公司的经营范围、注册资本、股东出资方式、出资比例、股权转让等。

（4）所提供产品或者服务的数量、质量和标准。

（5）设施权属，以及相应的维护和更新改造。

（6）监测评估。

（7）投融资期限和方式。

（8）收益取得方式，价格和收费标准的确定方法以及调整程序。

（9）履约担保。

（10）特许经营期内的风险分担。

（11）政府承诺和保障。

（12）应急预案和临时接管预案。

（13）特许经营期限届满后，项目及资产移交方式、程序和要求等。

（14）变更、提前终止及补偿。

（15）违约责任。

（16）争议解决方式。

（17）需要明确的其他事项。

如同其名，特许经营协议的核心是政府的特许行为和特许内容，投资者依据其获得的特许权进行项目的建设与运营。因此，特许经营协议的核心条款是围绕特许经营的权利、期限、价格、范围和非竞争性等事项作出约定。政府向投资者或项目公司授予的特许经营权应在协议中予以明确，包括授予特许权利的方式和条件，是否需要缴纳费用以及费用计算方法，是否存在限制性条款，如不得擅自转让、出租特许经营权等。政府应保证投资者和项目公司的收益，并对此作出承诺，包括防止不必要的同类竞争性项目建设、提供必要合理的财政补贴以及有关配套公共服务和基础设施等。政府承诺给予了投资者或项目公司对项目极大的控制权，因此容易形成垄断。为防止项目公司不当行使特许权，损害社会公众利益，政府会通过监管权、接管权等权力的合同设定与行使，来保证在整个项目建设和运行期间对投资者和项目公司行使管理职能。

投资者与项目公司因特许经营协议而享有政府授予的排他性经营权和获得合理回报的权利，以及在无法得到合理回报时获得政府适当补偿的权利等。同时，作为涉及公众利益的项目运营者，项目公司需要为社会公众提供无差别的公共服务，保证项目的持续运营及维修检护等义务。

关于特许经营协议的主要内容，如关于收费特许权等，本书将在第四章中详细进行分析。

（三）股东协议

股东协议是项目公司的股东之间订立的、用以确立股东权利与义务关系的协议。项目公司的股东即项目公司的投资者或发起人，投资者通过订立股东协议设立一个进行基础设施项目建设的项目公司，由项目公司具体负责项目的建设、运营和管理。因此股东协议中会包含一些有关项目公司的经营范围、项目公司的设立和融资、履行项目合同的股东承诺等内容。股东协议是项目公司建立的前提，对于基础设施建设具有重要的意义。

股东协议是为了建立项目公司而签订的，因此项目公司的股东可能会包括希望参与项目建设和运营的承包商、原料供应商、运营商、融资方等各方面的企业和金融机构。如果涉及政府出资，或者政府出于监督投资者或项目公司的目的，或者出于融资等需要，政府也会作为股东成为项目公司的发起人。政府作为发起人参与股东协议的订立，表明政府愿意以股东的身份参与拟建设的基础设施项目。政府作为股东与其他股东享有的权利与义务应该没有不同，但政府成为项目公司股东的目的不是经营管理项目，因此，政府通常并不控股项目公司，也不会直接参与公司的经营管理活动。但是如果政府方出于监督项目建设与运营等目的而投资项目公司，政府方就可能享有特殊的权利与义务，对此须经股东协商一致，并约定在股东协议中。

股东协议作为调整股东之间的关系的基本规范，除对项目公司设立登记等一般性内容作出约定外，需要对基础设施项目建设与实施过程中的股东权利与义务作出约定。通常需要对股权变更与转让、商业服务计划、损益分配、股东会、董事会、监事会的组成及其职权、违约责任、协议终止及终止后处理、不可抗力的适用、适用法律和争议解决等事项作出约定。此外，基于项目的具体情况，特别是股东的身份的不同及参与投资项目公司的目的，股东协议还可能对一些特殊问题作出约定。"以承包商作为项目公司股东为例，承包商的双重身份可能会导致股东之间一定程度的利益冲突，并在股东协议中予以反映。例如，为防止承包商在工程承包事项上享有过多的控制权，其他股东可能会在股东协议中限制承包商在工程建设及索赔事项上的表决权；如果承包商参与项目的主要目的是承担项目的设计、施工等工作，并不愿长期持股，承包商会希望在股东协议中预先作出股权转让的相关安排；但另一方面，如果融资方也是股东，融资方通常会要求限制承包商转让其所持有的项目公司股权的权利，例如要求承包商至少要到工程缺陷责任期满后才可转让其所持有的项目公司股权。"❶

为固定股东之间的关系，保证公司顺利运行，作为独立于股东的法人，项目公司需要制定公司章程对公司注册资本和出资、股东、董事会和监事会与管理机构之间的权利义务、利润分配、财务、股权转让、公司解散等方面的事项作出约定，以建立良好的公司治理和运行机制，保证基础设施项目规划的顺利实施。

（四）原料购买与产品销售协议

基础设施项目建设既需要大量的原料，在项目建成之后又必须将产品销售出去，项目公司才能够偿还项目贷款，获得一定的收益。因此，项目公司需要与原料的供应商和产品的购买者签订原料购买协议和产品销售协议。

基础设施项目建设的期限较长，许多项目在运营阶段对原料的需求量很大，而原料成本在整个项目运营成本中又占很大的比重，原料成本直接影响项目的建设和项目公司的收益。因此，一旦原料市场出现市场波动，供给不足，或原料价格波动过大导致成本激增，项目公司将无法以平稳价格从市场中购买到足够的原料，这就势必影响整个项目设施的持续、稳定运营。例如，燃煤电厂项目中使用的煤炭，如果无法以合理的价格持续保证煤炭供应，电厂的运营就会出现问题。为防止该情形的出现，避免原料供应存在的风险，项目公司通常会与原料的主要供应商签订长期原料供应合同，约定一个相对稳定的原料价格。为保证项目的顺利进行，很多时候，政府主管部门或其指定的公司会承担原料供应义务，与项目公司签订供应协议。在原料供应合同中，一般会约定以下条

---

❶　参见《PPP 项目合同指南（试行）》第一章"第二节　PPP 项目合同体系"。

款：交货地点和供货期限、供货要求和价格、质量标准和验收、结算和支付、合同双方的权利义务、违约责任、不可抗力、争议解决等。此外，原料供应合同通常还会包括"照供不误"条款，即要求供应商以稳定的价格、稳定的质量为项目提供长期、稳定的原料。❶

如果政府是项目运营与服务的购买者，就需要与项目公司订立诸如销售协议之类的协议。这里所说的销售协议，只是政府购买协议中的一种。本书只以基础设施建设中比较常见的销售协议为例，说明政府在基础设施建设中常常作为购买方与项目公司签订合同，并承担此类合同项下的权利与义务。

在许多基础设施建设项目中，项目公司的主要收益来源于项目产品的销售收入或服务收入，因此，项目公司需要有稳定的销售对象。根据项目的不同情况，项目产品或服务的购买者可能是最终使用者，也可能是政府。如果购买者为政府，那么项目公司就需要与政府签订购买或销售协议。以供电项目为例，政府通常是电力的购买者。在我国，政府或项目实施机构是供电项目的购买者，由政府电力主管部门或国家电力公司与项目公司签订电力购买协议，项目公司将所发电量统一销售给政府电力主管部门或国家电力公司，再由政府电力主管部门或国家电力公司销售给最终使用者。在项目谈判阶段，项目公司通常都会要求政府与其签订长期购销合同，以降低销售市场风险，实现稳定的收益。在双方签订的购买或销售协议中，一般都会规定项目公司必须按照规定的时间发电并保证发电质量，如果不能按时发电或发电性能指数不达标，售电方就要向购电方缴纳罚款。

在一些产品或服务购买协议中，项目公司可能要求订立"照付不议"条款，即项目公司与产品的购买者约定一个最低采购量，只要项目公司按照最低采购量供应产品，不论购买者是否需要采购该产品，均应按照最低采购量支付相应价款。❷

（五）合资合同

合资合同是投资者之间订立的，以明确合资企业的各项权利与义务关系的协议。如果政府参与签订了股东协议，那么合资合同中的一方即为政府方。

---

❶ 参见《PPP 项目合同指南（试行）》第一章"第二节　PPP 项目合同体系"。
❷ 参见《PPP 项目合同指南（试行）》第一章"第二节　PPP 项目合同体系"。

1. 项目公司

大多数基础设施建设采取项目公司的方式。项目公司是依法设立的自主运营、自负盈亏、具有独立法人资格的经营实体。项目公司具体负责项目的融资、建设、运营和移交。项目公司的投资者可以是社会资本，也可以是政府和社会资本，两方共同出资设立。社会资本可能为单一的一家企业，也可以为多家企业共同出资组成的联合体。如果政府参与投资，通常政府在项目公司中的持股比例不高于50%，而且对项目公司不具有实际控制权及管理权。

中老铁路项目是一个合资建设的典型。中老铁路项目即磨丁至万象铁路，是由中老双方成立的合资公司进行投融资、建设和运营管理的项目，中方由中国铁路国际有限公司、中国铁路工程总公司、中国水电建设集团国际工程有限公司、中车青岛四方机车车辆股份公司4家公司共同出资设立（出资比例分别为62.5%、25%、10.83%、1.67%）平台公司，与中国投资有限公司、云南省投资控股集团有限公司及老挝国家铁路总公司共同出资成立了中老合资公司。中老双方资本金出资比例为7：3，资本金占项目总投资的40%，资本金以外60%由中国进出口银行提供贷款。

在美国，PPP项目公司的设立程序和组织结构一般由各州相关法律作出规定。企业可以采取普通合伙企业、有限合伙企业、有限责任公司以及合资企业等组织形式。不同的组织形式具有不同的特点，也具有不同的优势与劣势，具体采用哪种组织形式，需要根据项目的具体情况和投资者的情况加以确定。有限责任公司和有限合伙企业是企业普遍采用的形式。

在中国企业的对外实践中，经常采用公司型企业和合作型企业两种形式。公司型企业是中国投资者与外国投资者为了建设和运营基础设施项目，共同投资和共同管理的组织形式。为了某个特定项目建立的公司，在项目结束之后，公司的目的即完成，公司一般即解散了，但有时投资者也可能保持公司，继续合作进行其他项目。在公司型企业中，投资者根据各自的投资比例享有权利、分享收益、分担支出和承担风险。项目公司按照章程的规定运行，投资者按照事先达成的股东协议和公司章程行使权利和履行义务。公司章程作为公司的行为准则受到特别重视。根据项目实际情况，章程应明确项目公司的注册资金、住所、组织形式、股东结构、董事会、监事会及决策机制安排、公司股权、实际控制权、重要人事发生变化的处理方式等事项。[1] 通过对公司设立及其存续期间公司治理结构及经营管理机制等事项的规定，保证项目公司在项目建设与运营期间的健康运行，实现项目建设与运营的目标。如果政府参股项目公司作为一方股东，还应通过章程或其他公司文件明确政府股东的投资金额、股权比例、出资方式，政府股份享有的分配权益，如是否享有与其他股东同等的权益，在利润分配顺序上是否予以优先安排等，以及政府股东代表在项目公司法人治理结构中的特殊安排，如在特定事项上是否拥有否决权等。[2]

雅万高铁建设即采用了合资建设和运营管理的模式。首先，前述中老铁路项目建设中的中方4家公司以及通号国际控股有限公司等5家公司以各自5%、30%、30%、12%、23%的出资比例设立了中方投资平台公司，印度尼西亚的维卡国有工程建设股份有限公司、第八种植园、国铁公司、高速公路公司等公司出资设立印尼投资平台PSBI公司，中印双方合资建立了印尼中国高速铁路有限公司（KCIC）作为项目公司，负责雅万高铁的投融资、建设与运营管理，中方持有40%的股权，印方持有60%的股权。资本金占项目总投资的25%，其余75%由中国国家开发银行提供贷款。

合作型企业是各方投资者依照合同约定，共同参与基础设施项目建设和运营的企业模式。合同是建立和维系企业的基础，各方投资者的权利义务关系均通过合同加以确定。因此，也称为合同型企业。由于合作型企业不需要像公司型企业那样建立独立的法人实体，合同型企业一般被认定为合伙企业。该类型企业大多是为了一个项目的建设而设立的。

合资型企业与合作型企业作为基础设施项目公司的两种主要形式，各有其特点。公司型企业作为独立的法人可以自己的名义持有资产，进行各项交易行为。项目公司以其全部资产对公司的债务承担责任，公司股东以其认缴的出资额为限对公司承担责任。由于股权结构清楚，风险分担清晰，比较容易获得银行的抵押贷款或股权质押融资。合作型企业的投资者不是严格按照出资比例确定收益与风险，而是通过合同确定彼此之间的权利与义务关系，组织形式灵活。通常情况下合作型企业的投资者对企业债务承担无限连带责任。由于合作型企

---

[1] 参见《通用合同指南》第7条。
[2] 参见《通用合同指南》第7条。

业不是法人主体，很难提供有效的抵押、质押等担保措施，在融资等方面会遇到一定的困难。

2. 合资经营的优势

采用合资经营方式可减少政府违约的风险。由于项目所在国政府或者当地投资者，如国有控股公司参与了投资，即与外国投资者形成了利益共同体。东道国政府在采取一项对项目公司有影响的政策或法律时，必然要考虑自己或本国投资者的利益。在共同利益的驱动下，当地政府和国有控股公司也会积极利用其优势和影响力，保证项目的安全运营与稳定盈利，这样就降低了政府违约以及其他政治风险。研究结果表明，东道国政府或当地投资者在项目投资结构中的份额越高，发生政府违约的概率越低。因此，许多外国公司愿意采用合资经营的模式建设基础设施项目。从实现风险分担的角度考虑，外国投资者应积极寻找当地合作伙伴进入项目公司中。

此外，外国投资者与当地投资者建立合资企业，特别是与当地具有政府背景的公司建立合资经营企业，可以减少信息上的不对称，更多地了解和掌握东道国有关政策，与相关方面建立良好的关系，及时化解各种潜在的风险。

合资经营不仅有利于投资者，也有利于东道国，可以实现东道国获得资金、技术、培训技术人员以及保护国内企业在基础设施建设领域的市场份额等需求与目的。例如，在雅万高铁项目中，中国企业与印度尼西亚企业共同进行项目建设与运营管理，中方在此过程中向印度尼西亚企业转移了高铁技术，进行设备本地化生产，开展人员培训等工作，印度尼西亚因此受益。鉴于合资经营的上述优点，一些国家，特别是发展中国家鼓励采用合资经营的模式进行基础设施建设。如越南鼓励外国投资者与越南政府共同投资建设符合越南发展计划且总投资额 200 亿越南盾以上的公路项目，鼓励双方互补互助、共同推进公路项目的建设。一些国家甚至规定项目公司应为合资经营企业，要求投标主体中必须有当地投资者的参与，经常会设置一些标准，导致外国投资者必须考虑与当地投资者合资或合作建设和运营项目。如印度尼西亚法律只允许外资企业参与基础设施建筑价值为 1000 亿印度尼西亚卢比以上的投标，如果外资企业投资建筑工程行业，需要与本地公司合资进行，且外资的股权比例最高不得超过 67%。在马来西亚，外国承包商承包建筑工程或建立建筑工程公司需要获得建筑发展局的批准，并获得建筑承包等级证书。只有获得了 A 级建筑资质，外国投资者才能作为总承包商参与政府 1000 万马来西亚林吉特以上项目的招标。而获得 A 级建筑资质的前提条件是与当地公司建立合资企业或合作企业。

尽管合资经营对外国投资者和东道国政府均有益处，但也必须看到它的不足，特别是对外国投资者而言，需要考虑以下可能产生的问题：

第一，利害关系的存在导致纠纷。项目公司股东虽然总体的目的是一致的，即通过项目建设与运营获得收益，但是，股东来自不同的国家，各自都有自己的利益，有着不同的经营理念和习惯，且受制于本国法律的约束等，这些都可能导致项目公司在经营中产生纠纷。

第二，经营自主权会受到限制。股东间利害关系复杂，有时可能无法就一些问题达成一致，导致项目公司的执行机构不能高效率、高质量地作出决策，直接影响项目的建设与运营。

第三，出现权利义务上的偏差。尽管从总体上说项目公司股东的权利与义务是平衡的，但是，在有些情况下，为了获得一个项目，股东之间可能出现权利与义务不完全对等的情况，特别是在合作经营的情况下，由于合同的约定性更强，更易于出现权利与义务不对等问题。如政府方或当地投资者并不承担资本出资义务，但在分配利润时要求按股权比例进行分配等。

第四，如果项目公司中的一方为政府所拥有的实体或具有政府性质，一旦东道国出现政治动荡，项目公司可能需要应对相关的政治问题。

虽然中国企业在国外经营具有资金和技术的优势，但为减少政府违约风险，中国企业应当考虑采取多元化的股权投资结构，注意与东道国政府及其国有控股公司的合作，利用当地股东及员工的力量解决可能出现的问题。此外，也应利用多边或区域的金融机构，增加其对东道国政府的违约压力，从而有效降低违约风险。

3. 合资或合作合同的内容

合资合同需要对合资的具体事项作出规定，如果股东建立的项目公司为合资公司，需要在合资合同中明确各方的出资方式、出资比例、出资期限、不按时出资的责任以及争议解决等事项。对于出资比例，通常东道国相关法律会作出规定，即对外资控股比例作出一定的限制，外国投资者需要遵守相关的规定，依照法律规定约定具体的出资份额。项目公司的股东应以其认缴的出资额为限对公司承担责任。如果中国企业为大股东，则应确保其作为项目公司的牵头人，以便拥有对重要事项的决定权；如果为小股东，则要保证其在重要事项上的发言权，并尽量争取在重要事项上的一票否决权。为避免项目公司股东之间的纠纷，需要在合同中确立风险分担原则与具体分担标准。

如果投资者建立的项目公司为合作型企业，那么各方应对合同条款进行充分协商，尽可能通过合同明确各方的义务与责任。合作合同应明确合作条件、合作期限、合作期间的税收负担、责任分担等重要事项。如果合作型企业被法律认定为合伙企业，那么合伙人通常对外承担连带责任，合作合同应对此责任的承担作出必要的约定。由于投资者各方缺少足够紧密的关系，容易出现经营松散问题，合同需要对经营管理的相关问题作出约定，避免投资者出于自己利益的考虑对公司经营产生不利影响。合作型企业不是企业所得税的纳税义务人，也不是个人所得税的纳税义务人，因此投资者如何纳税需要作出明确的约定。合同还需要约定因一方违约或者任意退出企业而给其他投资者造成损失所应承担的责任。

（六）担保与保证合同

1. 担保的目的与类型

担保是债务人或第三人以其信用或特定财产保证债务人履行债务的制度。债的担保可分为物保、人保和金钱担保等担保形式。债务人可通过抵押、质押其财产实现担保，第三人可通过设定保证、抵押、质押等方式为债务人履行债务向债权人提供担保。第三人在以自己的信用或财产设定担保之后，即成为担保人，承担当债务人不履行债务时履行债务的责任。

履约担保是为合同的履行提供的担保。在基础设施建设领域，履约担保是指为了保证项目建设和运营而作出的履行合同约定的保证。基础设施建设项目本身具有投资金额大、投资期限长、利益相关方多、项目结构复杂等特点，出现违约的概率较一般合同更大，因此履约担保被广泛使用，如常见的投标担保、承包人履约担保、发包人工程款支付担保、工程质量保修担保等各种担保形式。海外基础设施建设面临的政治风险很大，尤其是对发展中国家和新兴市场国家的投资风险更高，因此，通过担保方式转移风险就成为投资海外基础设施建设的重要措施或保障。

根据担保合同的性质，在基础设施建设领域，担保主要分为融资性担保和非融资性担保两大类。融资性担保是为主合同设定的担保，这里的主合同主要指借贷合同。投资企业可以自筹资金，也可以利用银行贷款、信托基金、发行国债等方式多渠道进行融资。出于基础设施项目建设大规模的资金需求以及规避风险的需要，投资者经常选择融资性担保的方式获得项目建设资金，一些基础设施项目的融资比例甚至高达90%。融资性担保的担保人既可以是借款人自己，也可以是借款人委托的第三方。例如，项目公司可以以其资产，如设备等动产、土地使用权以及收益权等资产或权利进行项目融资。2015年中国电建海外投资有限公司在参与投资巴基斯坦卡西姆港燃煤应急电站项目时，为防范巴基斯坦政府拖欠电费的风险，以项目公司未来的电费收益作为质押物向保险公司投保，在保险公司承担了风险之后，银行向项目公司提供了贷款。❶ 为借贷合同的履行设定的担保合同主要包括项目融资担保、流动资金贷款担保、发债担保等担保合同。

履约担保的方式通常包括提供履约保证金、保函以及其他形式的保证等，可根据不同的目的和需要选择不同的方式。其中，保函是使用最多的履约担保方式。保函可以由政府、公司、金融机构等开立，当这些主体接受了申请人的请求，即可向第三方即受益人开出不同内容和金额的保证担保。如银行开出的保函，用以保证在申请人未能按其与他方签订的协议履行义务时，由该银行代其履行一定金额、一定期限范围内的支付责任或经济赔偿责任。在出具保函时，银行有可能要求申请人向其提供抵押或者质押。如果申请人未能按照约定的时间和要求达成前提条件，且政府方未同意豁免该前提条件时，政府方有权提取保函项下的金额。

非融资担保的主合同是不以融资为目的借款合同之外的其他合同，虽然担保的目的因主合同的性质而不同，但都是为了保证主合同的履行，如绩效保证、分包商付款保证、投标保证金、施工留置权登记证发放、执照和许可证要求等需要履行的各种合同和法律义务。例如，考虑到设计风险、施工质量风险、设备质量风险等，项目公司可以要求设计方、施工方和供货方等相关方提供担保，通过支付履约保证金或保函等形式，承担相关的保证义务。一旦项目设施出现设计、质量问题，项目公司可通过担保人的担保获得损失赔偿。

在海外基础设施项目建设中，政府既可能提供融资性担保，也可能提供非

融资性担保。融资性担保是政府为基础设施项目建设的融资所提供的担保，非融资性担保是政府为基础设施项目建设的顺利进行所提供的保证，主要体现为政府对基础设施项目的参加方以及项目公司所作出的承诺。

对于民商事担保，我国以民法典为代表的民商事制度已经具有了较为完善的结构和规则，但这些规则运用到基础设施建设方面显示出一定的不足。由于基础设施的公共产品属性，政府为投资者或项目公司提供担保，对于项目的建设与运营是非常必要的，但我国相关法律明确限制政府提供担保。受到法律的约束，在无法提供担保的情况下，政府即需要采用变通做法，通过向投资者或项目公司作出一定的承诺来达到吸引外国投资者进入基础设施项目建设的目的。政府的承诺具有一定的担保特性，许多论文将政府的承诺与担保相混淆，导致对性质不同的两种法律关系无法准确地加以区分。

2. 融资性担保

融资性担保是政府向项目公司提供融资的贷款人（主要为金融机构）所提供的担保。融资性担保主要有偿债担保和再融资担保。偿债担保是政府担保的项目公司如果发生了债务违约，政府将负责履行项目公司的债务偿付。再融资担保是当项目公司在融资合同到期时不能实现或无法以合理成本实现项目再融资时，由政府负责偿还原有债务，或对项目公司的再融资成本予以补贴。再融资担保通常发生在金融机构无法以合理的价格或因其他限制不能够为项目提供与项目周期或现金流特征相匹配的融资期限的情况下。❶

如果项目需要融资，而融资需要政府提供担保，那么政府能否提供担保直接关系到项目能否获得融资，进而决定了项目能否立项和建设。如果东道国政府不愿意提供主权担保，贷款人因考虑项目的投资风险可能拒绝提供贷款。当然，也有些国家的信誉度很高，投资的风险较小，如澳大利亚政府的信用评级较高，外国投资者对其违约的担心很小，因此在进行基础设施项目建设融资时通常不需要政府提供担保，也能够以合理的成本获得第三方的融资。❷

对于一些其经济发展较为落后的发展中国家而言，宏观经济的不确定性较高，为了提升对投资者的吸引力，政府可能为投资者或项目公司提供担保，以

❶ 刘烨：《海外基础设施投资中的国家担保问题》，载《国际工程与劳务》2017 年第 7 期，第 68 页。

❷ 傅宏宇、张秀：《政府与社会资本合作（PPP）法律问题国别研究》，中国法制出版社 2016 年版，第 72 页。

此体现政府对项目的支持。如柬埔寨根据《特许权法》（2007）规定，可以为基础设施项目提供主权担保。又如亚吉铁路建设中埃塞俄比亚政府为埃塞俄比亚路段建设的铁路公司借款提供了主权担保，吉布提路段由吉布提财政部作为借款人，吉布提政府提供主权借款。政府担保可以增强投资者投资项目的信心。如果投资者亦具有良好的信用评级，贷款人提供的贷款利率会更低，期限也更长。

政府担保有时也被作为增信措施使用。根据融资情形的不同采取不同的增信措施，也是一些国家的常见做法。假如担保是由次主权机构如中央购电公司、州政府等承诺的，而投资人或金融机构对于这些担保机构的履约能力存在担忧，即可能要求国家级的政府部门提供担保。

由于融资担保直接形成了国家的债务，许多国家不允许政府提供此类担保。例如，除新南威尔士州允许特殊的主权担保外，澳大利亚政府通常不会为 PPP 项目提供担保。❶ 在美国，PPP 项目由私人部门负责融资，各州政府不提供担保，但为了支持州基础设施建设，联邦政府会通过联邦担保基金等手段提供增信措施。❷

有些国家的法律允许政府提供担保，如为提高 PPP 项目的可融资性，俄罗斯法律允许政府提供担保，政府可以与债权人签订协议，为融资协议提供担保，也可以与社会资本及债权人三方直接签订协议。❸ 越南在 2006 年颁布的《外国投资法》中将 BTO、BOT、BT 等投资形式纳入其中，并规定国家对重要工程和项目提供担保，对项目的贷款、原料供应、产品销售、结算及履行合同等义务进行担保，并指定国家职能部门作为担保人。

有些国家的法律允许政府提供担保，但对担保进行严格限制。在中欧、东欧和拉美的一些国家，如斯洛伐克，政府提供的主权担保需要经过议会的批准。在一些亚洲国家，政府提供担保也须履行严格的程序，如在老挝，政府出具担保函或签订担保协议需要由老挝财政部或中央银行向总理汇报后，提交国会审

---

❶ 徐玉德、张若丹、李化龙：《国际视域下 PPP 模式演进的逻辑与经验借鉴》，载《财会月刊》2019 年第 13 期，第 138 页。

❷ 徐玉德、张若丹、李化龙：《国际视域下 PPP 模式演进的逻辑与经验借鉴》，载《财会月刊》2019 年第 13 期，第 136 页。

❸ 傅宏宇、张秀：《政府与社会资本合作（PPP）法律问题国别研究》，中国法制出版社 2016 年版，第 148—153 页。

议，由国会出具审批文件。

由于政府提供担保之后即承担了债务人不履约的风险，特别是作为债务人的项目公司为项目建设专设，其能够按照基础设施项目合同约定履行建设和运营项目存在各种风险，义务履行存在不确定性，为减少政府担保风险，促使项目公司履行合同义务，政府通常也会要求项目公司以及项目的承包商、分包商就其履约义务提供一定的担保。

我国涉及政府担保的法律法规主要为《民法典》《境内机构对外担保管理办法》及其实施细则。最高人民法院发布的判例与财政部的多次发文均表明，我国政府无论出具何种形式的保函，包括出具政府承诺函，均属无效。具有担保业务经营资格的银行、非银行金融机构和企业可以提供融资性对外担保业务，其中，中国信保是唯一可以对外出具担保的保险公司。

考虑到保函的风险，或者出于法律的限制，政府提供担保的情形已经越来越少。一些国家的政府仅向项目公司开具支持函或安慰函，或者采取变通的担保形式，以避免政府承担担保人的责任并形成国家债务。如印度尼西亚政府改变了过去由财政部为国有购电方提供政府保函的方式，代之以为合格的独立电力项目提供基础设施担保基金（IIGF）和市场波动担保书（BVGL）的方式。基础设施担保基金是于 2009 年在世界银行与财政部的支持下设立的，由其向参与印度尼西亚 PPP 计划项目的合格申请人提供担保。[1] 根据"快行道 II 计划"，印度尼西亚向独立电力项目公司提供市场波动担保书，承诺如果国有购电方违背了义务，财政部将向国有购电方提供资金，以帮助其履行支付义务。[2] 巴西也采取了与印度尼西亚大致相同的模式，由政府或公共部门设立特别基金，如行政部门授权金融机构设立 PPP 发展信托基金，联邦或地方政府将资产存入基金，为项目融资提供政府担保或保证在政府违约时及时补偿投资者的损失。[3]

综上所述，政府担保主要根据项目的具体情况、融资的需要以及项目所在国政府的具体情况设立。具体需要哪种担保以及需要设立几种类型的担保都取

---

[1] 竞天公诚：《东南亚：政府担保——是否靠谱？》，载 https://www.jingtian.com/Content/2018/09 - 11/1928467480.html，2020 年 2 月 15 日访问。

[2] 竞天公诚：《东南亚：政府担保——是否靠谱？》，载 https://www.jingtian.com/Content/2018/09 - 11/1928467480.html，2020 年 2 月 15 日访问。

[3] 傅宏宇、张秀：《政府与社会资本合作（PPP）法律问题国别研究》，中国法制出版社 2016 年版，第 99—108 页。

决于项目融资、建设和运营的实际需要，以及合同双方或多方的博弈。政府是否能够提供担保以及提供哪些担保，有时会受制于本国法律规定。我国海外投资企业应当注意分析项目所在国家有关担保的法律与政策，详细了解政府能够提供担保的种类与适用条件等，在此基础上确定可以要求政府提供的担保。

3. 非融资担保

由于基础设施的公共产品属性，项目建设往往具有显著的外部效应。为防止项目公司违约可能带来的公共利益损失以及负面的社会影响，投资方与政府方均可能要求对方提供必要的担保。

政府方要求投资者或项目公司提供担保的目的，是保证其能够按照基础设施项目建设合同的约定，保质保量地完成建设。政府方可能要求项目公司提供各种具有不同保证内容的保函，如在建设期间的履约保函、维护保函、移交维修保函等。履约保函要求项目公司保证按照合同约定的标准和时间按时完成项目建设；维护保函也称运营维护保函，是政府要求项目公司在项目运营期间和项目维护期间，按照合同约定履行运营和维护项目的义务，以保证项目的正常运转和使用；项目移交与维修保函是政府要求项目公司按照约定的时间将项目移交给政府，在项目移交政府之后在约定的期间内承担项目维修的保证，担保维修的时间一般在项目移交后的一年时间内。有时，政府也可能要求项目公司提供一份合同履约保函，如在一些PPP项目中，为了确保项目公司能够按照规定的时间达成融资交割等PPP项目合同中约定的前提条件，政府可能会要求项目公司向政府提交一份履约保函，以担保合同前提条件的实现。一旦保证的这些条件实现即实现了合同的目的，合同即告终止。在整个基础设施项目的建设与运营中，政府可能根据项目的实际情况，要求项目公司在不同期间提供不同的保函。

项目公司是否需要提供担保，主要取决于项目公司的资信和项目本身的机制。如果项目公司的资信足够使政府相信项目公司即使不提供担保也不必担心公司违约，或者项目本身的机制可以保证即使公司违约，也可以采取如付费机制和项目期限机制等合同约定的救济手段，足以保证项目公司能够按照合同履约时，政府可能不会要求项目公司提供履约担保。政府需要考虑项目公司的成本，要求项目公司提供担保的方式越多、担保额度越大，项目实施的成本就越大，不利于公司融资和经营活动的开展。

　　投资者或项目公司要求政府保证的是其无法控制的风险，而这些风险主要来自政府行为。如果法律禁止政府为商业活动提供担保以形成国家债务，但基础设施项目的性质又需要政府的介入，许多国家便采取了向投资者和项目公司提供政策支持的做法，由政府为项目建设和运营提供必要的政策保证，尤其是项目唯一的使用者或主要使用者为政府的时候。

　　政府为项目建设与运营提供履约保证与一般意义上的担保不同。政府保证不是为主合同中的债务人履约而向债权人提供的担保，而是政府为自己履行合同义务设定的保证，政府担保自身义务的履行，或者担保代其履行义务的项目实施机构履行合同义务。例如，在电力行业，老挝、越南等国家的政府会为购电方的支付义务提供担保。这里的保证与融资担保中通常是对他人不履行义务而承担的担保责任存在实质性的不同。

　　政府对项目合同的履行作出承诺是基于政府公共事务管理者的身份。出于项目对社会公众的影响及利益考量，政府可能对项目投资、投资回报率、项目公司是否守法等进行监管。政府在行使管理权力的过程中，可能损害项目公司的权利或利益。为避免此种情形出现，投资者会要求政府作出一定的保证。东道国政府为使外国投资者具有安全感，确保公共基础设施项目建设的顺利进行，以及项目的运营与移交，而对项目公司作出保证。政府提供保证，体现出政府的能力与信誉，有助于吸引更多的投资者进入基础设施建设中，增强外国投资者的信心。

　　政府保证对于投资者和项目公司而言至关重要，可以在很大程度上降低政府违约的风险。对于项目的其他参与者，如融资公司和其他债权人而言，政府作出了履约保证从而提高了项目成功的概率，也因而愿意参与其中。

　　对于政府而言，政府的履约保证虽然对其构成了约束，但同时也可能因此适当降低投资者的投资回报率，减少政府对项目付费的压力，由此降低了公共财政支出压力或当期公共债务偿还压力，反而有助于项目的投资和建设。

　　虽然政府保证可以在一定程度上减少政府违约的风险，但是，也可能因为以下原因为投资者或项目公司带来负面影响：第一，由于政府提供了担保，投资者可能轻信政府的能力，而不再对项目本身存在的风险予以更多的关注，不将精力投入尽职调查和项目管理上。第二，由于政府担保对政府构成压力，政府可能担心项目出现问题，会更多地参与到项目中来，对项目进行监管，由此对项目公司的经营产生影响甚至干预项目公司的行为。第三，在一些情况下，尽管政府提供担保，但是项目公司不能仅因为合同第三方违约，如购电方未按时支付购电费即向政府提出担保请求。❶ 因此，尽管政府提供了保证，项目公司仍然存在无法及时获得损失赔偿的风险。

尽管政府担保有助于减少政府违约行为的发生，但是，已有的实践也表明，风险很高的国家的政府担保最终并不能有效缓释项目的投资风险，❷ 投资者需要理性对待政府担保，依然做好政府违约的防范工作。

> ## 本章小结

本章就不同模式的基础设施项目建设与相应的合同关系进行了梳理，根据项目的不同，海外投资者应与项目所在地国家签订不同性质的协议。在不同的协议下，政府承担的义务是不同的。

按照公共产品、混合产品和私人产品的不同，基础设施的供给方式可分为公共生产、混合生产和私人生产三大类。公共产品的生产由政府提供，私人产品的生产由市场主体提供，介于公共产品与私人产品之间的混合产品的生产则由政府与市场主体共同提供。绝大多数基础设施为公共产品与混合产品，需要政府提供或参与提供。如何向社会提供公共基础设施既体现一个国家的开放程度，也体现出该国政府治理社会的能力。

由于基础设施项目不同，涉及的主体不同，建设与运营的时间、环节不同，可根据需要选择外包、特许经营、PPP、BOT 等模式进行建设或运营。不同的模式有不同的特点，具体选择哪种模式需要根据基础设施的性能、规模、建设资金的来源、风险分配基本框架等内容综合考量确定。不同基础设施建设模式各有利弊，投资者需要根据项目性质和具体情形，特别是项目所在国家的情况作出选择。

基础设施项目实施的基础是合同，投资者或项目公司需要订立一系列合同，通过合同确立和调整不同内容和不同主体之间的权利和义务关系。政府与社会资本之间、项目公司的股东之间、项目公司与项目融资方、承包商、原料供应

---

❶ 竞天公诚：《东南亚：政府担保——是否靠谱？》，载 https：//www.jingtian.com/Content/2018/09 - 11/1928467480.html，2020 年 2 月 15 日访问。

❷ 刘烨：《海外基础设施投资中的国家担保问题》，载《国际工程与劳务》2017 年第 7 期，第 70 页。

商、产品或服务购买方以及其他参与方之间通过签订相关的合同，来确立和调整基础设施建设与运营中形成的各种关系。这些不同内容的合同共同构成了一个相辅相成的合同体系，各合同之间既相互联系，紧密衔接，又各自独立，具有特定的主体、内容与权利义务。政府方与项目公司经常订立的基础设施项目合同为 PPP 项目合同、特许经营协议、产品的购买与销售合同、项目公司合同以及担保与保证合同等合同。这些合同确定了政府和投资者或项目公司之间具体的权利与义务关系。

目前基础设施建设主要采取 PPP 模式，PPP 项目合同成为基础设施项目合同中最常使用的合同。但对于 PPP 项目合同的性质为民商事合同还是行政合同存在不一致的看法。对 PPP 合同性质的认定在一定意义上决定了纠纷解决方式及其可选择性，因此，其不仅是学理的解释问题，还涉及内外投资者在争议解决上是否公平以及国内立法与国际协定的协调问题。因此，应该通过立法明确 PPP 项目合同的性质。如果因为 PPP 的复杂性难以在短期内作出一致认定，那就需要从合同主体身份、合同订立的目的、合同内容以及意思要素等方面进行判断，进而确定 PPP 项目合同的性质。

特许经营协议是政府特许投资者或项目公司进行项目建设，确定彼此间权利和义务的书面合同。基础设施的特许经营在主体、内容、纠纷解决方式等方面与商业特许经营均存在不同，与 PPP 项目合同的关系，需要根据"特许"的内容加以确定。如果 PPP 项目为政府特许项目，特许经营协议即为 PPP 合同的组成部分，否则，应为一项独立的协议。

在基础设施建设领域，担保主要分为融资性担保和非融资性担保两大类。融资性担保是为借款合同的履行设定的担保，非融资性担保是为不以融资为目的借款合同之外的其他合同的履行提供的保证，实质是政府基于其经济管理权限对项目履行作出的承诺，会对政府违约构成约束，因此投资者应注意非融资性担保的价值，充分利用政府保证这一形式，对于政府可能违约的事项要求政府作出保证。

第三章　政府违约的特点、表现与原因

政府违约行为与发生违约的原因多种多样。本章分析政府违约的主要表现以及政府为何违约，通过探究政府违约背后的动因，以便有针对性地防范政府违约风险，为采取有效的应对措施提供依据。

一、政府违约的特点与表现

（一）政府违约的概念与特点

违约是指合同签订后，合同一方或者双方没有履行合同或者没有适当履行合同约定的义务的行为。

政府违约是政府作为合同一方违反合同约定义务的行为。2015 年出版的《信用保险词典》将政府违约定义为"一国政府不履行与外国投资者签署的合同或协议，从而给外国投资者的正常经营带来影响的违约行为"。❶ 世界银行2017 版《PPP 合同条款指南》将政府违约界定为缔约政府部门未履行其重要合同义务（主要指支付义务）的行为。

从形式上看，政府所违反的"约"系政府作为一方与投资者签订的各类投资合同，即前章所述的政府方与外国投资者签订的 PPP 项目合同、特许经营协议等正式的书面合同。如果在该些合同项下政府方与投资者或项目公司口头达成了某些承诺，以及采用电子数据等方式达成了某些协议，均属于对该些合同的补充或变更，政府方亦应履行该些约定义务，否则，即构成违约。

政府违约的合同性质与内容不同，因而对政府违约行为可进行更为详细的界定，在不同领域使用的"政府违约"概念则更多地表现出自身特点。例如，

❶ 罗熹主编：《信用保险词典》，中国金融出版社 2015 年版，第 28 页。

《多边投资担保机构公约》（Convention Establishing the Multilateral Investment Guarantee Agency）第 11 条将政府违约界定为东道国政府不履行或违反与投保的承包商签订的合同的行为。具体到信用保险领域，前述《信用保险词典》将政府违约定义为"东道国政府违反或不履行与被保险人就投资项目签署的有关具有法律约束力的协议和合同，且拒绝按照法院或仲裁机构裁决书中裁定的赔偿金额对被保险人进行赔偿的行为"。从基础设施项目合同角度，政府违约是指项目所在国政府作为基础设施项目合同一方违反合同约定，不履行或不完全履行合同义务的行为。由于政府违约给合同相对方即社会资本方带来的风险，即为政府违约风险。

政府违约与私人违约没有本质上的不同，都是违反合同约定、不履行合同义务的行为，其违约的后果均使得合同订立的目的无法实现。政府违反基础设施项目合同的后果亦如此，项目的建设或运营无法按照合同约定进行，投资者与项目公司无法获得预期的合同收益。但是，违反基础设施项目合同的政府违约具有不同于私人违约的特殊性。

1. 违约主体身份的特殊性

前已述及，政府在基础设施项目合同中扮演着多重角色，既是项目的发起人，又是项目建设与运营的监督者；既可能为项目公司的投资者，也可能为项目产品的采购方，多种角色集于一身。基础设施项目的公共属性，使得政府需要以不同身份参与到基础设施项目合同中来。

在一般商事合同中，当事人均为市场主体，双方依照诚实守信原则，在平等互利的基础上订立合同并履行合同。虽然政府方与社会主体签订的合同也是通过协商，在平等的基础上订立的，但是，由于政府具有经济管理者的身份，依法享有对国家经济事务的决定权与处分权，在合同订立与履行过程中政府方处于优势。关于 PPP 合同为民事合同还是行政合同、政府应承担国家契约责任还是商事违约责任的争议，均反映出政府方的地位不同于社会主体。两者身份上的不同决定了社会主体在很大程度上难以与政府进行讨价还价。《通用合同指南》中关于合同各方均是平等主体的规定，也表明了强调双方地位平等的特殊意义。

2. 政府违约的原因复杂

绝大多数情况下，商事合同当事人违约是因其自身原因，如履约能力出现问题，导致其无力履行合同。但政府违约在大多数情况下并非政府履约能力出现问题，除了自身原因，常常是外界压迫或影响的结果，如出于社会团体的抗议而终止合同的履行，由于其他政治风险和社会风险而引发，这些风险波及面广，社会影响大。下面将对这一问题进行详细分析。

3. 政府违约的后果影响广

前已述及，基础设施项目合同并非单一合同，在基础合同之下，根据项目建设的需要会订立多份紧密衔接的合同，一旦政府违反了基础合同，很可能发生传导效应，引发系列合同违约。因此，政府违约不止于没有履行基础合同所产生的后果。此外，政府违约之后还可能引发其他的政治风险，如引发国内的抗议、罢工、禁止外币兑换等风险。

4. 政府违约难以避免且难以救济

由于引发政府违约的原因多且复杂，特别是出于政治原因发生的政府违约，合同相对方往往难以预见，很难事先采取准确的措施予以防范，而一旦政府违约，又很难通过一般的救济途径获得合理的赔偿。由于"主权国家本身就是契约预设的最终担保人，企业很难在主权国家之外获得有效的外部担保"。❶ 例如，在下述的港口城项目中，中资企业最终放弃了索赔，其主要原因在于寻求救济的途径窄，即使付出很大的精力，获得赔偿的可能性也极小。

上述政府违约显现出的有别于商事主体违约的特殊性，决定了运用一般防范合同违约理论与规则来解决政府违约问题的局限性。

（二）政府违约的分类

政府违约表现为多种情形，可以从不同的角度对政府违约进行划分。

1. 从形式上，政府违约表现为直接违约和间接违约

直接违约是政府方直接违反合同约定，不履行或不适当履行合同义务的行为；间接违约是政府方通过对法律法规的修改以及政策的变更等形式使其义务的履行与修改后的法律法规及政策相冲突，进而免除了政府方履行合同义务的行为。

---

❶ 《马来西亚铁路项目折载，政府违约风险如何应对》，载 https：//api. goalfore. cn/a/2184. html，2020 年 9 月 8 日访问。

2. 从程度上，政府违约可分为完全不履行合同和不完全履行合同

完全不履行合同是政府方根本没有履行合同，不完全履行合同是政府方没有完全按照合同约定履行义务，如没有按照合同约定的时间支付合同款项、没有按照合同约定数量购买或销售产品、不提供约定的合同履行条件等违反合同约定的行为。

3. 从是否已经违约，政府违约分为实际违约与预期违约

实际违约是政府方不履行合同约定的义务，已经实际违反了合同约定；预期违约是指在合同约定的履行期限尚未开始时，政府方即明确表示不准备履行合同或通过其行为表明将不再履行合同。

4. 从主观上，政府违约可分为主动违约与被动违约

有些违约是政府有意为之，可称为主动违约，如政府对基础设施进行征收或征用或强行转让项目公司股份等。但有些违约可能不是出于政府的本意，而是在被动情况下所为。主动违约表现为政府在没有受到外界干预的情形下，从自身考虑选择违反合同约定，拒绝履行合同的行为。被动违约是政府在外界环境的压力下，无法继续履行合同，或者即使可以履行，但如果履行可能遭受不利后果的情形下采取的违反合同约定的行为。主动违约可能因为东道国政府自身出现问题，以至于无法履行合同，如财政出现问题。但在很多时候，政府违约并非因为其没有能力履行，而是因为社会第三方原因使其不能履行合同，因此具有被动性特点，如因为环保组织的反对，政府不得不搁置或停运已经批准或已经开始建造或已经开始运营的项目。从政府违约的实际情况看，主动违约与被动违约并不是截然分离的，很多时候两者相互影响，相互作用。下面就是一个比较典型的案例。在 20 世纪 90 年代，美国能源巨头安然公司采用 BOT 方式在印度投资近 30 亿美元，建设了达博电力公司（Dabhol Power Company），运营期为 20 年。项目公司与马哈拉施特拉邦电力局签订了购电协议，该电力局作为购电方购买项目公司生产的电力，协议约定电费以美元结算。项目建设初期，因各种原因工期一再被延期。后来爆发了东南亚金融危机，印度卢比大幅贬值，导致上网电价大涨，购电协议约定的价格高出当地电厂电价的两倍。随后国际能源价格上涨，致使购电协议约定的价格上涨至当地电厂电价的四倍，以至于马哈拉施特拉邦电力局无法向项目公司支付电费，最后拒绝购买达博电力公司的发电量，达博电厂因此停产。尽管印度政府对购电协议提供了担保，但也只

按照担保协议支付了部分电费，没有履行全部担保义务。该案例表明，被动违约可能引发主动违约。由于某些情况的出现，引发政府方违约，而政府方就此采取违反合同约定的行为。

5. 从行为表现上，政府违约分为直接违约与变相违约

直接违约是政府方直接违反合同义务的行为。变相违约是指政府方没有直接违反合同约定，但法律或政策的改变，导致合同履行成为不可能或不可行，由此产生了同直接违约一样的结果。

（三）政府违约的表现

政府方不履行或不完全履行基础设施项目合同的原因不同，其具体表现也不同。常见的政府违约主要表现为以下方面：

1. 未按合同约定提供项目前期工作，导致项目建设无法正常进行

在许多基础设施项目建设中，政府方负有准备与协调项目开始建设之前所需要的事项的义务，如协调政府部门和项目的相关利益主体提供必要资料和文件、负责项目用地的拆迁、移交项目建设需要的设备设施、协调相关方面的关系等。由于政府方怠于履行这些义务，项目公司无法获得相关的资料，无法进入施工现场，出现一些相关利益者阻止项目建设等问题，使得项目无法按期开工建设，延误了工时和工期。

2. 拒绝授予项目许可权与经营权

外国投资者中标之后，依照许多国家的国内法规定，需要向有关部门申请项目许可。但是，办理相关审批事项的政府部门拒绝办理，例如，在电站项目建设中，政府拒绝授权开发商以电站开发许可权，导致开发商无法进行电站的开发；再如，政府不予颁发履行基础设施项目合同所需要的通行证或许可证等，实际上剥夺了项目公司建设或运营项目的权利。

3. 违反合同约定，随意停建项目

在基础设施项目建设过程中，政府方在没有向项目公司作出任何说明的情况下，要求其停止建设项目。2006 年中国电力投资集团公司在缅甸的伊洛瓦底江上以 BOT 方式建设密松水电站，与缅甸电力工业部签署了合作谅解协议，先后完成了项目的环评、选址、征迁及前期投资。据称，该水电站建成之后将成为世界上第 15 大水电站，平均每年能为缅甸提供 3 亿多度电，除解决其用电荒外，还能产生剩余的电力销售给其他国家。就这样经济与社会效益明显的项目，

2011 年 9 月缅甸总统在国会上以"民意"反对为由宣布暂停该水电站工程。而此时，中国电力投资集团公司已经投资了 30 多亿元人民币到项目中，❶ 项目至今仍未复工。

4. 不按照合同约定购买项目产品，支付项目费用

依照原料购买协议，政府方承担了购买项目公司生产的产品的义务，但政府方不履行该项义务，致使项目公司的产品无法售出。如政府方违反与项目公司签订的购电协议，常以电厂性能不达标，以热耗率、热经济性、厂用电率、机组调峰等技术参数不符合要求为理由，拒绝收购电力。作为唯一购电用户，如果政府方或当地电网公司不依照合同约定的数量购买电力，项目公司作为售电方无法将电力转售给其他用户。因无法售出电力，项目公司面临着无法收回投资的风险。

在合同款项支付上，政府方往往不按期支付应向投资者和项目公司支付的费用，即使在双方商定的延长期后仍然不予支付，如延期或不足额结算电费等。对于那些政府应予补贴的公共基础设施项目，政府不按合同约定的期限或金额向项目公司提供补助。再如不按照合同约定的时间支付特许使用费等。

5. 违反合同约定转让基础设施项目合同项下的义务

在没有与投资者或项目公司协商的情况下，政府方擅自转让其合同项下的义务于第三方，政府方承担的一些义务因此被免除。

6. 违背保证义务，变更法律与政策规定

政府具有制定法律规范与政策的权力，因此其经常通过改变法律规范与政策的既有规定，达到不履行合同义务的目的。如颁布新的法律和政策，废除、修改或重新制定现行适用的法律和政策，变更对法律和政策的解释或适用等。这些变更涉及的具体内容多种多样，比较常见的变更内容如下：

（1）调整有关价格、补贴等规定，调高的价格或减少的补贴，使项目公司无法继续项目的建设或运营，前期的开发费用成为沉没成本。

（2）对项目公司的投资和经营施加限制性规定，导致基础设施项目建设无

---

❶ 也有文章称中方投资者的前期投资损失为 70 亿元人民币。参见《人民日报记者探访停工后的缅甸密松水电站：中缅两败俱伤》，https：//www. guancha. cn/indexnews/2014_01_06_197706. shtml，2019 年 2 月 20 日访问。

法按期或顺利进行，项目运营受到制约。

（3）对货币汇兑和转移实施限制，导致投资者无法将其获得的东道国货币兑换成本国货币或可自由兑换的货币并汇回本国。

（4）实行进出口限制，使得项目公司在项目所在国家之外采购的物资和设备等无法运至施工现场，或项目公司生产的产品无法销售到该国之外。

（5）提高环保标准，导致基础设施项目无法达到变更后的标准。例如，提高燃煤火电站的污水、废气排放指标，项目公司因无法达到变更后的指标不得不停止建设或运营项目；或者为避免罚款和停机，电站运营商不得不增加投资对除尘器等设施进行改造，增建废水处理系统和脱硫脱硝工艺系统等设置，由此导致成本大幅度增加，以至于出现亏损。

（6）加大税收力度，减少甚至取消税收优惠，导致项目公司不得不停止项目的建设与运营。许多国家为了吸引外商投资基础设施建设，经常在税收方面给予外商优惠。如越南政府为尽快建设交通基础设施，将交通基础设施定位为优先发展领域，在税收、土地、口岸经济区实施了相应的优惠政策。如果外商投资公路建设，特别是政府鼓励的经济区项目以及政府总理批准的重要项目，可享受土地使用费的减免，在优惠期内可以享受15%的所得税优惠税率；如果采用 BOT 方式建设，则可以享受更低的税收优惠。在口岸经济区，政府优先考虑利用外国政府和国际组织提供的官方发展援助进行基础设施建设，鼓励外商以 BOT、BT 和 BTO 等方式参与基础设施建设。❶ 政府给予外商的优惠通常会体现在基础设施项目合同中或作为政府保证的内容列入合同中。但是，在合同履行过程中，政府违反这些约定或保证，不兑现减免税负等优惠措施，随意取消税收优惠，导致项目公司在增大的税收面前无法获得应有的收益，甚至亏损。

上述方面的法律与政策变更均会使项目公司的建设与运营环境发生变化，以至于其无法继续建设或运营，出现亏损，甚至项目失败。

7. 未按合同约定为项目运营提供外部条件，导致项目无法顺利进行

政府违反合同约定，没有履行提供项目运营所需的外部设施、设备、市政

---

❶ 黄思维等：《"一带一路"背景下越南公路建设投融资模式分析与建议》，载《交通企业管理》2018 年第 5 期，第 6 页。

配套和相关的服务，没有提供项目生产运营所需特定资源，没有提供对项目特定产出物的处置方式及配套条件，❶ 没有提供项目建设与运营所需要的运输道路、供水、供电、排水等相关设施保障，如污水处理厂的出水、污泥的处置，垃圾焚烧厂的飞灰、灰渣的处置等。基础设施项目因缺少配套工程和使用设置，无法正常使用。

在政府方无法提供配套设置的情况下，投资者出于项目建设或运营的考虑，可能垫资进行建设，由此又会产生垫资难以收回的风险。招商局集团有限公司在其投资的白俄罗斯、斯里兰卡、吉布提及非洲其他港口或园区时都遇到了此种情况。沙特轻轨建设期间，由于地下管网和征地拆迁严重滞后，工期出现阶段性延误，最终导致中企亏损 13 亿元人民币。❷

8. 改变项目公司的股权结构和股权比例，剥夺了投资者的收益

政府方不履行合同关于稳定股权的约定，在未经投资者同意的情况下，单方面改变股权结构。例如，利比亚美国石油公司与利比亚政府签订了一项石油特许协议，在利比亚进行石油勘探与开采活动，协议有效期 50 年。为实现石油工业的本国化，利比亚政府在 1973 年 7 月颁布法律，强行要求包括利比亚美国石油公司在内的多家公司转让 51% 的股权，1974 年 2 月再次颁布法律强制转让剩余 49% 的股权。❸ 强行转让股权行为剥夺了投资者对项目公司的控制权，而公司控制权的转移导致减少甚至无法实现投资者的预期收益。

9. 对基础设施实行征收或国有化

政府方不履行合同承诺，采取国有化、征收等措施，强制性无偿或象征性有偿征收基础设施或项目公司的其他资产，如对投资商建造的发电站实行国有化。

10. 不承担担保责任

政府方违反担保合同约定，拒绝履行其承诺的担保与保证责任。

以上所列政府违约行为是比较常见的政府方违反基础设施项目合同约定的

---

❶ 2018 年，中国石油天然气集团在中亚地区的天然气项目因哈萨克斯坦、土库曼斯坦和乌兹别克斯坦三国怠于履行修理义务，管道输气量下降而遭受巨额损失。

❷ 王顺洪等：《海外跨境高铁投资风险因素结构关系分析：以"新马高铁"为例》，载《科技管理研究》2016 年第 19 期，第 225 页。

❸ 姚梅镇主编：《国际投资法成案研究》，武汉大学出版社 1989 年版，第 47—83 页。

行为，在实践中，政府违约的表现不止如此。不管政府方不履行合同约定的行为表现如何，其结果均使得投资者或项目公司遭受利益上的损害，剥夺其应有的权益。

二、政府违约的原因

（一）原因概述

如前所述，政府违约可能源于多种原因。从政府的主观意愿考虑，政府违约可能是主动性违约，也可能为被动性违约。但无论属于哪种，均表现为政府方没有履行合同义务或没有完全履行合同义务，因此，从结果上看，主动违约与被动违约的区分对于违约行为的认定并无实际意义。但是，通过主动违约与被动违约的考量可以比较清楚地了解政府违约的原因，因为"东道国政府履行项目合同的能力与意愿关系到项目成败。这种能力和意愿在项目实施中存在不确定性，即海外重大基础设施投资项目存在着东道国政府无能力或无意愿履行合同的风险，而这种风险对项目而言是致命的"。❶ 从源头探寻政府违约的原因，可以更好地设计合同防范条款，以有效避免政府违约行为的发生。

中国企业投资海外基础设施项目建设以来，遭受了多起政府违约事件。笔者将 2010—2020 年中国企业投资海外基础设施所遇到的典型政府违约事件见表 3 – 1。

表 3 – 1 　中国企业投资海外基础设施遭遇的政府违约典型事件

序号	事件名称	时间	东道国	投资者	违约形式
1	利比亚内乱殃及中国项目	2011	利比亚	50 多个工程项目中的 75 家中资企业	利比亚国内对立党派发生武装冲突，法、英、美等国对利比亚政府军发动空袭，中国在利比亚承包的近 50 个大型工程项目被迫搁置

---

❶ 王卓甫、安晓伟、丁继勇：《海外重大基础设施投资项目风险识别与评估框架》，载《土木工程与管理学报》2018 年第 1 期，第 9 页。

续表

序号	事件名称	时间	东道国	投资者	违约形式
2	中缅密松水电站事件	2011	缅甸	中国电力投资集团	缅甸政府以"人民意愿"为由，宣布在其任期内暂时搁置密松水电项目
3	墨西哥高铁毁约事件	2014	墨西哥	中铁建牵头建立的国际联合中标体	由于反对党议员质疑中标过程，在中方中标4天后，墨西哥政府宣布撤销中标结果，并决定重启投标程序。因此向中方支付1600万美元的违约金
4	中斯港口城事件	2015	斯里兰卡	中国交通建设股份有限公司	斯里兰卡新政府对港口城项目进行重新评估，并最终以"缺乏审批手续""违反相关环保政策"为由叫停了该项目
5	希腊叫停港口私有化事件	2015	希腊	中国远洋海运集团	由于欧洲债务危机，希腊政府实行紧缩措施，叫停了国内最大港口比雷埃夫斯港口（Piraeus）的股权出售。按原定出售计划，中方将收购Piraeus 67%的股份
6	委内瑞拉高铁项目烂尾事件	2016	委内瑞拉	中国中铁股份有限公司	委内瑞拉经济崩溃，出现资金断链，无法向中方支付合同款项
7	中哥石油合建炼油厂项目终止事件	2016	哥斯达黎加	中国石油天然气股份有限公司	哥斯达黎加政府因成本控制，宣布"Soresco中哥重建公司"对Moin炼油厂的升级改造和扩建计划无法通过审计

续表

序号	事件名称	时间	东道国	投资者	违约形式
8	北京城建诉也门案	2017	也门	北京城建集团	也门政府动用军队、武力强行征收北京城建的资产，致使中方无法继续进行工程建设
9	马来西亚叫停东海岸铁路项目事件	2018	马来西亚	中国交通建设股份有限公司	马来西亚财政部发表声明称，该国财政无法承担该项目成本

（二）政府违约的主要原因

通过对上述案例研究，笔者将导致或诱发政府违约的原因概括为六个主要方面。

1. 政府财政支付能力发生变化

许多基础设施项目建设需要政府投资，而政府投资大多来自财政支出，因此，合同的履行需要政府具有一定的财政能力，即具有一定的财政资金支持。影响政府财政能力的因素主要包括政府的财政收支、政府的负债、政府的偿债能力，以及影响政府财政的其他因素，如政府管理体制发生改变、经济增速下降等。政府负债增加、经济发展下降、出现经济危机等都可能迅速恶化政府的支付能力，进而引发社会的不满情绪，诱发政府出现违约行为。而一旦出现上述情形，政府也会对经济进行干预，进而加大违约风险。

2018 年初，马来西亚举行了大选。新一届政府叫停了中国交通建设股份有限公司承建的东海岸铁路和两个综合油气管线项目。[1] 东海岸铁路项目被叫停的直接原因是马来西亚的债务问题。由于很多国家财务状况不透明，投资者对项目所在地国家的实际债务情况并不十分了解。公开数据显示，2017 年马来西亚经济运行相对健康，政府债务占 GDP 的比重为 50% 左右，处于相对安全的范围。但新任总理上台后，重新评估了政府债务。由于很多债务属于隐性债务，

---

[1] 《马来西亚铁路项目折载，政府违约风险如何应对》，载 https：//api.goalfore.cn/a/2184.html，2020 年 9 月 8 日访问。

此次评估政府债务占 GDP 的比重达到了 80% 以上。❶

东道国将无法偿还项目借款作为违约理由对于政府来说并非好事，因为这意味着政府承认自身财务状况出现了问题，会影响其他海外投资者到本国进行基础设施建设。但是，近年来，一些国家以"债务问题"作为违约借口，且这种现象越来越多。出现这种现象的原因是多方面的，除了许多发展中国家加大基础设施建设力度，借贷增多，导致出现债务问题，由美国加息引发的金融外溢效应也逐渐显现，引发了发展中国家的汇率风险，因此出现了债务风险与汇率风险并存的状况。债务问题越来越多地成为政府违约的直接原因或借口。❷

2. 政府更迭引发的政府违约

政府变更可能引发政府违约，特别是在两党制或多党联合政府中，政党轮换或联合政府重组都会导致政府政策的调整。"如果主要政党间政治和经济态度差异明显，那么政府换届就可能引起监管和投资政策的大幅变化，政府违约的可能性也随之增加。"❸ 政府更迭所产生的后果往往是取消项目或对项目予以变更，新政府往往采取重新批准合同或对合同条款重新进行谈判等做法，通过对前届政府所订立的合同进行调整，实现新政府的执政目的。

斯里兰卡港口城项目是一个典型的例子。该项目位于斯里兰卡首都科伦坡，也是由中国交通建设股份有限公司投资建设的大型填海造地土地综合开发项目，于 2014 年 9 月 17 日正式动工，一期投资达 14 亿美元。2016 年斯里兰卡举行了总统大选，新一任总统上任后即以该项目对"环境影响须接受重新评估""缺少相关审批手续"等为由叫停了项目，中方投资者因此遭受损失，要求斯里兰卡政府赔偿其 1.4 亿美元的损失。2017 年年初，斯里兰卡政府与中方投资者经过协商，对合同内容进行了变更，将此前合同中约定的给予中方投资者永久使用权的 20 公顷土地变更为租赁形式，使用期限为 99 年。中方投资者则放弃因项目停工向斯里兰卡政府提出的索赔，作为补偿，斯里兰卡政府另外划拨 2 公

---

❶ 谭璐：《驾驭政府违约风险》，载《中国外汇》2018 年第 20 期，第 30 页。

❷ 谭璐：《驾驭政府违约风险》，载《中国外汇》2018 年第 20 期，第 30 页。

❸ 《2016 年〈国家风险分析报告〉和〈全球投资风险分析报告〉发布》，载 https：//www.sohu.com/a/114740996_481559，2020 年 1 月 10 日访问。

顷土地给中方投资者。❶ 前述的马来西亚东海岸项目和两个综合油气管线项目被停止的直接原因，是马哈蒂尔领导的新政党即土著团结党上台。马哈蒂尔在竞选中曾明确表示要重新审视中方的投资项目，其就任之后，新一届马来西亚政府很快宣布叫停东海岸项目，体现了新任政党和新任执政者的分歧和矛盾。❷ 再如中国与泰国签订的高铁项目，因政府政变，泰国宪法法院判决已获国会通过的高铁项目违宪。

3. 政府自身利益的考量

政府虽然为国家的代表，但政府利益不总是与国家利益完全一致。政府为了自身福利的最大化，可能会选择违约，以此达到某个政治目的，如缓和社会矛盾等。很多时候，当一个国家的经济出现困难、社会矛盾突出的时候，政府也可能为转移国内民众的注意力而对外国公司采取一定的措施。此外，政府方也可能为获得某个利益集团的支持，或为实现其他的政治目的而违约。政党领袖也可能为寻求选民选票或连任的支持，或者获得执政的地位后，为了证明自己与前任政府不同，而对外国投资实施不利的政策。

2014 年 8 月 15 日，墨西哥交通部公开招标首都墨西哥城至第三大城市克雷塔罗的高铁项目，总金额约 44 亿美元，铁路全长 210 千米，设计时速为 300 千米。中国铁建、中国南车股份有限公司及 4 家墨西哥公司组成了联合体，共同投标。2014 年 11 月 3 日，墨西哥政府宣布中国铁建联合体中标。这是当时首条中国对外承建的、采用中国标准的高速铁路，也是墨西哥历史上最大的基础设施项目。❸ 但是由于外界质疑投标被操纵，迫于国内压力，11 月 7 日墨西哥财政和公共信贷部发布公告，以法律规范和招标程序不透明为由，取消了此次中标。之后，国内外媒体多次报道称墨西哥政府将二度招标，由中国铁建牵头组成的编标组再次全力投入二轮竞标的准备工作中。2015 年 1 月 29 日，墨西哥公布正式二次招标文件，重启项目招标程序，但是就在包括中国铁建在内的5 家国际企业准备展开角逐的时候，墨西哥政府称因其削减 2015 年预算，所以

---

❶ 《马来西亚铁路项目折载，政府违约风险如何应对》，载 https://api. goalfore. cn/a/2184. html，2020 年 9 月 8 日访问。

❷ 谭璐：《驾驭政府违约风险》，载《中国外汇》2018 年第 20 期，第 30 页。

❸ 潘晓明：《从墨西哥高铁投资受阻看中国对外基础设施投资的政治风险管控》，载《国际经济合作》2015 年第 3 期，第 76 页。

决定无限期暂停高速铁路项目。❶

4. 出于环境保护的目的

基础设施项目是否对环境产生影响已经成为项目建设的评估指标之一。但即使经过环境评估的项目，也可能被指责对环境有影响而被迫停建或终止，由此给投资者造成巨大的经济损失。

自 20 世纪 80 年代以来，拉美地区的各种非政府组织对当地政府只注重经济增长，缺少对环境保护与可持续性的关注问题进行抗议，通过谈判、协商等方式对能够影响环境的项目进行直接干预。"各类社会组织借助保护弱势群体利益、捍卫生态平衡等口号，能以惊人的力量动员民众，与政府或企业进行博弈，甚至能够迫使其放弃既定目标。"❷ 许多大型基础设施建设被迫终止。如玻利维亚政府为了连接巴西亚马孙河流域南部地区同秘鲁与智利港口，曾计划在其境内的亚马孙地区修建一条高速公路，该公路须横穿多处原住民保护地，因而遭到了原住民、环保主义者的反对。政府曾动用武力镇压原住民的抗议活动，但最后还是暂停了公路的修建计划。❸ 穿越亚马孙雨林的道路工程一直备受争议。亚马孙雨林是世界上规模最大的热带雨林区，动植物种类和数量居全球之首。因为巴西至秘鲁的"两洋铁路"需要穿越巴西境内的亚马孙雨林区，铁路建设可能导致林区面积缩减和生态环境退化，因而遭到环境保护组织和原住民的抵制。❹

拉美的环保组织和原住民团体还通过将本国大型基础设施建设影响环境问题诉诸联合国等国际机构进而对政府施加压力。如巴西政府在 1975 年就开始规

---

❶ 当地媒体爆料，中国铁建牵头的联合体中一家墨西哥公司，曾向墨西哥总统夫人出售一套价值 400 万美元的房产，此事引发巨大争议和猜测。参见王欢：《墨西哥启动 37 亿美元高铁新招标　中企有望再中标》，载 https://news.fznews.com.cn/fuzhou/20150115/54b723fd9f36f.shtml，2020 年 4 月 18 日访问。也有文章认为，墨西哥政府再次叫停该项目的投标，理由是之前中标的联合招标体中的一家墨西哥企业与墨西哥总统家庭存在利益关系，由此引起了反对党和一些民众对于项目的质疑，墨西哥政府不得不宣布取消中标结果。参见徐飞：《中国高铁"走出去"的十大挑战与战略对策》，载《学术前沿》2016 年第 7 期，第 74 页。

❷ 孙海泳：《巴西—秘鲁"两洋铁路"：地缘经济意义、挑战与对策建议》，载《太平洋学报》2016 年第 5 期，第 55 页。

❸ 孙海泳：《巴西—秘鲁"两洋铁路"：地缘经济意义、挑战与对策建议》，载《太平洋学报》2016 年第 5 期，第 55 页。

❹ 孙海泳：《巴西—秘鲁"两洋铁路"：地缘经济意义、挑战与对策建议》，载《太平洋学报》2016 年第 5 期，第 55 页。

划建设的贝罗蒙特（Belo Monte）水电站即多次被搁置和重启。巴西原住民群体的领导人还在联合国人权委员会上批评巴西政府在建设贝罗蒙特水电站前未与受到影响的原住民团体协商，违反了自由权利、事先知情同意等相关原则，认为政府的行为违反了巴西宪法和《国际劳工组织公约》（the International Labour Organization Convention）和《联合国原住民权利宣言》（the UN Declaration on the Rights of Indigenous Peoples）等国际法。[1]

互联网时代信息传播的速度非常快。一些关乎公众利益的事件一旦进入网络，就会迅速引发强烈的反响，也因此对政府行为产生重要的影响。那些需要"使用者付费"的基础设施项目或者公众对其后果不甚清楚的基础设施建设项目常常受到质疑。而受到高度关注的焦点事件往往能够引发公众热议并占据舆论上风，强大的舆论压力最终触发政策调整决策机制，迫使决策者在短期内回应社会，满足公众关注需求，叫停项目建设或运营，即使违反了合同约定，承担违约后果，[2] 也依然会停止项目建设或运营。2020 年 2 月，吉尔吉斯斯坦政府以本国群众反对为由，单方面取消了中国企业累计投资 270 亿元人民币后在该国东部兴建的价值为 2.75 亿美元的物流中心项目，并表示愿意拿出 64.5 万美元作为企业遭受损失的补偿。[3]

中国公司运营的瓜达尔港也是比较典型的受到舆论影响的项目。2007 年巴基斯坦政府与新加坡公司签署了瓜达尔港口经营协议，由新加坡公司经营该港口。但在其后的 8 年时间内，港口一直未形成商业运营。为解决这一问题，巴基斯坦政府与中国公司、新加坡公司三方进行了谈判，由中国海外港口控股有限公司接收了瓜达尔港口的运营权，但对巴基斯坦政府与新加坡公司签署的瓜达尔港口经营协议未做任何变动。在一次国会咨询中，巴基斯坦交通部部长称瓜达尔港口运营收入利润的 91% 归中国，只有 9% 的利润属于瓜达尔港管理局。这一说法被巴基斯坦多家媒体报道之后引起国内许多人的不满，尽管这一利润

---

[1] 孙海泳：《巴西—秘鲁"两洋铁路"：地缘经济意义、挑战与对策建议》，载《太平洋学报》2016 年第 5 期，第 56 页。

[2] 卫志民、于松浩：《地方政府和社会资本合作风险防范机制研究》，载《理论视野》2019 年第 5 期，第 56 页。

[3] Radio Free Europe Radioliberty. Kyrgyz Government Cancels ＄275 Million Chinese Project Amid Protests. https：//www. rferl. org/a/kyrgyz - government - cancels - 275 - million - chinese - project - amid protests Z30451825. html，visited on 10 December，2020.

分配比例是巴基斯坦政府与新加坡公司约定的，并非中国企业与巴基斯坦政府方商定。该项目采用 BOT 模式经营，按照一般规则，在投资运营阶段，中国企业获得的运营收入可以独享，但是，港口收入的 9% 以及中国公司在自由区收入的 15% 已经交付政府方。在中国公司接手瓜达尔港及自由区的建设后，已投入了 2.7 亿美元，由于巴方承诺的道路、水电等基础设施未到位，港口运营存在较大亏损，未来还需要更多的投入。❶

为避免上述情形的出现，一些国家采取了公开项目信息的做法，将大型基础设施项目建设信息向社会公众披露，接受公众的咨询。例如，在英国，依照《信息自由法案》的规定，高铁项目建设需要向社会公布，以明确项目可能对环境、安全所产生的影响，以及相关的财产赔偿等问题。英国的第二条高铁（HS2）项目建设就是一个例子。在 2010 年 12 月，英国政府向社会公布了 HS2 一期线路规划，在规划的铁路沿线社区开设论坛，接受了大约 55 000 人次的咨询。考虑一些居民对高铁建设可能导致环境破坏的担忧，英国政府修改了 HS2 一期线路规划，将一些线路由地上改到地下。之后，又进行了第二阶段的公共协商。可见，社会公众对大型基础设施建设所具有的影响力。❷

重视项目对环境的影响进而采取合理的措施避免项目建设对环境造成不利的影响是必要的，但如果政府方以环境影响为借口，不履行合同义务，应承担不履行合同的责任。在前述的缅甸密松水电站项目中，中国政府与缅甸政府签署了《关于合作开发缅甸水电资源的框架协议》，以支持对中国电力投资集团开发包括密松电站在内的伊江上游水电项目。2009 年 12 月项目开始动工，但在 2011 年 9 月缅甸政府以"人民意愿"即水电站破坏当地自然环境、影响当地人民的利益为由反对建设水电站，宣布在其任期内暂时搁置密松水电项目。出现该种情形的原因是多方面的，但主要有两个：一是密松水电站的项目备忘录

❶ 《2017 年"一带一路"遭遇的十大质疑》，载 https：//zhuanlan. zhihu. com/p/37556878？utm_source＝wechat_session，2021 年 10 月 21 日访问。在 2013 年中巴经济走廊、"一带一路"等倡议提出后，中国海外港口控股有限公司开始接管瓜达尔港的运营。2015 年，瓜达尔港建设进入全面实施阶段。经过中方的建设，瓜达尔港已成为巴基斯坦国际商贸物流中心。参见《当初中国帮助巴基斯坦修建瓜达尔港，现在怎么样？》，载 https：//baijiahao. baidu. com/s？id＝1783072223175190681&wfr＝spider&for＝pc，2021 年 12 月 20 日访问。

❷ 《从中英高铁合作项目看英国公共工程建设的理念》，载 http：//www. cbs. shisu. edu. cn/15/ab/c3038a71083/page. htm，2020 年 1 月 20 日访问。

是在缅甸军政府时期签署的，军政府被替代之后，密松水电站的项目被视为中国与军方合作的产物而受到质疑。二是普通缅甸人认为，在缅甸国内极度缺乏电力，农村地区甚至还在使用煤油灯照明，有的地区用柴油脱谷机脱粒勉强生产一点照明用电的情况下，密松水电站 90% 的电却输往中国不合理。在这些争议面前，缅甸政府叫停了密松水电站项目，"不管是维护备受苛责的军方，还是为 2015 年大选准备民意基础，抑或是暂缓中央和地方的冲突，都有着极大的便利"。❶

5. 外国影响与国际关系变化

在经济全球化的今天，一个国家很难独善其身，国际政治和经济形势的变化对海外基础设施项目的建设或运行也会产生不小的影响。

从中缅油气管道、密松水电等项目受挫可以看出国际政治与国际关系对合同履行产生的影响。中国为了支持缅甸政府改善民生，与缅甸政府签订了密松水电等项目合同。而"美国等西方国家为了围堵中国，极力拉拢缅甸政府并推动其民主化进程，美国解除了对缅甸的封锁并答应给予援助，日本则免除缅甸债务，因此缅甸新任总统利用中美地缘政治争夺叫停了密松水电项目"。❷

由于我国与非洲国家的良好关系，我国投资者在非洲一些国家获得了许多基础设施建设项目，也引起了西方国家的关注。由于非洲具有的重要地缘与政治利益，一些国家质疑中国投资建设的基础设施，甚至无中生有地指责、散布中国"漠视人权""支持独裁政权和腐败政府"等舆论。国际货币基金组织和世界银行也指责"中国不附加条件的借贷会加重非洲外债负担，抵消它们在减轻非洲外债方面作出的努力"。由于这些外部势力的影响，加之国际货币基金组织和世界银行的压力，2008 年刚果（金）与中方签订协议时，将本应签订的90 亿美元项目修改为 60 亿美元。❸

上述两则案例说明，国际社会对一个国家，特别是经济上不够发达的国家会产生怎样的重要影响，尤其是该国家与某个发达国家存在利益上的支配与被支配关系的时候。小国无外交，通常受到大国的支配，在大国的恩惠下采取撕

---

❶ 《中缅密松水电站合作项目能否重启？》，载 https://www.sohu.com/a/152730787_402008，2020年 6 月 20 日访问。
❷ 余莹：《我国对外基础设施投资模式与政治风险管控》，载《经济问题》2015 年第 12 期，第 11 页。
❸ 余莹：《我国对外基础设施投资模式与政治风险管控》，载《经济问题》2015 年第 12 期，第 11 页。

毁合同的行为。我国所倡议的"一带一路"建设有利于共建国家的经济与社会发展，却也被一些人认为"是中国为了控制其他国家而采取的一种开发策略"，这种负面的言论必然影响中国企业的海外投资，我国需要提防这些负面指责所产生的社会影响。

6. 不可抗力事件

政府也可能因为不可抗力事件的发生而违约。不可抗力事件指发生了超过协议双方控制能力范围的任何自然或政治（或两种兼有）事件。通常合同会对不可抗力的范围、免责等事项作出约定。如果发生了这些合同中约定的可以作为不可抗力的"天灾人祸"，政府就可能以此为理由拒绝履行合同。关于不可抗力事件的认定、责任等法律问题，将在以下章节中阐述。

> **本章小结**

本章概述了政府违约的表现，详细分析了引发政府违约的原因。这些分析有助于中国企业认清政府违约的本质，从源头上关注政府违约是如何发生的，以便采取有针对性的预防措施。

由基础设施的公共产品属性所决定，政府成为基础设施建设的投资主体，不仅作为项目的发起人主导项目的规划、建设和运营，还作为项目的监管者，对项目的建设与运营实施监管，很多时候亦作为基础设施项目合同的一方当事人承担合同权利与义务。

在合同履行上，政府作为一方当事人应像一般商事主体一样履行合同义务，否则应承担相应的违约责任。在海外基础设施项目建设中，政府方违反合同约定，不履行或不完全履行合同义务的行为多种多样，其主要表现为拒绝批准项目，或拒绝授予投资者或项目公司建设与运营项目的权利、不按照合同约定购买项目产品或支付项目费用、违背保证义务变更法律与政策规定、改变项目公司的股权结构和股权比例、对基础设施实行征收征用以及不承担担保责任等。

由于基础设施的特性以及政府身份的特殊性，政府违约存在不同于一般民商事主体违约的特性。因此，中国企业在投资海外基础设施建设时需要格外注意可能引发政府违约的事件。政府违约既可能为主观上的故意违约，也可能因迫不得已的原因所致。在许多时候，政府方会以公共安全、民众健康或其他社会问题为理由拒绝履行合同义务，也可能因为财政支付能力发生变化、政府发生更迭、政府出于自身利益的考虑而不履行合同，在一些情况下，外国对其影响与国际关系变化也可能成为政府方不履行合同的导火索。

从违约的主体上看，发展中国家政府违约居多。但随着一些发达国家不断强化外国投资审查制度，对国有企业施加不正当的控制，发达国家政府违约风险的发生概率也可能逐步上升。如 2018 年美国颁布了《外国投资风险审查现代化法案》，这是美国十几年来首次对其外资安全审查制度进行立法上的变革；[1] 2020 年德国内阁通过了新的《对外经济法实施条例（AWV）》修正草案，进一步强化了欧盟以外的投资者赴德的投资审查；澳大利亚先后颁布一系列外国投资审核改革措施，并发布了《2020 外国投资改革（保护澳大利亚国家利益）法案》。未来，中国企业在发达国家的投资将面临更为严格的审查，并可能遭遇发达国家的政府违约行为。对此，中国企业应做好必要的心理准备。

中国企业应通过项目的评估，清楚地知道政府方可能会因为哪些原因引发不履行合同的风险，进而通过合同约定控制风险，或采取其他的措施予以防范。除本书第四章与第五章论及的防范措施外，还有一些可以作为防范风险的措施。例如，考虑到公众意见或社会舆论对政府影响极大，社区民主政治广泛地影响项目已经成为共识，那么，企业就应该"在项目全周期内持续参与社区的建设活动，并通过各种途径消除项目建设对当地社区的消极影响，最大程度地降低因社区等社会因素引发政府违约行为的可能性"。[2] 在整个项目的建设与运用过程中，企业应遵守当地的法律法规，做负责任的企业公民，避免负面信息给企业带来的不利影响，防止给政府违约提供借口。适时公开地披露项目相关信息，主动接受东道国政府和社会对项目的管理和监督，也能够最大限度地避免和减少政府违约。

---

[1] 漆彤、汤梓奕：《美国〈2018 年外国投资风险审查现代化法案〉介评》，载《经贸法律评论》2019 年第 3 期，第 79—90 页。

[2] 《马来西亚铁路项目折戟，政府违约风险如何应对》，载 https：//api. goalfore. cn/a/2184. html，2020 年 9 月 8 日访问。

第四章　政府违约的合同防范

要避免投资海外基础设施项目可能出现的风险，中国企业必须重视合同的签订，严密合同条款，对政府在项目建设和运营中的权利与义务作出明确的约定，针对可能出现的政府违约设定防范条款和法律救济条款，以此对政府方形成约束。一旦出现政府违约行为，也可采取有效的风险转移与救济措施。本章将首先阐述通过合同防范政府违约的基础和风险分配原则，之后分析基础设施项目合同中涉及政府行为的核心条款，指出应重点关注的问题与约定内容。

一、通过合同防范政府违约的基础与框架

（一）通过合同防范政府违约的基础

合同是约束当事人最直接和最便捷的手段。合同的约束力为市场主体所认同。重合同、守信用是市场主体的基本遵循。

政府作为基础设施项目合同的一方，应如市场主体一样，恪守合同约定。即使政府方与投资者签订的合同如前述的 PPP 合同具有浓厚的行政管理特色，政府方亦应遵循平等原则与信守约定等国际经济交往的基本原则，履行合同义务。

通过合同约定，约束政府行为是必要的，在一定程度上也是可行的，其主要理由如下：

1. 国家的地位与主权限制

国家作为国际法主体享有国家主权，国家主权是由国家法确认的一国自由决定其政治、经济、社会制度等事务的权利，对内具有管理国家的最高权力，对外具有自主处理各项事务、不受侵犯与干预的权力。国家为主权者，而主权

者，一国精神所由寄也，故论国家者必明主权。❶ 国家主权具体表现为属地权与属人权以及其后出现的相关管辖权。国家曾被认为具有至高无上的主权。但是，随着国家交往的增多，人们越来越认识到国家主权也同私人权利一样不应是绝对的，无限制的和任性的主权行使会损害他国的利益，损害国际秩序和全人类的利益，因此国家主权应具有相对性，国家作为国际法主体应承担国际法上的义务。特别是在经济领域，国家主权的相对性更加必要，因为国家之间的经济交往是相互依存的，每个国家在对外行使自己的经济主权时必须考虑对其他国家的影响。主权国家可以自主决定对其主权行使是否予以必要的限制或者让渡。限制或者让渡主权的基本形式是作为成员方接受国际法律规则的约束。一国一旦决定加入某个国际条约，即意味着接受该条约的规定，由此也让渡了相关的权力。据此，如果一国缔结或参加的国际条约中作出了保护外国投资与投资者的规定，那么一国既承担了公平地对待外国投资者，保护外国投资与投资者的义务，也因此决定了主权国家在制定国内的法律与政策时，也不能毫无顾忌地行使权力，必须考虑所参加的国家条约的规定及其所做的承诺。此外，国家权力的相对性还表现在国家应对其商业行为承担责任。上述分析表明，国家在国际社会中的地位及其主权限制决定了国家应该且能够履行其与投资者的约定。

2. 违约对国家信誉的影响

依照条约必须履行的原则，国家基本上会履行国际条约确定的义务，不管这种履行是主动的还是被动的。国家自觉地或倾向于遵守条约义务的原因在于维持国家之间的对等关系。不管一个国家的经济发展处于何种阶段或发展水平，都希望能与其他国家进行合作，从而获得本国没有或短缺的资源。而国家间达成的条约是获得这些资源的基本方式，是国家之间合作的基础。只有遵守了条约的规定，法律层面上的国家对等关系与合作才能得以实现。如果国家不履行其承诺的条约义务，则会受到与之缔约国家的谴责，甚至对等报复，由此对国家的形象产生影响。顾及一个国家在国际社会中的地位和影响，国家基本上会遵守国际条约的约定，信守约定也因此成为国际经济交往的一项准则。如 WTO 的成员方须遵守关于关税征收和其他非关税措施的规定。如果

---

❶ 梁启超原著，范忠侦选编：《梁启超法学文集》，中国政法大学出版社 1999 年版，第 65 页。

成员方没有遵守规则，随意对进口产品征收关税进而影响到其他国家的利益时，就可能遭受相关成员方的谴责，以至于报复。正是基于国家关系及信誉的考虑，国家能够履行条约义务，由此形成了不同层次的稳定的国际关系和国际秩序。

国家之间缔结的条约属于主权国家之间确定的规则，从国际信誉角度考虑，容易得到遵守。而以政府为代表的国家与社会资本签订的基础设施项目合同则属于行政合同或商事合同，主要适用东道国内的法律。政府在合同中对投资者作出的承诺，代表了国家的承诺，从维护国家信誉出发，一国政府原则上也会选择遵守合同的约定，而且，考虑到政府违约会导致投资者对其信任度降低，进而抑制投资者对基础设施项目的投资，不利于本国公共产品的提供，政府也会谨慎地选择是否违约，以维持其国家信誉。

3. 国际社会对投资者的保护

总体上说，跨国投资是推动国际经济发展的基本动力，但对经济发展水平不同的国家而言其积极作用表现为不同的方面。发达国家通常为资本输出国，它们通过本国投资者的跨国投资活动，带动资金、技术、货物和服务的输出，获取国际收益，因此资本输出国特别强调国际投资市场的开放，强调对海外投资者的保护。发展中国家大多为资本输入国，它们将外资视作加快本国产业发展、增强本国竞争力的重要力量，因此经常采取各种优惠措施吸引外资的进入，对外国投资及投资者给予保护也因此成为这些国家的普遍做法。因此，不论处于何种经济发展水平的国家基本上都采取了对外国投资者给予保护的政策，并通过国内和国际法律规则予以确认。以我国为例，《外商投资法》第 5 条明确规定，"国家依法保护外国投资者在中国境内的投资、收益和其他合法权益"，并专设"投资保护"一章，从征收补偿、利润汇出、知识产权保护、政府履行合同承诺、建立外商投资企业投诉工作机制等方面对外商提供保护。在我国与其他国家签订 BIT 中均规定了投资者保护条款。如 2000 年中国—伊朗签订的BIT 第 10 条规定："缔约任何一方应保证遵守其就缔约另一方的投资者的投资所作的承诺。"在 2020 年 11 月 15 日，中国与东盟十国及中、日、韩、澳、新西兰共同签署的《区域全面经济伙伴关系协定》（Regional Comprehensive Economic Partnership，RCEP）的第十章"投资"部分，对国民待遇、最惠国待遇、投资待遇、禁止对投资者施加业绩要求、与涵盖投资有关的投资资本与利润等的自由转移、损失补偿等作出了规定。这些规定足以体现出成员方保护外国投资者的意愿。

基础设施建设作为国际投资的重要组成部分，外国投资者及其投资自然受到东道国国内法与相关国际条约的保护，而且基于基础设施项目的公共性，应该比一般性的投资受到更多的保护。

（二）通过合同防范政府违约的框架

1. 合同谈判与合同条款的拟定

如前所述，基础设施建设涉及多方面的主体，在不同的主体之间需要签订不同的合同。PPP 是基础设施建设的主要模式，因此 PPP 合同是最基本的合同形式。此外，根据项目建设的需要，投资者还会与项目所在地政府签订特许经营合同、原料购买与销售合同、保证合同等合同。限于时间与能力，本章只选择这些合同中具有共性且经常出现的有关政府承诺及其责任的相关条款进行分析，因此，以下本章所称基础设施建设合同并非单一合同，而是以 PPP 项目合同为核心的涉及投资者保护的合同的总称。

由于基础设施建设的时间比较长，在合同履行期间可能发生各种风险，合同要对如此长时间内可能出现的风险作出预判确实具有挑战性。即便如此，合同当事人也需要仔细考虑可能发生的所有风险，通过合同谈判和合同条款的详细规定化解风险，或减少风险发生的概率。

中国企业须重视合同谈判。合同谈判的过程就是确定权利与义务的过程。在这一过程中，虽然投资者与政府方处于平等地位，但是，由于政府方是项目的发起人和规划者，更清楚项目在建设和运营中可能遇到的问题，甚至拥有为投资者所不知道的信息，在合同谈判过程中，政府方会占有优势，处于主动地位。投资者唯有做好事先的调查和评估，仔细研究和分析招标文件，充分了解政府方的法律与政策，识别和预估可能发生的风险，才能有针对性地提出自己的主张，具有讨价还价的资格和能力。通过合同条款的设计，避免和防范政府违约风险，一旦政府违约，也能够通过合同寻求有效的救济。

2. 拟定防范政府违约条款应遵循的原则

前已述及，政府不仅是项目发起人、投资者的选择者和决定者，还是政策扶持者和项目实施的监督者，在一些项目上亦是资金提供者，多种角色集于一身，使其具有不同于一般商事合同当事人的地位。这种地位决定了在合同缔约阶段，政府可能对投资者施加一定的强制性影响，从而将项目建设和运营中的风险更多地附加于投资者或项目公司。为避免出现订约上的不公平，除应坚持契约自由、诚实信用等合同订立的基本原则之外，基础设施项目合同的订立还应坚持以下四个原则：

（1）公平与公正原则。

公平与公正原则要求合同当事人在平等的基础上进行商谈，政府不应以自身地位的特殊性而强行要求投资者或项目公司承担与其身份或项目建设不相适应的义务，应以保证双方合作顺利进行、实现项目建设目标为目的，以合作者的身份与投资者进行谈判，在公平的环境下合理分担风险。

在合同签订中强调公平与公正原则具有重要的意义。在基础设施项目建设中，项目公司不得不面对经常出现的原材料价格上涨。原材料价格上涨通常被认为是项目公司应承担的市场风险，项目公司应采取必要的措施应对在项目合同建设中出现的原材料价格上涨，以降低损失。引发原材料价格上涨的原因很多。例如，在电力基础设施建设中需要大量的电缆，而电解铜是制作电缆的原材料，如果电解铜价格上涨，原材料的价格会跟着上涨，原材料成本因此也会大幅度上升。❶ 原材料的价格上涨，可能导致项目公司亏损。如果这种市场风险单方面由项目公司承担，那么当项目公司难以承受重负的时候，项目建设将无法完成。从公平与公正原则上考虑，由于项目规划、建设和运行通常是在政府主导及监管下进行的，在原材料价格出现大幅上涨时，政府方理应分担一定的成本。为避免出现因价格上涨产生的损失以及给项目建设带来的影响，国际咨询工程师联合会（Fédération Internationale Des Ingénieurs Conseils，FIDIC）制定的 FIDIC 条款为原材料价格上涨制定了调价公式，商事合同的当事人可以参照公式对合同价格进行一定的调整，适度分摊因价格上涨产生的损失，或者由业主给予适当的补偿。政府方与项目公司亦应参照 FIDIC 条款的规定，分摊上涨的成本或由政府向项目公司提供必要的补偿。公平和公正原则要求在政府方与投资者和项目公司之间合理确定彼此的权利与义务，防止出现加重投资者和项目公司的负担的不当条款。

---

❶ 郑一争、宣增益：《"一带一路"建设中对外工程承包的法律风险及应对》，载《河南大学学报》（社会科学版）2018 年第 2 期，第 64 页。

（2）禁止权力（权利）滥用原则。

政府方与投资者或项目公司为平等的合同主体，应相互尊重，不得滥用合同约定或法律赋予的权利，损害对方利益。

投资者或项目公司应在特许权许可的范围内合理使用权利，不应滥用特许权，不得为牟取暴利而过分抬高服务价格。

政府要尊重投资者的权益，依法依约行使对项目的监督管理权，不得滥用公权力。如对项目公司获得的建设和经营用地，政府方有权行使监督权，但并非在任何时候和任何情况下都可以自由进入。为保证项目公司的经营自主权，需要对政府方出入项目设施场地加以一定的限制，明确进入条件，如仅在监督的范围内，为特定目的，如检查项目的建设进度、监督项目公司履行项目合同项下义务等才有权进入场地。在进入之前，应向项目公司发送通知，遵守一般的安全保障规定，在不影响项目的正常建设和运营的前提下方可进入设施场地。再如政府方不得无理由地提前终止协议、不得制定过低的服务价格等。

限制仅是从合同角度对政府方权利（权力）的约束，政府方及其他政府部门为依法行使其行政监管职权而采取的行政行为不受合同条款的限制。❶

（3）风险由最有控制力且最有效率的一方承担。

外国投资者在不同国家与不同项目中面临的风险是不同的。如果不能合理有效地分担基础设施项目建设自设计、融资、建造、运营、维护至移交的全生命周期中存在的各种风险，极易在政府与投资者或项目公司之间产生纠纷。因此，合理分摊风险就成为降低项目成本、防止纠纷发生的基本做法。

通过长期的实践，基础设施建设领域已经逐渐形成了为行业所认可的风险分配和控制原则，即将风险分配给控制能力最强、风险承担后损失最小的一方（或多方）承担。有学者将风险控制原则概括或细化为三个方面：①风险上限原则，即风险分配应以不超过参与项目各方最大的承受力为限；②风险最优分配原则，即由对该风险最具控制力，承担风险损失最少的一方承担相应的责任；③风险与收益对等原则，即参与人所承担的风险应与其能够获得的收益回报相

---

❶ 《PPP 项目合同指南（试行）》第二章"第六节　项目用地"。

适应。❶ 风险的分配原则包括风险分配优化原则、风险收益对等原则和风险可控原则。这些原则确立的核心点是明确认定最有能力控制风险的标准。

风险控制能力的强弱是分配风险的基本依据。对风险控制能力的认定主要体现在以下五个方面：①承担风险的一方应该对该风险具有控制力；②承担风险的一方能够将该风险合理转移（如通过购买相应保险）；③承担风险的一方对于控制该风险有更大的经济利益或动机；④由该方承担该风险最有效率；⑤如果风险最终发生，承担风险的一方不应将由此产生的费用和损失转移给合同相对方。❷ 按照这些原则，应综合考虑政府风险管理能力、项目回报机制和市场风险管理能力等要素，在政府和社会资本间合理分配项目风险。❸

在基础设施项目建设中，参与者众多，风险因此也需要由不同的参与者分担。总体上说，如果一项基础设施项目建设由外国投资者发起，风险基本上应由该投资者和项目公司承担，因为整个工程都是在投资者与项目公司的控制下进行的，项目公司有能力对项目进度和整体质量予以把控。因工程融资所产生的风险，项目公司比其他主体更能够控制风险，因为项目公司可以根据工程进度所需要的资金进行融资或分期使用融资款，以减少融资成本，按照原料使用的时间，考虑预期利率和可能出现的通胀波动对成本的影响，减少外汇汇率变动产生的损失。再如，项目公司应承担工程延期和工程缺陷等风险。即使项目公司将项目分包给承包商，项目公司仍可以在与承包商签订的承包合同中约定将该项风险由承包商承担，以此分散自己的风险。项目公司也可以将一部分工程费设立为项目维修保证金或质量保证金，解决因为工程延期和工程缺陷所产生的问题。基础设施建设涉及的环境保护责任，通常也是由项目公司承担的，如在项目运营中产生的废水、废气、固体废弃物以及噪声等，项目公司需要在项目的建设、运营期间，建设相应的环保设施，采取必要措施减少对项目设施对周围环境的影响，遵守当地的环保标准和应履行的环境保护责任。

如果一项基础设施项目是由政府发起建设或运营的，则政府应承担更多的责任，特别是基础设施项目在其融资、建设、运营和管理过程中可能面临的一

---

❶ 孙南申：《PPP 模式投资风险的法律规制》，载《国际商务研究》2018 年第 3 期，第 16—18 页。

❷ 《PPP 项目合同指南（试行）》第二章"PPP 项目合同的主要内容"。

❸ 参见《操作指南（试行）》第 11 条。

些非市场风险，通常应由政府承担。❶ 政府作为项目合同一方，既是项目的发起人，又是项目实施的监督者，具有通过法规或政策的制定和修改变更合同约定的权力，从而引发履约风险。相比投资者，政府对诸如政治风险、法律风险、政策风险等非市场风险的控制能力更强，因此应由政府承担这些风险。

上述投资者和项目公司与政府之间的风险分担似乎非常清晰，但在实践中并非完全如此，项目建设中的许多环节涉及政府与项目公司风险与责任难以划分的情形，具体由哪方面承担需要根据具体情况加以确定。以下几种风险的分担具有典型性：

①关于项目审批的风险。政府因享有审批权限或便于获得审批，其项目无法获得审批的风险应由政府方承担，但是，如果项目公司可以自行且快捷地获得相关审批，则该义务可由项目公司承担，而不一定非由政府承担。再如，关于基础设施项目用地问题，由哪一方负责取得土地才是最妥当且有效率的？如果将获得土地用地的义务配置给了无能力或无效率的合同一方，对该方而言，其履约风险显而易见。因此，应根据项目用地的具体情况和当事人的能力确定该项义务的承担者。如果项目公司能自行取得土地使用权，则应由项目公司自行取得土地使用权，政府方只提供必要的协助即可。但如果政府方对土地使用权拥有一定控制权和管辖权，由该政府方负责取得土地使用权就比较容易，❷政府方应承担向项目公司提供项目建设用地的责任。如建设项目用地需要支付征地费用，投资者就需要与政府方进行协商，明确由谁负责征地以及征地费用的承担。很多时候，投资者仅靠自己的能力很难完成征地拆迁，必须由当地政府参与其中。如果到期无法完成征地拆迁，政府应承担一定的责任和因此产生的费用。合理分担征地拆迁风险对于投资者和项目公司非常重要，应在合同中约定征地拆迁费用或估算具体费用，以及在估值比例范围内政府应承担的份额。

②关于项目配套的风险。项目建设与运营需要一些配套工程，如电力供应、给排水配套、通信工程配套、不同运输方式之间的连接等。这些设施建设的速

❶ Zhang Xue – qing. Critical Success Factors for Public – Private Partnerships in Infrastructure. *Journal of Construction Engineering and Management*，2005，131(1)．pp. 3 – 14.

❷ 在我国，对于城市基础设施用地和公益事业用地以及国家重点扶持的能源、交通、水利等基础设施用地，大多采用划拨的方式，项目公司一般无法自行取得该土地使用权。

度与质量关系到项目的建设与运营，如果不能与项目建设匹配，项目将无法按时交付或无法有效运营。因此项目之外的配套设施建设就成为项目建设规划和建设初期需要明确的问题。一般而言，这些配套工程项目应由当地政府提供，因为配套设施通常需要与公共管网连接，涉及配套设施与公共管网的协调问题。为了保证项目与管网的配套与统一，保证公共管网的正常运作，政府需要与公共管网的机构进行沟通，因此配套设施的建设由政府承担比较合适。如果配套工程不是由政府承担，而是由项目公司承担配套项目建设责任，政府应承担协调的责任，或者由项目公司和政府方共同负责建设，那就必须在合同中明确各自提供配套设施的边界和各自应承担的责任，以确保配套设施的建设进度及其标准与项目工程的进度及其标准的一致性与统一性。

③关于原料供应的风险。一些公用设施项目的运营需要特定的原料供应，只有保证持续的稳定的原料供应，才能保证项目的稳定运营。如一些污水处理、垃圾处理以及火电项目，污水、垃圾、煤炭就成为该些项目的原料，其供应量的多少直接决定项目的产出。这些原料的供应由哪一方负责就成为政府与项目公司必须慎重研究的问题。如果这些原料无法从市场上获得，而仅能由政府提供，那么就应由政府方承担原料供应的风险。合同应约定政府负责供应原料的质量和数量。如果政府供应的原料的数量或质量未达到约定，由此导致项目公司的停产或运营成本增加时，政府应给予相应的补偿。以水电站为例，在雨季机组满发及旱季未能满发的情况下，如果东道国政府均承诺适用"或取或付"的规则，按照全电价支付合同费用，合同电量就会得到保障。如果为火电站，政府承诺只要项目有效容量和电厂本身可利用率能够达到协议约定的水平，即使由于外部原因出现电力无法调度等情况，政府依然支付全额的容量电费以及与实发电量对应的电量电费，即合理地分担了风险，❶保证了项目公司不会蒙受过大的损失。费用和风险的合理确定以合同各方的实际负担能力为基础与依据。

④关于不可抗力的风险。在基础设施建设过程中，有些风险是不可预测的，如不可抗力，政府和投资者都无法预见，也无法控制。在这种情况下出现的风

---

❶ 《海外电力投资项目融资三个阶段的关键点》，载 https://www.163.com/dy/article/EM82SJBF0514AN1F.html，2020 年 8 月 12 日访问。

险应由政府和社会资本合理共担。但是，如果从风险承受能力角度上说，应该
由风险承担成本低的一方承担，如由政府承担，政府承担之后可以把风险发生
带来的损失分摊给纳税人，但对项目公司而言这个成本只能由股东承担，因此
如不可抗力类似的风险由政府承担的合理性更高。❶ 双方当事人也可考虑将此
类风险交由有能力的第三方如保险公司承担。当然，保险公司为项目承担风险
需要项目公司支付相应的费用，因此会增大工程费用，特别是一些大型项目还
需要多家保险公司分保的时候，费用会更高。对此，需要政府方与项目公司在
合同中对第三方承担风险的费用负担作出约定。

　　PPP 等基础设施项目合同本质上是政府和投资者或项目公司之间对风险共
担和利益共享所作出的约定，合理地分配风险是合同的核心，也是项目成功运
作的保障。双方应结合风险的成因、合同各方参与项目程度、收益占比、风险
承担能力、风险控制能力等因素合理分配风险，实现公私权益的平衡，尽可能
维护各方利益，将损失最小化。参考其他国家的实践，❷ 概括上述风险分配原
则，项目主要风险的分配参见表 4 - 1。

表 4 - 1　基础设施项目建设与运营中的主要风险分配

风险	政府方	项目公司
设计风险		√
项目审批风险	√	
融资风险		√
土地征用风险	√	
环境保护风险		√
施工技术风险		√

❶ The World Bank. Private Participation Infrastructure Annual 2019 Report. https：//ppi. World bank. org/
en/ppi. 转引自赵佃龙：《大型国有建筑企业海外基建项目投建营模式研究》，载《石家庄铁道大
学学报》（社会科学版）2020 年第 3 期，第 4 页。

❷ 翁燕珍：《英国公路基础设施运用 PPP 模式的做法及经验》，载 http：//www. cnbridge. cn/html/
2017/zhuanjia_1226/463. html，2019 年 8 月 10 日访问。作者通过对英国公路基础设施项目运营中
的风险及应对分析，总结了风险分担的基本规则。该文对表 4 - 1 作出如下注释："1. 假设项目回
报机制为政府直接付费；2. 需要具体根据项目而定；3. 公共部门通常会规定一个项目一定范围
内不再增加平行的公路，因此此处竞争性项目为一定范围外其他交通项目的增加对本项目带来的
竞争，由私人部门承担。"

续表

风险	政府方	项目公司
岩土风险		√
设施重新定位风险		√
运营养护风险		√
财务风险		√
付费兑现风险		√
潜在缺陷风险	√	√
法律政策变化风险	√	
不可抗力风险	√	
竞争性项目		√

（4）透明度原则。

透明度原则是相关主体应向社会公众完整、准确披露信息的规则。如 WTO 的成员方必须公布其实施的有关贸易法律、行政法规和政策措施，政府应向社会公开其债务情况等。透明度原则的本质在于强调信息的公开，因此主要适用于与社会公众利益紧密相关的政府事务的公开，以便社会对其进行监督。商事主体是为自己目的进行商事行为的，通常情况下不涉及社会公共利益，而且可能具有一定的保密性，因此，不须向社会公布其行为信息。但如果其进行的基础设施项目建设具有社会公共产品属性，其所订立的合同不同于一般的商事合同，那么合同当事人应依法公开披露项目的相关信息。

从投资者保护角度而言，透明度原则的价值主要体现在两个方面：一是要求政府充分披露项目信息，以便投资者能够充分预估项目风险，决定是否进行投标，并据此确定各项投标指标，避免因信息遗漏产生风险。二是接受社会监督。通过向社会公众公开项目的基本情况和相关信息，即可以保障公众对涉及其利益的基础设施项目建设的知情权，提高信息公开程度，确保项目的阳光运行。最重要的是，通过披露相关的信息，将政府的各项承诺与责任公之于众，以此给政府施加必要的社会监督压力，使其顾及违约的后果而不至于随意违约，特别是对于那些社会公益性项目，因社会关注度高，社会监督的作用会更明显，可以有效防止政府随意撤销合同或违反合同约定。

透明度原则的上述作用，得到了世界银行发布的 2017 版《PPP 合同条款指南》的认可。该指南的第 7 章为"保密性和透明度"(confidentiality and transparency),指南认为在 PPP 合同中加强透明度和信息披露的做法已经越来越普遍,其目的在于最大限度地与社会公众分享 PPP 合同与项目信息,降低腐败风险,同时促进私营部门参与基础设施投资,提升公众信心,实现物有所值。

为保障公众知情权,接受社会监督,同时也保护政府、投资者、项目公司的利益,基础设施项目合同应约定公开披露相关信息的义务人以及应公开信息的具体范围和内容。一般来说,项目公司与政府方均负有披露项目相关信息的义务。除一些高度敏感项目、涉及国家安全和社会公共利益以及其他不宜公开的商业秘密外,透明度原则要求尽可能公开项目的信息,如项目产出的数量和质量、项目中期评估报告、项目重大变更或终止情况、项目经营状况、政府在项目运营过程中审阅项目公司拟定的运营方案及意见、委托第三方机构开展项目中期评估和后评价的情况,以及在特定情形下介入项目的运营工作等信息均应定期进行披露。

3. 制定合同示范文本或指南

合同示范文本是对当事人订立合同起示范作用的文件。合同示范文本可以由企业自己制定,但通常情况下,从文本的认可度考虑,应由相关的政府部门或行业组织拟定。事先拟定的合同范本综合考虑了合同订立的目的、行业特点、实践中常见的纠纷等内容,有针对性地制定合同条款,因此可以有效解决订立合同不规范、条款不完备等问题。如果基础设施项目合同示范文本能够对项目延期、法律变化、所有权转移、行政干预、违约责任、争议处理、项目终止等涉及政府违约的条款作出示范性规定,中国企业即可以加以借鉴甚至直接使用文本条款,对于预防政府违约风险起到重要的作用。

合同是具有法律约束力的文件。但是仅依靠合同是不能有效约束政府违约行为的。合同毕竟仅为当事人之间的约定,如果当事人选择不遵守合同约定,若没有强制性的法律作为保障,合同只是一张废纸。合同的约束力来自法律的强制性。因此,具有完善的保护合同关系的法律制度才能维护合同的尊严和效力。但是,一个国家的合同法律制度通常约束的是在本国订立或履行的民商事主体之间的合同关系,无法调整一方为外国政府的基础设施建设合同关系。在此种情况下,为实现对基础设施项目建设的规范管理,一些国家尝试制定有关基础设施建设的统一合同范本,以提高项目的效率及其质量。例如,印度政府借鉴国际最佳实践制定了《特许协议范本》（Model Concession Agreement，MCA），对合同当事人的权利义务作出明确规定，如规定合同终止后政府对项目的收购权以及相关费用的赔偿等。如果因为政府或信托机构接管了项目，或者出现政治上不可抗力事件导致合同终止，政府应当提供充分的赔偿，并承担由此项目所产生的债务。如果合同终止是自然灾害等不可抗力事件所引发的，则由保险公司负责，政府只承担未被保险涵盖的 90% 的债务。该规定较为清晰地界定了合同终止时的政府责任，对如何规避和分配政府违约风险具有启示意义。

我国财政部和国家发展改革委分别制定的《PPP 项目合同指南（试行）》和《通用合同指南》，对 PPP 项目合同的起草、谈判、签订起到了重要的指导性作用。但是，指南并不是真正意义上的示范合同文本。为了节省谈判的时间和成本，特别是考虑到中国企业对外投资可能遇到的政府违约风险，有关政府部门或行业协会应尽早推出具有指引作用的海外基础设施建设合同范本。尽管因为项目不同，海外基础设施建设合同所关注的重点不同，按照《通用合同指南》的说法，PPP 项目兼具长期性、复杂性与多样性，项目所处地域、行业、市场环境等情况的不同，各参与方在合作意愿、风险偏好、谈判能力等方面存在差异，最终表现为合同内容上的千差万别，合同文本因此也只能就原则性和基础性条款作出示范性规定，供签订合同的当事人参考。尽管如此，如果示范文本能够对政府的义务与责任作出可供投资者参考的规定，也可为中国企业海外投资基础设施项目提供帮助，为中国企业与其他国家的政府签订合同提供指导。

我国相关部门或行业组织在制定合同范本时，可参考一些国际组织制定的指南，如 2000 年联合国国际贸易法委员会公布的《私人融资基础设施项目立法指南》以及 2003 年该委员会发布的《私人融资基础设施项目示范立法条文》。该指南与示范立法条文针对私人融资基础设施项目的基本问题提出了立法框架和建议，包含了项目风险和政府支持、特许公司的选择、基础设施的建设与运营、项目的期限及终止以及争端解决等内容，但其只针对私人基础设施项目融资问题而制定，因此可借鉴的范围和内容比较有限。

二、防止政府违约的合同核心条款

对合同条款拟定的重视程度反映出投资者对其自身利益的关注与保护程度。

中海外集团公司投标建设的波兰 A2 高速公路项目最终不得不放弃的主要原因是其对合同条款的不重视。"该主体合同只有寥寥四页 A4 纸，但至少有七份合同附件。"其中，"仅关于'合同具体条件'的附件就长达 37 页"。波兰公路管理局提供的招标合同参考了国际工程招标通用的菲迪克条款，但双方最终签署的合同中删除了很多对承包商有利的条款。❶ 无预付款、总价锁死、排除一切变更、违约金无上限、赔偿金覆盖直接和间接损失、在波兰法院诉讼等条款都对中海外联合体的合同变更与履行构成了极大的限制。作为中国中铁系统在欧盟国家第一个大型基础设施项目，在基础设施合同订立中存在的问题足以引发我国海外企业的重视。可以说，通过合同约定维护自己的利益是企业海外投资成功的第一步。如果第一步没有迈好、踩稳，之后难以保证不摔跤。企业维护其利益的基本标准是实现与政府方权利与义务的对等。此外，在订立合同时企业应充分理解合同条款的内涵，特别是合同由政府方提供的情况下，更应详细分析条款的内容，做到准确完整地理解合同条款的意义，不出现遗漏、含混和多重含义等问题，才能有效防止纠纷。而一旦发生纠纷，也能为进入仲裁或诉讼程序的审理提供确切的依据。

关于基础设施项目合同条款，本书在第二章中已经做了基本概括，本部分只选择这些合同中的核心条款进行分析。核心条款是基础设施项目合同所必备的条款，这些合同条款关系到合同当事人的切身利益，因此当事人会特别重视核心条款的订立。核心条款应通过对当事人具体权利与义务的约定，公平地分担风险，保证项目建设的目标得以实现，在实现社会效益的基础上，实现社会资本与政府方各自的经济利益。

（一）声明与保证条款

声明与保证条款是合同当事人在合同中对于合同订立的相关内容予以确认并承诺履行的条款。通过声明与保证条款，双方确认某些事实，并据此事实作出保证。如果当事人违反这些保证，应承担相应的合同责任。

在基础设施项目合同中，需要政府方作出声明的内容主要包括：政府方或其授权的项目实施机构的法律资格及履约能力、签署人已获得签署合同的资格

---

❶ 《怎样搞砸一个海外项目？回顾波兰 A2 高速公路项目的失败》，载 https：//www.163.com/dy/article/DDQI4RIN0511RN8S.html，2020 年 5 月 2 日访问。

授权、政府方保证诚信履约、提供持续服务和维护公共利益所做的保证，以及其他需要声明或保证的事项。通过这些声明与保证，可以确认政府方作为合同主体资格的适格性及履行合同的能力，如果政府方违反这些保证，投资者或项目公司可据此要求政府方承担责任，如政府方不能再声称代表其订立合同的主体没有授权，合同订立存在瑕疵而主张合同无效。声明与保证条款对政府方构成了合同约束。为使这一条款发挥作用，投资者与项目公司应清楚地知道需要政府方作出声明与保证的事项是什么，以便在订立合同时将其纳入。

（二）项目期限条款

1. 项目的建设与运营期限

项目期限涉及当事人权利与义务的具体设定，以及项目进行的各项程序的时间安排和费用支出等，因此需要在合同中确定项目期限。明确约定期限，可以防止政府方随意终止或变更项目运营时间，缩短项目公司获取利益的期限。

一般来说，基础设施项目建设的合同期限最长不超过 30 年，具体需要多长时间应当根据项目特点、运作方式、建设运营成本、项目资产的经济生命周期以及重要的整修时点、项目资产的技术生命周期、公共产品或服务的需求、付费机制、回报率、融资计划、风险分配、财政承受能力等因素综合分析后确定，有些直接服务于社会公众的项目还需要考虑项目所在国的政策与法律规定等。影响项目建设和运营的因素很多，但不同性质的项目需要重点考虑的因素不同。投资者或项目公司应充分考虑上述因素，合理确定项目期限。应争取较为充足的时间，避免因无法按期完成项目建设而违约，或者无法获得预期收益，特别是项目包含了建设与运营两个阶段的时候。例如，高速公路项目大多为收费项目，期限是影响项目公司收益的重要因素。如果期限过短项目公司可能无法获得预期收益。而收费时间过长，则可能因影响公路使用者的利益而受到质疑。

为平衡项目公司与项目使用者之间的权益，项目公司可考虑采用固定期限和分别设立期限方式。固定期限方式即明确约定合同建设与运营时间，如本协议自合同生效之日起 15 年。固定期限方式清楚，但灵活性较差。分别设立期限则不规定一个整体期限，而是根据需要分别规定设计建设期间和运营期间，这样可以更清晰地对不同阶段的项目进程作出安排，灵活性比较大，因为按照一般做法，如果建设期限由于某些原因不得不延长，项目公司在延长建设期的同时，仍然可以按照合同约定的运营期进行运营，不会出现在固定期限的情况下，因为建设期延长而导致的运营期被挤压问题，进而使得项目公司无法获得预期的合理运营期限，也因此无法获得项目正常运营期限下应获得的收益。

合同期限的长短与政府违约之间是否有一定的规律，通过跟踪和分析 30 年来海外投资经营涉及的政府违约事件，有研究结果显示，"随着合同年限的推移，政府违约概率也呈上升趋势。其中，在合同投资期限前八年内政府违约概率最大，随后逐渐下降。当合同期限增加到 20 年以上时违约概率再次升高，投资回报的不确定性也会相应增加。这意味着政府违约风险的发生概率在合同执行各个阶段并不相同，而且项目开始及项目结束阶段更易发生违约风险"。❶ 基于此项分析，对于期限比较长的合同应格外注重政府违约风险的防范。

2. 合同期限的延长

考虑到基础设施项目建设和运营的时间较长，为了确保项目在建设和运营中的灵活性，项目公司应争取在合同中规定延长项目合作期限条款。在很多时候，项目公司无法控制的事件的出现，会导致其无法按照预定的计划完成工程建设，如政府若不能按照计划提供配套设施，工程会因此被拖延。如果没有规定合同延期条款，合同又明确约定了建设期限，那么项目建设会受到直接影响。如果在合同中约定了合同延长条款，一旦出现需要延长的情形，项目公司即有权延长建设期限，具有很大的机动性。

合同应明确约定因政府方的行为导致工程建设被延长的情形与可延长的期限，以及因违约导致延长须承担的责任。如果因政府方违约导致项目公司延误履行其义务以及经双方合意且在合同中约定的其他事由❷出现时，都属于应予延长合同期限的情形。如果该基础设施项目采用了政府付费模式，除了可以延迟开始运营日，还应该约定延迟开始运营日为"已开始运营"，政府方应按合同约定的开始运营日起向项目公司付费。对于因此产生的延长工期和额外费用，政府亦应承担赔偿责任。❸

---

❶ 《马来西亚铁路项目折载，政府违约风险如何应对》，载 https：//api. goalfore. cn/a/2184. html，2020 年 9 月 8 日访问。

❷ "其他事由"可参见《PPP 项目合同指南（试行）》第二章"第三节　项目的范围和期限"。

❸ 《PPP 项目合同指南（试行）》第二章"第十五节　守法义务及法律变更"。

（三）政府承诺与违反条款

1. 政府承诺条款

政府承诺条款是政府方在合同中承诺履行相关义务的条款。根据风险分配原则，因社会、政治、经济以及法律政策等变更所产生的非市场风险应由政府承担，由此风险所产生的损失，政府方也应给予项目公司相应的补偿。为保证政府方能够在上述风险发生时承担相应的责任，需要双方在合同中将政府的承诺固定下来。政府承诺可以集中规定在合同某一条款内，也可以散见于不同的合同条款中。

政府向投资者和项目公司作出承诺，主要是基于政府方有能力控制和承担一些非市场风险，以避免降低项目的效率、增加项目成本甚至无法实施的情形出现。由于不同项目的特点和合作内容不同，政府方的承诺在内容上和程度上也必然有所区别。实践中，较为常见的政府承诺如表4-2所示。

表4-2　基础设施项目合同中的政府承诺

法律法规	利率汇率税收	支持条件	项目经营
有关项目的法律法规不变 法律一致性 仲裁机构独立性 项目经营独立性	利率承诺 汇率承诺 外汇可兑换性承诺 汇出承诺 税收优惠	不征收和国有化 经营范围 非竞争性 土地供应 后勤保障 流动资金贷款 突发事件发生时的损失补偿	项目经营期限 项目经营价格 项目最低收入 成本超支补偿

（1）使用量和收入承诺。

在一些基础设施项目中，项目公司的收入来自基础设施的使用量。如公路建设项目公司的收益即来自收费公路的通行量，高铁项目建设公司的收益来自铁路客流量或货运量，污水处理项目公司的收益来自污水项目的处理量等。如果在实际运营中这些项目的收入或实际使用量低于合同约定的标准，那么项目公司将无法获得预期收益。为避免此种后果的出现，在合同订立时，项目公司即可以要求政府方作出承诺，一旦出现项目设施使用率不足的情形，导致项目公司的实际收入低于预期合同收入，政府对此差额应提供补偿。当然，政府提供补偿的前提是项目本身应具有良好的可用性。如果预期收入降低是由于项目本身的质量或项目公司的某些行为所导致的，政府方不应承担责任。

（2）合同终止时的支付承诺。

如果由于某种情形的出现导致基础设施建设项目不能继续建设和运营，投资者将无法回收投资。为避免该种情形的出现，投资者和项目融资机构通常会要求政府方承诺购买整个项目或项目资产。投资者和项目融资金融机构需要与政府达成协议，明确约定在何种情形出现时，政府以何种价格购买未完成的项目或资产，用以支付投资者或融资机构的投资。

（3）实行最低服务费承诺。

实行最低服务费承诺，即政府承诺项目公司在项目运营期间所获得的政府付费不会低于约定的标准，以保证项目公司能够从政府获得足够的补贴。不管项目的运营水平如何，也与绩效如何无关，政府保证向项目公司支付最低的服务费。

（4）承担债务承接承诺。

政府向项目融资机构提供担保，承诺一旦项目合同提前终止，政府将代替项目公司成为原有融资协议的借款方，履行相关的还款义务。

（5）保证货币自由汇兑承诺。

因国家经济环境发生变化，政府很可能采取限制投资者正常汇兑货币的措施。为防止该种行为给投资者带来的风险，政府在合同中作出承诺，不采取限制货币自由汇兑的措施。

（6）保证经营期限承诺。

政府方承诺，保证项目公司经营期限，使其能够在合同约定的期限内进行建设和经营。一旦政府方违反该约定，应向项目公司提供补偿。

（7）不实行国有化和征收的承诺。

政府承诺不对项目资产实行国有化和征收，如确实因为公共利益的需要不得不进行国有化或者征收时，政府方必须给予投资者足够的赔偿。虽然从前述政府违约的原因与情形可知，引发政府违约的原因是多方面的，即使政府在合同中作出保证，也并不能完全防止其违背承诺，但政府承诺至少可以对政府行为构成一定的约束。因此，投资者或项目公司应重视此条款的订立，根据合同的性质和内容，尽可能在合同中详细列明政府违反承诺的行为。从政府角度而言，明确划定自己行为的界限，也有助于维护其权益。

2. 约定政府承诺的方式

在合同中明确政府违反承诺行为的方式大致有三种：概括式、列举式以及概括加列举式。概括式过于抽象，对政府行为是否构成违反承诺的认定存在一定的困难，容易引发争议，而列举规定政府承诺及其违反行为也不可能，因此，大多数合同采用了概括加列举式。针对政府方违反承诺的情形在列出详细清单的同时，约定一般性判断标准。这就要求投资者和项目公司能够清楚地知道在合同履行过程中，政府可能出现哪些违反承诺的行为，事先在合同中予以明确。

一些国家通过示范法或合同文本方式对政府违反承诺的行为加以明确，如意大利、罗马尼亚、德国、斯洛伐克、捷克共和国、希腊、英国、匈牙利、土耳其等国家。❶ 以英国 PF2 标准合同文本为例，文本将下列行为列入"当局违约"行为：①当局或其他有关部门征收、扣押或征用承包商或者控股公司的资产和/或股份的重要部分；②当局未能在承包商提出正式书面要求的 30 日内支付其合同项下已到期且应当支付的任何款项，而且该笔款项在承包商提出书面要求之日 2 个月或者之前更长的时间内已经到期；③当局违反合同规定的义务，严重阻碍或致使承包商无法继续履行其合同项下的义务，且持续时间长达 2 个月；④当局违反了第 32 条有关转让的规定。❷

政府违反承诺情形有多种，完全依靠列举式无法穷尽政府的违约行为，因此，在合同中应约定兜底条款，即规定"其他政府违反承诺行为"。英国 PF2 标准合同文本第 23.1.2.1 节规定："如果当局或政府的行为致使承包商无法维持合同关系或完全阻碍了承包商提供服务的能力，承包商应有权终止合同。"该规定即属于兜底式规定。其他的国家，如比利时、保加利亚、荷兰等国家的合同法也有类似的规定。❸ 作为兜底性条款，"其他政府违约行为"到底有哪些，需要个案认定。这就为投资者追究合同中未列举的政府违约提供了可能。

我国投资者在与项目所在地政府签订合同时，应该考虑将上述政府承诺行

---

❶ 邢钢：《"一带一路"建设背景下 PPP 项目提前终止法律问题研究》，载《法学论坛》2018 年第 2 期，第 91 页。

❷ 邢钢：《"一带一路"建设背景下 PPP 项目提前终止法律问题研究》，载《法学论坛》2018 年第 2 期，第 91 页。

❸ 邢钢：《"一带一路"建设背景下 PPP 项目提前终止法律问题研究》，载《法学论坛》2018 年第 2 期，第 91 页。

为以及违反承诺的行为直接列入合同中，同时设定兜底性条款，并约定如果政府方违反承诺，需要承担的违约责任。

（四）稳定条款

稳定条款是政府方在合同中承诺的保证投资者或项目公司的合法权益不因本国法律或政策改变而受到不利影响的条款。如前所述，很多时候政府违约是因为政府方国内政局不稳定、法律与政策的不连续所引发的。这种情况不仅令投资者担忧，因其顾及合同目的无法实现并产生沉没成本损失而不愿投资基础设施项目，也导致政府吸引外国投资者进入基础设施建设领域的目的无法实现，而且"一旦法律变更事件发生，社会资本会对政府就二次谈判所造成的损失要求补偿；对于那些丧失了合法性的 PPP 项目，政府通常会动用财政资金进行项目回购并改为传统模式，这两者都会直接给财政资金造成额外压力"。❶ 这种压力的存在也迫使政府在合同订立时会考虑稳定条款，并对相关问题作出约定。

稳定条款本质上是信守约定原则的具体化，可以在很大程度上解决国际投资协议对国家主权行使存在的约束力弱化问题。❷ 稳定条款使政府承担了保证与基础设施建设或合同相关的政策与法律的稳定性的作用，政府方不能随意通过法律和政策的修改损害外国投资者或项目公司的合同权利。一旦政府方违反了该条款，应承担相应的违约责任。因此，稳定条款具有的确定性对于建设与运营期限比较长的基础设施项目建设来说是非常必要的。对于与项目相关联的其他主体，如项目的融资人也很重要，因为稳定条款是投资项目可融资性的一个基本要素，特别是在新兴市场，稳定性条款至少有助于财政的稳定。❸ 因为稳定性条款在一定程度上限制了政府方的权限，所以对此条款的订立政府方十分谨慎。

在不同的项目下政府方需要承诺的稳定内容不同，具体合同项下的稳定条款也有不同的表述。稳定条款一般会对政府方承担的稳定义务作出一般性的规

---

❶ 卫志民、于松浩：《地方政府和社会资本合作风险防范机制研究》，载《理论视野》2019 年第 5 期，第 56 页。

❷ Jola Gjuzi, *Stabilization Clauses in International Investment Law: A Sustainable Development Approach*, Gewerbestrasse: Springer International Publishing, 2018, p. 203.

❸ Andrea Shemberg, "Stabilization Clauses and Human Rights: A Research Project Conducted for IFC and the United Nations Special Representative of the Secretary - General on Business and Human Rights", IFC/SRSG Research Paper, 27 May 2009, pvii.

定，也可能在规定一般性义务基础上要求政府方作出具体承诺。合同中关于一般性稳定义务的规定都比较原则，如在 LIAMCO 诉利比亚案中，LIAMCO 与利比亚政府达成的特许协议中的稳定条款是这样约定的："（1）利比亚政府、委员会以及省级当局将采取一切必要步骤，保证公司享有本协议授予的一切权利。除非双方相互同意，不得更改本协议所创立的合同权利。（2）在其生效期间，本协议应根据石油法与本协议包含的修正协议实施之日已生效的规章进行解释。未经公司同意，任何对该类规章的修改或废止不得影响公司的合同权利。"❶ 在合同履行过程中，LIAMCO 与利比亚政府之间产生了纠纷，针对稳定条款，仲裁庭认为，合同规定了"除非双方相互同意，不得更改本协议所创立的合同权利"，因此，"对特许权的国有化……构成了……因提前终止特许协议而向权利受让者进行补偿的责任来源"，利比亚政府因此违反了稳定条款，导致 LIAMCO公司的合同权利受到侵害，应向 LIAMCO 公司承担补偿责任。

在订立稳定条款时，投资者或项目公司应注意明确约定以下内容：

（1）明确约定政府方应稳定的事项。

由于不同国家的社会和经济环境不同，政府方对合同内容进行法律与政策的调整是不同的。投资者或项目公司应清楚政府可能从哪些方面进行调整，针对政府方可能进行的调整，要求其作出稳定性承诺。一般的稳定条款主要针对政府方可能修改的法律和政策，进而直接和间接影响合同履行的政府行为。在科威特政府诉美国独立石油公司（AMINOIL）案中，由于 AMINOIL 公司与科威特政府在特许协议中只约定"除非依据第11条，酋长不得通过一般或特别立法或行政措施或任何其他行为废除本协议。除酋长与公司共同认为对协议的改变、删减或增加有利于双方，酋长或公司皆不得对协议中的条款进行改变"，仲裁庭认为该稳定条款原则上有效，协议对国家的国有化权力进行限制是可能的，但必须"通过明确规定的方式作出庄严保证"。由于"本案特许协议中的稳定条款并未明确规定禁止国有化"，AMINOIL 公司的主张不应得到支持。❷

在杜克公司诉秘鲁案中，杜克公司与秘鲁政府签订了"法律稳定协议"，约定根据协议生效时的现行税法，秘鲁政府对于杜克公司的红利或其他形式的

---

❶　姚梅镇主编：《国际投资法成案研究》，武汉大学出版社 1989 年版，第 149—162 页。
❷　王斌：《试论政府违约风险的法律控制》，载《浙江社会科学》2007 年第 4 期，第 112 页。

收益不予征税。但是，秘鲁税收当局违反了该项约定，对杜克公司征收了 1996 年至 1999 年的所得税。杜克公司向秘鲁税收当局申请免除所得税，但未获支持。之后，杜克公司提起了行政申诉，仍遭到拒绝。于是杜克公司起诉至秘鲁税收法庭，但法庭支持了税收当局的做法，杜克公司不得不向秘鲁税收当局支付了税款。2003 年 10 月，杜克公司向 ICSID 提起仲裁，指称秘鲁当局的行为违反了双方签订的协议。❶

上述案例表明，在合同中具体明确稳定事项非常重要。政府所具有的经济管理职能，使得其应该稳定的事项很多，如果只做原则性规定，可能失去合同的确定性，导致合同约定无法发挥作用。因此，需要通过合同对稳定事项予以明确，才能有效约束政府方，并在政府方违反该约定时要求其承担违约责任。在实践中，需要政府方承担的稳定事项是多方面的，在不同的合同之下需要关注的稳定事项不同，通常来说，主要包括稳定财产权、稳定税收、稳定外汇管理制度、稳定进出口管理制度、稳定与合同有关的一般法律结构等。以下几项是稳定条款中经常约定的稳定事项：

第一，不改变项目公司的性质和地位。在 AGIP 公司诉刚果人民共和国仲裁案中，AGIP 公司与刚果政府签订的协议中对刚果政府保持 AGIP 公司的有限责任公司的地位和章程作出了约定。协议第 4 条明确约定，刚果政府不得对 AGIP 公司适用某些"旨在改变 AGIP 公司私法上有限责任公司地位"的命令或法令，第 11 条确认 AGIP 公司的章程是协议的组成部分，刚果政府承诺不单方面改变 AGIP 公司的章程，即使"公司法有所修改"时也是如此。仲裁庭根据双方的约定，认为刚果政府单方面解除协议违反了稳定条款，"而这些条款的可适用性不是缔约国家主权自动行使的结果，而是出自当事人双方在国际私法程序水平上表示的共同意志"。❷

第二，稳定股权结构。约定该条款的目的在于避免不合适的主体被引入项目公司中，以免影响项目的建设和运营。由于项目的建设和运营期限较长，投资者可能因为某些情况的出现需要转让股权，如为增加资本灵活性或者出于融资的需要，或者股东之间出现了争议等。转让股权虽然是股东的权利，但项目

❶ Duke Energy International Peru Investments No. 1, Ltd. v. Republic of Peru, Award, ICSID Case No. ARB/03/28 (2006).

❷ 姚梅镇主编：《国际投资法成案研究》，武汉大学出版社 1989 年版，第 149—162 页。

公司的股权结构发生变化，导致项目的投资人或实际控制人发生变化，而这不一定是政府方和投资者所愿意看到的。就政府方而言，政府方是通过对投标人的融资、技术、管理等多方面的能力和资格进行评估后，才最终选定了中标者，因此政府方不愿意投资人或实际控制人发生变更，以免因股权变更影响项目的进行；就投资者和项目公司而言，也需要政府方稳定其在项目公司中的投资，不得将股权全部或部分地转让给非政府方，以保证政府方能够履行承诺。基于双方对股权的重视，应在合同中约定股权变更的限制性条件。

第三，稳定利率和汇率。利率与汇率的变化除受国际经济形势的影响，在很大程度上也受到项目所在国家的政治和宏观经济政策的影响，因此，政府如能在合同中作出一定的保证，尽可能保持利率和汇率的稳定，一旦发生变化且影响到项目公司的收益时，政府将提供补偿，即可在很大程度上减少投资者的损失。同样，如果政府保证投资者可以自由将其在本国获得的货币与其他国家的货币进行兑换并自由转出，才能吸引外资投入，❶ 也才能实现投资目的。为防止利率、汇率以及货币无法兑换的风险，投资者或项目公司应要求政府方作出保证。

第四，稳定政策与法律规定。保持政策与法律的稳定性对投资者至关重要。政策与法律的变更主要表现为对现有政策与法律的修改或废除，因为新的政策与法律可能对项目建设与运营产生实质性的负面影响，如在订立合同时政府承诺给予项目税收减免优惠，如免除所得税或利得税、设施的财产税，或免除贷款应收利息的所得税及项目公司所承担的其他财政义务，免除所有与私人融资基础设施相关项目的印花税或类似费用，以及免除项目公司进口的设备关税等。如果在项目建设过程中政府取消这些税收优惠，无疑将加大项目的成本，减少投资者的收益，甚至使得项目公司无力继续经营。为避免此种情形的出现，投资者应力求通过合同约定，要求政府方稳定现有的税收政策与法律。税收稳定性条款可以较好地应对因税收法律变更带来的财务风险。在基础设施项目建设过程中，需要保持稳定的政策与法律的涵盖范围很广，除税收之外，有关劳工、消费者保护、环境、促进和保护文化多样性等方面的政策与法律都可能对基础

---

❶ Gilberto M L, *Ma C G S. GovernmentGuarantees in InfrastructureProjects*：*A Second*，*Third Look at the Policy*. PhilippineInstitute for Development Studies，1997（11）．pp. 1 – 10.

设施项目产生影响。投资者应充分认识到在项目建设期间这些政策与法律变更的可能性，并有针对性地将其纳入合同稳定条款，要求政府方承担必要的稳定义务。

（2）明确约定稳定条款的效力，防止政府方对合同进行单方面修改。

合同应约定，只有双方明确以书面形式对稳定条款的含义或拘束力予以改变，否则，其他的形式不能对稳定条款的效力产生影响。

（3）违反稳定条款的责任。

从理论上说，对于政府违反稳定条款是否承担法律责任存在不同的观点，但从仲裁实践上看，多数案件的仲裁庭对稳定条款的效力持肯定或有条件肯定的态度。为使政府方承担违反稳定条款的责任，需要在合同中明确，如果政府方违反稳定条款，导致项目发生额外费用或增加运营成本、工期延误等，项目公司有权向政府方索赔额外费用或要求延长工期。

（五）调整条款与重新协商条款

调整条款是指当合同约定的某个事件发生或条件成就时，一方当事人有权要求另一方当事人修改合同的约定或者依照合同约定进行自动调整，通过修改合同条款，重新确立当事人之间的利益平衡。重新协商条款也即合同变更条款是约定当某个事件发生或条件成就时，合同当事人可以协商变更合同的约定，对相互间的权利与义务予以调整，以此使得可能终止的合同关系得以维系。从本质上看，调整条款与重新协商条款是一致的，均赋予了合同当事人在某些情形下如出现情势变更时对合同内容进行修改和变更的权利，只是两者的视角不同。

调整条款是关于合同订立的基础或条件发生变化后如何修改合同的规定。合同订立的基础和条件发生了变化，以至于按照合同的规定，当事人履行义务遇到很大的障碍，即使履行也无法实现当事人的预期目标，如项目建设阶段出现的原料价格大幅上涨。尽管价格上涨是项目公司应该承担的风险，但是，这种上涨不仅影响到项目公司的利益，在很多时候直接影响项目建设，因此有必要对原料价格上涨增加的成本进行一定的分担而调整合同的相关内容。再如，因为政府税收政策发生了重大变化，对于合同约定的产品分成比率也应加以调整。

重新协商条款是稳定合同关系的重要措施。一旦在合同履行过程中出现了合同约定应予重新协商的情形，如不协商解决对当事方的权利及利益将产生损害，当事方应本着善意原则进行谈判，协商确定公平的补救方法，包括修订合同有关条款。此种合同约定赋予了合同当事方在某种情形出现时请求对方对合同条款进行调整的权利。如果没有该条款，即使出现对其不利的情形，合同一方变更合同的请求可能难以得到对方的认可。在基础设施项目建设中，上述价格、税收等均可能发生大幅度的变化和调整，如果合同对此变化和调整约定了重新协商条款，项目公司即可启动协商程序，要求政府方分担增加的负担。由此可能产生的问题是，如果项目公司向政府方提出了协商请求，双方进行了协商，但没有能够达成协议，那么，双方的权利义务可能处于一种不确定状态，不但问题没能解决，还可能加剧问题的发展。为避免此种情形的出现，项目公司在启动协商程序之前应做好变更的理由、内容与建议，以充分与合理的理由要求政府方接受其变更建议。为约束政府方拒绝协商和拖延行为，重新协商条款应明确约定启动合同调整的时间、程序、协商的方式、拒绝协商的后果与责任，以及在双方无法达成协议时合同的履行或终止问题。

重新协商可以由当事人直接进行，也可以在合同中约定在何种情形下自动或部分自动地启动调整的内容与事项，而不需要重新进行谈判。例如，约定原料价格调价公式，在原料价格上涨到多大幅度时按照公式自动对合同价格进行一定幅度的调整。如果当事人拒绝进行重新协商，则违反了重新协商条款，应按照合同约定的程序加以解决。

调整条款与重新协商条款之间存在内在的协调关系。重新协商条款应约定调整条款规定的特定事件发生后，一旦出现合同中约定的情形，投资者或项目公司就可以根据调整条款，要求与政府方进行协商，及时根据情况的变化调整合同的内容，重新确定权利与义务关系，不至于因固守合同约定，导致在情势发生变化的时候利益受损。可见，订立调整条款与重新协商条款的法理依据即为情势变更原则。由于双方在合同中确认了可以变更的情形与程序，一旦出现情势变更，即可依约定启动变更合同条款的程序。该种变更为合同当事人事先约定，因此，变更以合同为依据，可以防止东道国政府单方面采取行动。调整条款与重新协商条款结合订立，对于防范政府违约具有重要的作用。

投资者与项目公司应重视调整条款与重新协商条款的订立。在波兰 A2 高速公路项目中，中海外联合体在面临亏损的局面下曾希望以"砂子、钢材、沥青等原材料价格上涨幅度过大""波兰当地分包商垄断市场""业主招标文件中项目功能说明书很多信息不准确"等理由，要求波兰国家道路与高速公路管理局对中标价格进行相应调整，但遭到拒绝，其理由是中海外联合体在签订合同之前并没有表示异议，应认为其已经考虑到了成本上升的风险，并把上述风险包括在其竞标价格中。而且波兰《公共采购法》禁止承包商在中标后对合同金额进行"重大修改"。❶ 因为无法修改低价中标的价格以及合同履行中的成本上升，中海外总公司最终决定放弃该工程。波兰国家道路与高速公路管理局则给联营体开出了 17.51 亿元人民币的赔偿要求和罚单，并禁止其 3 年内在波兰市场参与投标。❷

调整条款及重新协商条款不是仅考虑投资者与项目公司利益的条款。与稳定条款相协调，在明确约束政府方不得随意变更法律与政策的同时，政府方作为代表国家行使权力和履行义务的机构，在涉及公共利益或其他国家利益时亦具有对合同内容或条款予以调整以及重新协商有关条款的权利。从这个意义上说，调整条款及重新协商条款并非为了防止东道国改变其法律政策，而是解决这种改变对最初达成的交易的经济影响，并在某种程度上建立一个框架来保持平衡。❸ 稳定条款和调整条款及重新协商条款形成了相互对应的规定，构成了对合同当事人的对等保护与利益平衡。

（六）投资回报与付费条款

1. 投资回报的概念与计算方法

投资回报条款是合同双方对项目预期收益所作的约定。如果投资者不参与项目运营或不通过项目运营获得收益，合同应约定其获取收入的具体方式。如果项目公司的收益来自基础设施项目使用者的运营收入或者政府的支付，即应在合同中对付费的相关事项作出安排。按照合理收益、节约资源的原则，应在合同中明确约定投资者或项目公司提供公共服务获得收益的范围及计算方法。

---

❶ 《折戟波兰——波兰 A2 高速公路项目》，载 https：//www.sohu.com/a/247337534_208218，2020 年 4 月 3 日访问。

❷ 《怎样搞砸一个海外项目？回顾波兰 A2 高速公路项目的失败》，载 https：//www.163.com/dy/article/DDQI4RIN0511RN8S.html，2020 年 5 月 2 日访问。

❸ Peter D. Cameron, *International Energy Investment Law: The Pursuit of Stability*, New York: Oxford University Press, 2010, p.75.

如项目公司收益需要在政府与投资者之间分成，则应约定分成机制，明确分成的计算方法、支付方式以及税收责任等。❶

投资者的投资回报与项目公司的贷款偿还都来源于项目运营所获得的收益。而收益的多少受制于多种因素，需要采取科学的方法合理地加以计算。收益的计算主要有成本加成法、合理收益法、类比定价法、现价调整法等方法。其中，合理收益法是最常用的方法。

合理收益法又称价格反推法，是通过设定合理的收益率来反推价格。在收益率确定以及总投资确定的条件下，投资者要获得更多的利润基本上依靠成本的降低。而成本的降低需要通过不断地提高管理效率与运营效率、不断进行技术创新才有可能实现。❷ 合理收益法能够比较好地兼顾政府的合理支出和社会资本的合理收益，但关键在于什么为"合理"的收益率。合理既是一个时间概念，也是一个空间概念。一个运营期长达 30 年的项目，如果合同确定的价格一直不变，那么很可能因为市场需求发生变化，价格出现下降，投资者因此亏损甚至无法经营下去。而收益是在预测基础上确定的，预测的准确与否决定了收益支付是否合理。以城市轨道交通项目为例，城市轨道交通项目运营收入主要依据客流量，客流量的多少决定了项目公司收入的多少，对收入的预测实质上就是对客流量的预测。但是，在合同订立时对客流量的预测本身并不一定准确，而且客流也是变动的，其他交通运输方式也对客流量产生影响，因此，客流量存在不稳定性。如果预测的客流量高于实际客流量，必然出现项目公司预期收入的大幅减少，也可能导致其经营出现困难。在这种情况下合同双方就需要重新商谈，调整预期客流量，确定一个符合实际情况的客流量，并以此预测值作为补贴的基础。早在 2002 年伦敦地铁 PPP 合同签订时，曼彻斯特大学的 Shaoul 教授就认为该项目风险巨大，除了成本问题，40% 的客流增长预测过于乐观。❸ 而实际情况确实如此。对类似城市轨道交通这样的项目，需要在运营期间对影响收益的价格进行必要的调整，才能客观地反映实际，使投资者获得合理的回报。投资者或项目公司应力求在合同中约定，在一定的时间内市场发生何种变

---

❶ 参见《通用合同指南》第 55 条。

❷ 王凤瑛：《PPP 模式下市政公用产品定价方法研究》，载《商讯》2019 年第 11 期，第 121 页。

❸ 任兵杰、李瑶瑶、王子甲：《城市轨道交通 PPP 投融资模式探讨》，载《铁道运输与经济》2019 年第 6 期，第 107 页。

化的情况下应重新核定价格。在美国 PPP 项目有关收费标准中一般都包含了有关价格调整的规定。"基于对短期内经济和项目收益的预期，大部分 PPP 项目合同确定了在项目开始运营后数年内收费标准的年均涨幅；此后，则根据当期物价指数或其他经济指标对年均涨幅上限进行限制。这种双重调价机制保证了项目收益在短期内的稳定性以及在长期内根据经济波动的弹性。"●

作为公益性基础设施项目建设，投资者或项目公司的投资回报只能保持在一定的限度内。一般来说，应该保证在特许经营期结束后收回成本，包括用于投资、运营、融资、交易费用等成本，并获得以长期存款利息为基础的回报。

2. 回报模式

合同需要明确在双方合作期间项目公司取得投资回报的资金来源与具体途径。项目公司的收入来源或投资回报主要包括使用者付费、可行性缺口补助和政府付费等三种模式。

（1）使用者付费。

使用者付费（User Charge）即基础设施的使用者直接向项目公司支付使用费，如公路使用者交付的过路费。最终消费用户直接付费购买项目公司提供的公共产品和服务，项目公司因此获得投资回报。使用者付费主要用于高速公路、桥梁、地铁等公共交通项目以及供水、供热等公用设施项目。● 之所以在这些项目上采用使用者付费模式，是因为这些项目的需求量一般可以预测，而且项目公司能够对使用者的付费进行控制。如果不能测算出设施的需求量，那么就无法确定可取得的收益；如果不能控制使用者付费，既不具有可操作性，也无法采用使用者付费模式。可预测与可操作是采用使用者付费模式的两个基本条件。

经过政府的特许，项目公司有权对于项目设施的使用者收费。由于面向社会公众进行收费涉及社会公众利益，政府会对项目公司收费的标准作出规定，其收费标准原则上应为项目公司支付贷款利息后可获得的合理收益。具体收费额度应从多角度评估后综合确定。首先需要考虑法律、法规对该项目的收费是否存在限制性规定。例如，对水、电、燃气等涉及公共安全和公众利益的公用

● 傅宏宇：《美国 PPP 法律问题研究——对赴美投资的影响以及我国的立法借鉴》，载《财政研究》2015 年第 12 期，第 98 页。

● 《PPP 项目合同指南（试行）》第二章"第十一节　付费机制"。

设施产品和服务价格，项目所在地法律、法规可能有明确的规定，实行政府统一定价并受到政府的严格监管。即使没有统一的定价，政府往往对收费予以一定的限制。在符合法律与政策规定的前提下，项目公司的收费价格应重点考虑项目预期的社会和经济效益、需求的价格弹性、使用者可承受的合理范围以及项目公司的目标等。如具体到高速公路收费标准的确定，需要考虑的因素包括高速公路成本、车流量、项目期限、使用者的支付意愿、高速公路的性能和技术条件、高速公路辐射区内的其他交通运输方式及其定价等。❶

收费价格应由项目公司与政府方在不违反法律规定的前提下商谈确定，也可以在合同中约定由项目公司根据项目实施时的市场价格予以确定。为保障公众使用公共产品和服务的基本权利，政府方通常会依据其确定的初始价格、限定最高年增幅以及限定最高价和最低价等方式对项目公司的收费权进行限制。收费价格一旦确定，应在一定时间内保持价格的稳定性。项目公司在行使收费权时需要严格遵守东道国法律的规定和与政府达成的承诺，不得随意向不缴费用户进行惩罚性收费，也不得因用户经济困难而停止提供必要的公共服务。

为降低无法获得合理收益的风险，项目公司应争取在合同中订立唯一性条款。由于一些公共项目的使用者数量是一定的，如果出现与其竞争的项目会导致项目公司无法获得收益。例如，高速公路与其辐射区内的其他交通运输方式，如普通公路、铁路以及民航等存在竞争关系，如果在高速公路辐射区内增加这些项目必然影响项目公司的收费。为避免这种情形的出现，投资者应要求政府承诺在一定期限内不在项目辐射区内新建竞争性项目，以确保项目能够顺利获得融资支持和稳定的投资回报。

（2）可行性缺口补助。

可行性缺口补助（Viability Gap Funding，VGF）模式也称使用者付费与政府补贴相结合的模式，是项目公司在完全通过使用者付费方式无法获得合理的投资回报的情况下采用的。当"使用者付费无法使社会资本获取合理收益，甚至无法完全覆盖项目的建设和运营成本时，政府对项目公司提供一定的补助，用以弥补使用者付费之外的收益缺口"。❷ 如果使用者付费不足以补偿项目成

---

❶ 《PPP 项目合同指南（试行）》第三章"第二节 使用者付费"。
❷ 《PPP 项目合同指南（试行）》第三章"第三节 可行性缺口补助"。

本，特别是一些直接服务于社会公众的项目，为保证社会公众的基本社会福利，政策或法规已经设立了约束性价格，而该价格较低，导致仅依靠使用者付费，项目公司无法收回成本并获得合理收益时，即可以采取缺口补贴模式，由政府补上因使用者付费不足产生的缺口，使其能够收回成本并获得合理回报，项目因此具备商业上的可行性，投资者可以放心地投资项目的建设和运营。

政府的补偿通常体现为政府以财政性资金给予项目公司以补贴，政府补贴因此成为投资者获得回报的重要补充。如高速公路项目，仅通过收取高速公路通行费难以弥补建设与运营资金时，政府应对实际通行费与约定的通行费两者之间的差额予以补贴。交通 PPP 特许经营项目属于投资量大而收益很低甚至是免费的公共项目，大约三分之一以上的交通 PPP 项目都选择可行性缺口补助作为付费机制。再如，"在养老服务和保障性住房项目中，使用者可以优惠价格购买服务或住房，而政府就该优惠价与市场价之间的差额部分向项目公司提供适当的补助，以保证项目公司收回成本并获得合理的收益"。[1] 在这些具有较强的公益性项目中，特别是因为政府采取的控制收费政策导致私人投资者收益不足时，政府应该给予补偿。[2] 以财政补贴来保证投资回报是政府对社会资本投资的风险补偿，政府之所以愿意承担这项补偿，主要在于吸引社会资本参与项目投资，以保证公共基础设施建设的资本投入。

由于使用者付费与政府补贴相结合的模式对双方均有利，许多基础设施项目采取了该模式。如在 Aucoven 诉委内瑞拉案中，申请人 Aucoven 是美国 ICATECH 公司拥有的一家根据委内瑞拉法律注册的公司，为建造和维护自委内瑞拉首都到北部海边的一条公路，Aucoven 与委内瑞拉签订了《特许权协议》，特许权期限为 30 年，Aucoven 享有排他性的公路收费权，且其可依据 CPI 指数调整所收取的通行费，委内瑞拉政府保证 Aucoven 的最低收费。如果无法达到该最低收费标准，委内瑞拉将向 Aucoven 提供补偿。Aucoven 依照收费特许权几次提高公路收费，均引发了委内瑞拉国内的暴力抗议，迫使 Aucoven 停止了增加收费。由于无法通过收取通行费获得充足的资金，Aucoven 不得不放弃了该项目建设。之后，Aucoven 以委内瑞拉政府未履行《特许权协议》项下的收取

---

❶ 《PPP 项目合同指南（试行）》第四章"第三节　社会公共服务项目"。
❷ Irwin T，Klein M，Perry G E. et al. Managing GovernmentExposure to Private Infrastructure Risk. *The Word BankResearch Observer*，1999，14（2）. pp. 229 – 245.

通行费、支付最低保证收入等义务为由，向 ICSID 提出仲裁请求，要求委内瑞拉政府赔偿 1.55 亿美元的损失及利息。该案表明，项目公司的收费与政府的补贴在实践中受到许多因素的制约。要保证项目公司的收益，在合同中对政府的补贴作出详细的约定是非常必要的。

在许多情况下，政府提供的投资补贴与项目公司的绩效没有直接的关联性，因此，一般来说，项目公司都能够得到政府提供的补偿。例如，在供电项目中，基于项目是否达到合同约定的容量标准而支付的容量电价被认为是可用性付费的典型形式。容量电价通常由项目的建设成本、固定的运营维护成本等组成。电价支付与项目是否被实际使用也不存在必然关系。在采用容量电价时，合同中通常会就发电机组的额定功率、可用小时数等设定严格的标准，如果项目公司无法达到该标准，购买方会扣减相应的付费；如果项目的实际性能优于合同约定的标准，在一些项目中项目公司还有可能获得相应的奖励。

由于补偿需要政府的财政支持，并不是所有国家都有能力提供补偿，在财政资金短缺的情况下，政府就可能寻求其他的替代方式。如可采取向项目公司提供优惠贷款和贷款贴息、无偿划拨土地、政府投资入股❶、政府放弃项目公司中股东的分红权、给予项目公司加油站收益和附属设施收益，以及授予项目周边的土地、商业等开发收益权等多种形式的补贴。政府也可能采取保证项目公司的收入、延长项目公司特许经营权期限、提供延迟纳税优惠等方式以有效降低项目成本。

基础设施项目建设会提高项目周边土地和商业场所的价值，例如，由于交通设施项目的建设，交通沿线的地价和商业经营场所的客流量会增大，如在周边建立公路休息服务站、餐厅等都可以带来潜在消费者的增加，反过来交通设施的使用者也会增多。因此，在收费公路和轻轨建设项目中，政府常常给予项目公司对车站附近地域的商业开发权，用以弥补设施收费的不足。❷ 香港地铁就是很好的例子。由于纯靠项目的特许经营收费无法保证投资者的基本盈利，于是政府准予投资者在部分车站上加盖物业，通过物业经营增加投资者的盈利。

---

❶ 在美国，政府还通过参股、提供贷款等方式为 PPP 项目提供支持。参见博宏宇：《美国 PPP 法律问题研究——对赴美投资的影响以及我国的立法借鉴》，载《财政研究》2015 年第 12 期，第 98 页。

❷ Gilberto M L, Ma C G S. Government Guarantees in Infrastructure Projects：A Second, Third Look at the Policy. *PhilippineInstitute for Development Studies*, 1997 (11). pp. 1 – 10.

政府通过给予投资者对设施周边地区的商业开发权、使用和经营权，项目公司因此可以获得项目的辅助收费。特许经营期限的长短和产品或服务的价格直接影响着项目未来现金流收入，在无法获得合理收益的情况下，项目公司可要求政府授予其周边土地或商业开发收益权，通过获得附加的收益，降低项目投资风险。

政府补贴可以弥补项目公司的收益不足的缺口，因此补助的多少取决于缺口的大小，而这个缺口需要控制在财政支出的可承受范围内。计算政府补贴额度的基本计算公式为：年政府补贴额＝约定收益率反算的影子票价×按客流量风险分担机制确定的各年客流－各年实际票务收入。由于客流预测不确定性大，一般会设定 $\alpha\%$ 的浮动。❶ 合同应对政府补贴的额度与时间予以明确确定。❷ 政府补贴只是"补缺口"，项目公司并不能因此获得超出正常收益范围的利益，项目公司要保证其收益，必须认真对待成本和收益的计算。

（3）政府付费模式。

政府付费模式是指政府直接付费给项目公司，购买项目公司提供的公共产品和服务。政府付费主要适用于那些项目公司无法收费的纯公共产品的提供，在公用设施类和公共服务类项目中经常被采用。如英国的高速公路项目，就采用私人建设、政府付费的模式，使用者不直接付费。美国政府一般采取影子收费模式向 PPP 项目公司支付公共服务费用。❸

政府向项目公司付费的数额由多种因素决定，如高速公路收费就需要根据公路的拥堵状况、道路可得性、最小绩效准则以及安全性等因素综合确定。一

---

❶ 任兵杰、李瑶瑶、王子甲：《城市轨道交通 PPP 投融资模式探讨》，载《铁道运输与经济》2019年第 6 期，第 107 页。

❷ 北京地铁 4 号线政府提供的补贴，在政府与投资者签订的特许经营协议中约定了调整投资者收益与客流量之间的关联性以及政府提供的补偿标准："若各运营年度按实际运营票价实现的平均人次票价收入水平低于调整后的测算平均人次票价收入水平，差额部分由市政府给予补偿；若客流低于预测客流一定比例（具体比例另行约定）时，政府将减免特许经营公司应支付的 A 部分租金；如果连续 3 年实际客流均低于约定客流的一定比例，且特许经营公司连续 3 年亏损，北京市政府同意用补贴方式进行协商；如 2 年内无法就补贴额度达成一致且在特许经营公司要求的情况下，政府有义务收购社会投资者在特许经营公司的股权，股权收购价格为经审计的账面净资产值或双方同意的公允价格。"任兵杰、李瑶瑶、王子甲：《城市轨道交通 PPP 投融资模式探讨》，载《铁道运输与经济》2019 年第 6 期，第 110 页。

❸ 傅宏宇：《美国 PPP 法律问题研究——对赴美投资的影响以及我国的立法借鉴》，载《财政研究》2015 年第 12 期，第 98 页。影子收费即私人投资方根据流量的使用付费。为限制收入总额，一般会在设定付费的最低标准的同时设定最高标准。

般来说，政府根据项目类型和风险分配方案的不同，从项目设施的可用性、使用量以及绩效等方面考虑向项目公司付费。

第一，可用性付费。可用性付费即政府支付费用的大小主要与项目公司服务水平的可得性挂钩。[1]"可用性付费是政府依据项目公司所提供的项目设施或服务是否符合合同约定的标准和要求付费。"[2] 只要项目公司提供的设施或服务符合合同约定的性能与标准，政府即须付费，无须考虑项目设施的实际使用情况如何。例如，项目公司建设的公立学校设施项目，政府即根据设施的可用性和项目公司的运营表现，按月向项目公司支付固定费用。如果项目被提交运行之后，出现了不可用的情形，政府即可根据不可用的程度扣减实际支付的费用。如项目公司所建学校教室的数量和质量没有达到合同约定的标准，或者项目公司提供的运营管理服务，如安全保卫、卫生等方面未达到约定或法定标准，政府会在固定支付的费用中作相应的扣减。再如，在高速公路项目中，如果项目公司未能保证高速公路达到供公众使用的标准，政府根据不达标高速公路的长度和数量以及不达标所持续的时间等，会从应当支付给项目公司的费用中进行相应扣减。因此，项目设施是否可用就成为项目公司能否获得政府付费或足额付费的关键。

对于可用或不可用的判断需要遵循一定的标准。此时，标准的设定又变得极其重要。因此，双方当事人应详细讨论"可用"与"不可用"的标准，并将其在合同中固定下来。确定"可用"与"不可用"标准应从"客观"与"合理"两个方面加以考虑。"客观"是从项目的实际情况和特点看其"可用"与"不可用"，"合理"是从项目公司的实际能力加以判断。一旦出现项目设施"不可用"，项目公司的所有工作就可能前功尽弃，项目公司将无法获得收益。为避免这一问题出现，应在合同中规定对项目设施进行修理的"宽限期"，以便一旦项目设施出现问题，项目公司可在"宽限期"内对设施进行修理，使其达到"可用"性。只有在宽限期结束之后仍然没有使设施达到"可用"的程度时，政府才有权拒绝付费。如果项目设施并非完全不能使用，政府完全不予支

---

[1] 翁燕珍：《英国公路基础设施运用 PPP 模式的做法及经验》，载 http://www.cnbridge.cn/html/2017/zhuanjia_1226/463.html，2020 年 7 月 6 日访问。

[2] 《PPP 项目合同指南（试行）》第三章"第一节 政府付费"。

付费用也是不合理的。从公平原则出发，双方应在合同中约定，根据设施的可用程度，采取扣减支付费用的方法与扣减比例。如果某些情形的出现导致设施不可用，而非项目公司的过错，政府仍应支付费用，对此情形，双方应在合同中加以明确，如项目设施或服务在不可用期间本就未使用、政府提供了合适的替代性服务（须由政府决定）、政府违约以及政府提出变更等情形。由于合同约定的这些情形导致设施的不可用，政府仍有义务支付费用。

第二，使用量付费。使用量付费是指政府主要依据项目公司所提供的项目设施或服务的实际使用量向项目公司付费。❶ 如在高速公路项目中，政府根据高速公路的实际使用量即车流量向项目公司付费，车流量越大，政府付费就越多，项目公司的收益也越高。

既然项目公司获取收入的多少取决于设施的实际使用量，那么，项目公司就应该做好市场调查，对设施的使用程度作出客观准确的评估，以便决定是否采用此种费用收取方法。考虑到在实际使用设施时可能出现使用量的变化，项目公司应要求政府提供最低使用量付费，即在合同中约定最低使用量。如果设施的实际使用量低于最低使用量时，不论实际使用量多少，政府均须按照合同约定的最低使用量向其付费，这样能够保证项目公司获得最低收入，减少承担实际需求风险的程度。如在哥伦比亚马道斯 Mar2 高速公路项目中，哥伦比亚即承诺给予项目公司最小交通量保证。

在涉及政府采购的基础设施项目合同中可以约定"照付不议"条款，要求政府作出最低购买量承诺，即项目公司与政府或政府指定的产品购买者约定一个最低采购量，不论购买者是否需要采购该产品，只要项目公司按照最低采购量供应了产品，购买者均应按照最低采购量支付相应价款。例如，在煤电项目购电协议中可规定一个最小净输出发电量，只要项目公司达到该最小净输出量的发电能力并且不存在项目公司违约等情形，政府作为购电方就有义务按照该最小净输出发电量向项目公司支付电费，而不论项目公司是否实际生产了该部分的电量。如果项目公司能够生产出超出最小净输出发电量的电量，购电方则可根据其需求和实际购得的电量支付电费。政府对项目公司生产的产品或可量化服务承诺了购买数量和服务量，即保证了项目公司能够收回成本并获取一定

---

❶ 《PPP 项目合同指南（试行）》第三章"第一节 政府付费"。

的收益。

政府在作出最低购买量承诺的同时，也可能要求在合同中对等性地约定最高使用量支付，即在合同中约定项目设施的最高使用量，如果在实际使用量高于最高使用量时，政府对于超过最高使用量的部分不承担付款义务，以避免因设施使用量的持续增加产生过度的财政负担。因此，购买承诺经常与收益承诺一同出现，在某些情况下，前者被认为是后者的变相承诺方式，特别是在预期购买量过大、约定购买价格较高的情况下更是如此。

除确定按照最低使用量和最高使用量付费之外，双方还可能根据实际使用量的多少约定不同的付费档次，这样就更加精确。对项目公司来说，能更好地维护自己的利益，但前提条件是合理确定使用量与付费之间的幅度。

第三，绩效付费。绩效付费是指政府方依据项目公司所提供的公共产品或服务的质量付费。❶ 绩效是项目公司提供的设施所发挥的效能。项目公司的收益取决于设施实际发挥的效能。但多大绩效获得多少收益才是合理的，需要当事人通过测量和监控的实际情况加以确定。项目公司在与政府订立绩效付费标准时，应充分考虑设施所能够达到的绩效，如果所订立的绩效付费标准超出了预期，则无法获得相应的收益。因此，绩效标准必须是客观合理的。

合同应明确约定政府方应根据合同约定的产出说明或实际绩效按时向项目公司付费。政府方原则上不应获得项目回报。但是，双方也可能通过收益共享条款作出约定，当投资收益超过合同约定的预期收益时，政府参与超额部分收益的分配。收益共享条款同时会对项目收益的使用作出约定，如项目收益须优先用于项目相关的基础设施投入或对公共基金贷款的偿付等，公路项目所收取的费用须用于道路的运营和维护。

绩效付费的优势在于可以避免在采用可用性付费方式时对项目公司激励不足的问题，也可以避免在使用量付费的情况下因使用量变化导致项目公司收益不足的问题。因此，绩效付费通常会与可用性付费或者使用量付费配合使用。

3. 付费方式的选择

不同的项目需要采用不同的付费方式，付费方式又直接影响项目的基本架构和运作方式，因此项目公司必须慎重选择付费方式。

---

❶ 《PPP 项目合同指南（试行）》第三章"第一节　政府付费"。

采用使用者付费实际上是政府将需求风险转移给了项目公司，项目公司承担了收益能否获取的全部风险。政府除了不须动用财政对项目公司进行补贴，还可以通过与需求挂钩的回报机制激励项目公司提高项目产品或服务的质量，因此，政府方乐于采取使用者付费的方式。而项目公司必须综合考虑采用使用者付费的具体细节，特别是根据相关法律和政策规定，如果政府对于该项公共设施实行政府定价或者政府限定价格，可能出现项目公司因无法对收费价格进行调整，不能及时应对市场变化而面临收益上的困境。项目公司可考虑不采用使用者付费方式。如果一定采用使用者付费方式，则应同时采用可行性缺口补助方式，以补偿收益上的缺口。可行性缺口补助是使用者付费与政府付费两种付费方式的一种折中选择。

采用使用者付费和绩效付费方式的前提条件是项目产出可以计量，因此只能在公用设施类和公共服务类项目中采用，但需要投资者清楚地了解这类项目产出的数量和质量以及计量的方法和标准，如果无法计量，则只能采用政府付费的方法。

采用政府付费需要考虑政府的财政资金是否充裕、支付能力如何，以及支付期间政府履约的风险等。在英国，早期采用 PPP 模式建设高速公路项目绝大多数都采用影子收费模式，近些年来则更多使用政府直接支付的模式。但是，政府直接付费模式给政府带来了较大的资金压力，因此，英国政府对高速公路 PPP 项目多采用真实收费机制。❶ 可见，财政承受能力是合同能否采用政府付费的决定性因素。投资者欲采用政府付费模式，应在合同订立前充分评估政府的财政承受能力。为防止政府财政能力不足导致的支付不能风险，在政府完成其支付义务之前，项目公司不应释放项目资产和担保权益，以便控制项目，即使在协议终止时项目资产也难以转移至政府，由此对政府不按时足额付费形成制约。

如果采用政府付费模式，项目公司应根据项目的性质、所在市场的容量等具体情况，争取采用可用性付费。如果无法仅采用可用性付费方式，而市场需求较大，可辅助采用使用者付费方式，或者绩效付费。有些基础设施项目，如

---

❶ 翁燕珍：《英国公路基础设施运用 PPP 模式的做法及经验》，载 http：//www. cnbridge. cn/html/2017/zhuanjia_1226/463. html，2019 年 8 月 10 日访问。

学校、医院等公共服务项目，因为受众多，通常采用可用性付费模式和绩效付费模式。

此外，在确定付费方式时，还需要考虑付费方式对项目公司融资的影响。如果项目公司需要融资，应采取对融资方具有吸引力和有利于融资的方式。

考虑到政府可能建设其他与本项目竞争的项目，投资者应要求在合同中订立唯一性条款，以便约束政府的投资行为，保证项目公司获得合理的回报，并确保项目实施的效率和质量。

4. 价格调整

无论项目公司采用何种方式获得回报，在项目设施的长期运营中，都可能出现需要对价格进行调整的情况。如物价水平、车流量以及路况条件等发生变化进而影响项目公司的运营维护成本和收益水平。如果不能适时进行价格调整，势必影响项目公司对高速公路项目的维修和保养，也因此影响高速公路的运营质量和社会效益。因此，在合同中明确价格的变更或调整规则显得非常必要。

项目公司应争取在合同中明确约定可能出现的影响公司收益的情形，以及出现这些情形时应采取的价格调整方法。价格调整应重点考虑项目设施使用者可承受的能力、投资者应获得的合理回报、通货膨胀、物价上涨、消费价格指数、税收调整以及工作人员工资变化等各种因素综合确定。❶ 可以采取的调整价格的方法主要有公式调整、基准比价、市场测试、协商调整等方法。

公式调整法是指"通过设定价格调整公式来建立政府付费价格与某些特定系数之间的联动关系，以反映成本变动等因素对项目价格的影响，当特定系数变动导致根据价格调整公式测算的结果达到约定的调价条件时，将触发调价程序，按约定的幅度自动调整定价"。采用公式调整方法调整价格比较多的项目是对电价的调整。"在价格调整公式中，通常可能会以燃料价格变动、利率变动、消费者物价指数等作为主要的调价系数，当上述系数变动达到约定的幅度时即可触发调价程序，按调价公式自动调整电价。"❷

基准比价法是指由项目公司对其自身或其分包商提供某项服务的价格与该

---

❶ Abdel – Aziz, A M, Russell, *A D. A Structure for Government Requirements in Public – Private Partnerships.* Canadian Journal of Civil Engineering, 2001, 28 (6) . pp. 891 –909.

❷ 《PPP 项目合同指南（试行）》第四章"第三节　社会公共服务项目"。

服务的市场价格进行比较，如果与市场价格存在差异，则项目公司将与政府协商调价。❶ 采用基准比价方法需要在合同中约定一个特定日期或周期，项目公司按照约定的日期或周期与市场上提供同类服务的一般价格与本项目提供的价格进行比较，根据比价的结果对项目公司所提供的项目价格进行调整。项目公司通过基准比价，可以清楚地了解市场和市场价格，以此作为依据对其提供特定服务的方式和成本进行调整。为保证政府对项目公司比价行为的监督，合同应确定政府拥有对项目公司或其分包商提供服务的相关成本分析进行评估和审核的权利。

市场测试法是指在合同约定的时间内，项目公司对其提供的特定设施服务重新进行采购，通过竞争性采购，测试市场价格。测试后的采购价格既可能高于原来的价格，也可能低于原来的价格。就采购后的价格，政府和项目公司可以协商更换分包商或运营商，或者调整政府付费。市场测试法通常用于社会公共服务项目中仅提供服务、其重新招标不会影响到整个项目的正常运行，或者不需要对整个项目进行较大调整的一些项目，如餐饮、安保等服务项目。此外，如果某项服务具有很强的特殊性或者资质要求较高，而能够提供该项服务的分包商较少，市场测试法会失去市场基础，因缺少竞争性而无法测试出合理的价格，也无法实现物有所值的目标和提高服务效率及质量的目的，因此市场测试法的使用范围较窄。

协商调整法是通过合同当事人协商的方式对项目运营或服务的价格进行调整。例如，在供电项目合同中约定，在项目采购阶段双方根据项目预算成本初步确定电价和电价组成要素，如果项目建成后实际结算成本与预算成本出现很大的差距，双方可根据实际结算成本对电价和电价组成要素进行协商，确定新的电价。协商调整法通过双方重新商谈修改之前确定的价格，能够很好地表达当事人的意愿，程序相对简单，能及时对价格进行调整。

上述调整价格的方法各有其特点和使用场景，但并不是对立的，只能选择其一。投资者可以根据项目的特点以及市场情况，在合同中约定其中的一种方法，在某种情况出现时辅助采用其他的方法，或直接替换为其他的方法。如主要采用公式法，同时辅之以协商法；也可以先采用市场测试法，如果因为竞争

---

❶ 《PPP 项目合同指南（试行）》第四章"第三节　社会公共服务项目"。

者不足出现无法进行采购的情况，则改用基准比价法。通过上述方法的使用，及时调整应予变化的价格，科学合理地确定项目设施的使用价格和服务价格。

由于公共基础设施项目的社会性，通常情况下，对项目设施的价格调整会引发社会的高度关注。为避免直接提价所产生的负面影响，项目公司也可以要求政府采用价格调整之外的其他的方式补偿其收入的亏缺。如在马来西亚南北高速公路项目中，政府和普拉斯公司共同确定了高速公路的通行费率，将通行费率的调整与马来西亚的物价指数相联系。政府方给予了普拉斯公司最低营业收入保证，即如果公司在经营期限前 17 年内因交通量下降导致现金流动出现困难，政府方将另外提供资金予以补贴。此外，马来西亚政府还同意将普拉斯公司经营的另一条高速公路的部分通行费收入用于新建公路。在外汇方面，马来西亚政府承诺如果汇率的降幅超过 15%，政府将补足其缺额；在利率方面，如果贷款利率上升幅度超过 20%，政府也会补足其还贷差额。❶ 马来西亚政府所承诺采取的这些措施虽然不是直接调高高速公路的通行费率，而是采取了其他可以弥补价格损失的措施，但由此可以表明，政府从社会公益角度考虑是愿意并能够采取合理的措施保证项目公司的合理收益的。

（七）非竞争性条款

非竞争性条款，也称唯一性条款，是指政府承诺在一定期限与地域内不再批准和建设与合同项目相竞争的项目，以保证项目公司不会遇到竞争对手并获得预期收益。非竞争性条款是基础设施项目建设合同，特别是特许经营项目合同以及采用使用者付费为单一收入来源的基础设施建设合同中经常约定的条款。

基础设施建设周期长、利润低，需要在较长的周期内才能回收成本，而且，项目公司的主要投资收益来源于项目提供的产品或服务的销售收入，只有保证项目产品或服务的销售收入才能保证项目公司的收益，特别是在采用使用者付费模式的项目中，"项目公司需要通过从项目最终用户处收费以回收投资并获取收益，因此必须确保有足够的最终用户会使用该项目设施并支付费用"。❷ 政府向投资者或项目公司颁发特许经营许可的目的也在于保护投资者获得预期的

❶ 《马来西亚南北高速公路案例分析——浅谈 BOT 融资模式》，载 https：//www.docin.com/p - 2121001507.html，2019 年 12 月 10 日访问。
❷ 《PPP 项目合同指南（试行）》第二章"第十三节　政府承诺"。

收益。而保证收益的基本条件是没有竞争或较少的竞争。如果政府随意颁发特许，其直接后果就是项目公司面临其他项目的竞争，进而导致项目公司收益不足或根本无法获得收益。如果这种情形出现，将不会有投资者愿意进入公共基础设施建设领域。因此，为了吸引投资者进入，并保证项目具有长期稳定的未来现金流收入，实现项目的经济可行性，就需要限制其他类似项目的竞争。基于此，政府愿意以赋予投资者或项目公司的垄断经营为代价，鼓励投资者进入公共基础设施领域，投资者或项目公司也必须要求政府作出承诺，保证项目运营期内的独家经营权。"通过非竞争性条款对私营部门的权利束中加入垄断性权利，对政府部门的义务束中加入特定的排除性义务，以保障私营部门盈利目标在合理范围内得到实现。"❶ 以高速公路建设项目为例，由于高速公路的收益直接取决于来往车辆的通行量，要使项目公司获得预期的收益，政府需要承诺在一定的时间内，不在该项目附近修建其他的与该项目具有可替代的竞争性的道路，并通过控制公路支线岔道口的连接，确保项目公司对高速公路的投入能够获得稳定回报，以避免过度竞争引起项目公司经营收益的下降。❷

非竞争性条款不仅对政府构成约束，使其遵守承诺，不得随意建设与项目相竞争的项目，也会产生其他的协同效应，如合同中订立了唯一性条款，有助于获得金融机构的贷款，因为对于金融机构而言，项目的稳定收益是其保证贷款安全性的关键。而唯一性条款正是项目公司获得稳定收益的保障。

项目公司必须重视唯一性条款的订立。如果没有在项目合同中对该条款给予应有的关注，可能会导致在基础设施项目建设和运营过程中遭到新建项目的竞争，而合同未对此作出明确的规定，使其无法追究政府方的责任。为防止政府随意批准建设新项目以及一旦政府违约批准建设了新的项目，项目公司即可以依约追究政府方的责任。为达此目的，项目公司应要求在合同中明确唯一性条款的具体内容与违约责任，如在责任承担方式上，可以要求政府修改项目收费价格，延长经营期限或者放宽特许经营范围，或者由政府直接回购项目，也可以直接要求政府承担损失赔偿。

由于非竞争性条款限制了政府在一定范围内建设与项目设施同样项目的权

---

❶ 徐玖玖：《公私合作制 PPP 项目法律激励机制的制度重估及其优化》，载《商业研究》2019 年第 6 期，第 147 页。

❷ 《PPP 项目合同指南（试行）》第四章"第一节　公共交通项目"。

限，而项目设施作为唯一可用的设施，有可能出现使用过于拥挤或不充分的问题。例如，如果项目为高速公路，在没有其他同等级的替代性道路可供通行的情况下，出行者可能考虑过路费用过高，不选择该路线出行，而选择车流量大、时间长的道路，由此导致车流量无法达到预期的数量，项目公司将无法获得预期收益。当然，出行者也许宁愿支付高额通行费，但收取高额费用又违反公共设施的公益性。可见，唯一性条款所涉及的问题和方面很多，需要从不同的角度进行分析，既要保证项目公司的合理收益，使其能够获利；又要考虑社会公众的合理承受能力，使项目确实物有所值。设置合理的收费标准和效益标准极其重要。

非竞争性条款可在一定程度上抑制政府授权其他同类竞争项目的行为，但并不能绝对地限制政府管理权的行使。由于非竞争性条款是建立在项目收益的可行性分析基础上的，而在项目的实际运行中，情况的变化可能导致需要对唯一性条款进行必要的调整。如出于经济发展以及公共利益的实际需求，应建设与项目具有竞争性的公共项目，如为优化交通路网而进行的市政建设、需要修建新的道路等。因此，项目的唯一性条款只能在一定程度上约束政府，并不能绝对地排除任何竞争性项目的出现。当政府出于公共利益的考虑而不得不违反约定修建竞争性项目时，项目公司可根据合同的约定寻求补偿。通过延长项目运营期限等方式，实现投资者的投资回报率与公共利益需求之间的平衡。

非竞争性条款使得项目公司可以在没有竞争对手的情况下运营项目，获取收益，政府因此会担心项目公司"一家独大"，实行垄断性经营，损害公共设施使用者的权益，也可能要求对项目公司的经营行为予以一定的限制，防止项目经营者依靠垄断地位获取超额利润，降低社会整体福利水平。❶ 由此，投资者与政府方之间形成了相互制约的关系。

非竞争性条款与付费条款、经营期限及地域范围等条款相互关联，其内容需要与这些条款相互衔接。一般来说，如果使用者付费模式不变，即不能根据市场变化进行调整，项目公司所获得的收益就取决于项目经营期限的长短，经营期限越长，项目公司可获得收益的时间越长，收益自然也会增长。与此同时，

---

❶ Abdel‐Aziz, A M, Russell, A D. A Structure for Government Requirements in Public‐Private Partnerships. *Canadian Journal of Civil Engineering*, 2001, 28 (6) . pp. 891–909.

唯一性条款保证了项目公司收益的获得。

（八）征收、国有化与补偿条款

征收、国有化与补偿条款是在合同中约定的政府对项目设施实施征收、国有化的条件，以及给予投资者补偿的保证条款。

学理上将征收分为直接征收和间接征收。关于征收的表现，《美国对外援助法案》规定："征收包括但不限于外国政府废弃、拒绝履行及损害其与投资者订立的合同，使该投资项目实际上难以继续经营"。❶

对投资者的财产实施征收或国有化是国家的一项权力。基于国家主权原则，国家有权对其领土上的自然资源实施管制，有权规制在本国领土上所进行的经济行为，各国宪法和法律对此也予以肯定。政府作为国家的代表，也因此享有了对私人财产的征收权（eminent domain power）。但是，国有化或征收行为剥夺了私人的财产及其权利，直接危害私人财产制度，因此，许多国家通过宪法或法律作出保证，承诺不会随意对私人财产实施征收或国有化措施，除非特别需要，或者国家进入战争或紧急状态。而一旦需要对私人财产实施征收或国有化，即涉及国家权力与私人财产权利的平衡问题。

政府征收必须按照一定的条件进行，各国法律对此都作出了规定。例如，依据美国宪法针对联邦政府的第五修正案以及针对州和地方政府的第十四修正案，政府行使征收权须满足"公共使用"以及"进行正当补偿"（just compensation）的条件。但是，即使在美国，法院、国会对征收权的行使条件也没有达成一致的观点，各州可以自主决定对其州内的私人财产进行征收。因此，征收行为仍具有一定的随意性和不确定性。

就基础设施项目，特别是具有公益性的公共基础设施项目而言，政府顾及项目对公共利益的意义和影响，不会轻易对正在建设或运营中的项目设施实施征收或国有化，但是，有时，政府也有更翔实的理由，即出于公共利益的需要实施征收或国有化。而一旦发生征收或国有化，投资者的所有努力就会前功尽弃。为避免这样的情景出现，投资者必须高度重视征收条款的订立，在合同中明确约定政府不能对项目实行征收及国有化等措施。如果政府出于公共利益的需要必须行使征收权，也必须遵守合同的约定和国际公约的规定。

---

❶ U. S. Foreign Assistance Act of 1961, Sec. 238（b）.

在征收或国有化条款中，合同应明确作出两方面的约定：一是尽可能明确征收的条件或国有化，通过规定政府采取征收的条件来防范征收风险，以对东道国政府施加某种程度的法律约束，使其不能随意采取征收措施。二是明确补偿原则和补偿方式。对征收的补偿原则和方式各国所持的立场不同，存在适当补偿和充分、及时、有效补偿的不同做法，因此，投资者需要考虑政府方的立场和观点，以最大化地保护自己的利益为原则，灵活地加以约定。

（九）担保条款

这里的担保条款是指政府的融资性担保。项目公司需要通过贷款获得建设项目的资金。融资机构常常要求政府为项目融资提供担保，以避免其贷款风险。政府为项目融资提供担保，被作为重要的风险缓释措施，也成为项目具备可融资性的重要条件。政府提供借款担保，可以有效提高项目的融资杠杆，项目公司可以用更好的条件筹集到资金。如果政府能够提供贷款担保，双方应通过合同明确约定担保事项、担保额度、担保条件、担保类型、提供担保的方式与时间等事项。

投资者或项目公司应根据项目所在国家的具体情况，通过预测和分析项目现金流，以及适当的压力测试，根据政府对外担保的能力或额度是否受到限制，以及政府提供"全额"担保还是"限额"担保等，与政府协商确定偿债担保的额度。如果为全额担保，政府的偿付义务包括整个项目的借款。如果为限额担保，政府则只对部分债权或项目融资机构中的特定债权人承担担保责任。从保护投资人及项目公司的利益考虑，应争取让政府或者政府指定的担保公司承担连带保证责任。

对于偿债担保的履行，政府"除触发项目文件（如电站项目中的购电协议、实施协议或其他项目中的 PPP 合同）的终止条款外，通常是按照融资协议原定的债务本息偿付到期债务，以降低政府的偿付压力并敦促各相关方采取必要的救济措施使项目恢复正常运作，而较少使用加速清偿机制"。❶

在政府对债务进行了偿付并履行了担保责任后，需要明确代偿金额是作为政府对项目公司的无偿支持，还是转化为政府对项目公司的债权。如果转化为项目公司的债权，还需要明确转化后的债权与其他金融机构对项目公司债权的

---

❶　刘烨：《海外基础设施投资中的国家担保问题》，载《国际工程与劳务》2017 第 7 期，第 68 页。

等级关系，是处于优先地位、等同地位抑或劣后于现有债权。

（十）合同提前终止条款

如果合同能够按照双方的约定完成，合同会自然终止。但是，在合同履行过程中会经常出现影响或制约合同顺利实施的情形，导致合同不得不提前终止。合同提前终止可分为约定提前终止与法定提前终止。合同提前终止对基础设施建设的影响非常显著，投资者因此需要格外重视该条款的制定，在终止事由、补偿和介入权方面作出明确的约定。

1. 提前终止合同的要件与终止权的行使

合同提前终止意味着合同义务不再履行，基础设施项目不再建设或运营，因此对合同当事人的利益均具有重大影响。为防止终止权的滥用，也使当事人清楚地知道哪些行为可以引发合同提前终止，需要在合同中清晰地列明各方行使终止权的条件。

合同提前终止的原因是多方面的，可能因为一方或双方当事人违反合同义务致使合同无法继续履行而提前终止，也可能因为不可抗力事件的出现导致合同无法履行而提前终止。基础设施项目提前终止的主要原因是违约，无论是政府方还是项目公司都可能成为违约主体。

为避免违约所产生的责任，政府方在签订合同时常常要求其享有单方面终止合同的权利，以便在项目进行的任何阶段均可终止合同。美国、法国、英国、荷兰、葡萄牙等❶许多国家的相关立法和文件也赋予了政府方单方面变更或者终止合同的权利。如法国法律规定政府拥有干预价格以及单方终止合同的权利。❷ 对于项目公司而言，允许政府方享有提前终止合同的权利，即意味着项目可能随时被终止，会承担很高的项目风险。考虑到基础设施项目的社会公共性，项目公司应认可政府为了公共利益的需要有权提前终止合同，但同时，必须附加限制性条件，明确限定政府行使合同终止权利的范围与程度，以防范政府滥用该权利。

---

❶ 邢钢：《"一带一路"建设背景下 PPP 项目提前终止法律问题研究》，载《法学论坛》2018 年第 2 期，第 92 页。

❷ 《对外投资合作国别（地区）指南——法国（2019 年版）》，载 https：//www.doc88.com/p-28247071700169.html，2021 年 2 月 20 日访问。

（1）合同应列明政府可以提前终止合同的情形。

如项目公司未能完成项目或从根本上无法实现合同约定的目标；项目公司未提供符合约定标准的服务；项目公司提供的服务经常出现问题且超过可以接受的程度；未经政府方同意，改变项目公司的股权结构、政府与投资者的合作关系确实已经破裂等情形。只有在合同约定的项目公司违约情形出现时，政府方才可以行使提前终止合同的权利。

（2）只有基于公众利益的需要，依据法律与合同约定，政府方才能提前终止合同。

如比利时、保加利亚、法国、意大利、波兰和西班牙等国家法律规定，政府单方面终止合同只能出于公共利益的需要。同时，在一些国家，如德国法律还要求只有在 PPP 合同中规定了相应内容或者条款的情况下才允许政府终止合同。❶"一般认为，可以让公共主管部门行使终止 PPP 合同权利的项目公司违约的事件，应该是明确具有设施无法提供所要求的服务的'基本'性质，也就是这种违约实质上就决定了项目不再能按照要求提供产品或服务。"❷

（3）违约须达到重大违约的程度。

并非项目公司出现违约行为，政府方即可行使提前终止权，而必须是项目公司的违约达到重大违约的程度。如何判断违约达到了重大违约的程度，需要通过合同予以明确。可以采用概括性定义的方式，仅约定项目公司出现"重大违约"行为时，政府方可行使合同终止权。但这种约定给予了政府方比较大的解释空间，项目公司应争取采用逐条列明的方式确定何种情形下的违约属于严重违约。如果属于一般性违约，政府应给予项目公司纠正其行为的机会，允许其继续履行，并规定一定的宽限期。

（4）依照法律或合同约定的程序行使合同的终止权。

2014 年美国《收费公路 PPP 模式特许经营合同核心指南》明确，政府可以出于自身便利考虑而终止特许权协议，但在程序上需要遵守下列规则："（a）当局可在任何时间终止该特许权协议，通过向开发者发布终止通告声明：（1）当局

---

❶ 邢钢：《"一带一路"建设背景下 PPP 项目提前终止法律问题研究》，载《法学论坛》2018 年第 2 期，第 92 页。

❷ 邢钢：《"一带一路"建设背景下 PPP 项目提前终止法律问题研究》，载《法学论坛》2018 年第 2 期，第 93 页。

正根据条款行使其终止特许权协议的权利；并且（2）本特许权协议将在此终止通告所申明的日期终止，此日期即开发者收到此通告之日起不少于［×］天。（b）本特许权协议将在段落 a 所述终止通告中指明的日期终止。若本特许权协议是根据段落 a 所述出于便利原因终止，当局应当根据本协议第［×］章向开发者支付因便利终止协议的赔偿。"❶

如果政府方违反合同约定，项目公司同样享有终止合同的权利。在 PPP 特许经营合同中几乎都规定了政府方违约时，项目公司享有终止合同的权利。❷该项规定在一定程度上可以抑制政府随意违约。基础设施的公益性决定，一个项目合同是不应轻易被终止的，为避免项目公司提出合同终止，政府应该会谨慎考虑其行为及后果。同样，项目公司行使合同终止权也须以政府违约达到重大违约程度为前提。如前述英国 PF2 标准合同文本第 23.1.2.1 节规定，政府违约须达到"当局或政府的行为致使承包商无法维持合同关系或完全阻碍了承包商提供服务的能力"的程度，承包商才有权终止合同。如果政府违约行为轻微，没有达到重大违约程度，投资者将无法终止合同。该种规定考虑了基础设施项目的特殊性，以及政府违约的原因与具体情形的不同。但是，投资者在订立合同时需要重视"重大违约"这一条件，尽可能对此作出一个限定。

虽然大多数国家的法律赋予了投资者提前终止合同的权利，但也有国家法律不给予投资者终止合同的权利。如法国法律就不允许在政府方违约后投资者享有终止合同的权利。政府方一旦违约，投资者只能与其协商解决，或者向行政法院提起诉讼，寻求救济。法国的"这一立场源于公共服务提供的连续性和适应性的行政法原则。在这些情况下，公共服务必须由公共部门保证，不得受私人合作伙伴作为或不作为的影响。这些原则也是公共部门自愿终止 PPP 合同以应对不断变化的需求、技术创新或交易融资条件变化的基础"。❸该种规定给予政府方独有的合同解除权，虽然出于公共利益的考虑具有合理性与必要性，但欠缺公平，形成了合同当事人权利上的不对等。如果中国企业到有法国类似

---

❶ 邢钢：《"一带一路"建设背景下 PPP 项目提前终止法律问题研究》，载《法学论坛》2018 年第 2 期，第 92 页。

❷ 邢钢：《"一带一路"建设背景下 PPP 项目提前终止法律问题研究》，载《法学论坛》2018 年第 2 期，第 92 页。

❸ 邢钢：《"一带一路"建设背景下 PPP 项目提前终止法律问题研究》，载《法学论坛》2018 年第 2 期，第 91 页。

规定的国家投资，需要考虑其他的权利救济措施。

2. 政府的介入权及其行使

由于基础设施项目大多为社会公共项目，如果项目提前终止，可能影响到公共服务的供给。为保证项目的正常运行，避免项目停滞给公共利益带来的影响，政府常常会介入项目中来，"临时接管"项目，通过行使介入权，取得对项目的实际控制。《操作指南（试行）》第27条将政府介入权定义为："社会资本或项目公司违反项目合同约定，威胁公共产品和服务持续稳定安全供给，或危及国家安全和重大公共利益的，政府有权临时接管项目，直至启动项目提前终止程序。"

对于政府介入权行使的条件和程序，2016年10月24日，国家发展改革委制定的《传统基础设施领域实施政府和社会资本合作项目工作导则》第20条规定，在PPP项目合作期限内，如出现重大违约或者不可抗力导致项目运营持续恶化，危及公共安全或重大公共利益时，政府要及时采取应对措施，必要时可指定项目实施机构等临时接管项目，切实保障公共安全和重大公共利益，直至项目恢复正常运营。不能恢复正常运营的，要提前终止，并按PPP合同约定妥善做好后续工作。从该条规定可见，政府实施"临时接管"的前提是项目发生短期的严重问题且该问题需要快速解决。项目在建设或运营中出现了危及生命、人身、安全、污染或对人身、财产或环境造成严重干扰等情形，需要政府紧急救助的紧急情况。❶ 此外，从防止或减轻因基础设施项目可能给社会公众的健康、安全（个人或财产）或环境所带来的风险考虑，如果政府确有必要履行法定职责，政府方亦有权介入项目的实施，行使介入权。

政府介入权主要包括以下内容：①定期获取有关项目计划和进度报告及其他相关资料；②在不影响项目正常施工的前提下进场检查和测试；③对建设承包商的选择进行有限的监控；④在特定情形下，介入项目的建设工作等。❷

政府行使介入权需要遵循一定的程序，即在介入之前，政府方应向项目公司发送书面通知，详细说明希望采取的措施、采取措施的原因、期望开始实施措施的日期、实施措施的必要期间、对投资者的影响，以及投资者在该措施实

---

❶ 邢钢：《"一带一路"建设背景下PPP项目提前终止法律问题研究》，载《法学论坛》2018年第2期，第97页。

❷ 《PPP项目合同指南（试行）》第二章"第七节　项目的建设"。

施期间的相关义务等事项。通知项目公司之后，政府方可采取确定的措施以及其认为必要的、合理的、相应的附加措施。

政府方采取介入措施之后，需要通知承包商及其相关参与方。对于政府采取的措施，项目公司和承包商应给予一切合理的协助。❶

政府行使介入权可能因项目公司违约所引起，也可能与项目公司无关。在项目公司尚能运营且未违约的情形下，政府方介入项目中，必然影响项目公司的经营活动。因此，如果政府方介入导致项目公司履行合同义务受到影响或根本无法履行时，项目公司不应承担因此产生的后果，其履行合同的义务应该被相应地予以豁免，并且政府仍应当按照合同约定向项目公司支付服务费或其他费用，因政府方介入产生的所有额外费用亦应由政府承担。如果项目公司有违约行为，政府方指定了其他的机构实施临时接管，"临时接管项目所产生的一切费用，将根据项目合同约定，由违约方单独承担或由各责任方分担。社会资本或项目公司应承担的临时接管费用，可以从其应获终止补偿中扣减"。❷ 如果是采用政府付费或可行性缺口补助的项目，政府方仍应当按照合同约定就不受违约影响部分的服务或产品支付费用或提供补助。

政府方行使介入权的时间取决于项目的复杂程度，可能需要几天或几周不等。如果在较短的时间内问题得以解决，政府就会退出项目。但如果问题复杂，需要长期介入或介入的时间无法确定，政府无法退出，就可能导致合同终止。

鉴于政府介入项目可能对项目公司经营与收益产生的影响，合同应对政府行使介入权的条件、实施程序、介入权行使的范围、时间、介入权行使期间各方的权利义务等作出尽可能详细的规定。

3. 合同终止时的项目回购与补偿

（1）项目回购。

项目回购是政府方向项目公司支付对价以获取项目设施的行为。合同应对政府回购的条件、方式等作出约定。

项目设施的政府回购大多是在合同终止时采取的措施。合同终止的原因不同，引发政府回购的原因与情形也不相同。如果是政府方违约、法律变更、政

---

❶ 邢钢：《"一带一路"建设背景下PPP项目提前终止法律问题研究》，载《法学论坛》2018年第2期，第99页。

❷ 参见《操作指南（试行）》第27条。

治不可抗力等因素导致合同终止，通常政府方有义务回购项目设施。但如果是项目公司违约或政治之外的不可抗力事件导致合同终止，政府方是否有义务回购项目设施很大程度上取决于合同双方在谈判中能否运用充分的市场数据来说明政府回购义务的必要性。❶ 项目终止后，政府并不一定希望回购项目设施，但如果该项目设施关系到公共安全和公众利益，需要保障项目产品或服务的持续供给，则政府在很大程度上会予以回购，即使导致合同终止的原因为项目公司违约。因此，政府是否回购项目设施既取决于谁违反了合同义务，也取决于项目设施的属性。政府方回购项目设施既为权利也可能为义务。投资者应根据项目设施的具体情况考虑项目设施由政府回购是否适当。

无论是政府方还是项目公司要求回购基础项目设施，都需要具备一定的条件：第一，项目公司所享有的特许经营权尚未到期。第二，项目公司尚未获得订立合同时所预期获得的收益。如果项目公司已经获得了预期收益，那么按照合同约定即可将项目移交给政府，不需要政府方回购。但因为政府方违约以及政治不可抗力的出现导致项目公司无法继续实施和运营项目，也无法获得运营回报时，政府方有义务回购项目设施。第三，政府回购设施的价格应公平合理，应以满足投资者的预期收益为基本原则。

在个别情况下，回购也是解决其他合同问题的措施。例如，在交通基础设施项目中，政府承诺履行唯一性责任，但是，该承诺限制了其他同类交通项目的建设，因而导致了交通拥堵。在这种情况下，政府如果允许建设新的交通项目，就会违反其唯一性的合同义务。为解决拥堵问题，且不违反合同义务，政府即可采取回购设施的做法。

（2）补偿。

如果政府方违约导致合同终止，因政府方存在过错，所以政府应给予投资者或项目公司以补偿。"一般的补偿原则是确保项目公司不会因项目提前终止而受损或获得额外利益"，即项目公司获得的补偿等于假设该 PPP 项目按原计划继续实施的情形下项目公司能够获得的经济收益。❷ 政府采取项目设施回购时亦应对项目公司损失予以补偿。

---

❶ 胡远航：《基础设施投资特许经营协议中终止赔款谈判的核心变量》，载《基建法律分享》，2018年5月1日。

❷ 《PPP 项目合同指南（试行）》第二章"第十八节　违约、提前终止及终止后处理机制"。

计算补偿数额的方法有多种，市场价值法、账面价值法是常用的计算方法。世界银行2017版PPP指南规定的补偿方法为账面价值和基于融资的补偿法。市场价值法是按照项目终止时合同的市场价值计算回购补偿金额，账面价值法是按照资产的账面记载的价值计算回购的补偿数额。市场价值法主要关注的是市场价值，而不是资产本身的价值，因此相比严格按照项目资产的账面价值计算补偿更客观合理，可以避免项目公司获得的补偿与其实际投资和支付的费用不完全一致的问题。但是，采用该方法的前提条件是项目所在地国的市场存在相应的价格。基于融资的补偿可分为未偿还优先债务方面的补偿和股权方面的补偿。采用哪种方法计算回购价款，需要综合考虑计算方法的合理、准确与可行性。投资者应对市场进行充分的调查与评估，防止因为计算方法不当使政府获得不当利益。

回购价款可采取一次性全额支付和分期付款支付的方式。对项目公司而言，能够一次性获得政府全额补偿最佳。但对政府而言，一次性全额支付可能会面临资金上的压力，需要合理的财政预算安排。分期付款可以在一定程度上缓解政府的资金压力，但不利于项目公司及时获得回购价款，而且因回购涉及融资方的利益，还需要得到融资方的同意，具有一定的难度。如果采用分期付款方式，项目公司可以向政府方主张延期支付的利息，在未缴清补偿款前，项目公司可以不移交项目设施，防止政府方到期不支付全部的回购价款。

（十一）项目验收与移交条款

1. 项目验收

项目验收是依照合同约定的各项指标和标准对项目进行的检验。验收通常包括专项验收和竣工验收。项目公司所建设的项目是否合格取决于验收所作出的结论，因此，项目公司必须特别注意验收条款的订立，根据不同的验收项目，订立相应的合同条款。一般来说，验收条款应明确约定验收的项目、验收时间、验收人员、验收方式、验收标准，以及验收不合格之后所应进行的改进和再次进行验收的相关事宜。

验收标准是验收条款的核心。中国企业作为承包商时，应争取以我国的标准作为工程验收标准，这有助于扩展海外企业在国外基础设施建设市场中的地位，也便于企业推进各项建设工作。但是，在采用国内标准作为工程验收的标准时，在施工验收环节也可能遇到问题。以中国企业投资建设的中白工业园区为例，根据白俄罗斯法律，园区内的项目建设和装备可适用中国标准，但海关监管及工程竣工验收仍采取当地标准。由于相关标准不统一，在竣工验收等环节就可能存在着难以衔接、协调，甚至发生争议的风险。为避免此种风险，项目公司应清楚地了解项目所在地国家所采用的各项标准与法律规定，恰当选择验收标准，防止出现在验收时的标准不一，并因此可能引发的违约等难以解决的问题。

2. 项目移交

项目移交通常是指在项目合作期限结束或者项目合同提前终止后，项目公司将全部项目设施及相关权益以合同约定的条件和程序移交给政府或者政府指定的其他机构。❶ 移交形式包括期满终止移交和提前终止移交。

项目移交是许多基础设施项目必须履行且最为重要的程序之一。只有按照合同约定将设施交付给政府或政府指定的其他机构，项目公司才完成了整个项目建设及运营程序，履行了全部的合同义务。因此，合同各方必须对项目移交作出详尽的约定，明确移交项目的过渡期、移交的范围和标准、移交程序、质量保证及违约责任等事项，以保证项目顺利移交。

关于项目移交的过渡期安排，应根据移交的事项与范围等来确定项目合作期届满前的一定时期作为过渡期，并确定过渡期的各项工作，包括过渡期的起讫日期、负责项目移交的工作机构、移交程序、进度安排、交接各方的义务、移交责任等。

项目公司移交给政府的设施应符合何种标准需要在合同中明确约定，如项目设施设备需要达到的技术状态、资产法律状态，应尽可能明确具体。一般来说，移交的项目设施应符合相关国家法律和相关规则规定的技术、安全和环保标准，并处于良好的运营状况。对于那些在合同终止后，政府需要自行或者另行选择第三方继续运营的项目，以及涉及技术和权利转移的项目，项目公司应注意不能存在权利瑕疵。但在提前终止导致移交的情形下，如移交时尚有未清偿的项目贷款，就该未清偿贷款所设置的担保除外。❷

根据移交的项目的不同应采取不同的移交方式。通常情况下，需要移交的

---

❶ 《PPP 项目合同指南（试行）》第二章"第十九节　项目的移交"。
❷ 《PPP 项目合同指南（试行）》第二章"第十九节　项目的移交"。

项目主要有项目设施，项目土地使用权及项目用地相关的其他权利，与项目设施相关的设备、机器、装置、零部件、备品备件，其他动产，运营维护项目设施所要求的技术和技术信息，与项目设施有关的手册、图纸、文件和资料（书面文件和电子文档），以及移交项目所需的其他文件。❶ 可将上述项目的移交概括为资产移交、经营权移交、股权移交以及其他移交。合同应对这些不同类型的移交作出约定。项目公司应将项目资产、知识产权和技术法律文件，连同资产清单移交政府方或者项目实施机构，或者政府指定的其他机构。

合同应确定项目移交的具体程序。通常政府方会委托独立专家或者由政府方和项目公司共同组成移交工作组，负责制定资产评估和性能测试方案，对项目的资产状况进行评估，并对项目状况能否达到合同约定的移交条件和标准进行测试。项目移交工作组也可以委托具有相关资质的资产评估机构进行评估和测试。如果项目状况不符合约定的移交条件和标准，移交工作组可能要求项目公司进行恢复性修理、更新重置或提取移交维修保函，以确保项目在移交时满足约定要求。需要进行重新采购或自行运营的项目，项目公司必须尽可能减少移交对公共产品或服务供给的影响，确保项目持续运营。

移交条款中通常还需要明确在移交过程中出现风险时的责任。一般情况下，由项目公司承担移交日前项目设施的全部或部分损失或损坏的风险，除非该损失或损坏是由政府方的过错或违约所致。在移交日及其后，项目设施的全部或部分损失以及损坏的风险转移至政府方承担。

移交设施的资产过户和合同转让等手续由哪一方负责办理主要取决于合同的约定，多数情况下由项目公司负责。移交相关费用的承担，通常取决于双方的谈判结果，可由项目公司承担，也可由政府方和项目公司共同承担。如果因为一方违约导致项目终止而需要提前移交，应由违约方承担移交费用。

此外，在移交条款中还可能涉及如对项目人员的安置、项目保险的转让、承包合同和供货合同的转让、技术转让及培训等事项的安排。

（十二）不可抗力与情势变更条款

1. 不可抗力与情势变更的概念

不可抗力与情势变更是与当事人主观意志无关，但对合同当事人影响极大

---

❶ 《PPP 项目合同指南（试行）》第二章"第十九节　项目的移交"。

的事件。在合同履行过程中，合同订立时的基础和环境发生了变化，导致合同履行出现了重大障碍，由此引发了违约者是否承担责任以及如何承担责任的问题。

由于基础设施建设期限长，在合同履行过程中可能出现不可抗力与情势变更情形。如果在合同履行的客观事实、基础和条件均发生了变化的情况下，仍然拘泥于合同的约定，不能根据变化了的条件变更合同，当事人将被合同所捆绑而无法行为。从履行合同的角度考量，根据已经变化的事实和条件变更或者解除合同，重新调整合同当事人之间的利益，更符合合同订立的目的与实质上的公平。

不可抗力与情势变更的出现均为受到影响或损害的当事人提供了不履行合同的理由，但两者并不相同。不可抗力条款所针对的客体为客观现象本身，而非其造成的损失。[1] 从事件的影响范围来讲，不可抗力既适用契约关系，也适用侵权关系，甚至在民法之外的法律关系中也存在适用的空间。[2] 而情势变更仅适用契约关系。从诉讼时效上看，不可抗力会导致诉讼时效的中断；而情势变更则不能中断诉讼时效。"我国关于不可抗力的规范，并没有被用作嗣后履行显失公平时免责、变更或者解除合同的基础。嗣后履行显失公平或者'经济上的不能'问题，则要由情势变更制度解决。"[3] 因此，情势变更制度解决的是合同履行问题，而不可抗力作为影响合同履行的客观事实，则构成免于履行合同义务的事由。不可抗力与情势变更的划分主要为大陆法系国家的做法，以德国法与法国法为代表。而在普通法系国家，合同受挫和"障碍"免责被认为具有同类性质，"履行不可能"（impossibility）以及在此基础上发展的"履行不现实"（impracticality）会导致合同继续履行的"不切实际"（impractical），义务人就可能被免除责任，因此未对不可抗力与情势变更加以区分。

在商事领域中，一旦出现不可抗力与情势变更，寻求救济的一方可根据影响合同履行的事件决定采取何种救济措施。如果为不可抗力事件，通常可

---

[1] 刘凯湘、张海峡：《论不可抗力》，载《法学研究》2000 年第 6 期，第 111 页。

[2] 《中华人民共和国刑法》（2023 修正）第 16 条规定："行为在客观上虽然造成了损害结果，但是不是出于故意或者过失，而是由于不能抗拒或者不能预见的原因所引起的，不是犯罪。"将不可抗力作为排除犯罪构成的事由。

[3] 韩世远：《情势变更若干问题研究》，载《中外法学》2014 年第 3 期，第 207 页。

请求解除合同并免除违约责任。不可抗力规则为寻求救济一方提供了免于承担责任的可能；如果为情势变更，寻求救济的一方通常可主张变更或解除合同。

在国际投资法中，从国家责任承担角度，不可抗力是解除国家行为不法性的抗辩理由之一。国家应对其违反国际法义务的行为承担责任。但如果存在排除该行为违法性的特殊情况，与之相关的国家责任则得以免除。2001年联合国国际法委员会通过的《国家对国际不法行为的责任条款草案》（以下简称《责任条款草案》）规定了六种免除国家行为不法性的情形，即同意、自卫、反措施、不可抗力、危难、危急情况。作为解除国家行为不法性的抗辩理由之一，东道国可以不可抗力为由主张免除违法责任。

在基础设施项目建设与运营中，政府既可能作为合同一方主张不可抗力或情势变更以免除或变更合同，也可能作为政府权力的行使者主张不可抗力以寻求行为的非法性认定。不可抗力或情势变更因此成为比较常见的抗辩依据与理由。如果为前者，认定政府主张是否成立的依据应为合同约定，如果为后者，则主要根据国际公约、国际惯例加以确认。本部分主要从合同角度阐述不可抗力或情势变更条款的订立问题。

在基础设施项目长时间的建设和运营中，投资者或项目公司可能会遇到不可抗力或情势变更，为避免损失或为了项目的建设与运营，应在合同中明确不可抗力和情势变更的范围、对合同履行造成的影响以及责任承担与免除等事项。

2. 不可抗力条款的订立

（1）不可抗力的范围。

不可抗力是合同履行的重大障碍，直接影响到合同的履行，因此，一般合同均会对不可抗力的范围和法律后果作出约定。

不可抗力大致可分为自然不可抗力和政治不可抗力。自然不可抗力事件如泥石流、山体坍塌、闪电、台风等自然灾害，以及自然灾害引发的火灾、爆炸、化学污染、传染病或瘟疫等。这些不可抗力其实就是自然风险，投资者在投资海外基础设施建设中可能会遇到这些风险。政治不可抗力如战争、武装冲突、暴动、疫情等社会异常事件。两类不可抗力发生的原因虽然不同，但都会构成合同履行的障碍，或从根本上导致合同无法履行。

国际上通用的基础设施项目标准合同文本均会较详细地列举属于不可抗力

的情形。如 FIDIC《生产设备和设计——施工合同条件》（1999 年版）第 19 条所规定的不可抗力为：战事、敌对行动（不论宣战与否）、入侵、外敌行动；叛乱、恐怖主义、革命、暴动、军事政变或篡夺政权，或内乱；骚乱、喧闹、混乱、罢工或停工；战争、军火、爆炸物质、电离辐射或放射性污染；自然灾害，如地震、飓风、台风、活火山活动等。2018 年中国招投标协会组织编写的《政府和社会资本合作（PPP）项目合作协议示范文本（试行）》（以下简称《协议示范文本（试行）》）通用条款第 77 条还将"流行病、瘟疫、化学或放射性污染、核辐射污染"等纳入不可抗力的范畴。

不可抗力由多种原因引发，因此对不可抗力的范围很难作出周全的约定，一般合同会采取概括式、列举式和概括与列举并行的方式予以明确。概括方式虽然包容性很强，但内容不够明确具体，容易引发纠纷；列举式因无法将各种不可抗力情形都列入其内，容易导致疏漏。因此，绝大多数合同采用概述和列举并用的方式。例如，某合同中订立的不可抗力条款："本合同所称的不可抗力，是指合同一方无法预见、控制且经合理努力仍无法避免或克服的、导致其无法履行合同项下义务的情形，包括但不限于：台风、地震、洪水等自然灾害；战争、罢工、骚乱等社会异常现象；征收征用等政府行为；以及双方不能合理预见和控制的任何其他情形。"❶

不可抗力的范围较广，政府方与投资者对不可抗力的认识可能存在差异，因此极易产生纠纷。为避免出现遗漏以及认识上的不一致，合同当事人应根据项目所在地国家的相关法律法规，通过合同对不可抗力作出更有针对性的规定。

（2）不可抗力事件的认定和评估。

不可抗力是不能预见、不能避免且不能克服的客观事件。一个自然事件或政治事件发生之后，是否会构成法律上的不可抗力，首先需要认定不可抗力是否为主张不可抗力的当事人所不可预见、不可避免且不能克服的。如果回答是肯定的，则需要进一步确定不可抗力事件与合同不履行之间是否存在因果关系。只有确认合同义务的不履行确实为不可抗力所致，才能发生不可抗力的法律后果。

对于不可抗力的发生是否导致合同不能履行的后果的判断需要个案确定。

---

❶　参见《PPP 项目合同指南》第二章"第十六节　不可抗力"。

本次疫情对各个行业都产生了重要的影响，但是，并非对每个合同的履行都构成不可履行的障碍，需要根据具体案件来判断是否构成了不可抗力，疫情的发生是否足以导致合同义务无法履行。一般而言，自然不可抗力对合同履行的影响比较容易判断，达到一定程度的自然灾害对社会生活与经济行为的影响通常显而易见。而政治不可抗力对合同履行的影响则不太容易判断，如政府变更法律的行为能否认定为不可抗力。如果政府突然颁行了一项法律，企业必须予以执行，那么通常可视为不可抗力。但如果该法律规则是逐渐修改的，当事人可以在法律的修改过程中认识到规则的变化，那么这种情况下的法律变更很难构成不可抗力并对合同的履行产生影响。

不可抗力出现之后，如果对当事人的合同履行构成了障碍，当事人欲主张免责，应及时向合同另一方发出通知，告知不可抗力的发生，说明不可抗力、项目受影响、受阻碍的详细情况，并在合理期限内提供能够证明不可抗力发生及其对合同履行构成影响的证明。同时，主张免责的当事人须采取措施尽量降低不可抗力对项目建设与运营产生的影响，履行减损义务，如及时变更项目实施方案、及时重新采购设备材料、招聘劳务人员等。否则，可能承担因怠于采取积极措施所产生的扩大的损失。

（3）不可抗力的法律后果。

一旦出现不可抗力，当事人可以援引法律规定寻求免责或减轻责任。我国《民法典》第590条规定："当事人一方因不可抗力不能履行合同的，根据不可抗力的影响，部分或者全部免除责任，但是法律另有规定的除外。"《协议示范文本（试行）》通用条款第79条规定："合同一方因不可抗力事件影响无法履行本合同项下义务的，有权中止或终止履行相关义务，不视为违约。"不可抗力发生之后，通常会产生以下法律后果：

第一，不再履行相关的合同义务。如果不可抗力导致合同当事人不能履行合同的全部义务或不能继续履行合同尚未履行的义务，此时可以免除义务人根据该情形所造成的不利后果的一部或者全部义务。如果全部义务被免除，项目合同就此解除。

不可抗力事件的发生可能导致义务方不再履行合同义务，但并非当然地全部免除未履行的义务，需要结合具体情形作出判断。需要指出的是，对于采用政府付费模式的项目，合同也可以约定由政府方承担全部或部分不可抗力风险。

如前所述，如果政府颁布的法律导致不可抗力，政府仍然有义务履行全部或部分付款义务。

第二，延迟履行相关义务。根据不可抗力情形，如果不可抗力消除之后的一定时间内义务人是可以履行且有必要履行合同义务的，那么义务人应延迟履行合同义务。在这种情况下，当事人应变更合同关于履行时间的约定。合同可约定基础设施建设项目因不可抗力暂停或暂时中止各方在该情形下的权利和义务。如不可抗力事件导致电站燃料供应迟误，对此迟误当事人不承担责任，但不可抗力结束之后，当事人仍应依照合同约定供应燃料。

第三，费用补偿。因不可抗力发生所产生的额外费用，原则上由各方自行承担，通常政府不会给予项目公司额外的费用补偿。如战争导致发电站被破坏，由此产生的经济损失往往只能由项目公司自行承担，政府不会承担损失赔偿责任。

但因不可抗力停工导致投资总额增加时，政府也可能承担一些成本。《协议示范文本（试行）》第16.1.2条即规定，不可抗力事件导致投资增加的超出部分由政府方承担。以新型冠状病毒的出现为例，多国、多地采取了封城、封路、限制出行、停工停产等措施，许多基础设施建设与运营受到严重的影响甚至停建停运，项目运营成本大幅增加，医院、地铁等公共服务项目的运营成本激增。如政府方采取的防控措施对于某项合同的履行构成不可抗力，按照第16.1.2条规定，增加的费用按照合同约定应计入项目总投资，由政府给予补偿。可见，合同的约定是政府给予补偿的基础。因此，在合同订立时，项目公司应在合同中明确因不可抗力增加的成本的具体分担原则与标准。如果合同没有对此作出约定，项目公司就只能与政府方另外进行商谈，确定增加费用的分担。

第四，其他后果。如因政治不可抗力事件导致合同终止，项目公司可请求政府对项目进行回购。

3. 情势变更的认定与责任

（1）情势变更的构成要件。

情势变更是"指在合同有效成立后，出现了不可归责于当事人的客观情况变化，导致继续履行合同会造成显失公平的后果，法律允许当事人变更或者解除合同而免于承担违约责任"。❶ 在时间上，情势变更应发生在合同成立后、履行完毕之前。

情势变更既不属于不可抗力，也非当事人的过错所引致，对其认定具有一定的难度。通常来说，认定某一事件的发生是否构成情势变更，需要从以下几个方面考虑：一是合同依据的客观情况即"情势"是否发生了重大变更。二是该情势变更是否具有不可预见性。情势变更的发生应为当事人在订立合同时无法预见、非不可抗力形成的。对于"无法预见"的判定通常会以当事人的预见能力以及一般情况下普通人是否能够预见等主观和客观两方面作为判定标准。三是该情势变更的发生不可归责于当事人，当事人对该重大情势变化均无过错，亦不属于商业风险。若维持合同原有效力，将显失公平。四是继续履行合同将产生明显不公平或无法实现合同目的。如突发事件导致的严重经济亏损、突发性货币贬值等，当事人如继续履行合同，将背负沉重的负担，造成明显的不公平，或者继续履行也无法实现预期的合同目的。

认定情势变更的关键点是"情势"，即确定"情势"的范畴。引发情势变更的原因很多，法律对其规定存在困难，因此，许多国家的法律对此仅作出了抽象的规定，常见的情势变更情形有：①政府行政行为导致合同基础丧失或履行困难，如东道国的经济贸易政策发生重大改变等；②非因重大政治或经济事由带来的市场环境变化致使合同基础丧失或履行困难，如物价飞涨、汇率大幅度变化；③纯粹因第三人原因导致合同基础丧失，如合同标的物灭失等。

情势变更体现了实质公平、诚实信用等民商事基本原则。但是，情势变更只是大陆法系国家的概念和法律规定，在英美法系只有不可抗力的概念，情势变更被纳入不可抗力之中。因此，能否在合同中订立情势变更条款还取决于基础设施项目所在国家属于哪个法律体系以及是否认可情势变更原则。

（2）发生情势变更后的救济。

我国《民法典》第533条规定："合同成立后，合同的基础条件发生了当事人在订立合同时无法预见的、不属于商业风险的重大变化，继续履行合同对于当事人一方明显不公平的，受不利影响的当事人可以与对方重新协商；在合

---

❶ 王乐：《商标授权确权行政案件的情势变更原则适用性检视》，载《江西社会科学》2018年第9期，第181页。

理期限内协商不成的，当事人可以请求人民法院或者仲裁机构变更或者解除合同。人民法院或者仲裁机构应当结合案件的实际情况，根据公平原则变更或者解除合同。"

情势发生变更之后，合同履行变得困难，根据变更的情势，受到情势变更影响的当事人可以寻求变更合同或解除合同。但无论是变更合同还是解除合同，当事人均应当首先进行协商，特别是变更合同，当事人承担了"再交涉义务"，"当发生情势变更时，合同双方当事人负有以达成合同变更合意为目的的进行协商、交涉的义务，其实质是在情势变更发生时，为合同双方当事人设置法定的、必经的磋商机制，尽可能促使当事人通过合意变更合同以解决纠纷"。❶ 通过变更合同可以重新平衡合同双方当事人之间的权利义务关系，使合同能够得以继续履行。如果变更合同仍难以消除显失公平结果的，可以解除合同。

由于基础设施项目建设与运营的时间长，在合同履行过程中可能出现当事方在订立合同时无法预见的情势，特别是政府方常常以情势变更为理由修改政策与法律，不履行合同义务。情势变更原则的适用给予了利益严重受损的投资者一方寻求救济的机会。投资者或项目公司应尽可能在合同中对情势变更作出约定，以防止政府引发的情势变更并在出现时得到救济。

（十三）违约责任条款

民商事合同一方当事人如果违反合同义务，守约方可要求违约方停止侵害、消除影响、支付违约金、赔偿损失。如果违约非常严重使得合同无法继续履行、合同订立的目的无法实现，守约方可要求解除合同。违约方承担违约责任，守约方因此获得救济。

如果基础设施项目合同中的政府方未履行或未按照项目合同约定履行义务，项目公司也可以采取上述救济形式，根据政府的违约行为，要求政府方承担相应的违约责任。如可以请求政府支付违约金，但违约金的支付必须以合同事先约定为前提。违约金对于抑制政府违约具有一定的作用，特别是在合同中约定的违约金数额较大而具有一定的惩罚性质时。但政府违约主要涉及投资者或项目公司的收益损失，因此政府违约责任主要为损失赔偿责任。根据政府方可能出现的违约情形，投资者或项目公司应要求在合同中明确约定违约方赔偿责任

---

❶　张素华、宁园：《论情势变更原则中的再交涉权利》，载《清华法学》2019 年第 3 期，第 145 页。

的成立、赔偿原则、赔偿标准、赔偿范围及赔偿形式等。

事先在合同中约定损害赔偿的标准与范围是非常必要的，如果在发生争议之后再确定损害赔偿的标准与范围那就比较困难了。为在纠纷出现后能够获得合理的赔偿，项目公司应争取在合同中将实际损失与可得利益损失均纳入赔偿范围。如政府方违约导致项目合同提前终止，政府方应对由此给项目公司造成的损失予以赔偿，赔偿范围应包括项目公司尚未偿还的所有贷款（包括剩余贷款本金和利息、逾期偿还的利息及罚息、提前还贷的违约金等）、项目公司股东在项目终止之前投资项目的资金总和、因项目提前终止所产生的第三方费用或其他费用（如支付承包商的违约金、雇员的补偿金等）、项目公司的利润损失等。❶

在确定赔偿数额之后，政府方应一次全部支付赔偿金，但如果赔偿数额较大，一次付清存在困难，也可以采取分期支付方法。而且在斯洛文尼亚、希腊等国家也倾向于采用分期支付的方法。❷ 如果政府方主张在合同中订立分期支付条款，项目公司不应盲目接受，需要进行认真而详细的评估之后，在确认政府具有财政支付能力以及在分期支付期间不会出现大的变化的情况下，才可以采用分期支付方式。同时，应作出一些限制性规定，包括在全额支付补偿之前政府方应保证项目资产和担保权益，保证项目资产不发生转移，并对政府方违反约定、没能按时支付赔偿应承担的责任等作出约定。

（十四）争议解决与法律适用条款

1. 争议解决条款

争议解决条款是当事人通过合同约定，当纠纷发生时通过何种方式解决争议的条款。合同争议解决条款应对纠纷解决的方式及程序、法律选择等事项作出约定。通过这些约定当事人可以清楚地知道违约的救济方式和可能出现的后果，具有比较明确的预期，一旦出现纠纷，即可依照合同约定解决争议。

如果基础设施项目为私人项目，遵循意思自治原则，当事人可根据项目的具体情况灵活选择协商、调解、仲裁与诉讼等纠纷解决方式。但在基础设施项

---

❶ 参见《PPP 项目合同指南（试行）》第二章"第十八节 违约、提前终止及终止后处理机制"。

❷ 邢钢：《"一带一路"建设背景下 PPP 项目提前终止法律问题研究》，载《法学论坛》2018 年第 2 期，第 96 页。

目合同主体一方为政府的情况下，争议解决方式和法律适用可能受到政府方法律的限制。

一般来说，协商、调解、调停、专家裁定等非诉讼解决（Alternative Dispute Resolution，ADR）方式具有明显的灵活性和便捷性，当事人可在友好的氛围下协商解决争议，相互之间几乎没有对抗性，对于之后的合作不会产生负面影响，因此，许多国家或国际组织的法律与规则鼓励当事人采用 ADR 方式解决纠纷。如 2008 年欧洲议会和理事会《关于合同义务适用法律的第 593/2008 号条例》（以下简称《罗马条例》）将 ADR 的法律适用纳入其中。我国一直重视 ADR 纠纷解决方式，特别是通过调解方式解决纠纷已然成为我国争议纠纷解决的特色。仲裁虽然也属于非诉讼纠纷解决方式，但在当事人之间还是存在一定的对抗性的。诉讼的对抗性最强，因而通常被作为最后的争议解决方式。

在订立合同争议解决条款时，应将协商或调解作为解决纠纷的首选，在无法通过协商、调解等方式解决争议时，再考虑采用仲裁或诉讼的方式，因为在成本上前者远低于后者。根据 OECD 的统计，国际投资仲裁案件从申请到设立仲裁庭的平均时间是 263 天，而平均结案时间为 3.6 年，各项律师费用更是高达 500 万美金。[1] 采用不同的仲裁机构进行仲裁的费用不同，采用 ICSID 仲裁规则与 UNCITRAL 仲裁规则审结的案件，其平均仲裁费用分别为 104.2 万美元与138.4 万美元。[2] 就商事合同纠纷而言，当事人在选择通过何种方式解决纠纷时，更多考虑的是纠纷解决的公正性、专业性、快捷性、保密性、灵活性等问题。仲裁相比诉讼在这些方面均具有优势，且仲裁庭作出的裁决与法院作出的判决具有同等的法律效力，亦可强制执行，因此，很多商事纠纷选择仲裁的方式解决。虽然基础设施项目合同纠纷在一些方面不同于一般商事纠纷，政府违约也具有自己的特点，但从专业性、快捷性等方面考虑，投资者也应争取采用仲裁方式解决纠纷。但是，如果政府方的法律限制基础设施项目合同争议通过仲裁方式解决，则只能遵从对方国家相关法律的规定。合同一旦约定，就为项

---

[1] The United Nations. Investor – State Disputes: Prevention And Alternatives to Arbitration. U. N. Doc. UNCTAD/DIAE/IA/2009/11: 14 (2010).

[2] Matthew Hodgson, Alastair Campbell. Damages and Cost in Investment Treaty Arbitration Revisited, December 14, 2017, Global Arbitration Review, https://globalarbitrationreview.com/article/1151755/damages – and – costin – investment – treaty – arbitration – revisited. visited on 12 December 2020.

目建设和运营中可能发生的纠纷确定了解决方案，尤其是仲裁或诉讼，因两者具有不可替代性，只能二选一，因此投资者应格外慎重，在审慎评估两种争议解决方式的优劣之后，再作出抉择。

为了有效解决纠纷，避免纠纷解决方式上的非此即彼，当事人也可以在合同中签订"多层次争端解决条款"，综合采用协商、调解、仲裁和诉讼等手段解决纠纷。

（1）协商。

通常来说，合同当事人会将协商作为解决纠纷的基础方式。协商解决纠纷无疑是便捷、快速与成本最低的纠纷解决方式。基础设施项目合同中基本上均约定了协商解决纠纷的方式，但不同合同对协商解决所做的约定有比较大的差异。有些合同仅简单地约定纠纷发生后当事人应进行沟通和磋商，不作为纠纷解决的必经程序，而另一些合同则对协商的原则与程序、参与协商的人员及协商的期限等作出了详细的约定，并明确约定只有在双方协商不成时，才能启动其他的纠纷解决方式。此种协商已被列为正式的解决纠纷的程序，一旦出现合同纠纷，当事人即须依照合同约定在规定的时间内进行协商，而且协商成为提起仲裁或诉讼的前置程序。两种不同的约定各有优势，前者给予了当事人比较大的灵活性，不必等到协商规定的时间之后或协商无果后再提起仲裁或诉讼，后者充分考虑了基础设施项目标的大、关系复杂等特点，项目公司应尽可能通过与政府协商解决纠纷，以避免后续可能出现的冗长的诉讼。

但无论合同如何约定协商解决纠纷条款，作为解决纠纷的基础方式，当事人不能通过协商达成一致时均可提起仲裁或诉讼。

为保证协商的顺利进行，一些合同中约定由政府方和项目公司的代表组成协商委员会，双方发生争议后，应当首先提交协商委员会协商解决。如果在约定时间内协商委员会无法就有关争议达成一致，才进入下一阶段的争议解决程序。❶这种协商方式快速、简洁，值得借鉴。

（2）调解。

调解通常是当事人邀请其信任的第三方从中进行调停，促使当事人达成一致，解决纠纷。如果双方愿意采取调解的方式解决纠纷，应在合同中加以明确

---

❶ 《PPP项目合同指南（试行）》第二章"第二十节 适用法律及争议解决"。

约定。合同应对调解人、调解程序、调解效力等问题作出约定。如果需要一个组织作为调解人，还需要明确调解组织的组成、职权、调解原则、调解程序、费用承担等内容。当事人也可以约定由某一国际争议解决机构进行调解并适用其调解规则，这时合同的约定就比较简单，如约定："因本合同引起或者与本合同有关的任何争议，当事人应当首先根据最新修订的国际商会调解规则将争议提交调解程序。"一旦发生争议，当事人即可依照国际商会的调解规则寻求调解解决。

（3）仲裁。

仲裁是合同当事人通过协商确定的由第三方对合同争议进行的居中裁决。仲裁方式的选择是当事人通过书面合意的方式达成的。如果当事人意图通过仲裁方式解决纠纷，必须在合同中对仲裁争议解决纠纷作出约定。如果当事人没有在合同中约定仲裁条款，那就需要在纠纷发生之后协商确定。因此，仲裁是以当事人的书面约定作为纠纷解决的前提和依据的，由此也决定了合同对仲裁相关事项作出具体规定的重要性。当事人应在合同中对仲裁地、仲裁机构、仲裁规则与仲裁效力等作出约定。

仲裁的优势在于专业和高效。基础设施项目建设的专业性很强，特别是一些大型项目涉及复杂的专业问题，因此选择仲裁方式解决争议是合适的，仲裁解决纠纷也因此成为实践中比较常见的争议解决方式。当事人可以选择相关领域的专家作为仲裁员组成仲裁庭，以保证仲裁庭运用充分的专业知识裁定争议。虽然基于仲裁的特征与优势，采用仲裁方式处理基础设施项目争议是比较明智的选择，但仲裁的选择还受制于其他因素的影响，常见的影响因素包括以下方面：

第一，法律上的限制。仲裁的依据是项目所在国家的法律规定、投资者母国与项目所在国家签订的包含仲裁条款的 BIT，以及作为成员方参加的《华盛顿公约》等多边公约有关仲裁的规定。

基础设施项目位于项目所在地国家，且关系到社会公众的利益，因此，一些国家的法律会对当事人选择仲裁方式解决纠纷予以一定的限制，如法律禁止当事人通过仲裁方式解决纠纷，只能通过诉讼方式解决。如果 PPP 合同被视为行政合同，那就只能通过行政诉讼解决纠纷。如果不能通过仲裁方式解决纠纷，而通过行政诉讼解决争议投资者的胜诉率总体上又比较低，从实用主义角度考虑，我国企业在订立合同时即应考虑适当变通基础设施项目的形式，如将 PPP 项目合同或特许经营协议从形式上变更为政府采购服务合同或其他合同，或者将 PPP 项目主体内容与特许经营内容分开，特许经营部分单独签订合同，其他部分单独签订合同，由此排除行政合同的性质，使其成为民商事合同。通过适当的合同定义和内容安排，避免受到行政法律的约束，以此解决无法通过仲裁解决纠纷的难题。

此外，仲裁解决纠纷还可能受到国家主权豁免原则的限制。由于许多国家坚持主权绝对豁免原则，这些国家可能不会允许政府参加仲裁，不会允许仲裁机构对政府的行为作出裁决。而那些出于吸引外商投资等目的，采用有限度地放弃国家主权豁免立场的国家，则可能同意接受仲裁管辖。

如果项目所在地国家与其他国家通过 BIT 以及多边协定约定了仲裁事项，在订立合同仲裁条款时还需要遵循这些规定。对此问题将在下章予以阐述。

第二，仲裁机构的选择。如果可以采用仲裁方式解决纠纷，就需要选择合适的仲裁机构，以便其能够公正和中立地裁决纠纷。选择仲裁机构应重点考虑仲裁机构的中立性和公正性、仲裁机构的国际影响力，以及仲裁机构的仲裁规则是否适合本合同纠纷等问题。投资者和政府之间的投资争议可以选择一般的商事仲裁机构进行仲裁，但是，受制于国家主权以及对一般的商事仲裁机构的不信任，有些国家的法律对于仲裁地与仲裁机构的选择予以限制，因此仲裁机构的选择必须考虑项目所在国家法律的规定。

国际仲裁机构很多，既有专门的国际商事仲裁机构，如国际商会仲裁院（International Chamber of Commerce，ICC）、海牙常设仲裁法院（Permanent Court of Arbitration，PCA）、瑞典斯德哥尔摩商会仲裁院（Arbitration Institute of the Stockholm Chamber of Commerce，SCC）、伦敦国际仲裁院（London Court of International Arbitration，LCIA）、新加坡国际仲裁中心（Singapore International Arbitration Centre，SIAC）、美国仲裁院（American Arbitration Association，AAA）等，也有 ICSID、联合国国际贸易法委员会专设仲裁庭等专设仲裁庭。当事人应协商进行选择。在选择之前，投资者应充分了解所选仲裁机构的程序规则与审理模式，以便把控仲裁过程。如果 BIT 中明确规定了争议解决机构，当事人则需要遵从协定的规定，由确定的仲裁机构进行仲裁。对 BIT 中关于仲裁机构的规定，将在下章中阐述。

我国一直没有解决投资者与国家之间争端的仲裁机构。2017 年 5 月 16 日首届政府与社会资本合作争议（PPP）仲裁中心在中国国际经济贸易仲裁委员会成立。PPP 仲裁中心的成立对于约束政府和社会资本的行为，保护投资者利益，更高效、多元化地解决 PPP 争议提供了便利。❶

2017 年 10 月，中国国际经济贸易仲裁委员会（以下简称贸仲委）出台了中国首部《国际投资争端仲裁规则》（以下简称《规则》）。2018 年 9 月，贸仲委制定了国际投资仲裁员名册，聘请了来自 36 个国家和地区的 79 名具有丰富国际投资仲裁经验和较高国际声望的仲裁员。《规则》诞生于投资者—东道国争端解决机制（Investor - State Dispute Settlement，ISDS）改革之际，本身具有诸多亮点与优势，如提高了国际投资仲裁程序的透明度、明确了第三方资助的相关问题、规定了核阅机制等，❷ 较好地解决了 ICSID 机制下存在的裁决冲突及条约解释不一致等"合法性危机"问题，成为我国参与 ISDS 机制的一个很好的着力点。《规则》的施行填补了我国仲裁机构及仲裁制度在国际投资仲裁领域的空白，对提升我国在国际投资仲裁领域的话语权具有重大意义。我国投资者在订立仲裁条款时，可以考虑选择 PPP 仲裁中心作为仲裁纠纷解决机构。

第三，仲裁员的选择。ICSID 官方数据显示，仲裁员大部分来自英美法系国家，1966—2020 年在 ICSID 登记案件的仲裁庭有 47% 的仲裁员来自西欧，有 20% 的仲裁员来自北美，有 11% 的仲裁员来自南美。❸ 根据联合国贸易与发展大会（United Nations Conference on Trade and Development，UNCTAD）统计，1987—2017 年已知的案件中，有超过 60% 的申请人来自美国、荷兰、英国、德国和加拿大。审理案件的仲裁员绝大部分来自西方发达国家，他们的职业背景、委任机会、思维习惯等都有相同之处。出于文化背景、意识形态的不同，在仲裁过程中可能会出现偏见，不能站在客观、公正、独立的立场上处理由中国投

---

❶ 《首家 PPP 争议仲裁中心成立，为"一带一路"建设保驾护航——贸仲委 PPP 争议仲裁中心揭牌仪式在京隆重举行》，载 http：//www. cietac. org/index. php?m = Article&a = show&id = 14656，2021 年 1 月 10 日访问。

❷ 《规则》第 49 条规定了贸仲委的核阅机制："仲裁庭应于签署裁决书以前，将裁决书草案提交贸仲委核阅，贸仲委可以在不影响仲裁庭独立性的前提下，就裁决书相关问题提请仲裁庭注意。"

❸ ICSID. The ICSID Caseload - Statistic（ISSUE 2021 - 1），https：//icsid. worldbank. org/resources/publications/icsid，visited on 27 April 2021.

资者提起的仲裁。因此，在选择仲裁员时，需要选择那些与我国友好、具有良好的职业素养和道德操守、具有公正性与独立性、准确判断事实和适用法律的仲裁员。

第四，仲裁裁决的执行。仲裁裁决是否能够在东道国获得承认与执行，直接关系到投资者的利益。一般来说，仲裁裁决与法院判决一样，具有终局性和法律约束力。对此，《华盛顿公约》第 54 条规定："每一缔约国应承认依照本公约作出的裁决具有约束力，并在其领土内履行该裁决所加的财政义务，正如该裁决是该国法院的最后判决一样……"裁决一旦作出，当事人就应该按照裁决履行其义务。除基于法律明确规定的事由，法院不能对仲裁的裁决程序和裁决结果进行干预。

虽然仲裁裁决具有法律约束力，当事人必须执行裁决所确定的义务，但当事人仍然有可能不履行裁决。在政府方不履行仲裁裁决时，投资者可能首先申请相关国家的法院予以强制执行，但能否获得法院支持存在很大的不确定性。因为《华盛顿公约》第 54 条在规定缔约国应在其领土内履行该裁决所附加的财政义务的同时，还规定"裁决的执行应受要求在其领土内执行的国家关于执行判决的现行法律的管辖"。第 55 条进一步规定："第五十四条的规定不得解释为背离任何缔约国现行的关于该国或任何外国执行豁免的法律。"这意味着东道国政府按照与外国投资者母国签订的投资协定，接受了 ICSID 的仲裁条款，即放弃了管辖豁免权，不能在管辖权问题上再主张豁免权的抗辩。但这并不意味着其放弃执行豁免，东道国政府有权基于国家主权豁免原则，拒绝接受法院的强制执行。

国家主权豁免是"指一个主权国家的行为和财产不受另一国的立法、司法和行政等方面的管辖，即非经一国同意，该国的行为免受他国法院的审判，其财产免受他国法院扣押和强制执行"。❶ 国家主权豁免包含管辖豁免和执行豁免两个层面。各国对豁免的立场和主张不同。一些国家坚持主权绝对豁免原则，如哈萨克斯坦、老挝、孟加拉国、乌克兰、泰国、波兰等国家，拒绝接受他国法院的管辖和财产执行。另外一些国家则采取限制豁免原则，如英国、美国、

---

❶ 《PPP 项目中的投资方如何应对与政府之间的争议？》，载 http：//www.360doc.com/content/20/1224/16/32872179_953238445.shtml，2019 年 12 月 15 日访问。

澳大利亚、新加坡、印度、埃及等国家。《联合国国家及其财产豁免权公约》（United Nations Convention on Jurisdictional Immunities of States and Their Property，以下简称《豁免权公约》）也采取有限豁免立场。在美国等"坚持限制豁免立场的国家，法院在执行程序中会审查主权国家的执行豁免抗辩是否成立"。如果政府行使的为主权行为或公法行为，可以援引豁免并得到支持，但如果政府从事的为商事行为或私法行为，且其财产是用于商业目的时，则其不享有管辖豁免与执行豁免权。"根据美国法院的实践，主权国家及其机构购买军事设备、做广告和出版作品、参与专利谈判、推进文化旅游以及购买化学物品等，可以视为从事商业活动和用于商业目的。"❶ 但即使持有限豁免立场的国家也可能主张，"签订仲裁协议只意味着放弃了管辖权豁免，并不等于自动放弃执行豁免。例如，美国联邦第九巡回上诉法院在伊朗国防部案中指出：外国国家放弃管辖权豁免并不能认为其也放弃了国家财产的执行豁免权，因此伊朗国防部参与仲裁并且放弃管辖权豁免的行为并不是自动放弃了执行豁免权"。❷ 在 LETCO 东方木材公司诉利比里亚政府案中，由于利比里亚政府停止授予 LETCO 森林开发的全部特许权，LETCO 向 ICISD 申请仲裁，其请求获得了认可。之后，LETCO 向美国纽约南区地方法院申请承认与执行 ICSID 的仲裁裁决并得到支持。但利比里亚政府提出了主权豁免请求，美国纽约南区地方法院经查明后认为申请人请求执行的财产具有主权性质，不具有商业性质，基于 1976 年《美国外国主权豁免法》，确认利比里亚政府位于美国境内的财产应享有财产豁免，因此作出了不予执行的裁定。LETCO 东方木材公司向美国哥伦比亚特区第二巡回上诉法院对位于华盛顿利比里亚政府大使馆的银行账户采取保全措施也遭到了拒绝，理由是该银行账户享有外交豁免，依法受到《维也纳外交关系条约》和 1976 年《美国外国主权豁免法》保护。该案说明，缔约国的法院一般都承认 ICSID 的仲裁裁决，但在财产的执行上主要根据法院地法的规定。申请人的强制执行请求是否获得支持，关键在于其主张执行的财产的性质。

对于国际仲裁裁决的执行，《豁免权公约》与《纽约公约》对此均作出了

---

❶ 《PPP 项目中的投资方如何应对与政府之间的争议？》，载 http://www.360doc.com/content/20/1224/16/32872179_953238445.shtml，2019 年 12 月 15 日访问。

❷ 《PPP 项目中的投资方如何应对与政府之间的争议？》，载 http://www.360doc.com/content/20/1224/16/32872179_953238445.shtml，2019 年 12 月 15 日访问。

规定。《豁免权公约》第 17 条规定，当东道国已经与外国投资者签订了将某商业争议提交仲裁的协议时，其不能在他国法院就仲裁协议的有效性、仲裁程序、裁决的承认或撤销等主张豁免权。但是，第 19 条规定，他国法院不能对东道国采取强制执行措施，除非：得到东道国的同意，或者东道国已经拨出或专门指定某财产用于清偿相关请求，或者已经证明某财产被东道国具体用于或意图用于商业性目的、处于法院地国领土内，但条件是只可对与被诉实体有联系的财产采取强制措施。

与《豁免权公约》不同，《纽约公约》主要针对商事仲裁裁决的执行作出了规定。依照该公约，在任何一个缔约国作出的仲裁裁决，在其他任何一个缔约国均应得到承认和执行，明确了成员方执行其他国家的仲裁裁决的义务，由此保证了国际商事仲裁裁决的可执行性。在美国，"当仲裁程序符合规定且无重大瑕疵时，美国法律认可仲裁的终局效力，相关法院将强制执行仲裁裁定"。[1] 为使国际仲裁裁决获得承认与执行，《纽约公约》还通过限制拒绝承认和执行裁决的理由（集中在影响仲裁程序公正和基本司法公正性的问题上）来实现这一目标。[2]《纽约公约》是承认和执行国际仲裁裁决中被援引最多的国际公约。该公约已经有 156 个成员方，具有非常大的影响力。

基于本国的实际需要，许多国家在国内法中规定了《纽约公约》所确立的原则和内容，以确保外国仲裁机构和国际仲裁机构所作出的裁决能够被本国法院予以承认和执行。我国在加入《纽约公约》时作出了商事保留声明，仅对按照我国法律属于契约性和非契约性的商事法律关系所引起的争议适用《纽约公约》，即由于合同、侵权或者有关法律规定而产生的经济上的纠纷适用该公约，而外国投资者与东道国政府之间的非商业纠纷并不包括在内，无法依照《纽约公约》的规定，强制执行仲裁裁决。

如果项目所在国不是《纽约公约》的成员方或者虽然为成员方但作出了一定的保留，那么《纽约公约》所确立的仲裁裁决执行规则对该国无拘束力或者受到限制，是否承认仲裁裁决就取决于执行地国家法律的规定和法院的意愿。

---

❶ 傅宏宇：《美国 PPP 法律问题研究——对赴美投资的影响以及我国的立法借鉴》，载《财政研究》2015 年第 12 期，第 98 页。

❷ 张晓慧、丘健雄、程丹：《"走出去" PPP 项目中合同群争议解决机制》，载《国际工程与劳务》2018 年第 7 期，第 59 页。

如伊拉克不是《纽约公约》的缔约国，伊拉克法院没有义务根据《纽约公约》执行外国投资者在 ICSID 获得的仲裁裁决，投资者即使获得了对其有利的裁决，也无法确定是否能在法院得到强制执行。为避免此种情形的出现，投资者需要清楚地了解项目所在国是否为《纽约公约》的成员方，以决定是否采用仲裁方式解决纠纷。中国企业在投资尚未加入《纽约公约》的国家时需要充分考虑可能出现的仲裁不能被执行的问题。❶

（4）诉讼。

诉讼是通过法院解决纠纷的方式。如果当事人意图通过法院解决纠纷，可在合同中作出约定。一旦发生纠纷，即可在约定的或法律规定的管辖法院提起诉讼。

对于一般商事合同而言，在东道国法院解决纠纷的好处是法院作出的判决易于得到执行，但问题在于能否获得一个公正的判决。如果东道国法院保护主义倾向比较严重，很可能作出对投资者不利的判决。因此，双方当事方最好在合同中明确约定管辖法院，避免直接在东道国进行诉讼。

跨国基础设施建设作为国际投资活动，投资者的诉讼通常会受到司法管辖权的限制。一般来说，投资者欲起诉东道国政府，只能在东道国国内法院提起诉讼，不能在他国法院提起诉讼，东道国国内法院基于属地原则取得管辖权。如果投资者在他国法院对东道国政府提起诉讼，东道国政府有权基于国家主权豁免原则，拒绝接受他国法院管辖。❷ 为避免该种情形的出现，投资者应尽量争取东道国政府在基础设施项目合同中声明放弃在该合同项下的国家主权豁免，同意另一国法院对于该项纠纷案件的管辖权，以保证合同的公平性和投资者的利益。

2. 法律适用条款

无论通过仲裁还是诉讼方式解决投资者与政府间的纠纷，当事方都可以通过合同对仲裁庭或法院在审理案件与作出裁决时所适用的法律作出约定，该约定条款即为法律选择条款，投资者通过选择某国法律作为争议解决的法律，可

---

❶ 周显峰、田野：《"一带一路"倡议下应重视的两大"结构性风险"》，载《国际工程与劳务》2016 年第 10 期，第 59 页。

❷ 《PPP 项目中的投资方如何应对与政府之间的争议？》，载 http：//www.360doc.com/content/20/1224/16/32872179_953238445.shtml，2019 年 12 月 15 日访问。

在一定程度上防止政府方随意改变法律的适用，比较清晰地预期纠纷解决的后果以及可能承担的法律责任。例如，在合同中规定依据接受投资的缔约一方的国内法以及有关冲突法规则、国际法原则作出裁决。

在一般商事合同中，合同各方可以协商选择合同准据法。但在基础设施项目合同中，政府方为一方当事人，加之基础设施和公共服务领域的项目又关涉社会公共利益，因此在法律选择上可能受到限制，通常以属地主义为原则，以项目所在地国家的法律为准据法。如在我国境内实施的 PPP 项目合同通常应适用我国法律并按照我国法律进行解释。❶ 由于基础设施项目在东道国国内建设和运营，许多国家为维护其权益，通过立法明确规定适用本国法律，不允许当事方对法律适用作出选择。❷

选择何国法律作为纠纷解决的准据法对合同各方来说都至关重要。从投资者角度而言，应首先选择本国法作为解决争议的准据法，如果不能获得政府方的认可，可选择其他第三国法律作为解决争议的准据法，也可以选择国际法作为准据法。选择投资者本国法作为准据法是最理想的，但是，由于项目所在地在东道国，受到东道国法律的限制，适用东道国法律的可能性最大。适用东道国法律对外国投资者的不利之处在于法律的可变性较大，政府方可能变更法律，修改或废除有利于投资者的条款，导致投资者无法依据该国法律获得救济。为避免此种情形的发生，最好选择国际法作为准据法。对此，西方学者提出了"国家契约国际化"理论，即通过在国家契约中订入"国际法选择条款"，将"约定必须信守原则"引入契约中来，使缔约双方关系受国际法约束，契约义务亦成为国际义务，国家应对其违反契约义务的行为负责。❸

对于投资者来说，将国际法作为解决纠纷的准据法可以较好地避免适用东道国法律存在的不利方面。国际法作为相关国家之间达成的协议，成员方需要遵守，其无法单方面根据自己的意志进行修改，且如果不遵守国家之间达成的协议，须承担相应的法律责任。一旦发生争议，投资者可以所选择的国际法为依据，按照双方约定的争议条款，提请争议解决机构解决纠纷。"仲裁过程中，仲裁庭依据的法律不同，其裁决结果也大相径庭，从众多案例可以看出，在投

---

❶ 参见《PPP 项目合同指南（试行）》第二章"第二十节　适用法律及争议解决"。

❷ 在我国境内实施的 PPP 项目合同通常应适用我国法律并按照我国法律进行解释。

❸ 王斌：《试论政府违约风险的法律控制》，载《浙江社会科学》2007 年第 4 期，第 113 页。

资争端中如能适用国际法，则裁决结果多会对投资者更为有利。从该角度来看，选择国际法作为适用法律，有利于投资者在违约争端仲裁中获胜。"❶

　　虽然选择国际法作为准据法对投资者具有明显的好处，但是，法律适用的选择是合同双方协商确定的，因此投资者所选择的法律能否得到政府方的认可是关键。鉴于基础设施项目的公共属性，东道国政府会限制法律适用的选择，而且，基础设施项目合同的当事方关系并不对等，投资者不具备国际法律人格，即便投资者要求选择适用国际法，东道国如果反对，投资者也无法达成此种选择。因此，投资者能否最终选择国际法作为适用法律，还要视其与东道国政府的博弈确定。

➢ 本章小结

　　本章从合同防范角度，分析了通过基础设施项目合同防范政府违约的可能性，建立了合同防范政府违约风险的基础与框架，阐述了拟定防范政府违约条款应遵循的原则，对合同核心条款逐一进行分析并提出了订立时应注意的问题，通过这些分析，为企业如何拟定对其有利的合同条款提供了思路。

　　合同是约束当事人最直接和最便捷的手段。合同的约束力为市场经济国家及其市场主体所认同。重合同、守信用是市场主体的基本遵循，也是国家交往的基本原则，因此成为防范政府违约的基本手段。国家基于其在国际社会所处的地位和对自身信誉的考虑，以及政府违约会导致投资者对其信任度降低，进而抑制投资者对该国基础设施项目的投资等不利影响，政府会谨慎地考虑是否违约。因此，通过合同对政府的权利与义务作出详尽的约定，以此防范政府违约不仅是必要的，也是可能的。

　　基于国家的特殊地位，在合同缔约阶段政府可能对投资者施加一定的强制性影响，从而将项目建设和运营中的风险更多地附加于投资者。为避免这种情形的出现，在合同订立时除应坚持契约自由、诚实信用等基本原则之外，还应坚持公平公正原则、禁止权力（权利）滥用原则、风险由最有控制力且最有效率的一方承担的原则及透明度原则。依照这些原则订立合同可以充分体现合同各方的意愿，避免权利与义务上的不平衡。

---

❶　王斌：《试论政府违约风险的法律控制》，载《浙江社会科学》2007 年第 4 期，第 113 页。

　　基础设施项目合同由一般条款与核心条款构成。核心条款是基础设施项目合同所必备的条款，规定了当事方具体的权利与义务。在基础设施项目合同中订立好声明与保证条款、政府承诺与违约行为条款、稳定条款、调整条款与重新协商条款、投资回报与付费条款、非竞争性条款等核心条款，即可以在当事方之间设立公平的风险分担机制，在实现项目建设目标与社会效益的基础上保障外国投资者与东道国政府各自的经济利益。

第五章　合同外的政府违约风险防范

政府违约风险防范是一个系统工程。中国企业进行海外投资不仅需要通过合同的详细约定防范政府违约风险，还需要通过其他方面的措施与途径防范政府违约风险。本书第一章提出，防范政府违约需要一套预防机制与措施。防范政府违约风险的主体应该是投资者，但是仅靠投资者是不够的，还需要其他的配套措施，包括本国政府为投资者提供保障性的制度安排。本章首先从企业角度分析应该采取的防范措施，然后再从政府角度阐述其应提供的制度安排。

一、企业角度的风险防范

（一）政府违约风险评估

从程序上说，政府违约风险评估应该在订立合同之前进行，但出于本书结构的考虑，笔者将其纳入本章，作为第一个政府违约防范措施加以阐述。

1. 评估的意义与信息获取途径

对拟投资项目进行风险评估是投资者进行可行性研究的重要内容。

评估是控制政府违约风险的基础。显而易见，如果在对外投资之前没有对项目及项目所在地国家进行全面和细致的考量，不知道项目所在国家的具体情况及其需求，一旦与政府签订合同，在履行过程中就可能出现风险。

中国企业投资海外基础设施建设不只是为了获得投资回报，还会考虑未来市场的开拓与发展，某些时候还需要从国际政治经济关系发展等国家层面考虑投资问题，即便如此，如果投资项目失败，仍然无法实现预期目标。因此，即使有些海外重大基础设施项目建设具有国家战略意义，且为企业所期望投资的项目，也必须进行风险评估。评估可以帮助企业了解项目所在地国家的政治与法律制度，知悉投资可能遇到的问题，以便在投资、建设、运营等各个环节采取合理的应对措施。2017 年国务院国有资产监督管理委员会发布了《中央企业境外投资监督管理办法》，要求对于境外特别重大的投资项目，中央企业应建立投资决策前风险评估制度，委托有资质的独立第三方对投资所在国（地区）政治、经济、社会、文化、市场、法律、政策等风险进行全面评估。

准确进行风险评估的前提是信息的全面与真实。信息是一切公共选择问题的基础，决定了公共政策的有效性。只有在充分的信息数量和质量基础上才能形成正确的决策。要避免信息不足、信息不对称和错误信息等信息失灵情形，避免决策发生偏差甚至错误，就需要企业充分认识信息的重要价值，准确、全面地了解信息。

中国企业应该对项目所在地国家的法律环境、商务环境进行全面与深入的调查，获取一切与项目相关的信息，做到信息对称，以便防范和掌控风险。企业获取信息的途径是多方面的，主要有以下几个途径：

（1）相关政府及其部门发布的国别投资环境评估报告。

为保证企业能够查询到清楚完整的信息，应强化国家、社会、企业对全球政治经济形势的前瞻性研究，定期发布重点国家的国情文告。

（2）各国际组织、协会、专业服务机构、研究机构发布的信息，以及各种投资信息数据库。

如中国社会科学院世界经济与政治研究所国际投资研究室发布的《中国海外投资国家风险评级报告》❶ 等。

（3）国际金融机构发布的有关政治风险保险和独立第三方评估机构的报告。

如中国信保发布的此类报告。2005 年 12 月 8 日中国信保首次正式对外发布了《国家风险分析报告》，该报告根据不同国家或地区的政治与经济形势，以中国视角对国家风险水平进行分类，直观反映某一国家或地区的风险变化。中国信保每年还出版《全球投资风险分析报告》作为中国企业了解项目所在国风险的参考。

国际著名的风险评估机构，如英国经济学家情报社（EIU）、美国政治风险

---

❶ 该份报告涵盖了占中国海外投资流量九成的 114 个样本国家，是从中国企业和主权财富的海外投资视角出发进行的评估。

服务公司（PRS）、摩迪、标准普尔、瑞士商业环境风险调查公司（BERI）、香港政治经济风险顾问公司（PERC）、经济学家情报单位（EIU）、环球透视（GI）和国际国别风险评级指南机构（ICRG）等国际评价机构发布的国家风险报告和评级均可作为重要的参考。如 ICRG 定期发布的国别风险评级报告从政治、经济和金融等方面对大约 140 个国家进行评估。当然，这些机构在分析和评估过程中可能受制于所在国家政治体制和思维的影响，所得出的结论有偏差，对此，企业需要加以注意。

（4）聘请熟悉项目所在国法律环境与制度的会计师事务所、律师事务所等进行尽职调查，以充分了解项目所在国经济、法治现状与潜在的制度风险。

由于评估的内容与财税相关，实践中，选择会计师事务所的投资者更多些。特别是一些国际知名的会计师事务所，通常在项目所在地有自己的分支机构，可以便捷地获得项目所在地的相关信息。但目前这些著名的会计师事务所均为英美国家的机构，它们往往从发达国家的视角对发展中国家的政治风险进行评估，因此也具有一定的局限性。在评估机构的选择上，应立足于项目本身，从综合因素考量确定，而不是仅看其知名度。

2. 评估内容

（1）了解项目所在国家的政治环境和法律制度。

投资者应该查明项目所在国家的国体和政体的稳定性，了解经济、社会、文化与法律制度。如到"一带一路"共建国家建设基础设施，就需要清楚了解相关国家的法治情况，因为"一带一路"共建国家的法律制度和法律体系不同。其中 32 个国家的法律属于大陆法系，新加坡、缅甸、印度等国家的法律则属于英美法系。此外，还有 30 多个尊奉伊斯兰教为国教的国家，因此还需要特别注意这些国家的宗教制度。

要了解项目所在地国家的法律制度，特别是涉及外国投资的合同、税收、外汇管制、土地出让以及调整基础设施建设与运营的法律法规。为保证一旦发生纠纷能够得到公平与及时的解决，企业必须清楚地知道项目所在国参加国际公约的情况，如是否为《纽约公约》《华盛顿公约》的成员方，是否与我国签署了双边投资保护协定等。

（2）了解项目所在地的经济、产业政策与发展状况。

企业应重点了解项目所在地国政府的财政支付能力，在中国企业投资比较多的"一带一路"国家，特别是中南亚的一些国家，虽然经济总体上能够平稳运行，但财政赤字和信贷成本都比较高，导致政府的财政支付能力比较低，在对这些国家进行投资时需要对其经济及产业政策进行全面的评估。产业政策评估的内容主要包括：①基础设施建设领域是否存在负面清单。如果拟投资的项目属于负面清单限制的产业范畴，应充分了解对外国投资所作出的各种限制，包括股权比例、转让限制等，避免盲目投资；②了解与项目相关的劳动、环境等各项政策规定；③了解税收法律与政策，避免进入那些在重点领域为外国投资者设定了高额税率的国家；④了解各项优惠政策。

（3）了解东道国政府的信用。

全面了解项目所在地政府的诚信情况，审查是否存在政府违约事件以及不良记录，如在 ICSID 的被诉记录等。还可以将主权信用评级作为国家信用评估的一个重要参照。主权信用评级是对一个主权国家的债务历史和宏观经济基本面的多维度（包括债务规模、人均 GDP、经济增速、通货膨胀率、债务偿还能力等）的概括，因此，主权信用评级成为判断国家风险高低的一个有效指标，通过对主权国家债务违约可能性的评估，投资者可以比较清楚地知悉该国的现状，了解其投资可能遭受征用风险、汇率管控等不利影响的因素，根据不同的评级审慎作出投资的决策。此外，还应随时关注评级机构对主权信用评级的调整。当一国的潜在风险暴露出来之后，评级机构会下调主权信用评级，以此表明该国的宏观经济情况已经变差，极易出现政府违约，投资者面临一定的风险，如表 5 - 1 所示。主权信用评级是专业机构做的，降低了企业信息收集的成本，而且参考性较强，可以为企业决策提供很大的帮助。

表 5 - 1　PPP 项目下政府信用风险因素❶

影响因素			说明
项目外部环境	地区政策法规	政策完善程度	财政政策、税收政策的完备程度及灵活程度，PPP 项目所属领域收费政策的有效性等
		政策连续性	政策适用周期的连续性

❶ 李家标、韦小泉：《PPP 模式下政府信用风险评估模型探究及管理建议》，载《中国财政》2019 年第 6 期，第 57 页。

影响因素			说明
项目外部环境	地区经济状况	经济发展水平	经济发展水平、经济结构、产业结构等
		经济发展潜力	经济发展规划、经济增长水平等
	社会环境	行业发展情况	项目及其所属行业的重要程度（如是否为民生项目）
		群众关注程度	项目受关注程度（如是否为示范项目）
政府履约能力	政府负债情况	—	债务规模、债务结构及资金周转能力
	政府偿债能力	—	包括偿债倍数、偿债能力预测等
	财政收支状况	—	财政支出结构、收入稳定性及收支规模
	政府管理体制	—	项目所在地方政府的行政管理、预算管理、财政管理、国有资产管理等情况
	PPP 机构能力	—	PPP 推动小组的构建情况、PPP 机构人员的经验与知识、各成员单位的职责明确程度
政府履约意愿	政府偿债意愿	—	政府的偿债计划、偿债预算、偿债基金等
	PPP 理解程度	—	对 PPP 模式的正确理解、经验与知识、牵头部门对项目推动的意识
	历史信用记录	—	违约历史的存在将降低政府信用表现
项目实施安排	交易条件设计	项目回报机制	对财政支出的依赖程度、项目付费来源、政府支出责任确定
		项目产权归属	产权的明确程度、产权变更程序的合规性
		合作期限	与行业融资平均期限的错配程度
		交易结构	交易结构设计合规性与合理性
		政府投入资源	政府在 PPP 项目中的持股形式及比例、配套投入数量、土地出让方式
	项目执行安排	程序合规性	前期流程及程序的合规性
		项目透明度	项目信息对公众的披露程度
		项目监管情况	对项目关键文件的审查核准，是否建立完善监督管理机制
		项目所在行政级别	项目实施的行政层级（省、地市州、区县）
		项目入库情况	是否入省、市、县 PPP 项目名录/库

在不同的项目中需要评估的内容和重点并不相同。在巴基斯坦卡西姆港燃煤电站 PPP 项目中，项目公司主要对表 5 – 2 中可能引发风险的因素进行了评估，并据此做出了防范措施。❶

表 5 – 2　卡西姆港燃煤电站 PPP 项目风险与控制措施

风险类型	风险应对
政局稳定性	①积极与政府进行沟通，及时了解多方信息，为风险预警和决策提供参考；②购买中国信保海外投资保险，转移由汇兑限制、政府征收或国有化、战争及政治暴乱、政府违约等风险导致的项目损失
社会安全稳定风险	①卡西姆港务局负责封闭园区安保；②中巴政府间协议将安全事宜纳入其中，巴基斯坦政府对走廊项下项目安保进行通盘考虑
电费延迟支付风险	①巴基斯坦政府提供主权担保；②中国信保承诺对巴基斯坦延迟支付进行承保
汇兑风险	①中巴政府间协议进行相关规定，巴基斯坦国家银行予以支持；②项目公司积极与当地商业银行保持密切联系，建立并维持良好商业合作关系，并尽力争取尽可能覆盖购汇需求的额度
燃料供应风险	持续跟踪印度尼西亚等煤炭供应市场，选定可靠煤炭供应商签订中长远供煤合同，同时开展利用巴基斯坦本国煤掺烧南非或澳大利亚优质煤作为中长期煤源的可行性研究
环境保护风险	严格执行巴基斯坦和世界银行标准，聘请知名环境评审公司制定切实可行环境保护计划，依法依规开展环境保护工作

为了更好地了解东道国的信用，我国应建立自己的主权信用评级机构，对政府履行合同、偿还债务的意愿和能力等进行主权风险评估。

（4）中国与项目所在国之间的关系。

两国关系友好稳定是海外基础设施投资项目建设与运营的基础条件和重要影响因素。

3. 项目评估

项目评估的核心点是确定项目投资回报的预期值或计划值。通过评估，确

---

❶　该表摘自财政部 PPP 中心：《巴基斯坦卡西姆港燃煤电站 PPP 项目》，对个别文字做了变更，载 http：//www. sgcio. com/jyxxhlw/33770. html，2019 年 8 月 9 日访问。

定政府违约所获得的实际投资回报指标值小于或大于项目投资回报的预期值或计划值。

基础设施投资建设一般分为建设期和运行期两个阶段，评估应针对两个阶段分别进行。项目建设阶段的政府违约风险评估集中在政府是否可能随意变更项目、不提供项目建设条件，是否存在改变汇率的可能，以及剥夺投资者的投资机会等方面。项目运行阶段的政府违约风险评估主要集中在项目设施运行或维护的效率、消耗资源市场价格可能出现的波动、公众对项目的态度、政府可能回购设施情况、产品或服务被淘汰的可能性、工程生产或服务效率是否降低、是否存在类似项目的竞争等方面。❶

（二）海外基础设施项目保险

如果评估结果表明项目所在地国政府存在违约的可能性，投资者应采取预防性措施，以减少或避免政府违约所产生的损失。通过保险防范政府违约风险是最主要的方式。

海外投资保险承保的风险为政治风险。通过承保政治风险，将政府违约风险覆盖在内，进而"承保了东道国政府或相关主体就投资项目签署的协议，帮助投资者规避了相关风险，并提供了融资便利"。❷通过保险防范政府违约风险主要有两种途径：一为投资者母国为其海外投资者提供的保险，二为国际组织提供的政府违约保险。

1. 投资者母国的海外投资保险

海外投资保险是海外投资者向其本国海外投资保险机构投保并签订保险合同，一旦发生了保险合同中承保的政治风险，被保险人因此而遭受损失时，海外投资保险机构将予以赔偿。海外投资保险是投资者母国所实施的一种保险制度，是投资者母国鼓励和保护本国海外投资的一项重要措施。通过特设的保险机构向遭受风险的海外投资企业及时进行赔偿，以此化解投资风险。实践中也把海外投资保险制度称作海外投资保证制度。承保机构在赔偿被保险人之后即取得了代位求偿权，可直接向投资东道国求偿。

---

❶ 王卓甫、安晓伟、丁继勇：《海外重大基础设施投资项目风险识别与评估框架》，载《土木工程与管理学报》2018 年第 1 期，第 10 页。

❷ 冷翠华：《中国信保海外投资保险 去年承保额超 580 亿美元》，载《证券日报》2019 年 2 月 18 日。

许多国家设立了海外投资保险制度。美国实施海外投资保险比较早，制度也因此比较完善。早在 1948 年美国为保护其海外投资者的利益，即通过了《经济合作法案》，创建了美国海外投资保险制度；1961 年美国通过了《对外援助法》并设立国际发展署，专门负责监督并执行美国的海外援助和私人投资。1971年美国成立了海外私人投资保险公司（Overseas Private Investment Company），专门承办海外投资保险业务。美国私人投资保险公司承保的风险为政治风险，政府违约险不是一个单独险种，而是被纳入征收险中。德国的海外投资保险制度建立得也比较早。根据《联邦预算法》，1949 年德意志联邦共和国即建立了由国家经营的黑姆斯信用保险公司及德国信托与监察公司对海外投资提供保险。日本海外投资保险制度主要为 1987 年颁布的《贸易保险法》，该法承保的非商业风险中包括了政府违约险。在我国，1998 年国务院曾经委托中国人民财产保险股份有限公司出口信用部开设过海外投资（政治险）保险，凡是在中国注册成立的、具有进出口经营权、经营状况良好的企业均可申请。2001 年 12 月中国第一家官方的专业出口信用保险机构和海外投资保险机构中国信保成立，专门为海外投资企业提供政治风险保险服务。

中国信保为国有独资公司，资本来源为出口信用保险风险基金，由国家财政预算提供，凡是国内注册的企业法人均可向中国信保申请为其提供境外投资项目保障服务。2005 年 1 月 25 日国家发展改革委和中国信保发布了《关于建立境外投资重点项目风险保障机制有关问题的通知》（发改外资〔2005〕113号），通知明确，将能弥补国内资源相对不足的境外资源开发类项目及能带动国内技术、产品、设备等出口与劳务输出的境外生产型项目和基础设施项目等作为主要支持项目，中国信保向这些项目提供投资咨询、风险评估、风险控制及投资保险等境外投资风险保障服务。具体业务范围为以下几项：

（1）利用风险管理专业机构的资源优势，向境内投资主体提供境外经营环境、政策环境、项目合作机会、合作伙伴资质等信息咨询服务。

（2）研究分析境外投资具体项目的政治、经济、法律、资源、市场等综合因素，提供项目国别风险评估意见。

（3）根据境外投资项目的具体风险特点，研究制定专业、稳健、有针对性的项目风险控制方案。

（4）提供境外投资保险服务，承保境内投资主体因征收、战争、汇兑限制和政府违约等政治风险遭受的损失。

对国家鼓励的境外投资重点项目，中国信保可视项目具体情况给予一定的费率优惠，并适当简化承保手续，提供与项目相关的出口信用保险及担保服务。《中国信保投资指南》规定，该机构为投资者及金融机构因投资所在国发生的征收、汇兑限制、战争及政治暴乱、违约等政治风险造成的经济损失提供风险保障，承保业务的保险期限不超过 20 年。中国信保承保的风险种类与条件如表5-3 所示：

表 5-3　中国信保承保的政治风险与承保条件

合格投资者	在中国境内（不含港、澳、台地区）注册成立的法人； 在中国境外（含港、澳、台地区）注册的法人（实际控制权由中国境内注册的法人掌握）； 为项目提供融资的境内外金融机构； 其他
合格投资	投资项目应符合中国外交、外经贸、产业、财政及金融政策，符合投资项目各方所在国的法律和政策规定，并获得与投资项目相关的批准许可
承保风险	1. 征收：东道国采取国有化、没收、征用等方式，剥夺投资项目的所有权和经营权，或投资项目资金、资产的使用权和控制权； 2. 汇兑限制：东道国阻碍、限制投资者换汇自由，或抬高换汇成本，以及阻止货币汇出该国； 3. 战争及政治暴乱：东道国发生革命、骚乱、政变、内战、叛乱、恐怖活动以及其他类似战争的行为，导致投资企业资产损失或永久无法经营； 4. 违约：东道国政府或经保险人认可的其他主体违反或不履行与投资项目有关的协议，且拒绝赔偿
损失赔偿比例	赔偿比例最高不超过 95%

如果投资者具备了上述条件，成功获得保险，一旦发生政府违约行为，即可要求中国信保对其损失予以赔偿。中国信保赔付后取得投资者的代位求偿权，可依照中国与相关国家签订的 BIT 有关代位求偿的规定，代位获得政府方的赔偿。

作为政策性保险公司，中国信保从海外市场开发到海外业务咨询，从融资到风险预警与防范，为中国投资者提供了多方面的服务。自 2001 年正式营业以来，处理了很多海外投资保险业务。如 2011 年利比亚发生战乱，迫使多家中资企业撤离，中国信保为此向受损企业累计赔偿了 1.34 亿美元；2013 年以来，为服务国家"一带一路"倡议，中国信保对投资"一带一路"共建国家的承保金额累计达到 3438 亿美元。❶ 我国某企业承建的赤道几内亚政府公共项目污水管网接户工程，国际油价大幅下跌，使得该国政府的偿付能力受到影响，进而拖欠工程款。中国信保累计向投保该项目的承建企业支付了 978 万欧元赔款，及时帮助企业挽回了巨额经济损失。❷ 中国信保发布的 2021 年度经营情况数据显示，中国信保全年承保金额为 8301.7 亿美元，向企业支付赔款 18.7 亿美元。❸

虽然中国信保通过保险的赔付以及其他服务为我国海外投资者提供了良好的保障，但是仍然有需要完善的地方。

第一，通过中国信保转移投资风险尚存在一些障碍，"主要是承保规模有限且承保费率过高，不少投资企业因此望而却步。此外，对所承保风险缺少分保机制也影响了中国信保的业务范围与理赔能力"。❹ 面对我国快速发展的海外投资以及保险需求，应适当扩大中国信保的承保规模与业务范围。

第二，关于合格投资者的范围，中国信保目前仅允许法人和其他经济组织进行投保，自然人没有被赋予投保的资格。而我国参加的某些国际公约允许投保人为自然人，我国签订的许多 BIT 也将自然人纳入了投资者范畴。在保险制度发达的国家，自然人基本上都被列入保险人的范畴。例如，在美国，只要符合以下条件均可进行投保：美国公民，公司成立于美国且美国公民或持有企业股权 50% 以上，在美国成立的非营利组织，在美国境外成立但至少 95% 的资产属于美国公民或企业。日本也允许符合相应的资本控制条件的自然人与法人进行投保。我国《外商投资法》及其实施细则已将自然人列入投资者范围，我国签订的 BIT 也基本上将自然人认定为投资者，中国信保将个人排除在投保人范

---

❶ 孙南申：《"一带一路"背景下对外投资 PPP 项目的风险应对机制》，载《法治现代化研究》2018 年第 3 期，第 37 页。

❷ 《中国信保发布 2018 年国家风险分析报告》，载《国际融资》2018 年第 11 期，第 21 页。

❸ 《中国信保 2021 年全年承保金额突破 8000 亿美元》，载 https：//baijiahao. baidu. com/s？ id = 1721911280706247780&wfr = spider&for = pc，2022 年 1 月 2 日访问。

❹ 孙南申：《"一带一路"背景下对外投资 PPP 项目的风险应对机制》，载《法治现代化研究》2018 年第 3 期，第 36 页。

围之外是不妥当的，应将自然人纳入适格投保人范围。

第三，按照中国信保对政府违约的界定，"东道国政府违反或不履行与被保险人或项目企业就投资项目签署的有关协议，且拒绝按照法院裁决书中裁定的赔偿金额对被保险人或项目企业进行赔偿的行为"。按照该定义，只有在东道国政府发生了违约行为且东道国政府拒绝按照法院裁决给予赔偿的情况下，投保人才会得到中国信保的赔付，即违约险只针对东道国政府的"拒绝司法"行为。"拒绝司法"主要指裁决不能执行，没有将投诉无门、迟延审判等阻碍投资者寻求救济的情形纳入其中。❶ 中国的承保规则应该与国际组织的规则相协调，应"将对'拒绝司法'的认定扩展至投保人无法求助于司法或仲裁机关作出裁决、该司法或仲裁机关未能在合理期限内作出裁决以及裁决不能执行等三种情形，以更充分地保护投资者利益"。❷

第四，关于代位求偿权行使的依据。在基础设施项目建设中，如果项目所在地政府违约，中国信保赔偿了投资者之后，需要依照与海外投资者和违约方政府签订的协议或者依照 BIT 中约定的代位求偿权条款向违约方政府进行追偿。由于我国与一些国家还没签订 BIT，即使签订 BIT 其中有些并未约定代位求偿权条款，中国信保对这些国家的追偿就很难实现。对于代位求偿是否一定以 BIT 为依据，不同的国家规定也不相同。以美国和日本为例，美国的海外投资保险公司在承保时，要求东道国必须为发展中国家，而且必须是与美国签订了 BIT 的发展中国家，BIT 因此成为保险公司承保海外投资风险的前提条件，保险公司的代位权行使就需要以 BIT 为基础。日本的海外投资保险机构在承保时则不需要 BIT 的存在。两国规定上的不同主要源于国情和需求等方面的不同。美国作为第二次世界大战之后的强国，经常迫使他国与其签订 BIT，要求东道国作出保护本国投资者的承诺，且一旦发生保险赔偿，即可行使代位求偿权。但日本与其他国家签订的 BIT 数量有限，如果要求海外投资保险机构的承保必须以与东道国缔结 BIT 为条件，就会限制本国保险业的发展。但如果缺少东道国政府的承诺，发生政府违约的概率就比较大了。为避免上述两种情形下出现的问题，德国采取了混合模式，即以投资者所投资的国家与本国之间签订了 BIT

---

❶ 王斌：《试论政府违约风险的法律控制》，载《浙江社会科学》2007 年第 4 期，第 115 页。
❷ 王斌：《试论政府违约风险的法律控制》，载《浙江社会科学》2007 年第 4 期，第 115 页。

为基本要求，但不作为强制性条件。如果东道国经济发展良好，政治相对稳定，即使两国之间没有签订 BIT，保险公司也可接受投保人的投保，只要投资符合德国的法律和政策规定，并获得与投资项目相关的批准许可。德国的做法显然更具合理性。我国应借鉴德国的规定，采用混合模式确定海外投资保险的承保条件，同时又可以保障代位求偿的实现。

第五，对于代位求偿的数额，"目前有些 BIT 中约定的代位求偿范围是'不超过投资者的原有权利'，保险机构理赔给投资者的一般不超过损失的90%，如此极易产生保险机构在行使代位求偿权时，其赔偿范围的争议"。❶ 为避免追偿时出现问题，我国应在 BIT 中明确规定代位求偿的范围为投资者的全部损失，这样既可以保证投保企业获得全部损失补偿，也为中国信保向东道国寻求全额赔偿提供法律依据。

上述中国信保在海外投资保险业务上存在的不足，原因在于我国没有规范海外投资保险的法律以及相关 BIT 条款。虽然我国《保险法》对承保的基本险种和保险规则作出了规定，可以作为中国信保的参考，但出口信用保险是特殊的政策性保险业务，需要专门法规明确规定其业务范围、费率、职责、赔付、追偿等事项。对此，可以借鉴日本的《贸易和投资保险法》、英国的《出口担保和投资法》等规则，建立和完善我国海外投资保险制度，以适应中国企业海外投资的需要，通过对承保范围、承保条件及代位求偿权等作出明确的规定，也为中国信保以及其他可能承担海外投资保险业务的机构在承保范围、承保条件、赔偿范围、海外追索、代位求偿等方面提供法律依据。

2. 多边投资担保机构

一些国际组织也通过保险的方式向投资者提供帮助。投资者应充分运用担保机构所担保的政府违约保险以及其他的担保措施如保函等方式，防范政府不履行合同的风险。

在众多担保机构中，多边投资担保机构（Multilateral Investment Guarantee Agency，MIGA）作为全球性的担保机构，对于促进成员方之间的投资，促进资本的跨国流动，改善国际整体投资环境，维护海外投资者利益起到了重要的作用。本部分重点介绍申请 MIGA 保险的条件与获得赔付的条件。

---

❶ 王斌：《试论政府违约风险的法律控制》，载《浙江社会科学》2007 年第 4 期，第 115 页。

（1）MIGA 承保的概述。

根据 1985 年世界银行通过的《多边投资担保机构公约》，MIGA 于 1988 年设立。发展中国家的投资环境存在许多不确定因素，无法为外国投资者提供其希望获得的保障，因此尽管发展中国家的市场非常需要外国投资的进入，但很难获得外国投资者的青睐。发达国家的投资者需要一定的制度保障和机构担保。MIGA 通过提供政治保险与担保服务，支持外国投资者向发展中国家，特别是最不发达的国家进行投资，同时，根据市场需求，吸引投资者和私营部门进入受战乱等冲突影响融资出现困难的国家，支持投资者在这些国家进行基础设施建设。

MIGA 除鼓励发达国家的投资者向发展中国家投资之外，也鼓励发展中国家的相互投资。在外国直接投资中，发展中国家的相互投资也占有一定的比重。站在同样的经济发展水平线上，尽管发展中国家的投资者能够比发达国家的投资者给予东道国更多的理解，但与发达国家的投资者一样担心出现政府违约风险。发展中国家的保险市场不完善，国家出口信贷机构又缺少提供对政治风险进行保险的能力和实力，因此难以有效消除投资者的担忧。MIGA 通过为投资者提供保险与融资服务，在一定程度上可以减少投资者的担心，同时促进发展中国家之间的投资。

MIGA 的核心业务是为投资者提供保险与融资服务。作为世界银行的成员，MIGA 与世界银行保持良好的合作，通过协调与世界银行、国际金融公司等国际金融机构之间的关系，不断向成员方提供项目融资。为促进投资流向发展中国家，MIGA 除提供一般的投资保险，还向成员方的商业保险机构提供再保险服务，以此鼓励商业保险机构向发展中国家的成员方的非商业性保险提供担保。此外，MIGA 还通过增值服务促进向发展中国家的投资，包括向发展中国家提供吸引外资直接投资的工具、方法和技能，向成员方发布发展中国家的投资机会信息，提供投资项目对东道国环境与社会影响的专业性评估，提供技术咨询，协助制定相关政策等服务。

MIGA 保险的投资项目期限一般为 3 年以上 20 年以下，承保的单个项目大约为 1.1 亿美元，对单个国家的净担保额为 4.2 亿美元。通过与成员方海外投资保险机构的分保与共保合作，MIGA 对单个项目的承保额可达到 2 亿美元，

对单个国家的净担保额可达 6.5 亿美元。❶

由于 MIGA 作为政府间的国际经济组织地位，考虑违约的负面影响，一般来说，东道国对于向 MIGA 投保的项目不会轻易违约。而 MIGA 也会利用世界银行对各成员方的影响力，采取调解、仲裁等方式解决争议，有效化解和减少政府违约风险以及所产生的纠纷。

MIGA 所具有的上述优势很大程度上得到了成员方的认可。截至 2015 年，MIGA 就已经与不同国家的投资者签署了近 1300 个风险担保合同，支持了约 800 个国际投资项目，成功解决了 100 多起投资项目纠纷，涉及的直接投资争议金额累计 840 亿美元。经 MIGA 审查后提供索赔的案件仅有 6 起，其余纠纷均在索赔前或索赔后在 MIGA 的介入下得以解决。❷

中国于 1988 年加入 MIGA。作为公约的成员方，中国企业所投资的项目如果符合该公约的规定，可以向 MIGA 投保政府违约险。对于风险较高的投资项目，企业应考虑向 MIGA 投保，一旦发生政府违约，即可以向 MIGA 申请赔偿。为达此目的，我国投资者在投资海外基础设施建设时，应充分了解 MIGA 的作用，并利用 MIGA 的保险机制，保护自己的利益不受损失。

（2）MIGA 承保的政治风险。

MIGA 承保的政治风险主要为货币汇兑险、征收及类似措施险、政府违约险、战争和内乱险，这些政治风险均为投资者难以应对的风险，政府违约险是其中的险别之一。此外，应投资者和东道国的联合申请，MIGA 可将承保范围扩大到上述风险以外的其他非商业风险。

（3）MIGA 承保政府违约险的条件。

MIGA 受理的保险申请需要具备以下条件：

第一，适格的投资和投资者。向 MIGA 申请保险业务仅限于成员方，相关投资项目为跨境投资，且资本以向发展中国家流动为主。投资方式可以为股权投资、股东借款、金融机构贷款、其他类型贷款等。如果投资者投资贸易类型的企业，MIGA 则不提供担保。如果为股权投资，MIGA 的保险金额为投资额的

---

❶ 孙南申：《"一带一路"背景下对外投资 PPP 项目的风险应对机制》，载《法治现代化研究》2018 年第 3 期，第 37 页。

❷ 孙南申：《"一带一路"背景下对外投资 PPP 项目的风险应对机制》，载《法治现代化研究》2018 年第 3 期，第 37 页。

100% 加上不超过投资额 500% 的收益；如果为贷款和贷款担保，保险金额可以达到本金的 100% 加上不超过本金 150% 的利息。

第二，适格的东道国。东道国必须为发展中国家，只有向发展中国家投资才能获得 MIGA 的保险，因此，我国投资者只有向发展中国家投资才有资格向 MIGA 投保。如果向发达国家投资，为防止政府违约风险，投资者应向其他国际组织或海外投资保险机构投保。

第三，适格的项目。投资项目要对东道国的经济发展起到实质上的促进作用，如果外国投资仅对本国有利而不会对东道国的经济发展起到积极的作用，则投保可能被拒绝。基于此目标，MIGA 优先支持那些为成员方减少贫困的投资项目，包括基础设施项目建设。例如中国企业承建的"雅加达—万隆"高铁项目契合了印度尼西亚政府建设交通铁路市场需要。印度尼西亚全国的铁路交通极其不发达，分布在爪哇岛和苏门答腊岛的部分城市的零星铁路线无法满足印度尼西亚居民出行需求，印度尼西亚政府计划用 5 年时间，投资约 230 万亿盾（约合 190 亿美元），建设 3258 千米的铁路网。❶ 中国企业投资该项目即适应印度尼西亚政府的需求，与投资国的经济与社会发展相一致，符合 MIGA 确定的适格项目标准。❷

（4）投保 MIGA 的程序。

MIGA 保险审查非常严格，需要按照规定的程序进行投保。一般需要通过申请和审查批准两个阶段。

申请阶段：MIGA 在许多成员方设立了办事机构受理保险及担保业务，投资者可以通过 MIGA 网站获得办事机构和具体业务信息。按照 MIGA 的规定，投资者须向 MIGA 提出申请，交纳申请费用。申请须详细说明项目规模、业主方、承包商等涉及基础设施建设项目的基本情况。

审查和批准阶段：MIGA 在接到申请后的 3 个月内进行审查，启动相应的尽职调查工作，并收取尽职调查费。❸ 审查通过后，交由项目所在国政府进行

---

❶ 李国章：《印尼计划用 5 年时间在四大岛屿兴建 3258 千米铁路》，载《隧道建设》2015 年第 3 期，第 231 页。

❷ 梁晓蓓：《"一带一路"战略下中国对印尼投资高铁产业风险分析与规避》，载《沿海企业与科技》2016 年第 2 期，第 6 页。

❸ 申请费为 1 万美元，尽职调查费用一般为 2 万—10 万美元，用以支付尽职调查期间所产生的差旅费和其他支出。

批准，在 MIGA 网站上予以披露，并由项目审核委员会进行审查。项目审核委员会审查通过后再送交 MIGA 董事会批准，最后由投资者与 MIGA 签署保险合同。MIGA 收取的保费通常由国别、行业、项目基本条件及要求承保类型等因素决定。保费按半年或 1 年收取，依据保险（担保）金额按比例计算。

（5）多边投资担保机构赔付的条件。

MIGA 下的政府违约险是指"东道国政府不履行或违反与投保人签订的合同，并且（a）投保人无法求助于司法或仲裁机关对该毁约或违约的索赔作出裁决，或（b）该司法或仲裁机关未能在根据本机构条例订立的担保合同规定的合理期限内作出裁决，或（c）虽有这样的裁决但未能执行"。❶ 该条从实体和程序两个方面规定了投资者获得 MIGA 赔付的条件：一是东道国政府违反其与投资者签订的合同；二是东道国"拒绝司法"。

发生政府违约行为是投资者请求赔付的前提条件。东道国政府违反约定，不履行合同，或者擅自废除或修改其与外国投资者签订的投资协议，导致投资者无法实现合同目的。但政府违约只是引发保险赔偿的原因，不是构成违约险的决定条件。如果东道国给予了外国投资者充分、及时、有效的补偿，也就不需要保险机构的补偿，政府违约险也就不成立了。因此，保险赔偿不仅需要政府违约行为的出现，还需要东道国在违约后"拒绝司法"。

东道国"拒绝司法"是政府违约以后，在一定时间内，如果投资者未能在东道国内获得有关索赔的司法判决或仲裁裁决，或虽有判决、裁决但无法执行，才构成政府违约险索赔要件，投资者才可以向 MIGA 提出保险赔偿。可见，仅有政府违约行为是不够的，还需要存在政府"拒绝司法"的行为，才会触发保险机制。之所以将"拒绝司法"作为寻求保险的前提，其理念在于尊重东道国的管辖权，要求投资者尽可能用尽当地救济。据此，可以发现，MIGA 下的保险赔偿主要在于补偿投资者的损失，即减少政府拒绝赔偿的风险，而不是政府违约的风险。

MIGA 下的东道国"拒绝司法"，既包含专门的司法机关"拒绝司法"，也包括仲裁机构"拒绝裁决"。"拒绝司法"主要表现为投诉无门、迟延审判以及裁决不能执行等情形。

---

❶ 参见《多边投资担保机构公约》第 11 条。

投诉无门是指投资者无法求助东道国的司法部门或仲裁机构对东道国政府的违约行为所产生的损失进行救济。司法机关或仲裁机构应独立于东道国行政部门之外，具有独立性，能够公平、公正地作出裁决。"无法求助于司法或仲裁机构"包括东道国政府设立不合理程序障碍而阻塞了投资者寻求司法或仲裁救济的渠道。

迟延审判是指司法或仲裁机构未能在合理期限内作出裁决，由此对投资者利益产生了重大的影响。合理期限一般是"从投保人提起诉讼至司法或仲裁机构作出终局裁决止，不得少于 2 年"。但不同的案件其复杂程度不同，案件处理的时间会有很大的差异，因此，MIGA 中只规定合理期限"不得少于 2 年"，对于案件审结完毕的时间并未作出规定，具有一定的弹性，实践中是根据案件的审理需要而定的，可以在特殊情况下对期限进行适当的调整。

裁决不能执行即在司法或仲裁机构作出判决或裁决后却无法得到执行。"裁决不能执行"的原因在于司法机构，而不是投资者。投资者已按照对其有利的司法判决或仲裁裁决，在规定的时间内采取了必要的措施，如投资者在规定的时间内申请执行法院的判决或仲裁机构的裁决，但法院不予执行。在投资者已采取了使裁决得以生效的各种措施，甚至在等待期间如"自开始采取这些措施之日起 90 天之后或在担保合同规定的其他期限"之后，裁决仍未得到执行。关于拒绝司法在仲裁实践中的具体表现将在下章中介绍。

一旦东道国政府违约并构成政府违约险赔付的条件时，投资者即可根据保险合同中规定的争端解决机制向国际投资争端解决中心或者其他的国际投资争议解决机构申请仲裁。如果东道国拒绝履行仲裁裁决，MIGA 即须依照保险合同约定先行向投保人支付赔偿金，并同时获得代位求偿权，依据代位求偿权，MIGA 再向东道国政府主张赔偿。由此，受到政府违约影响的投资者及时获得了赔偿，避免了无法从东道国获得赔偿的风险。而东道国为 MIGA 的成员方，顾及本国在该组织中的名声与影响，可能会比较容易向 MIGA 支付赔偿。显然，由 MIGA 向东道国主张赔偿比投资者主张更容易得到执行。

（6）多边投资担保的运用。

MIGA 提供的政府违约险有助于防止项目所在国政府的违约行为，一旦出现政府违约，可以通过 MIGA 的介入较好地解决纠纷，或者给予赔偿，在一定程度上保障了投资者的利益，促进了基础设施项目的建设和运营。但获得保险及其赔付条件比较严格，使得 MIGA 能够承保的数量及其容量均非常有限。

此外，依照 MIGA 的规则，投资者只有在项目所在国家"拒绝司法"的情况下，才符合赔偿条件而获得赔偿。因此，一旦东道国政府违约，投资者必须首先诉诸仲裁或诉讼，要求仲裁机构或法院通过审理确定东道国是否违约、是否违反国际法以及是否应向投资者进行赔偿等实体问题，只有在法院或仲裁机构作出具有约束力的裁决或判决，且东道国没有在裁决或判决确定的时间内执行裁决或判决，投资者才能够向 MIGA 提出保险赔偿。由此可以看出，MIGA 不会对违约的实体问题作出判断，东道国是否违约的判断是由仲裁庭或法院作出的，MIGA 仅据此从程序上确定东道国是否存在"拒绝司法"的行为。

对国家与投资者之间的争议进行仲裁的时间比较长，且存在很多不确定因素，因此投资者宁愿在政府违约后与东道国协商解决纠纷，也不愿意与东道国打仲裁"官司"。而如果没有进行仲裁程序，就无法认定东道国具有"拒绝司法"的行为，投资者因此无法获得 MIGA 的保险赔偿。考虑到此种结果，投资者对投保违约险的积极性不高，这也是 MIGA 下的保险数量有限的原因。❶

我国海外投资者向 MIGA 投保的案件极少，中资项目仅有两例，均为对贷款的保险。❷ 我国投资者要获得 MIGA 的担保，就需要符合 MIGA 规定的条件。但 MIGA 严格的投保标准使其具有局限性。从"一带一路"建设出发，我国可以牵头建立区域性的多边投资担保机构，为"一带一路"海外投资提供担保，通过提供再担保保险或分保保险，分散政府违约风险及其他的政治风险，同时，与 MIGA 进行合作，开展海外投资技术援助和项目交流，帮助投资者预防和减少投资风险。

二、政府角度的风险防范

在强化企业风险意识，做好风险评估和风险管控的同时，我国有关政府部门应为减少企业海外投资风险提供一系列的制度保证。

---

❶ 陈安主编：《国际经济法学专论》（下编），高等教育出版社 2002 年版，第 649—650 页。

❷ 任清：《海外投资的条约保护：规则、案例与对策》，载《海外投资与出口信贷》2015 年第 5 期，第 8 页。

海外投资风险控制不只是企业自己的事情。经济的全球化发展带动了政治的、社会的和文化的全球化发展，但与此同时，国家之间的利益冲突也变得更加明显。国家利益是国际政治和国际法中的核心概念，也是一切国家对外关系的动因，是国家对外行为和制定对外政策的根本依据。❶ 尽管国家对外交往应从人类命运共同体理念出发，考虑人类社会的整体利益并据此行事，但是，在现有的国际经济格局中，主权国家还是首先考虑本国的利益得失，并以此制定其对外政策，进行对外交往。国家利益体现在政治、贸易、投资、文化等多方面，而能够集中体现国家经济实力的当属跨国投资。资本的跨国流动实际体现为国家借此参与到国际利益分配中，反映一国在国际经济中的地位及其经济实力。国家利益与投资者的利益紧密相关。海外投资者的利益在很大程度上体现为国家利益。保护海外投资者利益即体现为对国家利益的维护。也因此，保护海外投资者成为投资者母国的一项职责。我国从单一资本输入国进入资本输入与资本输出并行的国家，其国家利益也主要从注重国内经济发展、注重保护外国投资者的利益转向更多地关注我国海外投资者利益的保护，中国企业不断走出国门，特别是"一带一路"倡议实施以来，企业走出国门的步伐不断加快加大，这一方面彰显了国家的实力，另一方面也凸显了保护投资者利益的重要性。保护企业海外投资资产和资源成为我国国家利益的重要组成部分。

在海外投资中会遇到各种风险，特别是基础设施项目投资经常遇到政府违约的风险，因此，如何从根本上防范风险，保护投资者的利益，进而保护国家利益就成为一个需要特别关注的问题。海外投资保护的发展历程表明，保护海外投资者的利益一直是发达国家的基本国策。最初的海外投资者保护主要依靠强权，采用国家外交方式。但这种保护只是针对一案一事提供的保护，无法从总体上对投资者提供保护，也无法满足快速增长的国际投资保护需求。外交保护的实施即取决于国家之间的关系，也受制于国家的实力，因此无法给投资者比较清晰的预期。只有采用规范的、具有约束力的规则才能对相关国家的行为产生约束，并给投资者提供稳定的整体性保护。

---

❶ 刘烨：《海外基础设施投资中的国家担保问题》，载《国际工程与劳务》2017 第 7 期，第 68 页。

目前，保护海外投资的基本形式为投资者母国国内法律与政策、国家之间订立的 BIT 和多边投资规则。本国国内法律与政策是为鼓励与保护本国海外投资制定的，因此直接且具体。BIT 和多边投资规则是国家之间为调整相互的投资关系而订立的，属于一般性的投资保护规则。这些规则确定了应予保护的外国投资者的利益，如果缔约国违反了这些规则，应承担相应的责任。我国政府通过缔结 BIT 或参加国际投资协定，在作出承诺保护外国投资者的义务的同时，亦为中国企业的海外投资提供了制度性保护。

（一）我国海外投资鼓励与保护制度

为促进和保护企业对外投资的健康发展，2017 年年初以来，国家各部委发布了多项政策和规范，从投资决策、资金来源、资金投向、资金出入境、对外担保、投资行为、投资风险、投资管理、信用体系建设等方面规范、指导和监管对外投资经营活动。《中央企业境外投资监督管理办法》《国有企业境外投资财务管理办法》《民营企业境外投资经营行为规范》等文件均明确要求企业做好事前风险评估工作，在经营活动中做好风险管控。

除了通过政策和法规强化企业风险防控意识和风险防控行为，我国政府还制定了一些海外投资规范性文件为企业提供引导，为中国企业投资海外市场提供了便利。

虽然我国有关境外投资促进与保护制度不断完善，但仍存在一些不足。如前述我国没有专门的对外投资保险法律制度，也没有专门的对外投资促进保护法，缺少对外投资促进专门机构，外汇、保险、政策性信贷、中介服务等相关职能部门之间还缺乏有效的协调等。从完善海外投资风险防范机制出发，我国有必要建立上述法律规范，设立专门的海外投资保护与管理部门。许多发达国家都设有海外投资发展部门，如英国设有专门的国际发展部，加拿大也设有高级别的国际发展署，为企业海外投资提供直接的指导。

（二）协调政府间的关系

中国企业投资海外基础设施建设需要得到政府的关注与支持。基础设施项目建设主体多，需要协调各方面的关系。对海外投资企业而言，协调与东道国政府之间的关系，应是难度最大的。为帮助企业解决这一难题，在一些重大基础设施建设项目上，我国政府作出了应有的努力，"政府搭台，企业唱戏"，通过与相关国家的政府部门进行必要的沟通，为争取项目的获得及其建设提供便利，奠定基础。雅万高铁就是一个实例。

在 2015 年 3 月印度尼西亚总统访华时，中国国家发展改革委即与印度尼西亚国有企业部签署了《中印尼雅加达—万隆高铁合作谅解备忘录》。之后，两国还签署了《关于开展雅加达—万隆高速铁路项目的框架安排》。根据这一安排，印度尼西亚向中国提供雅加达至万隆之间的地形图、地震和地质资料等数据。中国企业充分发挥自己的优势，提出了"一揽子解决方案"，在与日本企业的竞争中，赢得了主动，获得了铁路的建设权。可见雅万高铁建设项目的取得以及在印度尼西亚的成功建设与运营，政府起到了很重要的作用。前面介绍的招商局投资建设的斯里兰卡港口园区、吉布提港口园区和白俄罗斯中白工业园区等项目的建设，均展示了政府的作用。由于这些项目均涉及项目所在国的法律规定及各项优惠政策，如果只由企业与这些国家的政府进行商谈解决，困难极大。我国相关政府部门，汇总企业在基础设施建设中遇到的问题，采用对等互惠原则，提出解决方案，通过与相关国家沟通和协商，问题得到顺利解决。

基础设施建设的性质决定了与政府的天然联系。许多大型基础设施建设实际上被列入政府间合作项目，具有浓厚的政治色彩。此种情形下，通过政府之间的沟通将能够更好地为企业海外投资铺垫道路。被称为目前世界上最大的高铁工程——北京到莫斯科高铁，全长超 7000 千米，预计投入 1.5 万亿人民币。从 2014 年 10 月中国和俄罗斯签订《中俄高铁合作谅解备忘录》开始，中方与俄方召开多次政府和企业层面的会议对涉及高铁工程建设问题进行商谈，最后通过签订谅解备忘录等方式确定了国家层面的基础设施合作。这样做，既可以为企业的投资奠定基础，增加投资者的信心，也可以在一定程度上化解政府违约风险，为海外投资提供了保障。这些谅解备忘录实际上起到了软法的作用，可以在一定程度上约束项目所在地国政府。

政府不仅在项目建设前期可为企业牵线搭桥，在某些时候对于具体问题的解决也能起到重要的作用。中国某企业在南亚某国家建设的电力项目中，该国政府为购电机构履约提供了担保。但是，考虑到以往项目履行情况以及该国电力市场存在的三角债等问题，企业仍然担心购电机构能否按时支付电费。后来，通过两国政府部门之间签订的协定，企业争取到了该国政府的承诺，购电机构为该项目开立额外的电费支付准备金循环账户，确保循环账户始终具有每月电费 22% 的余额，由此保证了电费支付。❶ 中国电建在拟投资建设巴基斯坦卡西姆港燃煤应急电站项目时，经过调查评估，认为巴基斯坦政府存在拖欠发电企业电费的情况，因此该项目很可能会出现电费延迟支付的风险，于是，通过两国政府间协议对可能出现的延迟支付进行了相关安排，在巴基斯坦政府提供主权担保的同时，在中国政府的直接支持下，中国信保承诺对巴方延迟支付进行承保，由此延迟支付电费的风险在很大程度上得到了两国政府的分担和缓释。❷

政府对项目的支持还有助于创新海外投资模式。2002 年内战结束后，安哥拉急需大量资金进行重建，2003 年 11 月安哥拉财政部与中国商务部签署了中安合作框架协议，2004 年 3 月正式签署双边贷款协议，约定由中国进出口银行向安哥拉政府提供总额为 20 亿美元的商业贷款，但贷款只限于中国公司投标项目。在双方政府的合作下，中国公司与安哥拉政府签订了相关基础设施建设和自然资源开发协议，在安哥拉承建了修缮或新建医院、学校、供水、输变电线路等众多基础设施项目。采用同样的模式，中国企业在刚果、苏丹、津巴布韦等国获得了（金）铜钴矿、石油等开采权，以及许多基础设施建设项目。❸ 这些基础设施项目的取得是"国家政策与公司商业行为的混合产物。由于双方企业层面的协议与两国政府之间的框架协议密切相关，有学者也认为我国对外基础设施投资是集援助、投资、贸易一体化的新模式"，即安哥拉模式。❹

（三）双边投资协定中的投资者保护条款

1. BIT 概述

BIT 是两个国家为促进彼此之间的投资活动，保护投资者利益而达成的协议。BIT 为缔约双方设定了权利与义务，成为调整两国之间投资活动的基本准则，对于促进两国间投资发展，保护彼此国家投资者的利益，减少两国之间的法律冲突具有重要的作用。自 1959 年德国与巴基斯坦签署了世界上第一个 BIT 之后，随着国际投资的发展，BIT 数量不断增长，国家之间已签订 BIT 近 3000

---

❶ 刘烨：《海外基础设施投资中的国家担保问题》，载《国际工程与劳务》2017 第 7 期，第 68 页。
❷ 《中国电建欲投资巴基斯坦卡西姆港燃煤应急电站项目》，载 http://www.hlfdw.com/xiangmujianshe/20150410，2021 年 2 月 10 日访问。
❸ 余莹：《我国对外基础设施投资模式与政治风险管控》，载《经济问题》2015 年第 12 期，第 10 页。
❹ 余莹：《我国对外基础设施投资模式与政治风险管控》，载《经济问题》2015 年第 12 期，第 10 页。

余个。❶

从总体上说，BIT 对于缔约国的作用是相同的。但在不同国家之间签订的 BIT 在目的与具体作用方面还是存在一定的差异。面对跨国投资风险，单个投资者难以依靠自身力量抵御，很多时候需要本国政府主动作为，BIT 即成为政府介入的最佳方式。在此意义上，BIT 对跨国企业的对外投资具有积极影响。❷投资者母国为了保证海外投资者免于遭受政治风险，通常会与东道国缔结 BIT，既为本国投资者创造良好的投资环境，也为其后投资者与东道国发生的争议诉诸国际仲裁机构解决纠纷提供保障，在必要时，投资者本国还可依此行使代位权，同缔约国协商解决争议。出于该种考虑，国家之间最初订立的 BIT 基本上体现为对投资者的保护，也更多地反映了作为资本输出国发达国家的意愿。发展中国家作为资本输入国，为实现促进外国投资进入本国市场的目的，基本上会接受发达国家的要求为外国投资者提供保护。同时，为了实现本国经济发展的目标，保护本国产业的发展，在发展中国家签订的 BIT 中规定了许多有关市场准入和对外国投资实施管理的内容。

有研究成果表明，不同国家之间签订的 BIT 所发挥的实际效用不同。由于发达国家的法律制度比较完善，BIT 对其国内的制度环境产生的影响比较小，而对于作为投资东道国的发展中国家来说，其法律制度不健全，因而 BIT 具有明显的弥补国内法律欠缺，起到保护外国投资者进而激励国外投资进入的作用。❸ BIT 对发展中国家的促进作用较为明显，对发达国家的促进作用则不显著。❹ 在投资东道国的法律欠缺或不完善的情况下，BIT 具有明显的补缺作用。

近些年国际投资在全球快速发展，国家之间的关系也发生了很大的变化。新近签订的 BIT 在内容上更加丰富和全面，不只考虑对投资者的保护和相关国家产业发展与安全，还关注国家和投资者之间利益的平衡，以推动双边国家经

---

❶ 数据参见 https：//investmentpolicy.unctad.org/international－investment－agreements/iia－mapping，2020 年 5 月 20 日访问。

❷ 杨宏恩等：《双边投资协定对中国对外直接投资的影响：基于投资协定异质性的视角》，载《管理世界》2016 年第 4 期，第 28 页。

❸ 杨宏恩等：《双边投资协定对中国对外直接投资的影响：基于投资协定异质性的视角》，载《管理世界》2016 年第 4 期，第 35 页。

❹ 许小平、陆靖、李江：《签订双边投资协定对中国 OFDI 的影响——基于"一带一路"沿线国家的实证研究》，载《工业技术经济》2016 年第 5 期，第 64 页。

济与社会发展为宗旨，实现"鼓励、促进和保护"等多重目的。

BIT 本质上为两国之间签订的协议，因此，在一些情况下缔约国会以公共政策和公共利益为理由而不遵守协议，BIT 的作用不应被高估。在 ConocoPhillips 一案中，仲裁庭对于投资协定的作用曾作出如下阐述："投资协定无法阻止征收行为，实际上，其亦无法阻止任何可能影响特定企业的其他公共政策。"投资协定的重点不在于该协定可以消除政策风险或国家风险，而在于该协定能够防控或减轻该风险。正确评估在某国开展业务的政治风险是经济问题，而非法律问题。因此，该国的公共政策是否合法与该评估无关。

尽管 BIT 防范政府违约风险的作用有限，但是既为两国政府之间签订，对于控制政府违约还是具有特殊意义的。通过协商，两国政府相互承诺遵守投资者保护规则，即对政府违约提供了一定的约束，一旦政府违反承诺也能为投资者提供应有的救济。BIT 还可以弥补东道国法律的不足，而政府违约的风险也主要存在于法治不完善的国家。

我国于 1982 年与瑞典签订了第一个中外 BIT，从那时起截至 2021 年 4 月，共签署了 145 个 BIT，其中 19 个协定已经签署但未生效，另 19 个协定已终止，有效的协定为 107 个。❶ 值得一提的是，历经 7 年 35 轮谈判，中国与欧盟最终于 2020 年 12 月签订了 BIT，达成一项全面、平衡和高水平的投资协定。改革开放很长时间以来，我国一直处于资本输入国的地位。我国最初签订 BIT 的基本目的是协调与相关国家之间的关系，吸引外国投资和外国投资者进入我国市场。因为东道国的制度环境对于能否吸引外国投资具有重要的作用，而 BIT 构成了东道国制度环境的重要部分。研究表明，东道国的制度环境与 BIT 在影响跨国企业的投资决策等方面具有相似的作用，据此两者之间也存在某种关系。❷ 我国签订的数量众多的 BIT 对于吸引外商投资起到了重要的作用。

随着经济和社会发展，我国已经从资本输入国进入资本输入与资本输出双向流动的阶段，资本输出国的地位要求我们不能只考虑如何吸引外资，还需要关注海外投资者的利益。作为投资者的母国负有保护本国投资者的义务。如果不履行此项义务，很难实现资本输入与输出的平衡，进而影响经济的整体发展。

---

❶ 池漫郊、任清：《中国国际投资仲裁年度观察（2021）》，载《北京仲裁》2021 年第 2 辑，第 55 页。

❷ 杨宏恩等：《双边投资协定对中国对外直接投资的影响：基于投资协定异质性的视角》，载《管理世界》2016 年第 4 期，第 29 页。

与此地位改变相适应，我国签订的 BIT 在内容上也发生了很大变化。

从对外国投资者保护的角度，可将我国签订的 BIT 分为以下几个阶段：自 1982 年至 1996 年订立的 BIT 为第一代，这些 BIT 比较注重维护我国作为东道国的利益，而不是对外国投资者的保护，但也确认了外国投资者享有公平公正待遇和最惠国待遇；自 1997 年至 2002 年的第二代 BIT，将对外国投资者的保护作为重要的内容，许多 BIT 中规定了外国投资者享有国民待遇；自 2003 年至今签订的第三代 BIT，在注重外国投资者保护、逐步接受最低待遇标准的同时，体现出对东道国和外国投资者的权利与义务的兼顾或平衡。这种变化表明不同时期订立的 BIT 具有不同的特点和重心，体现出不同的时代特征，适应不同的经济发展水平和社会需求，也体现出我国从资本输入国逐步进入资本输出国的历程。对外国投资者保护的范围和力度逐步扩展，直到与绝大多数国家签订的 BIT 同步甚至更大。

受到 BIT 订立的背景与目的限制，我国虽然对外签订了数量众多的 BIT，这些 BIT 也规定了投资者待遇和对投资者保护等内容，但其主要目的在于吸引外商投资，因此对海外投资者的保护关注不够，特别是 2000 年之前签署的 BIT，欠缺保护中国企业对外投资权益的规则，涉及投资者保护的条款亦存在保护标准不明确、可仲裁事项的范围过窄等问题，没能足够反映我国在国际经济交往中的利益格局和身份变化，无法有效保护我国海外投资者的利益。而从根本上看，决定中国投资者能否获得有效保护的关键是其诉求所依赖的法律依据是否充分。[1] 因此，我国有必要强化 BIT 对投资者的利益保护内容。

我国签订的 BIT 的时间大多集中于 20 世纪 80 年代至 90 年代初，有效期多为 10—30 年，目前面临着修订或重新订立问题。国际投资法领域的很多问题需要重新予以审视并通过规则加以解决，如有关间接征收的认定标准等。从仲裁解决纠纷方面考虑，ICSID 公约仅对仲裁庭的组成、管辖权等程序性问题作出规定，对案件的实体问题需要依据当事方之间签订的 BIT 或多边投资协定予以解决，因此也需要及时对 BIT 进行修订。新一轮 BIT 谈判应及时回应海外投资需求，完善投资保护规则，对 BIT 中不适宜对投资者保护的条

---

[1] 刘雪红：《中国海外投资保护的法律障碍与制度重构——基于北京城建诉也门等五案的分析》，载《华东政法大学学报》2019 年第 2 期，第 172 页。

款予以修订，扩大投资的定义，明确将建筑工程合同规定为投资，细化投资保护的实体标准，扩大可仲裁的事项范围，为中国海外投资提供更高水平的条约保护。

我国在重视修改已有 BIT 的同时，还需要重视新的 BIT 的签订，特别是与共建"一带一路"的发展中国家的 BIT 的签订，通过 BIT 的规定弥补在其国内法上对中国投资者保护的不足，减少政府违约风险。由于 BIT 有助于吸引外国投资，发展中国家也有动力签订 BIT。我国已与共建"一带一路"的 58 个国家签订了 BIT。这些协定在引导和促进中国企业参与对外投资、强化对外投资的制度性保障、协调双边政策与制度的差异等方面发挥了重要作用。❶ 但我国尚未与东帝汶、马尔代夫、吉尔吉斯斯坦、阿富汗、伊拉克、巴勒斯坦、黑山等国家缔结 BIT，这些国家绝大多数为发展中国家。个别国家（例如乍得）与中国签订了 BIT，但迄今未履行批准程序，协定一直未能生效。为中国企业海外投资提供全面保护和风险规避，激励和促进中国企业海外投资，我国应尽可能与还没有签订投资保护协定的国家缔结 BIT，订立完善的保护本国投资者权益的相关条款，确保中国企业"走出去"且"走得好、走得稳"。此外，在我国香港特别行政区和澳门特别行政区投资的内地企业，因为香港和澳门签订的 BIT 较少，特别是澳门只在 2000 年与葡萄牙签订了 BIT、2008 年与荷兰签订了 BIT，所以在与其他国家发生纠纷时，很难通过 BIT 寻求救济。在下章介绍的 Sanum 诉老挝政府案中，新加坡高等法院撤销仲裁庭的管辖权裁决的理由即中国—老挝 BIT 不适用于澳门特别行政区，而澳门与老挝并未签订 BIT。该案提示内地企业在香港和澳门投资需要考虑 BIT 对其保护的可能性。中国签订的 BIT 除个别明确规定不适用于我国港澳地区外，如 2006 年《中国—俄罗斯双边投资条约》，绝大多数并未明确是否适用于港澳地区。从保护投资者的目的出发，我国今后签订的 BIT 应在遵守香港特别行政区基本法和澳门特别行政区基本法的前提下明确扩展适用到这些地区。

BIT 为综合性的国际条约，它既包含有关缔约双方权利和义务的实体性规定，也包含关于解决投资争端的程序性规定。缔约国家之间订立 BIT 的目的不

---

❶ 王尊：《中国与"一带一路"沿线国家签订 BIT 的现状研究》，载《企业改革与管理》2019 年第 14 期，第 98—99 页。

同，需要解决的问题不同，BIT 的重点也不同。这一方面有利于针对不同缔约国签订不同内容的 BIT，使之更适合两国的国情，实现协定的目的；另一方面则导致 BIT 繁杂，与不同国家签订的 BIT 内容不同，甚至存在实质上的不同或者冲突，导致投资者无法有效应对，也产生了规避对其不利的投资规则的行为。为解决这些问题，我国有必要推行 BIT 示范文本。虽然早在 1984 年我国已开始制定 BIT 范本，但一直没有提供标准的文本。"一国的 BIT 范本往往是其投资条约政策的最重要的国际展示，BIT 范本兼具规范性和宣示性，但其宣示性的效果往往大于规范性的意义，因为决定性的规则最终体现在真实条约的具体条款之中，而这些条款则取决于具体的谈判过程。"❶ 尽管如此，BIT 范本的制定可以展示我国对外投资的态度和立场，体现出我国的话语权，也可以给谈判的对方国家一个很好的预期，并推动和扩大范本的影响力。这一点，已经由美国的实践所证明。"一方面，美国以其 BIT 范本为基础与许多发展中国家签署了 BIT；另一方面，其他一些发达国家接受了美国的投资法律政策，并据此进行投资条约谈判实践，从而扩大了双边化/区域化投资造法的效果。"❷

我国须与时俱进，在新一轮 BIT 谈判中及时回应海外投资需求，完善投资保护规则，应尽快完善 BIT 范本，细化投资与投资者保护的实体标准。可以参考最新签订的中欧 BIT，将投资者待遇、投资自由化、投资保护、监管框架、投资和可持续发展、争端解决包括国家间争议解决程序规则等纳入其中，在与相关国家订立协议或修改协议时以该文本为遵循，为合理配置东道国、投资者、投资国之间的权利与义务，订立防范政府违约风险条款提供模板。

2. 双边投资协定中有关投资者保护的主要内容

要实现法律的确定性、可预测性并避免法律冲突，即需要以法律文本最大限度的清晰和准确为支撑条件。❸ 我国在与相关国家签订 BIT 时应尽可能做到内容清晰完整，权利与义务明确，保证用语、概念、内容的精确度，防止出现

---

❶ 单文华、诺拉·伽拉赫：《和谐世界理念和中国 BIT 范本建设——一个"和谐 BIT 范本"建议案》，陈虹春、王朝恩译，载《国际经济法学刊》2010 年第 1 期。

❷ 蔡从燕：《中国与国际投资规则制定中的法律话语权》，载《上海政法学院学报（法治论丛）》2022 年第 1 期，第 91 页。

❸ Dinah Shelton. *Reconcilable Difference? The Interpretation of Multilingual Treaties*, Hastings Int'l & Comp. L. Rev, Vol. 20, 1996.

因国际投资协定文本的模糊所产生的问题，一旦出现纠纷，也可为进入仲裁或诉讼程序的当事方提供据理力争的依据，让投资者不仅清楚其权利的内容与行使方式，也为仲裁庭或法庭提供正确的解释指引，确保条约用语足以澄清核心条款的具体内涵，从而降低仲裁庭或法庭对条约做出错误解释的可能性，最大限度地减少或消除解释与适用条约的随意性和不确定性。❶

由于 BIT 涉及的内容较多，鉴于本文的主题，本部分只对 BIT 中几个核心问题进行分析。

（1）总括条款。

总括条款是指在 BIT 中缔约国共同承诺，一方遵守其对另一方的投资者所承担义务的条款。该条款订立的目的在于确保缔约国相互履行对另一方投资者所作的保证，因而成为保障外国投资者利益的重要条款，对于防范政府违约风险具有积极作用。

许多 BIT 中都规定了总括条款，❷ 典型的总括条款，如《英国与圣卢西亚双边投资条约》第 2 条规定："各缔约方应遵守其对另一缔约方国民或公司投资承担的义务。"再如中国—伊朗 BIT（2000 年）第 10 条规定："缔约任何一方应保证遵守其就缔约另一方的投资者的投资所作的承诺。"此两款中的"义务"与"承诺"既包含了缔约国相互保护对方国家投资者的承诺，也包括了缔约一方对另一缔约方的投资者的承诺。

作为国际条约，BIT 缔约方只应承担 BIT 项下的义务。但是，由于总括条款将 BIT 与投资者签订的投资合同联系在一起，缔约国承诺履行与投资者签订的投资合同，这就为东道国遵守合同提供了条约保障，当东道国违反其与投资者之间订立的合同时，投资者可依据投资条约中的总括条款，要求东道国履行合同义务，并可以违反条约为理由启动相关的法律救济程序。这就将国家对投资者的违约行为从合同层面提升到条约层面，使投资者可以依据 BIT 寻求救济。缔约国将对投资者的承诺置于 BIT 保护之下，因此总括条款也被称为保护伞条

---

❶ Anthea Roberts. *Clash of Paradigms*: *Actors and Analogies Shaping the Investment Treaty System*, American Journal of International Law, Vol. 107, 2013, pp. 79 – 80.

❷ 保护伞条款不只在 BIT 中存在，在一些多边投资协定和涉及投资内容的多边贸易协定中也有该条款，如《能源宪章条约》第 10 条第 1 款规定："每个缔约方应履行与任何其他缔约方的投资者或投资者的投资有关的任何义务。"

款。"将伞形条款写入双边投资协定旨在为投资者提供超出传统国际标准范围之外的保护。它们之所以被称作伞形条款是因为其将合同义务置于双边投资协定的保护伞之下。它们将遵守投资合同或者是东道国的其他义务增加到双边投资协定的实体标准中，通过这一方式，违反此类合同也就违反了条约。"[1] 伞形条款为投资者提供了针对东道国违约行为的国际条约保护，无疑有利于外国投资者。但是，由于将投资者和国家之间的违约争议上升到了国际条约层面，投资者基于东道国违反合同义务而提起国际仲裁成为可能，因而加重了东道国的义务，易引发国家主权风险，因此，并不是所有国家之间签订的 BIT 都包含了保护伞条款。OECD 发布的《2016 世界投资报告》中的数据显示，截至 2016 年底，全球范围内签订的 BIT 中包含保护伞条款的协定仅占 40%。保护伞条款之所以没有被广泛地接受，主要原因是保护伞条款可能威胁东道国的司法主权。[2]

对于保护伞条款是否能够将投资者之间的合同争议提升到条约层面予以解决，在仲裁实践中存在不同的观点，在不同的案件中仲裁庭也作出了不同的结论。在 SGS 诉菲律宾案中，仲裁庭认为，总括条款适用于所有投资者与东道国间的合同，因为总括条款"将东道国未能履行包括合同义务在内的针对特定投资的约束义务当作对双边投资条约的违反"。[3] 但在 SGS 诉巴基斯坦案中，仲裁庭指出，双边投资条约中约定的总括条款并未表明允许不受限制地进行扩张解释，将违反投资合同视为违反条约。SGS 必须证明将违反投资合同视为违反条约为各缔约方的缔约意图，但仲裁庭并未发现此类证据。因此，仲裁庭驳回了 SGS 关于总括条款将对投资合同的违反自动升级为对双边投资条约的违反的观点。[4] 而在其他一些仲裁案件中，仲裁庭倾向于基于投资合同的性质来决定政府行为是否违反了 BIT，而没有采取直接否定的立场。例如，在 Joy Mining v. Egypt 案和 El Paso v. Argentina 案中，仲裁庭均认为，只有违反政府性合同而

❶ Christoph Schreuer. Traveling the BIT Route of Waiting Periods, Umbrella Clauses and Forks in the Road, *The Journal of World Investment and Trade*, Vol 5, 2004. p. 250. 转引自王楠：《双边投资协定中的伞形条款解释》，载《法学家》，2008 年第 6 期，第 147 页。

❷ 《保护伞条款——BIT 项下的合同违约救济》，载 https://www.sohu.com/a/251260338_650578，2020 年 12 月 5 日访问。

❸ 王斌：《试论政府违约风险的法律控制》，载《浙江社会科学》2007 年第 4 期，第 114 页。

❹ 王斌：《试论政府违约风险的法律控制》，载《浙江社会科学》2007 年第 4 期，第 114 页。关于两案的仲裁庭裁决将在下章中详细介绍。

非商事合同的行为才构成对条约的违反，将政府违反商事合同的违约行为排除在外。在 Joy Minging v. Egypt 一案中，仲裁庭明确提出，"'商业性争议'与'国家干预合同履行而发生的争议'两者之间存在根本区别"。可见，虽然在不同的 BIT 中关于保护伞条款的规定大体相同，但仲裁庭对于不同 BIT 中保护伞条款的解释与理解是不同的，由此会作出不同的裁决。

鉴于对总括条款的理解不同，能否依据 BIT 进行解释并解决纠纷存在不同的观点，因此，我国在后续与他国尤其是"一带一路"共建国家进行 BIT 谈判时，需要根据缔约对方国家的情况，以及两国间的关系决定是否订立总括条款。如果对方国家具有良好的信誉，政府违约的可能性极小，那就可以考虑不订立该条款，在本国投资者不大可能受到伤害的同时又不会对我国政府形成约束。反之，则应该订立总括条款。总括条款应明确适用的范围及规则。可以参考中国—乌兹别克斯坦 BIT（2011）第 13 条规定，从以下几个层面规定总括条款：首先，明确缔约方的履约义务，"缔约任何一方应恪守其以协议、合约或合同形式与缔约另一方投资者就投资所作出的书面承诺"。缔约国应遵守以协议、合约或合同形式作出的书面承诺。其次，规定"缔约一方违反在商事性质的合同下所承担的义务不应被视为违反本协定"。缔约国对商事合同项下义务的违反不构成对 BIT 的违反。如果投资者与东道国签署的基础设施特许权协议不属于商事合同，才受到 BIT 的保护。最后，作为主权国家的政府及其授权实施机构与另一方国家投资者签订的投资合同可以诉诸 BIT 项下的条约请求，否则，投资者就不能将缔约国违反合同的义务上升为违反 BIT 的义务。通过上述几个层面的规定，确定政府违约与条约违反之间的关联性，以及政府和投资者的责任界限与责任承担。

（2）投资和投资者的界定。

投资和投资者范围的广泛性，决定其需要通过 BIT 条款加以限定。而投资和投资者的范围决定了 BIT 的适用范围，因此，BIT 基本上都会对投资和投资者的范围予以界定。只有符合投资定义的项目和符合投资者定义的投资者才会受到 BIT 的保护。但在不同的 BIT 中确定的投资和投资者的范围是不同的，在多大范围上界定投资和确定投资者的范围，主要取决于两国订立 BIT 的目的、缔约国开放水平与经济发展水平等因素。

第一，投资的界定。

BIT 对于投资的界定不是固定不变的。由于投资方式不断变化，BIT 在投资的范围上呈现出不断扩大的趋势。1982 年中国—瑞典 BIT 第 1 条将投资确定为：投资包括缔约一方投资者在缔约另一方境内、依照其法律和规章用于投资的各种形式的资产，尤其是动产、不动产及其他物权，如抵押权、留置权、质权、用益权及类似权利；公司的股份或其他形式的权益；金钱的请求权或具有经济价值的任何行为的请求权；版权、工业产权、工艺流程、商名和商誉；根据公法或合同给予特许权持有者一段时间的合法地位的商业特许权，包括勘探或采掘和提炼自然资源的特许权。该条款中所规定的投资主要表现为直接投资。随着间接投资规模的不断扩大，BIT 逐渐将间接投资纳入调整的范围，投资范围变得非常宽泛。如 2013 年生效的中国—坦桑尼亚 BIT 规定，具有投资特征的各种财产均属于投资，包括但不限于动产、不动产等物权，对公司的股权、股票，金钱请求权，知识产权，特许权（勘探开发自然资源等），与投资有关的债券，合同权利（交钥匙工程合同、建设合同等）。中国—加拿大 BIT 第 1 条第 1 款进一步对自然资源的开发作出规定，将"由于向缔约一方境内投入用于该境内经济活动的资本或其他资源而产生的权益，例如依据涉及投资者的财产存在于缔约一方领土内的合同，包括交钥匙或建筑合同，或对勘探和开采石油或者其他自然资源的特许权，或依据报酬主要取决于企业的产量、收入或者利润的合同"都纳入投资的范围。

基础设施项目建设具有投资的特点，因此在中国—坦桑尼亚 BIT、中国—加拿大 BIT 中被纳入投资的范畴。但是一些 BIT 没有直接将工程建设合同纳入投资的范围，虽然建设工程项目可能构成"动产""股权"或者"特许权"等类型的投资，由此也会被列入投资的范畴，但仍然存在被质疑的可能。如在下述北京城建与也门政府的争议中，由于 1998 年中国—也门签订 BIT 中没有明确规定基础设施建设项目为投资，也门政府即提出，北京城建集团通过招标形式获得建设飞机场的资格，建设机场的实际出资人是也门政府，北京城建仅是一个工程承包商，修建机场是由也门政府支付工程款的工程承包行为，不是"合格的投资"。虽然仲裁庭没有支持也门政府的观点，但也徒增了否定项目为合格投资的风险。在许多国际仲裁案件中，仲裁庭都需要对基础设施投资是否为合格的投资作出认定，如在 Salini v. Moroco 案、Bayindir v. Pakistan 案❶、Desert

---

❶ 任清：《海外投资的条约保护：规则、案例与对策》，载《海外投资与出口信贷》2015 年第 5 期，第 8 页。

Line Project LLC v. the Republic of Yemen 案，以及 Salinas Construe S. p. A. and Balustrade S. p. A. v. the Hashish Kingdom of Jordan 案等。尽管仲裁实践中投资基础设施项目建设可能被认定为 BIT 下或多边公约下的合格的投资，但仍存在很大的不确定性。因此，笔者认为，在我国大规模投资海外基础设施建设的背景下，特别是为了"一带一路"倡议的顺利实施，我国所签订的 BIT 应普遍将基础设施项目纳入 BIT 保护的投资范畴，以避免出现不必要的争议，为我国海外投资者寻求救济提供合法依据。

一些 BIT 对投资明确提出了合法性要求，"非法投资"不受保护。例如，在 Metal – Tech v. Uzbekistan 案中，仲裁庭认为，以色列投资者向乌兹别克斯坦官员行贿，违反乌兹别克斯坦反腐败法，因此其投资不受以色列—乌兹别克斯坦 BIT 的保护。

第二，投资者的界定。

在 BIT 中，投资者一般应为缔约国的自然人、法人或其他组织。如中国—也门 BIT（2002）第 1 条第 2 款规定，"投资者"系指在双方领土内进行投资的自然人和法人。对自然人的投资者身份认定比较简单，大多数国家采取国籍标准或住所地标准，如具有中国国籍即为中国的投资者。但对法人的投资者身份的认定就相对复杂了，登记地、住所地、实际经营地、实际控制人、准据法等都可能被作为认定投资者身份的标准，在采用单一标准认定法人投资者身份不够准确时，还可采用复合型标准。例如，中国—韩国 BIT（2007）将准据法作为判断是否为中方合格投资者的标准，即依据缔约国法律设立的法人为投资者，采用了单一标准；中国—也门 BIT（1998）则采取了"准据法＋住所地"的标准，依据中国法律设立且住所在中国境内的法人为中方投资者；中国—乌兹别克斯坦 BIT（2011）在准据法和住所地之外，还规定了"实际经营"标准，即只有在中国境内注册有住所并实际进行经营活动的投资者才能被认定为中方投资者。

对于一般企业来说，依照 BIT 确定的标准可以比较容易认定其投资者身份，但对于具有国家控股或参股的国有企业来说，其投资者身份的认定具有一定的复杂性。依据中外 BIT 关于"投资者"的定义和范围的界定，对国有企业是否具有投资者身份，大致可以分为三种类型。

第一种类型的 BIT 明确将国有企业纳入"投资者"范围。含有这类规定的

BIT 数量不多。中国与科威特、澳大利亚、阿曼、苏丹、韩国、乌兹别克斯坦、加拿大、坦桑尼亚等国家签订的 BIT，以及中日韩投资协定均将国有企业纳入"投资者"的条款文本中。

第二种类型的 BIT 是缔约一方明确将国有企业纳入"投资者"范围，即缔约一方的"投资者"范围中明确包括了国有企业，另一方则没有明确包括国有企业，例如，中国与加纳、阿拉伯联合酋长国、阿塞拜疆、沙特阿拉伯、卡塔尔等国家签订的 BIT。由于缔约中的一方对国有企业的投资者身份规定不明确，在发生纠纷时争议解决机构首先需要对国有企业是否为投资者加以认定。

第三种类型的 BIT 是缔约双方均未明确将国有企业纳入"投资者"定义中。该类型在我国签订的 BIT 中最为普遍，数量占到约 90%，我国第一代及第二代 BIT 多为此种模式，例如，中国与玻利维亚、阿根廷、秘鲁、也门等国家签订的 BIT 为此种类型。这些协定签署时间比较早，国有企业的相关问题在当时尚未引起广泛的关注，我国也未意识到国有企业投资者身份不明确会对我国国有企业的海外投资带来的影响，以及由此产生的国际仲裁管辖权等问题。

表 5-4 为上述三种类型的 BIT 中有关国有企业条款的举例。

表 5-4　我国 BIT 中的国有企业条款范例

类型	投资协定简称	"投资者"定义
第一种类型	中国—澳大利亚 BIT（1988）	（一）"公司"系指任何按下列方式正式组建、组成、设立或经其他方式正式组织的公司、社团、合伙、信托或其他法律认可的实体：依照缔约一方的法律，或依照第三国法律并由本条第 1 款第（一）项所述实体或按缔约一方法律为其公民或永久居民的自然人所拥有或控制的。而不论该实体是否为获利而组建，或是私有或其他形式所拥有，或是有限或无限责任
	中国—乌兹别克斯坦 BIT（2011）	二、"投资者"一词，系指在缔约另一方领土内正在投资或已经投资的缔约一方的国民或者企业：……（二）"企业"一词，系指根据缔约任何一方可适用的法律和法规设立或组建，且住所在该缔约一方领土内并且有实际经营活动的任何实体，包括公司、商行、协会、合伙及其他组织，不论是否盈利和是否由私人或政府所拥有或控制

续表

类型	投资协定简称	"投资者"定义
第一种类型	中国—坦桑尼亚 BIT（2014）	二、"投资者"一词，系指在缔约另一方领土内正在投资或已经投资的缔约一方的国民或者企业：……（二）"企业"一词，系指根据缔约任何一方可适用的法律和法规设立或组建，且住所在该缔约一方领土内并且有实际经营活动的任何实体，包括公司、商行、协会、合伙及其他组织，不论是否由私人或政府所拥有或控制
第二种类型	中国—阿塞拜疆 BIT（1994）	中国 （一）依照其法律具有中华人民共和国国籍的自然人； （二）依照中华人民共和国的法律设立，其住所在中华人民共和国领土内的经济组织
		阿塞拜疆 （一）根据阿塞拜疆共和国有效法律取得阿塞拜疆共和国国民地位的自然人； （二）在阿塞拜疆领土内根据阿塞拜疆共和国有效法律设立并从事经济活动的法人，而无论其组织形式或其代表身份
	中国—沙特阿拉伯 BIT（1996）	中国 （一）具有中华人民共和国国籍的自然人； （二）依照中华人民共和国的法律设立，其住所在中华人民共和国领土内的经济组织
		沙特阿拉伯 （一）根据沙特王国法律具有沙特王国国籍的自然人； （二）根据沙特王国法律设立，在其领土内设有总部的法人或非法人实体，如社团法人、合作社、公司、机关、机构、办公室、集团、基金、组织、商业社团和其他类似实体，而不论其责任是否有限； （三）机构和机关如沙特阿拉伯货币总署、公共基金、发展署和其他类似的在沙特阿拉伯设有总部的政府机构
	中国—卡塔尔 BIT（1999）	中国 （一）按照中华人民共和国法律，具有其国籍的自然人； （二）按照中华人民共和国的法律设立，其住所在中华人民共和国领土内的经济组织
		卡塔尔 （一）具有卡塔尔国国籍的公民； （二）按照卡塔尔国立法组建，其住所在卡塔尔国领土内的法人，包括公司、总公司、公共组织、公共和半公共实体

续表

类型	投资协定简称	"投资者"定义
第三种类型	中国—尼日利亚 BIT（2010）	（一）"国民"一词，就缔约任何一方而言，系指具有该缔约一方国籍的自然人； （二）"公司"一词系指依照缔约任何一方的现行法律在该缔约一方领土内设立或组成的公司、商号和组织
	中国—法国 BIT（2010）	二、"投资者"一词，系指 （一）国民，即拥有任一缔约国国籍的自然人； （二）依照缔约一方法律在该缔约方境内组建，且在该缔约方境内有总部或者由一缔约方法人或自然人直接或间接控制的法人

近年来，国有企业不断走出国门，成为我国对外投资的主力军。国务院国资委的公开数据显示，截至 2018 年底，国有企业占我国对外投资存量近 70%，国有企业境外单位有 9000 多户，资产总量超过 7 万亿元人民币，投资和从事业务的国家和地区达到了 185 个，在"一带一路"已开工和计划开工的基础设施项目中，国有企业承担的项目数占比超过 60%。❶ 随着我国对外投资规模的不断扩大，国有企业与东道国之间产生投资争议的风险与概率会越来越大，参与国际投资仲裁的可能性与频率也会越来越高。我国国有企业在国际投资中所展现出的实力和竞争力既为国际社会所认知，但同时又成为许多国家的口实。美欧等国家和组织指责中国国有企业并非纯粹的商业实体，而是被政府控制用于实施产业计划、"窃取"外国技术、进行海外投资扩张等战略的"行为体"，❷是中国推行"国家资本主义"的表现。为抑制我国国有企业的发展，它们采取了各种措施，包括实施惩罚性关税、限制政府补贴或其他的政府支持、将国有企业纳入实体审查名单、实施严格的投资安全审查、阻止进行投资仲裁等措施阻碍国有企业的发展，由此引发国际投资仲裁的可能性增大。虽然在中国投资者提起的国际投资仲裁案中，涉及国有企业的只有中国平安诉比利时案与北京

---

❶ 《合作共赢　国企构筑国际化大格局》，载 https：//baijiahao.baidu.com/s？id＝1645787614141433732&wfr＝spider&for＝pc，2019 年 12 月 20 日访问。

❷ Statement by U. S. Trade Representative Robert Lighthizer on Section 301 Action（July10，2018），https：//ustr.gov/about－us/policy－offices/press－office/press－releases/2018/july/statement－us－trade－Representative. visited on 5 May 2020.

城建诉也门案，但必须充分注意我国国有企业所面临的国际环境变化和由此带来的挑战。

我国已缔结的绝大多数 BIT 中没有将国有企业纳入"投资者"的范围，从所有制形式上对"投资者"进行限定，由此在国际仲裁中赋予了仲裁庭很大的自由裁量权，加之国际投资仲裁本身存在的各种"系统性问题"，使得国有企业投资者身份认定存在不确定性。为维护我国国有企业的利益，我国应主张国有企业非歧视原则，通过与相关国家的逐一谈判，逐渐将国有企业纳入尚未被认可的 BIT 中，确立国有企业的投资者身份，以便在未来的多边国际投资协定中国有企业能够获得与其他企业一样的地位和一视同仁的对待。

国有企业与其他企业享有同等待遇，在一些国家签订的 BIT 中已有尝试。如在 2007 年墨西哥—印度 BIT、2001 年奥地利—格鲁吉亚 BIT 中都规定投资者"为缔约一方的自然人或企业"，并将"企业"界定为"任何私有、政府所有或政府控制的实体"。❶ 美国 2012 年 BIT 范本将投资者界定为"在另一缔约方领土内试图进行、正在进行或已经进行投资的缔约一方或其国营企业，或缔约一方的国民或企业"。相比较而言，美国 2012 年投资协定范本中确定的"投资者"定义比上述两个 BIT 更具体。但须注意这里的"国营企业"与"国有企业"是存在差异的。笔者认为，可考虑在 BIT 投资者定义条款中设置独立的"国有企业投资者"类别，并总括性地规定"无论私有、由政府所有或控制的实体都属于缔约一方的企业"，明确国有企业的"投资者"法律地位与其他企业是一样的，避免对国有企业投资者身份进行复杂的解释与认定，减少纠纷解决中的自由裁量，避免一些国家在实践中对国有企业的歧视问题，为国有企业的跨国发展打开更大的通道。

直接将"国有企业"纳入投资者的范畴，对于一些缔约国可能容易接受，但对于美国、欧盟等国家或组织则可能不太容易，因为它们将国有企业排除到投资者之外的目的不是单纯出于阻碍投资的考虑，而更多地出于政治目的。为实现其政治目的，它们会设定一些特殊的条件或判断标准，采取不同于其他类型企业的审查程序。《美国 2012 投资协定范本》第 2 条第 2 款、《全面与进步跨

---

❶ Y. Shima. The Policy Landscape for International Investment by Government – controlled Investors: A Fact Finding Survey. 2015, OECD Publishing, Paris. http://dx.doi.org/10.1787/5js7svp0jkns – en, p. 12. visited on 3 June 2021.

太平洋伙伴关系协定》（Comprehensive and Progressive Agreement for Trans – Pacific Partnership，CPTPP）第十七章国有企业条款、《跨大西洋贸易与投资伙伴协议》（Transatlantic Trade and Investment Partnership，TTIP）中的国有企业章节条款、欧盟和加拿大签订的《综合性经济贸易协议》（Comprehensive Economic and Trade Agreement，CETA）第 1. 10 条关于"行使政府授权的个人"等条款都规定了国有企业能否被认定为投资者的标准，例如，某一国有企业是否为政府所控制，或某一行为是否为"行使政府职权"的行为等。是否"被授予政府职权"的判断标准包括以立法授予、政府命令、指令将政府职权转交给国有企业、个人等情形。❶

笔者认为，为维护我国海外国有企业的利益，在我国与其他国家签订的 BIT 中，应坚持所有权中性原则，将国有企业直接纳入投资者定义中。随着我国国有企业体制改革和分类改革的最终完成，依照竞争中立规则，我国国有企业的所有权结构以及国有企业分布格局会发生很大的变化，国有企业所表现出来的竞争精神和社会责任感也将得到国际社会越来越多的认可。如果不能在 BIT 中直接规定国有企业的投资者身份，则应该对投资者的认定标准作出约定，通过列举方式，明确提出国有企业投资者身份的判定标准，防止欧美等国家滥用判断标准，损害我国国有企业的利益。在投资协定中自设国企身份或行为判断规则并优先适用，具有实践基础和法理支持。❷ 关于国有企业在国际投资仲裁中的相关问题将在下章中详细阐述。

（3）投资者待遇条款。

投资者待遇是投资者在东道国能够享有的权利与权益。投资者待遇条款就是对投资者在东道国能够享有的权利与权益所作出的约定，因而对投资者是极其重要的，直接关系到其在东道国的地位与权利保护。

关于投资者待遇，不同的 BIT 中会有不同的规定。BIT 中通常规定的投资者待遇为国民待遇、最惠国待遇、公平公正待遇、最低待遇等。

第一，国民待遇条款（National Treatment Provisions，NTP）。

国民待遇的基本含义是缔约国一方应给予缔约国另一方投资者在其境内的

---

❶ 《美国 2012 投资协定范本》第 2 条第 2 款脚注 8。

❷ 刘雪红：《中国海外投资保护的法律障碍与制度重构——基于北京城建诉也门等五案的分析》，载《华东政法大学学报》2019 年第 2 期，第 177 页。

投资及与投资有关活动不低于其给予本国投资者及与投资有关活动的待遇。再具体一点，可表述为缔约方给予另一缔约方投资者的待遇应不低于其在国内类似情形下在设立、获取、扩大、管理、实施、运行、买卖或其他投资处置给予国内投资者的待遇。国民待遇条款赋予了外国投资者与本国投资者同等的待遇，实现了内外投资者之间的无歧视，因而受到外国投资者的认可和重视。中国BIT 中对国民待遇作出规定的始于 1986 年的中英 BIT，之后签订的 BIT 中基本上规定了国民待遇条款。如 1991 年中国—捷克斯洛伐克共和国 BIT 规定："任何一方投资者在缔约另一方境内就其有关投资……活动方面，应保证能够获得不低于缔约另一方投资者的待遇。"

国民待遇条款直接确定了外国投资者在东道国享有的投资地位、权利及其利益，是东道国对外国投资者及其投资提供的最大保护。但是，出于国家安全考虑、产业政策的需要以及其他社会需要，完全给予外国投资者及其投资以国民待遇并非妥当，特别是发展中国家出于国内经济发展和产业发展的考虑，需要对国民待遇施加一定的限制或附加一定的条件。1988 年中国—日本 BIT 中即规定："缔约一方根据其法律法规，为了国民经济的正常发展，在实际需要时，可以对缔约另一方的投资者实行差别待遇。"而在一些 BIT 中将"不违背（东道国）法律法规"作为实行国民待遇的前提条件。该种规定意味着东道国可以通过国内立法对外国投资主体、投资领域以及投资活动设置禁止事项或施加一定的限制，采取不同于本国投资者的歧视性做法。特别是在投资领域实施的市场准入限制，使得外资无法进入东道国市场。

市场准入作为限制外国投资者进入本国市场的措施为各国所采用。国民待遇指外国投资者进入东道国市场之后享有的待遇。市场准入与国民待遇对应投资者进入东道国市场之前和之后的两个阶段。但是，由于市场准入限制了外国投资者进入东道国市场，国民待遇条款的适用受到制约。为解决这一问题，促使东道国开放投资市场，将国民待遇由市场准入后延伸至市场准入前就成为美欧推动其他国家市场开放的基本做法，即实行准入前国民待遇，以此改善本国投资者在东道国的国民待遇，维护其海外利益。在中美、中欧 BIT 协定的谈判过程中，美国与欧盟均提出了准入前国民待遇问题，推行"准入前国民待遇加负面清单"的模式，即在市场准入阶段东道国应给予外国投资者及其投资不低于本国投资者及其投资的待遇，同时，允许通过负面清单的方式对外国投资者进入本国市场的部门和领域予以限制。

在 2013 年与美国进行 BIT 谈判之前我国一直采用准入后的国民待遇，同时对外资进入采取正面清单模式，明确规定了鼓励、允许、限制和禁止外资进入的领域以及投资方式。在与美国展开 BIT 谈判后，我国开始采取"准入前国民待遇加负面清单"模式，并在 2020 年 1 月 1 日起实施的《外商投资法》第 4 条中明确规定"国家对外商投资实行准入前国民待遇加负面清单管理制度"。按照该法的解释，准入前国民待遇是指在投资准入阶段给予外国投资者及其投资不低于本国投资者及其投资的待遇。该法同时明确，"中华人民共和国缔结或者参加的国际条约、协定对外国投资者准入待遇有更优惠规定的，可以按照相关规定"。

对我国而言，对外资准入实行从正面清单到负面清单，不只是市场准入模式的改变，而是一个根本性的变革，充分表明我国市场经济体制的完善与国内市场的开放，管理也更为科学。我们应运用好负面清单模式，充分保护国家产业安全，在与相关国家缔结 BIT 时，根据缔约国情况，合理确定清单内容，不要采用类似于 2001 年中国—荷兰 BIT 在补充协议中规定的"国民待遇不适用于领土内任何现存的不符措施"的表述，也不应像 2006 年中国—印度 BIT 和 2007 年中国—韩国 BIT 根本不对国民待遇规定例外的做法，普遍运用"准入前国民待遇加负面清单"模式，在积极对外开放市场的同时，谨慎考虑中国经济发展的特点与趋势，针对不同的缔约方，作出适当的保留或适当的变通性规定。

第二，最惠国待遇条款（Most - Favored - Nation Treatment Provisions，MFN）。

最惠国待遇是缔约双方在 BIT 中承诺，缔约一方现在和将来给予任何第三方的一切特权、优惠和豁免也同样给予缔约对方，使缔约对方在缔约一方享有不低于任何第三方享有或可能享有的待遇。通过在 BIT 中设立最惠国待遇条款，可以实现外国投资者之间的利益平衡，保护不同国家的投资者免受歧视。

中国签订的 BIT 中基本上都规定了最惠国待遇条款。如 1988 年中国与澳大利亚签订的 BIT 第 3 条之（3）规定，缔约一方应始终"在其领土内，给予投资和投资有关活动的待遇……应不低于给予任何第三国国民的投资和投资有关活动的待遇"。

最惠国待遇条款提供了对外国投资者实体权利的保护，对此保护得到了缔约国普遍的认同，但对于外国投资者是否享有解决投资争议等程序性权利则存在着不同的观点。在 ICSID 的仲裁实践中仲裁庭对此作出过不同的裁决。有的仲裁庭认为最惠国待遇是保障实体性待遇的权利，其不适用于投资争议解决等程序权利，投资者不能依赖最惠国待遇条款获得保护其程序权利的待遇。有的仲裁庭则作出了相反的裁定。为避免就最惠国待遇是否适用于程序而产生歧义，给外国投资者以明确的预期，一些 BIT 对此作出了明确的规定。如 2012 年中国—加拿大 BIT 即规定"最惠国待遇"不包括"其他国际投资条约和其他贸易协定中的争端解决机制"，清晰地规定了该项待遇条款不扩展至"其他"条约中的争议解决的程序性权利，表明中国对于最惠国待遇条款的适用范围排除程序性权利。既然对最惠国待遇是否包括程序性权利存在争议，我国在 BIT 中应谨慎规定程序性权利，在不违反其他国际条约义务的前提下，采用限制性的规定为妥。

第三，公平公正待遇条款（Fair and Equitable Treatment Provisions，FET）。

对于公平和公正待遇，2008 年中国—新西兰签订的自由贸易协定第 143 条将其解释为"包括基于一般法律原则，确保投资者不会在任何与投资者投资相关的法律或行政程序中被拒绝公正对待，或受到不公平或不公正对待的义务"。

在我国已签署的 BIT 中绝大部分均包含 FET 条款，只有少数 BIT 没有订立 FET 条款，如中国与罗马尼亚、意大利、日本、保加利亚、韩国、捷克、白俄罗斯、斯洛伐克等国家签订的 BIT。在包含 FET 条款的 BIT 中，对于 FET 条款的规定，概括起来大致有以下类型：

第一类为概括性地规定 FET 条款。我国早期签订的 BIT 将 FET 条款作为宣示性、目的性条款，不附加任何条件限制，也未加以具体解释，只是作出了原则性规定。例如，中国—瑞士 BIT（1987）第 4 条第 1 款规定，"缔约一方在其领土内应保证对缔约另一方投资者的投资给予公正和公平的待遇"；中国—澳大利亚 BIT（1988）第 3 条第 1 款规定，"保证其领土内的投资和与投资有关的活动得到公正和公平的待遇"。之后订立的 FET 条款虽有所细化，但仍十分概括。如中国—德国 BIT（2003）第 3 条第 1 款规定，"缔约一方的投资者在缔约另一方的境内的投资应始终享受公平与公正的待遇"。中国与菲律宾、哥伦比亚、越南、老挝、柬埔寨签署的 BIT 均单独规定了原则性的 FET 条款。

第二类是与国民待遇、最惠国待遇、国际最低待遇标准相联系的 FET 条款。与国民待遇、最惠国待遇相联系的 BIT 中占比最大，在 20 世纪末及 21 世纪初签订的 BIT 中被广泛应用。例如，中国—古巴 BIT（1995）第 3 条第 2 款规定，"本条第一款所述的待遇和保护不应低于其给予任何第三国投资者的投资及与投资有关的活动的待遇和保护"；中国—也门 BIT（1998）第 3 条第 1 款规定"缔约一方应保证给予在其领土内的缔约另一方的投资公正与公平的待遇，该待遇依照其法律和法规不应低于给予本国投资者的投资的待遇，或不应低于最惠国的投资的待遇，如后者更优惠的话"。中国与泰国、新加坡、马来西亚和印度尼西亚签署的 BIT 等均将 FET 与国民待遇或最惠国待遇相联系。之后，我国签订的一些 BIT 将国际最低待遇标准纳入 FET 条款中。如中国—加拿大 BIT（2012）第 4 条的标题为"最低待遇标准"，该条第 2 款规定，"第 1 款'公平公正待遇'和'全面的保护和安全'的概念并不要求给予外国人的最低待遇标准之外或额外的待遇"。

第三类是与一般国际法原则/规则相联系的 FET 条款。进入 21 世纪后，我国在 FET 条款中加入了"普遍接受的国际法原则"或"公认的国际法规则"概念，但此种模式的 FET 条款数量较少，典型代表如中国—哥斯达黎加 BIT（2007）第 3 条第 1 款规定，"缔约方应当依据普遍接受的国际法原则给予缔约另一方的投资者在其境内以公平和公正待遇"。❶

第四类是 FET 条款采取了列举清单的方式。列举清单的方式有两种，一种为开放式列举清单（open list approach）的方式。例如，中国—塞舌尔 BIT（2007）中的 FET 条款采取了包括但不限于"不得歧视"的开放式列举方式，并且细化了"不得歧视"义务的适用情形。❷ 中国—秘鲁（2009）、中国—新西兰（2008）、中国—韩国（2015）等 BIT 中规定的 FET 条款均规定"按照普遍

---

❶ 中日韩三方协定，即《中华人民共和国政府、日本国政府及大韩民国政府关于促进、便利和保护投资的协定》（2012）第 5 条第 1 款也规定了公平公正待遇："'公平公正待遇'及'充分保护及保障'的概念不要求在依据公认的国际法规则给予的任何合理及适当标准的待遇之外或额外给予。"

❷ 中国—塞舌尔 BIT（2007）第 4 条标题为"公平和公正待遇"，该条规定："任一缔约方都应当根据国际法原则给予另一缔约方投资者在其领土内进行的投资公平和公正待遇，并且保证因此获得承认的权利的行使在法律上和事实上均不应有障碍。包括但不限于：任何被认为是法律上和事实上对公平公正待遇有所妨碍的对于购买和运输原材料、辅料、能源、燃料和生产方式和运行方式上的歧视性限制，和妨碍产品在其境内和海外销售和运输，以及其他类似措施。在缔约双方立法的框架内，缔约双方应当在审查缔约一方国民提出的与其在另一缔约方领土内所作的投资有关的入境请求、居留、工作和旅游许可请求给予优待。"

接受的国际法原则"给予公平公正待遇,并采取了包括但不限于"不得拒绝司法"的开放式列举方式。另一种为封闭式列举清单(closed list approach)的方式。最新的 BIT 实践显示,我国开始尝试封闭式列举清单的表述方式。相较于欧盟囊括了迄今为止仲裁庭宽泛认定的所有 FET 义务要素的封闭式列举模式,❶我国采取的封闭式清单列举的内容更加有限。2010 商务部发布的《中国投资保护协定范本》第 5 条第 2 款将 FET 标准限定为"缔约一方不得对缔约另一方投资者粗暴地拒绝公正审理"以及"不得实行明显的歧视性或专断性措施"两种情形。

从上述所列 FET 条款可以看到,我国签署的 BIT 中有关 FET 条款逐渐从简洁、抽象到具体,从概括性表述逐渐发展为封闭式清单列举。尽管有些 FET 条款已经逐渐具体化,但大部分 FET 条款仍比较抽象,其内涵不够清晰。此外,还存在以下不足:第一,FET 条款的性质与定位归属不够明确。有些 BIT 将 FET 标准放在序言中作为原则加以规定,❷ 也有 BIT 将 FET 标准作为具体规则加以规定,由此产生了 BIT 中规定的 FET 条款究竟属于原则还是规则的疑问。由此也表明,对 FET 条款的性质与定位缺乏明确认知和立场。第二,FET 条款的具体表述不一。前面所列 FET 条款充分说明,不同模式下关于 FET 条款的规定不同,甚至同一种规定方式的文本措辞也存在差异。第三,与其他待遇标准的关系不清。我国 BIT 中有完全独立的 FET 条款,也有将 FET 标准与其他待遇标准一起规定于"促进和保护投资"或"投资待遇"条款之下的,还有将 FET 标准纳入以其他待遇标准作为标题的条款之下的,没有将 FET 标准与国际最低待遇标准、国民待遇标准、最惠国待遇标准区分开来。这些问题的存在导致对投资者的待遇认定存在极大的伸缩性,不利于我国海外投资者的保护。

FET 条款的实质是反对东道国对外国投资者实行任意性或歧视性措施,投资者经常以东道国没有给予其公平与公正的待遇而诉诸仲裁或诉讼,成为援引最多的要求东道国承担责任的条款。

---

❶ 参见王彦志:《RCEP 投资章节:亚洲特色与全球意蕴》,载《当代法学》2021 年第 2 期,第 44—58 页。

❷ 中国—土耳其 BIT(1990)只在序言中规定对外国投资者提供公平与公正待遇,并未制定单独的 FET 条款。

在国际投资仲裁实践中，FET 条款也常常被作为一个独立的外资待遇标准直接适用，并且大部分仲裁庭对 FET 条款的内涵采取扩大化解释，甚至有学者称之为"无所不包的安全港条款"（catch – all safety clause）。近年来 FET 条款逐步成为 BIT 中投资者最容易获得索赔的条款，投资者滥诉现象比较严重，给东道国经济主权带来了一定的冲击，一些国家甚至因败诉而背负了巨额债务，由此引发了国际社会对 FET 条款的反思，并寻求改革 FET 条款，以明确限制 FET 的适用范围。以巴西为代表的发展中国家直接在 BIT 中删除了 FET 条款；❶ 以美国为代表的一些国家采用了开放式列举清单的方式确定 FET 的范围，而以欧盟为代表的国家则采用封闭式列举清单的方式对 FET 的适用加以限制。❷ 开放式列举式清单进路是在 BIT 中单独规定与习惯国际法相结合的 FET 条款，以非排他的、示例性的方式具体列举该条款的含义和内容，采取"包括而不限于"的方式加以规定。封闭列举式清单进路也是在 BIT 中订立独立的 FET 条款，但规定与国际法或习惯国际法相结合，以"包括并且限于"的特点，具体界定 FET 条款的含义和内容，除了所明确列举的义项内容，不包括其他未被列举的义项内容，或者只有在 BIT 缔约方将来另行达成协议时，才可能再纳入其他义项内容。❸

在一些国家纷纷对 FET 条款予以修改的背景下，国内不少学者也提出了改革 FET 条款的建议。大部分学者主张对 FET 条款加以适当的限制，如规定适用例外，❹ 或者将 FET 条款与最低待遇标准相联系，❺ 但不完全等同于国际最低待遇标准。❻ 也有学者主张采用"原则 + 规则"的法律结构，将 FET 标准原则化置于条约序言中，或者设置专门的条约总则，同时，辅之以具体待遇规则。❼

---

❶ 张庆麟：《论晚近南北国家在国际投资法重大议题上的不同进路》，载《现代法学》2020 年第 3 期，第 126—137 页。

❷ 王彦志：《国际投资法上公平与公正待遇条款改革的列举式清单进路》，载《当代法学》2015 年第 6 期，第 147—157 页。

❸ 参见王彦志：《国际投资法上公平与公正待遇条款改革的列举式清单进路》，载《当代法学》2015 年第 6 期，第 147—157 页。

❹ 余劲松、梁丹妮：《公平公正待遇的最新发展动向及我国的对策》，载《法学家》2007 第 6 期，第 151—156 页。

❺ 刘笋：《论投资条约中的国际最低待遇标准》，载《法商研究》2011 年第 6 期，第 100—107 页。

❻ 王衡、惠坤：《国际投资法之公平公正待遇》，载《法学》2013 年第 6 期，第 84—92 页。

❼ 梁开银：《公平公正待遇条款的法方法困境及出路》，载《中国法学》2015 年第 6 期，第 179—199 页。

还有学者主张采取欧盟所倡导的全面封闭式清单方式列举 FET 标准的具体义务。❶ 虽然在具体规定方式上学者观点不同，但普遍表达了对我国 BIT 中的 FET 条款予以进一步明确和限制的必要性。

笔者认为，从保护我国投资者出发我国应订立开放与完善的 FET 条款，以便为投资者提供稳定的、可预见的法律与商业环境，实现投资者的合理期待。但是，从我国作为资本输入国角度考虑，公平公正待遇又应该是适度的，不能过分倾向于保护外国投资者。许多 BIT 对外国投资与投资者的限制不多，如中国—丹麦 BIT（1985）第 3 条第 4 款规定：“缔约任何一方保证，在不损害其法律和法规的情况下，对缔约另一方国民或公司参股的合资经营企业或缔约另一方国民或公司的投资，包括对该投资的管理、维持、使用、享有或处置，不采取歧视措施。”这直接表达了对外国投资者“不采取歧视措施”的立场。而 2001 年中国—塞浦路斯 BIT 中则直接删除了“在不损害其法律和法规的情况下”的条件限制。在这种情况下，对 FET 条款的解释权基本上赋予了争议解决机构。对投资者而言，简洁抽象的 FET 条款是有利的，可以据此进行扩大化解释，主张更大范围的投资保护。但是，直接约束了政府的经济管理权限。为实现两者权利与义务的平衡，我国 BIT 立法应具有一定的中立性。首先，应根据缔约国的不同考虑 FET 条款的具体内容。其次，应细化 FET 条款，尽可能明确公平公正的具体内容，可考虑借鉴欧盟的立法模式，采用封闭式列举清单的方式明确违反 FET 条款的具体情形。在 2016 年欧盟与加拿大签订的 CETA 中，列举了六项违反 FET 条款的具体情形：①在刑事、民事或行政程序中拒绝司法；②在司法和行政程序中，根本违反正当程序，包括根本违反透明度；③明显专断；④以性别、种族或宗教信仰等不当理由采取针对性的措施；⑤采取强制、胁迫和骚扰等方法虐待投资者；⑥违反缔约国依据本条第 3 款采纳的公平公正待遇义务的其他要素。通过细化违反公平与公正的行为，一方面使投资者有比较明确的预期，另一方面使投资者正确理解公平公正待遇的概念和内涵，避免滥用该条款，同时限制仲裁庭或法庭的自由裁量权。

---

❶ 王彦志：《国际投资法上公平与公正待遇条款改革的列举式清单进路》，载《当代法学》2015 年第 6 期，第 147—157 页；林燕萍、朱玥：《论国际投资协定中的公平公正待遇——以国际投资仲裁实践为视角》，载《上海对外经贸大学学报》2020 年第 3 期，第 72—89 页。

第四，最低待遇条款（Minimum Standard of Treatment，MST）。

我国近些年签订的一些 BIT 将最低待遇标准纳入其中，体现了保护投资者的倾向。但何谓"最低"待遇标准？仅从字面上无法作出认定，需要参考其他的待遇标准方能确认是否为"最低"。因此，最低待遇标准常常需要与其他的标准结合在一起加以判断。

最低待遇标准最早用于一国对外国人及其财产权利的保护，之后随着海外投资的不断扩大和保护投资者的需要，逐渐在国际投资条约中得到认可。最低待遇标准常常与 FET 条款及习惯国际法概念相联系。如 1994 年美国、加拿大和墨西哥签订的《北美自由贸易协定》（North American Free Trade Agreement，NAFTA）第 1105 条的标题即为"最低待遇标准"，其第 1 款规定"任何一方应当根据国际法为另一缔约方投资者的投资提供包括公平公正待遇及全面保护与安全在内的投资保护"，将公平公正待遇及全面保护与安全作为最低的待遇标准。之后，美国和加拿大的 BIT 范本均将最低待遇标准与 FET 条款相联系，并进一步明确公平公正待遇及全面保护与安全的概念为"不要求额外的或超过最低待遇标准的待遇，也不创设额外的实质性权利"，并采取开放式列举清单的方式，规定 FET 标准包括但不限于"根据体现在世界主要法律体系中的正当程序原则，在刑事、民事、行政裁判程序中不得拒绝司法的义务"。❶ 因此，美国及其他 NAFTA 缔约国在国际仲裁实践中极力主张对最低待遇标准作出限定化的解释，并以 FET 标准作为最低待遇标准。2001 年 NAFTA 自由贸易委员会（FTC）发布了关于第 1105 条的解释，将 FET 标准等同于习惯国际法最低待遇标准。

韩国与土耳其于 2015 年签订的《建立自由贸易区的框架协议》（Framework Agreement Establishing a Free Trade Area，FTA）以习惯国际法作为最低待遇标准，该协议附录中对习惯国际法作出如下的界定："双方确认其达成共识，通常而言，正如最低待遇标准条款所明确提及的，'习惯国际法'源自于国家在法律义务的意义上所遵循的普遍且一致的国家实践。习惯国际法项下的外国人最低待遇标准指的是为外国人投资提供保障的全部习惯国际法原则。"但何谓"普遍且

---

❶ 这就要求仲裁庭根据习惯国际法最低待遇标准认定 FET 标准的内容，如果申请人诉称当事国违反了 FET 标准，就得证明该国所涉行为违反了一项具体的习惯国际法规则，证明责任由申请人承担。

一致的国家实践"构成"习惯国际法"仍然非常原则。《国际法院规约》第38
条第1款b项将习惯国际法定义为基于普遍实践的证明被接受为法律的规则。❶
要"确认习惯国际法规则的存在和内容,有必要查明是否存在被接受为法律
(法律确信)的普遍的国家实践"。❷ 习惯国际法经历了长期的发展历程,其内
涵和外延均难以准确确定,但最低待遇标准本身来自习惯国际法,因此以习惯
国际法作为判断是否给予了投资者最低保护具有充分的依据。

最低待遇标准为投资者待遇设立了底线。在国际仲裁实践中,一些仲裁庭
对最低待遇标准也作出了界定。例如,在 Glamis Gold 案中,仲裁庭认为,国际
最低待遇标准即为最低标准,达不到此种标准的行为即是国际社会所不能接受
的行为,因此,国际最低待遇标准实际上起着兜底的作用。❸ 但这些不能为国
际社会所接受的行为亦须通过一定的标准加以具体认定。

最低待遇标准应以 FET 还是以习惯国际法为判断标准?要证明一个规则已
经成为国际投资领域的习惯国际法,就要证明存在普遍且一致的国家实践和法
律确信,而这一证明义务给当事方也给争议解决机构带来了极大的困难。因此
仅以是否遵守了习惯国际法作为判断东道国是否给予了投资者最低待遇标准存
在难点。许多国际投资协定因此采用了公平公正待遇及充分保护与安全标准作
为判断是否履行了最低待遇的标准,等同于或实际上替代了习惯国际法的评价
标准,并通过具体确定公平公正待遇及充分保护与安全的内涵明确最低待遇标
准的内涵。从最低待遇标准需要借助于其他标准或规则予以判断而言,最低待
遇标准的可用性很低。笔者认为,在我国签订的 BIT 中不一定需要纳入独立的
最低待遇标准,应根据另一缔约方的情况加以确定。事实上,在我国已签订的
BIT 中纳入最低待遇标准的投资协定并不多,如中国—墨西哥 2008 年 BIT、中
国—哥伦比亚 2008 年 BIT、中国—加拿大 2012 年 BIT 中规定了最低待遇标准。❹

---

❶ Intrenational Custom. As Evidence of a General Practive Accepted as law. https：//read. un – ilibrary. org/
united – nations/72af681e – zh#page17. visited on 10 June 2021.

❷ Conclusion 2 Two Constituent Elements：To Determine the Existence and Content of a Rule of Customary
International Law, It is Necessary to Ascertain Whether There is a General Practice that is Accepted as Law
(opinio juris). International Law Commission. Identification of Customary International law：Statement of
the Chair of the Drafting Committee. 17Session, 25 May 2018.

❸ Glamis Gold Ltd v. United States, UNCITRAL, Award, 8 June 2009, para. 615.

❹ 在我国与其他国家签订的自贸协定中也有个别的规定了最低待遇标准。如中国和秘鲁在 2009 年
签订的自由贸易区协定、中国和韩国在 2015 年签订的自由贸易区协定。

（4）征收与国有化条款。

征收与国有化条款是缔约双方最为重视的条款之一。几乎所有的 BIT 中都规定了征收或国有化条款。早期的美欧等国家或地区签订 BIT 的主要目的是维护其海外投资者的利益，而征收或国有化是最典型的"损害"投资者利益的行为。因此，为保护海外投资者的财产免遭被征收或国有化的风险，在其与其他国家签订的 BIT 中明确约定不得对外国投资者的财产实行征收或国有化。

征收可分为直接征收和间接征收。直接征收是指东道国政府公开对外国投资实行征收的行为。间接征收一般是指东道国政府采取的干预外国投资者行使财产权的各种措施，从而导致其失去实质效用的行为。[1] 间接征收与直接征收最主要的区别在于：直接征收是东道国政府采取包括没收、国有化等措施完全取得投资者财产权，而间接征收指东道国政府并没有直接转移或剥夺投资者的财产权，而是采取了与直接征收具有类似效果的措施。这种与征收或国有化"类似的措施"即为间接征收。[2]

传统国际法规则认为国家基于领土主权原则享有征收权。[3] 国家采取的直接征收行为具体，后果明确，因此对直接征收的认定相对间接征收容易得多。如对于 2012 年阿根廷强行收购西班牙 Repsol 公司持有的 YPF 石油公司股份的行为，仲裁庭即认定构成了直接征收。多数 BIT 规定，东道国对外国投资的征收须同时符合四个条件：首先，政府实行征收的目的是公共利益；其次，征收需要依照正当程序进行；再次，征收应为非歧视，即在征收过程中外国投资者应与当地投资者享有同样的权利和待遇；最后，给予补偿。按照美国等国家的法律，征收补偿应是及时、充分和有效的。

间接征收在后果上与直接征收相同。由于政府干预外国投资者行使财产权达到一定程度，以至于投资者无法进行经营活动，获得预期的收益。对间接征收的认定通常有三个要件：第一，政府干预行为妨碍了投资者的投资权利或利益；第二，该行为应与直接征收达到了相同效果；第三，投资者的产权未发生

---

[1] 徐崇利：《利益平衡与对外资间接征收的认定与补偿》，载《环球法律评论》2008 第 6 期，第 28 页。

[2] 蔡丛燕、李尊然：《国际投资法上的间接征收问题》，法律出版社 2015 年版，第 213 页。

[3] 王安琪：《间接征收：东道国与投资者的利益博弈——以 ICSID 仲裁为视角》，载《北京仲裁》2017 年第 1 期，第 86 页。

正式让渡或被公开占有。三个要件为基础分析要件，在具体案件的认定上，需要根据案情、政府行为的性质、效果以及影响程度等进行综合性判断，是否构成间接征收。

我国早期的 BIT 对间接征收并未单独作出规定，而是在规定征收条款时以"其他类似措施"的表述将"间接征收"涵盖其中。中国—秘鲁 BIT（1995）第 4 条规定："缔约任何一方不应对缔约另一方的投资者在其领土内的投资采取征收、国有化或其他类似措施（以下称'征收'），除非符合为了公共利益、依照国内法律程序、非歧视性、给予补偿四个条件方可排除。"随着间接征收情形的增多，我国签订的 BIT 中逐渐出现了独立规定间接征收的条款。如中国—印度 BIT（2006）即将间接征收单独作出了规定。2008 年我国政府与新西兰政府签署的《中新贸易自由协定》中也分别规定了直接征收和间接征收。虽然在 BIT 中独立规定间接征收条款更为直接地表明了对间接征收的重视，但从总体上看，我国签订的 BIT 对间接征收的概念和认定标准均欠缺明确规定，且不同 BIT 对间接征收的表述也不一致。

间接征收条款是投资者经常援引的向 ICSID 等仲裁机构申请仲裁的条款，也是中国海外投资者寻求保护的重要诉由。中国平安诉比利时案和北京城建诉也门案是我国投资者根据 BIT 向 ICSID 提起的间接征收仲裁请求，但是在中国—比利时—卢森堡经济联盟签订的 BIT 和中国—也门签订的 BIT 中并未规定间接征收条款。如果中国签订的 BIT 中没有规定间接征收条款，或者即使包含了该条款，但未明确界定间接征收的内涵与范围以及对东道国政府的各种管制措施是否构成"间接征收"的判定标准，也会直接影响海外投资者在东道国政府实施间接征收时寻求救济，甚至能否主张赔偿。

间接征收的主体为政府，政府通常是为解决本国的经济与社会问题采取管制行为，而管制行为必然影响投资者及其经营行为，由此产生了该种影响是否构成间接征收以及对投资者影响到多大程度才构成间接征收的问题。解决该问题的关键是确定政府行为的正当性，以及如何实现政府行为与投资者利益之间的平衡。

一国对外国投资者采取何种管制措施取决于其在国际投资中的地位与身份。一般而言，资本输出国倾向于扩大间接征收范围，以便保护本国的投资者，而资本输入国则倾向于缩小间接征收范围，以便采取管制措施。就中国而言，在进入资本输出国的行列之后，就不能只考虑如何管制经济和外商行为，还需要考虑作为母国对海外投资者的保护。资本输出国与资本输入国的双重身份，使得中国在间接征收方面的规定较仅具有单一资本输出国或资本输入国身份的国家需要考虑的因素更多，需要更多的平衡能力与平衡规则。完善中国 BIT 间接征收条款，既是我国维护社会公共利益，有效与充分行使政府职能的需要，也是保护我国海外投资者利益，增强国家竞争力的需要。在 BIT 中订立间接征收条款时应注意以下几点：

第一，明确界定间接征收的内涵与外延。中国 BIT 对间接征收的概念及判断标准规定不够明确，因而为间接征收的条约解释留下很大的空间。如果对间接征收的范围界定过窄，海外投资者无法据此获得救济。如果解释过宽，影响我国政府有效实施管制措施。为避免这一问题的出现，应通过 BIT 明确规定间接征收的内涵和外延。间接征收必须是政府已经实质性地干涉到投资者利益，并使其无法实现预期目的的行为。具体规定可以借鉴 TTIP 对间接征收所下的定义，即"当一缔约方政府的一个或一系列措施有与直接征收等同的效果，实质性地剥夺了投资者对其投资的财产权的基本权利内容，包括使用、享用和处置其投资的权利，即使并无正式的所有权转移和完全收回"。❶ 这里采用了"使用、享用和处置其投资的权利"的表述来界定间接征收，比简单使用"效果等同于间接征收"的表述更为明确具体，易于判断。通过这种相对具体的规定，将间接征收行为与无须补偿的东道国管制措施加以区分，以避免征收条款不适当地限制东道国的管制权限，给争议解决机构过大的裁量权。

基于我国既为对外投资大国，同时又是第一投资输入国的双重地位，在签订 BIT 时应根据缔约国的不同作出倾向性的选择，合理设计间接征收条款。有些 BIT 应注重对我国投资者的保护条款，针对中国企业在缔约国境内投资较多的缔约方，须在 BIT 中明确东道国的管制范围与措施，防止其滥用监管权，损害我国投资者的利益。在与亚洲、拉丁美洲以及非洲的发展中国家签订 BIT 时，考虑到这些国家政治不稳定因素，发生征收的可能性很大，因此应尽可能将间接征收的范围规定得宽一些，以便我国投资者能够更好地寻求救济。针对向中

---

❶ 刘雪红：《中国海外投资保护的法律障碍与制度重构——基于北京城建诉也门等五案的分析》，载《华东政法大学学报》2019 年第 2 期，第 178 页。

国境内投资较多的缔约方，须在 BIT 中为我国政府行使经济主权保留合理空间，应尽可能缩小间接征收的范围。

第二，明确间接征收的认定标准。认定东道国措施是否构成间接征收的核心，是对措施的正当性及对外国投资者影响的判断，而中国现行的绝大多数 BIT 中缺少明确的判断标准和对影响进行评估的规则。鉴于"'兼采效果和目的标准'能够体现东道国公共利益与保护外国投资者财产利益之间的基本平衡，已成为当前的主流标准"，❶ 笔者认为，我国 BIT 应以效果与目的兼顾标准作为评价政府措施正当与否的标准，从政府实施措施的方式和持续时间等方面进行审查。如果政府所采取的措施是长期的、严重的，且与公共目的不相称，则构成间接征收。在 BIT 的征收条款中明确东道国措施对投资者利益影响的严重程度，可以减少在实际发生争议时合同当事方与纠纷解决机构对此作出不同理解和解释。关于效果和目的标准在实践中的具体运用将在下章中予以详细阐述。

第三，明确规定不构成间接征收的情形，或者设置间接征收例外。有些 BIT 直接规定国家管制权的行使不构成间接征收。例如，美国 2012 年 BIT 范本附件 B 第 4 条规定：除非少数情况，任一缔约方为实现保护公共健康、安全、环境等合法公共利益目标的非歧视性管制措施都不能归为间接征收。❷ 再如 2011 年中国—乌兹别克斯坦 BIT 第 6 条约定，"除非在例外情形下，例如所采取的措施严重超过维护相应正当公共福利的必要时，缔约一方采取的旨在保护公共健康、安全及环境等在内的正当公共福利的非歧视的管制措施，不构成间接征收"。有些 BIT 将东道国对经济与社会的管制权行使确认为间接征收的例外，规定政府为了社会安全、公共健康、自然环境等公共利益，对外国投资者的财产权利采取必要的非歧视性限制措施，是各国行使经济主权的结果，❸ 即使对外国投资者的利益产生影响，也应视为间接征收的例外，不须给予投资者以补偿。

我国现行 BIT 中明确规定间接征收例外条款的不多。例外条款可分为一般

---

❶ 张光：《论东道国的环境措施与间接征收——基于若干国际投资仲裁案例的研究》，载《法学论坛》2016 年第 4 期，第 64 页。

❷ US Model BIT, 2012, Art. 6 (1) and Annex B (4) (b).

❸ 梁咏：《我国海外投资之间接征收风险及对策——基于"平安公司—富通集团案"的解读》，载《法商研究》2010 年第 1 期，第 13 页。

例外条款与特殊例外条款。一般例外条款是对间接征收的一般性事项所作出的例外规定，如中国—加拿大 BIT（2012 年）第 33 条规定了涉及文化产业、健康与环境等问题时的一般例外情形。但一般例外条款只是概括性地排除 BIT 中包括间接征收的条款的适用，因此在间接征收情形出现时是否能够得到适用具有很大的不确定性，对在个案中能否适用容易产生争执，需要再次进行解释。❶特殊例外条款直接针对间接征收设定，明确规定国家对经济的管制权，并将其设置为间接征收例外，可避免一般例外条款在适用中的问题。

　　间接征收的例外条款宜采取列举兼概括方式作出规定，应明确政府对特殊的和重要的事项的管制权，但只有那些为了国家安全、公众健康、公共福利等目的而采取的管制措施损害了投资者的利益时才可得到豁免。同时规定政府的管制措施不能是"过于严厉、与其目的相比明显过度"，以排除"以公共福利之名轻率甚至恣意地采取措施导致外国投资者遭受重大损失的行为"之可能性。❷ 可以考虑将比例原则纳入 BIT 的间接征收条款中，以此衡量政府行为的妥当性与否。

　　第四，根据缔约对象采用不同的征收补偿原则。在投资补偿问题上，一直以来，以美国为代表的发达国家主张依据公平市场价值给予投资者以充分、及时与有效的补偿，以此最大限度地保护本国投资者的利益；而发展中国家则主张适当补偿原则，以维护其作为资本输入国的利益。但近些年，一些发展中国家为了吸引外资，在征收补偿问题上作出了让步，放弃了适当补偿原则，逐渐接受发达国家的补偿主张。我国也在一些 BIT 中规定了基本上与发达国家相同立场的补偿规则。如中国—印度 BIT 第 5 条第 1 款规定，东道国对投资者实施国有化、征收或采取效用等同于国有化或征收的措施，应依照法律在非歧视性的基础上采取并给予公平和公正的补偿。中国—津巴布韦 BIT（1996）规定，补偿应等于实际的或即将发生的征收为公众知晓前一刻被征收投资的真实价值，该补偿应被不迟延地支付并可自由转移。站在我国已经成为资本输出国的立场，这种转变是必要的，可以更好地保护我国海外投资者的利益。但考虑到我国发展中国家的地位以及双向的投资国身份，在订立补偿规则时，不应采用一刀切

❶ 吴一鸣：《间接征收三题——兼论〈外国投资法（草案）〉间接征收制度之设计》，载《河北法学》2018 年第 7 期，第 50 页。
❷ 蔡丛燕、李尊然：《国际投资法上的间接征收问题》，法律出版社 2015 年版，第 226 页。

的做法，应根据缔约对象的不同，采用灵活的补偿原则。

（5）汇兑条款。

汇兑条款是缔约国在 BIT 中承诺保证缔约一方的投资者免受货币汇兑风险的条款。通常 BIT 中会规定，如果投资者依照东道国法律履行了相关义务，缔约双方承担相互给予对方国家的投资者以汇兑自由和安全的保证。此外，有些 BIT 还规定，在特殊时期，例如政府在遭受国际收支困难的情况下，东道国有权按照一定的比例限定投资者转移利润、利息、股息、使用费或酬金等。我国签订的 BIT 通常也从保护投资者的利益和维护东道国利益的平衡上考虑汇兑条款的内容，在规定保证投资者汇兑自由和安全的同时，充分考虑东道国可能遇到的暂时的经济困难，规定在一定的情形出现时东道国有权临时限制外国投资者的汇兑自由，体现可持续发展的目的。

（6）税收条款。

税收条款是在 BIT 中规定的有关国家税收管辖权行使与投资者税收待遇的条款。在 BIT 之外存在着大量的国家之间签订的避免双重征税协定以及防止偷漏税协定，以及考虑到税收问题比较复杂，不宜在 BIT 中作出详细的规定，因此，并非所有的 BIT 中均订立了税收条款，即使在 BIT 中规定了税收条款，通常也比较简单。

税收管辖权是国家基于主权享有的权利。税收条款应明确缔约国的税收监管措施，保证国家税收管辖权的行使，同时，保障包括税收优惠在内的投资者的投资待遇。

缔约国的税收措施直接影响外国投资者的收益，如东道国对股息分配增收的预扣税即会直接减少投资者的实际回报利润。因此，投资东道国税收负担与投资回报率是投资者进行国际投资的重要考量因素。[1] 为促进国际投资，特别是东道国为促进国内经济的发展，常常会给予外国投资者以税收优惠，但在投资期内能否持续给予税收优惠以及税负高低是投资者最为关注的问题。在基础设施项目投资方面，项目所在国家所采取的常见的支持措施之一即提供税收减免。项目公司通常也会要求政府给予税收方面的优惠，如减免进口设备的关税

---

[1] Jeffrey Waincymer. Investor - state Arbitration: Finding the Elusive Balance between Investor Protection and State Police Powers, *International Trade and Business Law Review*, Vol. 17, 2014, pp. 261 - 289.

和其他税款，以及营运期间的所得税等。投资者希望东道国保持税收政策的稳定性，在税收措施上承担高标准的投资保护义务。为吸引外国投资者进入本国市场，实现本国的产业政策与投资政策，在 BIT 中，缔约方可能相互承诺保持税收稳定性、履行对投资者的承诺等义务。一旦在税收条款中规定了缔约国在税收方面的义务，在东道国违反其承诺时，投资者即有权依据税收条款要求东道国承担违反 BIT 的责任。

为避免通过 BIT 限制缔约国税收上的权力，有些 BIT 即将税收措施全部排除在其调整之外，明确规定 BIT 中的任何条款均不适用于东道国的税收措施。如 1999 年阿根廷—新西兰 BIT 第 5 条第 2 款规定："本协定不适用于任何缔约方领土内的税收事项。税收事项应当由各缔约方国内法调整，并按缔约方之间缔结的任何涉及税收的协定调整。"通过该规定直接排除了缔约国税收措施适用 BIT 的可能性。许多 BIT 采取了有限适用的做法，规定税收措施只适用于投资待遇、投资保护和争议解决等明确规定的条款，排除其他条款的适用。也有 BIT 规定税收措施适用于全部条款。不同的规定对缔约国税收权的行使构成的约束是不同的。比较而言，采取完全适用的做法会给缔约国税收权力的行使带来极大的压力，而完全不适用又不利于发挥税收在鼓励投资上的作用。考虑到实践中因为政府所采取的税收措施违反了 BIT 规定的投资保护义务而不断引发的投资争议，选择性适用的做法是比较可取的。我国在之后签订 BIT 的税收条款时亦应采取此种做法。

（7）治安保护条款和战乱损失条款。

治安保护条款是指在 BIT 中规定的缔约一方向另一方的投资及投资者提供充分的保护和保障条款。该条款要求东道国采取合理和必要的治安措施保护外国投资及投资者的安全。这对于到政局不稳定的国家投资的投资者而言具有更为重要的意义，是保护投资者的必要措施。因此，在许多 BIT 中规定了缔约一方应当向另一方投资者提供充分的保护与安全义务条款。如新加坡—印度尼西亚 BIT（2005）第 2 条第 2 款规定："本协议第 5 条下合格的投资在另一缔约国领土内应享受公平公正待遇和充分的保护与安全。每一缔约方都应给予投资充分保护与安全。"美国 2012BIT 范本第 5 条第 1 款规定，缔约国应当根据习惯国际法给予外国投资者及其投资充分保护与安全的投资待遇，并将保护范围限定在治安保护之内。

治安保护条款本质上是缔约国对外国投资者的投资安全所作的承诺，而治安保护只是外资安全保护中的一个方面，因此，一般来说 BIT 不会对此单列条款进行规定，而是将其纳入一般的保护与安全条款中。东道国对外国投资者提供什么方面的保护以及保护到何种程度，不同的 BIT 采用了不同的标准。从条款的规定上看，一些 BIT 将其与公平公正条款并列作出规定，如 TTIP 投资章节草案第二节即为公正公平待遇与充分保护及安全条款。美国 2012 BIT 范本规定以习惯国际法最低待遇标准作为参照标准，东道国对外资提供的保护应该是全面和充分的。

从保护我国海外投资者角度考虑，中国签订的 BIT 中的大多数都规定了充分保护与安全条款，例如，中国—芬兰 BIT（2006）第 2 条第 2 款规定，"缔约一方投资者的投资应在缔约另一方境内享受持续的保护和安全。"中国—乌兹别克斯坦 BIT（2011）第 5 条规定："缔约一方应该确保给予缔约另一方的投资者及在其境内的投资以公正与公平待遇，提供充分保护与保障。"中国—加拿大 BIT（2014）第 4 条第 2 款规定："第一款'公平公正待遇'和'全面的保护和安全'的概念并不要求给予由被接受为法律的一般国家实践所确立之国际法要求给予外国人的最低待遇标准之外或额外的待遇。"三个不同的协定对于保护条款作出的规定存在明显的差异，所规定的参照标准与保护程度明显不同。中国—芬兰 BIT 规定的十分原则，没有规定具体的参照标准。中国—乌兹别克斯坦 BIT 规定了参照标准，按照该条解释，"充分保护与保障"为"缔约方应采取合理及必要的治安措施以提供投资保护和保障，但在任何情况下都不意味着缔约一方应当给予投资者比该缔约国国民更优的待遇"，即将充分保护与安全条款与国民待遇结合规定，并且将适用范围限制在了"治安保护"上。中国—加拿大 BIT 则规定了习惯国际法标准，且以最低待遇标准为具体的参照标准。对比三个 BIT 的规定以及其他 BIT 项下的规定，可以看出，我国 BIT 对于充分保护与安全条款的表述不一，使用了"保护与安全""持续的保护与安全""充分保护与安全"等不同用语，缺乏一致性，一些 BIT 缺少具体阐释，没有明确具体适用范围，不利于对我国海外投资者的保护，尤其是对于那些在政治不稳定，投资者的人身、生命和财产安全非常容易受到攻击和伤害的国家和地区的海外投资者。我国在之后修改或订立 BIT 时，应尽可能采取同样的用语，以"全面的充分保护和安全"作为保护的范围，明确规定该条款的适用条件，应视不同的缔约方情况规定保护对象，明确是否限定在"治安保护"和"有形保护"即最基本的人身或财产权益的保护之内，并具体化缔约方的"严格审慎"或"合理"的注意义务以及责任例外。

战乱损失条款是在 BIT 中规定因为战争、武装冲突、动乱等造成外国投资者投资损失的，缔约方应给予补偿。如中国—柬埔寨 BIT 第 5 条规定，一国投资者在东道国境内的投资因发生战争、全国紧急状态、暴乱、骚乱或其他类似事件遭受损失时，若缔约另一方采取补偿等措施，其给予该投资者的待遇不应低于在相似条件下其给予第三国投资者的待遇。中国—乌兹别克斯坦 BIT（2011）第 7 条第 1 款也规定，一国投资者在东道国领土内因发生武装冲突、紧急状态、骚乱等而遭受损失，东道国应给予投资者的补偿不得低于相似条件下其给予第三国投资者或者本国投资者的补偿。可见，对于战争、武装冲突、动乱等大规模的武装行为导致的投资者损失，东道国应该予以赔偿。战争或武装冲突也会引发骚乱等治安问题，因此战乱损失条款与治安保护条款也可能合二为一，通过一个条款作出规定，如中国—柬埔寨 BIT 第 5 条的规定。

战乱损失条款同治安保护条款一样对于海外投资者具有重要的意义。例如，Ampal 诉埃及仲裁案具有一定的典型意义。申请人 Ampal 是在埃及注册的 EMG（East Mediterranean Gas Company）的股东，EMG 在埃及购买天然气并通过管道运输至以色列，为此业务，EMG 与埃及国有石油公司、国有天然气公司签订了购销协议。2012 年，Ampal 认为埃及采取了一系列破坏其投资的行为，并向 ICSID 提起仲裁，其中的一项诉请是，在 2011 年革命爆发时期，埃及未能采取必要措施以对其所有的生产设施和输油管道提供保护，致使上述设备遭受了多次恐怖袭击，违反了美国—埃及 BIT 中规定的充分保护和安全条款。仲裁庭支持了申请人的该项诉请，确认埃及未采取实质性措施保护申请人的投资不受恐怖袭击的损害，违反了 BIT 规定的东道国埃及负有尽职尽责保护外国投资者的义务。❶

我国企业如到苏丹、尼日利亚、巴基斯坦等国家投资，很可能遇到战争风险并遭受损失。如果我国在与利比亚签订的 BIT 中规定了战乱损失条款，那么，在 2011 年的利比亚内乱中，中方数十个工程项目遭受损失后，投资者即可以依

---

❶ Ampal – AmericaIsrael Corp v. Arab Republic of Egypt, ICSID Case No. ARB/12/11.

照该条款要求利比亚政府予以赔偿。因此，从保护我国海外投资者角度考虑，我国在与存在明显的或潜在的战争因素的国家缔约 BIT 时，应明确规定战乱损失补偿的适用条件、范围及其责任。在规定该条款时，缔约国也可能要求规定补偿例外，如中国—乌兹别克斯坦 BIT（2011）第 7 条第 2 款规定，在战乱状态下，如因战斗行动必要或情势必需而采取的征用或损害外国投资者财产的行为，东道国不提供补偿。对此，我国应根据缔约国及其谈判情况确定是否接受并订立该例外条款。

（8）投资争议解决条款。

在 BIT 中均会对投资争议条款作出规定。以中国—希腊 BIT（1992）为例，该协定第 10 条规定的投资者与东道国之间的争议的解决规定如下：

"一、缔约一方投资者和缔约另一方有关前者的投资就后者一方在本协定项下的义务的争议，应尽量由争议双方友好解决。

二、如该争议在自任何一方要求友好解决争议之日起 6 个月内未能解决，该投资者既可将争议提交缔约一方有管辖权的法院，如果争议涉及第四条所述的补偿款额，也可提交国际仲裁庭。投资者和缔约一方的任何其他争议只有经双方同意，才可提交国际仲裁庭。缔约任何一方在此声明接受该仲裁程序……裁决应当具有拘束力并且按照国内法执行。

三、在仲裁或执行裁决过程中，争议涉及的缔约一方不应对缔约另一方的投资者有关全部或部分的损失按照保险合同所得的补偿提出异议。

四、如缔约双方均成为 1965 年 3 月 18 日华盛顿《解决国家和他国国民之间投资争端公约》成员方，本条第一款所述缔约任何一方和缔约另一方投资者间的争议，经双方同意，可提交'解决投资争端国际中心'通过调解或仲裁解决。"

该条规定首先将友好协商作为解决争议的方式。友好协商体现了当事方的意愿，纠纷发生之后，当事人能够友好协商解决纠纷无疑是最好的结果。但因为 BIT 中的规定大多为原则性规定，缺少对协商如何进行、协商的期限、地点等的详细规定，又没有中立的第三方的介入，协商往往不能达到预期效果，友好协商的规定很多时候流于形式，无法顺利实现。

调解与友好协商具有同样的特点，所不同的是第三方加入当事人之间居中进行撮合，在第三人的调停下化解纠纷。21 世纪签订的许多 BIT 中均规定了调

解解决纠纷的方式。2006 年中国—印度 BIT 就将调解机制纳入 ISDS 条款中，❶
2008 年中国—新加坡自由贸易协定的投资章节中明确投资者可选择调解或调停
程序解决投资争端，❷ 2011 年中国—乌兹别克斯坦 BIT 中也提及在争端友好解
决方式中包括调解程序。❸ 随着《联合国关于调解所产生的国际和解协议公约》
（以下简称《新加坡调解公约》）于 2020 年 9 月生效，调解会得到越来越多国
家与企业的认可。❹ 中国—巴布亚新几内亚 BIT 第 8 条规定，如果缔约一方的
国民或公司与缔约另一方就征收和国有化的补偿款额发生争议，自协商解决之
日起 6 个月内未解决，该国民或公司可请求将争议提交参照《华盛顿公约》设
立的调解委员会或仲裁委员会。我国需要在未来签订的 BIT 中详细地规定调解
程序、调解规则与原则、调解员的选择、调解费用承担等规则。

如果无法通过友好协商或调解解决纠纷，即可能进入仲裁程序中。BIT 中
规定的有关仲裁内容主要包括以下几个方面：

第一，可仲裁事项的范围问题。对于争端解决的范围，中国早期签订的
BIT 持比较谨慎的态度，这与我国当时的经济发展水平相适应。由于我国处于
资本输入国的地位，外国投资单方向地流向中国，我国立法更多地从保护本国
经济与市场出发考虑争议解决问题，只允许投资者将"与征收补偿额有关的争
议"提交国际投资争议解决中心进行仲裁。如中国—蒙古国 BIT 第 8 条规定，
外国投资者与东道国之间的投资争议应尽量由当事方在 6 个月内友好协商解决，
如在该时间内争议未能协商解决，当事任何一方有权将争议提交东道国有管辖
权的法院进行解决。但如涉及征收补偿款额的争议，可应任何一方的要求，将
争议提交专设仲裁庭。如果投资者诉诸法院解决，则不能再将争议提交专设仲
裁庭解决。明确规定了可仲裁的事项为征收补偿款额的争议，且对此争议，只
能或裁或审，选择其一。

投资争议解决仅限定于征收补偿款额争议，因此，能够通过仲裁方式解决
的争议受到极大的限制。2010 年 1 月，黑龙江国际经济技术合作公司、北京首

---

❶ 《中华人民共和国政府和印度共和国政府关于促进和保护投资的协定》第 9 条。

❷ 《中华人民共和国政府和新加坡共和国政府自由贸易协定》第 95 条。

❸ 《中华人民共和国政府和乌兹别克斯坦共和国政府关于促进和保护投资的协定》第 12 条。

❹ 2020 年 3 月 6 日生效的《中国香港与阿联酋投资协定》规定了强制和解程序。但这里的强制和解
是在缔约国之间发生的。如果投资者与东道国之间的投资争议未能通过友好协商解决，那么，在
缔约一方提出要求时，须首先将争端提交至该缔约一方的主管当局或仲裁中心进行和解。

钢矿业投资有限公司、秦皇岛秦龙国际实业有限公司等三家中国企业作为申请人，依照《联合国贸易法委员会仲裁规则》请求设立临时仲裁庭，就蒙古政府撤销其矿业许可证违反了 1991 年签订的中国—蒙古国 BIT 和蒙古国的有关外资法律的行为提起仲裁。该案是中国投资者起诉外国政府的第一案。2015 年末，仲裁庭在荷兰海牙开庭审理了此案。仲裁庭就中国—蒙古国 BIT 第 8 条所规定的"征收补偿款额的争议"进行了解释，认为该规定不包括"征收是否存在"的争议，仅"涉及征收补偿款额的争议"，且只有该争议才可提交仲裁，仲裁庭因此作出了对本案无管辖权的裁定，驳回了中国投资者的全部仲裁请求。中国三公司不服此裁定，于 2017 年 9 月 28 日诉至美国纽约南部地区法庭请求撤销仲裁庭的裁定。❶ 该案表明，如果将可仲裁的事项范围限制得太窄是不利于保护我国海外投资者的。

随着我国由资本输入国向资本输出国角色的转变，加之中国企业对国际仲裁有了越来越深入的认识，之后签订的 BIT 所规定的仲裁范围不断扩大，允许投资者将"因投资产生的任何争议"提交国际仲裁，也有个别 BIT 规定为因东道国涉嫌违反该 BIT（或 BIT 某些条款）而产生的争议可以提交仲裁。将"任何投资争端"提交国际仲裁这一宽泛的规定对于我国海外投资企业来说无疑是有利的。如果东道国违约并损害其利益时，即可根据 BIT 向仲裁机构提出仲裁。在中国企业大规模进行海外投资的今天，立足于对投资者的保护，扩大仲裁范围，为我国海外投资者提供更好的保护无疑是必要的选择。当然，这对我国政府也提出了更高的要求，因为当外国投资者在中国的利益受到我国政府行为的影响，他们也会依照 BIT 的规定向国际仲裁机构提请仲裁，要求中国政府履行义务。因此，严格履行 BIT 规定的义务就需要得到我国政府的高度重视。

上述中国—希腊 BIT 的规定比较好地平衡了投资者与东道国之间的关系，在明确规定"涉及征收补偿款额的争议"可以提交仲裁的同时，也赋予了投资者将其他争议提交仲裁的权利，但须经东道国另行同意，扩大了仲裁事项的范围。既给投资者更多的机会提起仲裁，也维护了东道国的利益，是值得肯定的做法。

---

❶ China Heilongjiang International Economic & Technical Cooperative Corp. , Beijing Shougang Mining Investment Company Ltd. , and Qinhuangdaoshi Qinlong International Industrial Co. Ltd. v. Mongolia, UNCITRAL，PCA，http：//www. italaw. com/cases/279. visited on 2 October 2021.

第二，仲裁机构问题。早期我国与其他国家之间签订的 BIT 大多允许投资者将争议提交临时仲裁庭进行仲裁，如 1995 年《中华人民共和国政府和古巴共和国政府关于鼓励和相互保护投资协定》即规定了通过专门的仲裁庭解决争议的制度。1993 年我国加入《华盛顿公约》后，许多 BIT 规定投资者可以将争议提交 ICSID 解决，也可以选择联合国贸易法委员会作为仲裁机构，有些 BIT 也选择了其他的国际仲裁机构。

第三，关于仲裁前置义务要求。前置义务主要是指投资者提起仲裁所需要具备的条件。

①许多 BIT 规定了磋商条款（和解条款或友好协商条款）或"冷静期"条款，即投资者在提出仲裁申请之前应当将拟提起仲裁的意向告知东道国政府，并寻求通过磋商等友好协商方式解决争议，经过特定期限（如 6 个月）之后才能提出仲裁申请。[1] 如前述中国—希腊 BIT（1992）规定了 6 个月的友好协商期。中国—乌兹别克斯坦 BIT 第 12 条也规定 6 个月的协商时间。"磋商程序作为投资仲裁机制的前置程序，是国际投资协定的普遍立场。"[2] 2004 年，中国和瑞典于 1982 年签订了中国第一个 BIT，但没有规定 ISDS 机制，2004 年双方签订了议定书，规定在一国投资者提出书面争议通知 3 个月后争议仍未解决的情况下，投资者可以将有关投资的任何争端提交仲裁。美欧的相关立法对此均作出了规定。美国 2012BIT 范本第 23 条与第 24 条规定，缔约方必须首先通过磋商和谈判的方式解决纠纷。欧盟与加拿大 BIT 第 8.19 条、欧盟与新加坡自贸协定第 9.13 条等均系统地规定了磋商规则。

②一些 BIT 规定了"岔路口"条款，即投资者如果已经将争议起诉到东道国法院，则不能再提交国际仲裁。这就要求投资者在决定是否诉诸东道国司法程序时进行审慎评估，避免丧失国际仲裁的机会。如中国—也门 BIT 第 23 条"有关投资的争议解决"条款规定，缔约一方和缔约另一方投资者之间有关投资的争议应通过友好协商解决，但如果争议在书面提出解决之日起 6 个月内没有解决，该争议应按投资者的选择提交：a. 投资所在的缔约一方有管辖权的法

---

[1] 任清：《海外投资的条约保护：规则、案例与对策》，载《海外投资与出口信贷》2015 年第 5 期，第 8 页。
[2] 张庆麟：《论国际投资协定中东道国规制权的实践及中国立场》，载《政法论丛》2017 年第 6 期，第 73 页。

院，或者 b. 1965 年 3 月 18 日在华盛顿开放签字的《关于解决国家和他国国民之间投资争端公约》下设的"解决投资争端国际中心"仲裁。为此目的，缔约任何一方对有关征收补偿款额的争议提交该仲裁程序均给予不可撤销的同意。其他争议提交该程序应征得当事双方同意。

③有的 BIT 还要求投资者必须穷尽当地救济程序之后才能提起国际仲裁。例如，中国—乌兹别克斯坦 BIT 第 12 条第 2 款规定，当投资者提交仲裁解决时，东道国可以要求该投资者在提交国际仲裁之前，用尽东道国法律和法规所规定的国内行政复议程序。再如 2003 年中国与德国 BIT 议定书规定，德意志联邦共和国的投资者根据中国法律把争议提交行政复议程序，且 3 个月后争议仍然存在时才可将争议提交仲裁解决。

用尽当地救济原则（exhaustion of local remedies）又称用尽国内救济原则，要求投资者在诉诸国际投资争议解决机构之前必须首先寻求在东道国内解决争议。在没有用尽当地救济方式之前，不得请求国际仲裁机构或国际法庭追究东道国的责任。不同的 BIT 对用尽国内救济的规定不同。有些 BIT 要求投资者用尽当地行政救济，如中国—乌兹别克斯坦 BIT 所规定的，投资者须用尽国内行政复议程序。有些 BIT 要求投资者使用行政救济之后无法解决争议时，还须寻求司法救济，既需要用尽当地行政救济，也需要用尽司法救济。但也有些 BIT 仅要求用尽司法救济。对当地救济范围的不同规定反映了缔约国对于纠纷解决的意向和意愿，也是受到下面将详细阐述的《华盛顿公约》的认可的。该公约第 20 条规定："除非另有规定，双方同意根据本公约交付仲裁，应视为同意排除任何其他救济方法而交付上述仲裁。缔约国可以要求以用尽该国行政或司法救济作为其同意根据本公约交付仲裁的条件。"可见，该公约对缔约国和另一缔约国国民之间直接因投资而产生的任何法律争端所具有的管辖权是受到实际上的限制的，即如果 BIT 中规定了"用尽当地救济"条款，那么，在没有用尽当地救济之前，ICSID 无法行使其管辖权。

用尽当地救济原则是对缔约国属地管辖权的尊重，也是其纠正违法行为的机会。虽然用尽当地救济原则对于投资者寻求国际仲裁构成了一定的限制，但如果能够通过行政复议或国内诉讼解决争议，也能够及时解决纠纷，节省成本。

第四，时效要求。例如，中国—韩国 BIT 规定，如果从投资者首次知道或者应该知道其受到损失或损害之日起已经超过 3 年，则投资者不能将争议提交国际仲裁。

上述前置性规定直接关系到投资者的利益。我国在签订 BIT 时，应充分考虑企业海外投资的实际需要，特别是根据缔约方国家的情况，确定相应的条款内容。如烦琐复杂的当地救济程序和较短的时效不利于投资者寻求救济，因此应视缔约对方的行政与司法程序，确定用尽当地救济的含义，可以按照中国—乌兹别克斯坦 BIT 规定，只以行政救济复议程序为限。应适当延长时效期限，使投资者有足够的时间提出仲裁请求。

（四）国际多边投资公约的投资者保护规则

1. 多边投资公约对防范政府违约的意义

从参加的成员方来说，多边投资公约既可以是区域性的，也可以是全球性的。由于参加多边投资公约的国家多，规则的覆盖面广，多边投资协定可以在相关国家之间形成约束，可以有效避免一国随意根据自己的意愿和目的变更或废除法律规定的行为。因此，对于海外投资者而言，多边投资协定可以为其提供更多的保护。

投资者在决定投资项目时，首先考虑的是项目所在地国家的法律投资环境，然后才会考虑投资成本、融资与税收安排等具体事项。如果一国为多边国际投资公约的成员方即意味着该国接受公约的约束，其法律环境是透明的和可预期的，投资者能够受到公约长期稳定的保护。如投资者母国为《能源宪章条约》（Energy Charter Treaty，ECT）的成员方，其投资者就可以直接受到 ECT 的保护。ECT 是在石油、天然气、煤、风电、太阳能等能源领域订立的多国投资保护协定，目前有近 60 个成员方，由欧洲一些国家、中亚一些国家以及蒙古、日本和澳大利亚组成。ECT 是国际投资仲裁中经常被引用的国际投资协定，投资者依据 ECT 起诉东道国的仲裁案件已达 40 余起，这从某种程度上反映出 ECT 对投资者较高的保护水平。实践中，有些投资者为获得多边投资条约更高水平的保护，会采取改变投资规划或利用投资者国籍筹划等方式获得包括 ECT 在内的多边投资条约保护的主体资格。我国尚未成为 ECT 的成员方，只是以观察员的身份参与 ECT 的活动，中国投资者尚不能直接获得 ECT 的保护，于是一些企业通过在 ECT 成员方设立子公司，再通过子公司向 ECT 的其他成员方投资的形式，间接获得 ECT 的保护。

由于国际投资直接影响到东道国的利益，在外国投资者与东道国之间可能存在一定的利益冲突，在各国经济发展水平差异比较大的情况下，建立国际社会一体遵守的投资规则仍存在很大的困难，这也是在国际投资领域至今未形成一个全面的、全球性的、具有约束力的多边公约的原因。WTO 多边投资协定和 OECD 框架下多边投资协定（MAI）谈判的失败，意味着在全球范围内达成一个多边国际投资协定并非易事。在可预期的一定时间内，国际投资法律体系仍然由"点对点"式的 BIT 和区域性自由贸易协定（Free Trade Agreement，FTA）中的投资章节组成。

在国际社会无法达成具有约束力的多边投资规则的情况下，许多国际组织采用了软法形式来规范和促进国际投资活动。例如，为促进跨国基础设施建设，联合国国际贸易法委员会在 2000 年第三十三届会议上通过了《联合国贸易法委员会私人融资基础设施项目立法指南》（以下简称《指南》），并于 2003 年制定了《联合国贸易法委员会私人融资基础设施项目示范立法条文》（以下简称《示范条文》）。《指南》和《示范条文》是在总结成员方 PPP 立法与实践的基础上制定的，两者均详细地规定了 PPP 项目运行的阶段与流程，特别是《指南》对私人融资基础设施项目的立法目标、项目风险分配和政府资助、项目特许合同的授予程序以及私人融资基础设施立法中行政权的配置与监管等内容均作出了规定，对于指导成员方的 PPP 立法、建立统一的 PPP 国际法律规则具有重要的意义。2012 年 UNCITRAL 启动了《指南》和《示范条文》的修订工作，秘书处专门成立了专家组研究成员方采纳《指南》和《示范条文》的情况以及 PPP 的国际实践与立法的情况，为《指南》和《示范条文》修改提供依据与建议。《指南》和《示范条文》既代表了 PPP 立法的国际标准，也反映了 PPP 立法的国际趋势，经过长期的试用并得到普遍遵守之后，通过一定的立法程序，即可能升级成为对成员方具有约束力的国际立法。而从寻求跨国基础设施项目健康发展的角度，建立多边国际公约既是必要的，也是可行的。[1]

我国积极参与了国际多边投资规则的制定。截至 2021 年 4 月，我国已签署了 23 个包含投资章节规定的各类贸易协定，其中 5 个协定签署后尚未生效，有

---

[1] 吴喜梅、任秋月：《联合国国际贸易法委员会现行 PPP 法律规范解读》，载《河南教育学院学报》（哲学社会科学版）2019 年第 2 期，第 82 页。

效协定为 18 个。❶ 加之我国与相关国家签订的 BIT，我国在国际投资规则的建设与应用上均积累了能力与经验，在此基础上，我国应致力于国际多边投资规则的建立与完善，将我国近几十年通过 BIT 实施所积累的行之有效的规则推向国际社会。特别是我国已经与"一带一路"国家缔结了多个 BIT，在许多事项上达成了一致，可在此基础上缔结一定范围内的多边投资协定，将两个国家之间的规则扩展成为多国之间的规则，建立约束范围更广、效率更高的国际投资保护机制。多边投资规则的建立可以促进基础设施的国际投资，为跨国投资者提供更多的机会和更安全的保护。

跨区域的基础设施建设需要国家之间的合作，而多边投资规则的建立使成员方之间的关系更为紧密，统一规则下的投资者保护更具规范性。以下仅介绍两个我国参加的重要的国际公约中的有关投资者保护规则。

2. RCEP 对缔约国投资者的保护

RCEP 致力于建立现代、全面、高质量和互利的经济伙伴关系，促进区域贸易发展，扩大区域投资。RCEP 包含了货物贸易、服务贸易、投资等多方面的内容，是一个综合性的区域协定，共有 20 个章节，其中的第十章专门对投资作出了规定，涵盖投资保护、投资自由化、投资促进、投资便利化等内容。

RCEP 将合同项下的权利，包括交钥匙、建设、管理、生产或收入分享合同定义到投资中，受到协定的保护。对于外国投资者的待遇，协定第十章第五条规定了国民待遇、最惠国待遇，以及投资待遇即公平公正待遇、充分保护和安全待遇，明确"每一缔约方应当依照习惯国际法外国人最低待遇标准给予涵盖投资公平公正待遇以及充分保护和安全"。公平公正待遇要求"每一缔约方不得在任何司法程序或行政程序中拒绝司法"，而"充分保护和安全要求每一缔约方采取合理的必要措施确保涵盖投资的有形保护与安全"。在确定缔约国应给予投资待遇的同时，该条款强调，"公平公正待遇和充分保护和安全的概念不要求给予涵盖投资在习惯国际法关于外国人最低待遇标准之外或超出该标准的待遇，也不创造额外的实质性权利"。

在投资自由化及其保护方面，RCEP 规定了禁止业绩要求、投资负面清单、高级管理人员和董事会、转移等条款。如要求任何缔约方"不得就其领土内缔

---

❶ 池漫郊、任清：《中国国际投资仲裁年度观察（2021）》，载《北京仲裁》2021 年第 2 辑，第 55 页。

约另一方投资者的投资进行设立、取得、扩大、管理、经营、运营、出售或其他处置方面施加或强制执行"限制、数量或比例等控制，"不得要求属于涵盖投资的该缔约方的法人任命某一特定国籍的自然人担任高级管理职务"，"应当允许所有与涵盖投资有关的转移自由且无迟延地进出其境内"，如果因为"武装冲突、内乱或者国家紧急状态使其领土内的投资遭受损失而采取或维持的措施"，应实行国民待遇和最惠国待遇。"不得对涵盖投资进行直接征收或国有化，或通过与之等效的措施进行征收或国有化。"

在确定上述缔约国负有的保护投资的义务的同时，RCEP 明确规定，有关投资的任何规定不得解释为"要求一缔约方提供或允许获得其确定披露会违背其基本安全利益的任何信息"，或者阻止任一缔约方采取其认为对履行维持或恢复国际和平或安全的义务，或者保护其自身根本安全利益所必需的措施。

在投资促进与便利化方面，RCEP 规定了缔约方应在遵守其法律法规的前提下，努力便利缔约方之间的投资，包括为各种形式的投资创造必要的环境；简化其投资申请及批准程序，促进投资信息的传播，包括投资规则、法律、法规、政策和程序等内容。

对于投资争端的解决，RCEP 在第十九章"争端解决"部分作出了专门规定，首先明确本章的目的在于为本协定项下产生的争端提供有效、高效和透明的规则与程序。其第 3 条第 1 款第 2 项规定，若一缔约方认为另一缔约方的措施与协定项下的义务不相符或者另一缔约方未履行本协定项下的义务，可以提交争端解决机制。RCEP 规定了缔约国之间的争端解决机制，但未规定 ISDS 条款，对此 RCEP 在第十章"投资"第 18 条"工作计划"中规定，缔约方在不损害其各自立场的前提下，将在协定生效之日后的两年内讨论缔约方与另一缔约方投资者之间投资争端的解决，讨论限期三年，讨论的结果须经全体同意。该项规定表明，RCEP 没有直接规定缔约国的投资者与另一缔约国之间的争端解决问题，而是交付给了缔约国，按照现有的 BIT 解决投资争议。这意味着，目前如果需要在 RCEP 项下解决争议，只能按照两国之间的投资争端予以解决。

RCEP 作为全球最大的区域性的有关贸易和投资的条约，将有效降低各成员之间的贸易与投资壁垒，促进国际投资在成员之间的自由流动，有效激发各成员的经济发展活力，推动东亚主要经济体统一大市场的加快形成，为区域的投资与经济发展注入新的力量。

3. 《华盛顿公约》下的仲裁机制

《华盛顿公约》是国家间订立的专门用于解决东道国与外国私人投资者之间投资争端的国际公约。缔约国和其他缔约国投资者之间一旦因东道国实行征收、禁止货币汇兑、政府违约等行为发生投资争端，投资者即可向依据该公约设立的投资争端解决机构提出解决纠纷的请求。《华盛顿公约》规定了投资争议的调解程序和仲裁程序，并设立了 ICSID，建立了 ISDS，为投资者与缔约国之间提供了磋商、当地救济、国际仲裁、国际调解等多种投资纠纷解决方式，其中运用最多的为国际投资仲裁。该公约所提供的制度设置有效避免或减少了之前通过国家的政治干预和外交干涉解决投资者和国家之间争端的模式，改善了投资环境，为投资者维护其利益提供了保证与便利。

《华盛顿公约》下建立的解决投资争议国际中心管辖的案件必须具备的条件是主体一方应为缔约国，另一方应为另一缔约国的自然人或法人，如果项目所在地国家不是《华盛顿公约》生效成员方，将无法适用《华盛顿公约》所设定的投资争端解决机制。符合公约所规定的主体身份的条件下，缔约国与另一缔约国的自然人或法人还须书面同意将其争议提交该机构仲裁解决，且争议的性质必须是因投资而产生的法律争议。

ICSID 作为解决缔约国和其他缔约国的国民之间的投资争端的常设国际机构，自设立以来，逐渐受到缔约国和投资者的重视和接受，截至目前，其作出的裁决在所有缔约国基本上都得到了及时和有效的承认。

ICSID 的仲裁具有明显的优势。首先，ICSID 仲裁程序清楚，对于仲裁庭的组成、仲裁费用等方面都有详尽的规定，可以减少仲裁成本。ICSID 仲裁的效率高于其他仲裁机构。[1] 其次，ICSID 的裁决具有终局性，对双方具有约束力。《华盛顿公约》第 53 条第 1 款规定："裁决对双方具有约束力，不得进行任何上诉或采取除本公约规定外的任何其他补救办法。"当事方对仲裁庭的裁决既不能上诉，也不能申请国内法院撤销，由此保证裁决得到有效的执行。最后，仲裁裁决在全球 160 多个成员方都具有执行力，胜诉的投资者可以选择在任何

---

[1]　Todd Allee, Clint Peinhardt. Delegating Diferences: Bilateral Investment Treaties a Bargaining over Dispute Resolution Provisions. *International Studies Quarterly Vol. 54*, No. 1, 2010, p. 5.

一个成员方申请强制执行败诉国的财产。《华盛顿公约》第54条规定，"每一缔约国应承认依照本公约作出的裁决具有约束力，并在其领土内履行该裁决所加的财政义务，正如该裁决是该国法院的最后判决一样"，明确排除了东道国法院对案件的干预。

总体上看，ICSID下的ISDS为投资者保护提供了良好的制度安排。首先，依照《华盛顿公约》的伞形条款，政府方不仅需要履行BIT项下的义务，在不履行合同义务时也可能承担责任，因为违反合同约定的义务可以被覆盖在BIT所确定的义务之下，这为投资者要求政府方承担违约责任提供了依据。其次，ICSID仲裁裁决在东道国能够得到有效的执行。如果东道国政府不承认和不执行ICSID的仲裁裁决，就会构成对ICSID条约义务的违反。国内法院不能对ICSID仲裁裁决进行实质性的审查，也保证了裁决的可执行性。再次，争议提交ICSID仲裁后，根据ICSID规则，双方的争议信息与案件的处理情况会公之于世，这有助于对东道国形成监督。最后，由于ICSID与世界银行等国际组织具有紧密的联系，且ICSID隶属于世界银行集团，也在一定程度上为ICSID裁决的执行提供了保障。[1] 如果缔约国不执行仲裁裁决，将会影响在这些国际组织中的利益，如从世界银行获得融资的利益。对于需要从世界银行获得贷款援助的国家，就需要采取配合的态度，积极履行ICSID的裁决。此外，争端一方缔约国不履行裁决也可能招致相关法律后果以及非法律方面的制裁，如东道国的国际信誉的受损及来自世界银行的压力等。

尽管ISDS开创性地设立了解决投资者与国家之间投资纠纷的机制，并起到了促进国际投资发展的作用，但近些年ICSID也暴露出许多问题，在仲裁实践中出现了偏袒投资者、漠视东道国的公共管理权、仲裁程序不透明、仲裁裁决缺乏一致性等问题。因为对仲裁庭主席的指定需要花费一定的时间、ICSID仲裁庭对作出临时措施决定的限制较多，所以不适合那些需要采取紧急措施的案件。再如，政府方可申请ICSID裁决无效，尽管ICSID主席指定的委员会对申请仲裁裁决无效的申请只进行程序性的审查，被认定无效的可能性极小，但由于审查的时间比较长，会直接影响到裁决的执行，进而会对投资者的利益产生

---

[1] Susan D. Franck. Foreign Direct Investment, Investment Treaty Arbitratinon, and the Rule of Law. *Mc-George Global Business and Development Law Journal*, Vol. 199, 2007. p. 372.

实质性的影响。由于这些问题的存在，ISDS 招致许多质疑与批评，引发了"正当性危机"（legitimacy crisis）❶ 和可持续发展危机。玻利维亚、厄瓜多尔和委内瑞拉分别在 2007 年、2009 年和 2012 年退出《ICISD 公约》。一些国家在新签订的 BIT 中不再规定 ISDS 条款，如 2015 年巴西最新的投资协定范本（CFIA）剔除了 ISDS 条款，并代之以国家—国家争端解决（State-State Dispute Settlement，SSDS）方式解决投资争端，开创了一条以联合委员会为初级解决机构、SSDS 机制为终极解决途径的争议解决模式。随后，巴西基于 CFIA 分别与莫桑比克、安哥拉、墨西哥、马拉维、智利、哥伦比亚等国签订了 BIT。南非终止了与奥地利、比利时—卢森堡经济联盟、丹麦、法国、德国、荷兰、西班牙、瑞士及英国等国家的 BIT，并在 2015 年颁布的《投资保护和促进法案》中摒弃了国际投资仲裁机制，规定以调解方式解决投资争端。

近些年，我国、澳大利亚、日本等国在对外签订的部分 BIT 以及其他贸易与投资协定中也未对 ISDS 条款作出规定，如 2004 年《澳大利亚—美国自由贸易协定》、2006 年《日本—菲律宾经济伙伴关系协定》、2012 年《澳大利亚—马来西亚自由贸易协定》、2020 年生效的 RCEP，以及 2020 年底结束谈判的《中欧全面投资协定》（EU-China Comprehensive Agreement on Investment，CAI）等。我国与"一带一路"共建国家签订的 BIT 中也有一些没有明确约定将投资争端诉诸 ICSID，如中国—泰国、中国与土库曼斯坦签订的 BIT 等。

ICSID 存在的上述问题，引发了国际社会的广泛思考。如果不能及时解决这些问题，势必影响 ICSID 的功能发挥，而如果投资纠纷不能得以有效解决，必然影响甚至阻碍国际投资的发展。2016 年 10 月 ICSID 正式启动了规则的修订工作，并分别于 2018 年 8 月、2019 年 3 月、2019 年 8 月、2020 年 2 月发布了工作文件，总结与陈述各阶段的规则修订工作。修改的重点和目标是减少 ICSID 程序的时间和费用，包括可以将案件平均时间减半的速裁程序；通过新的调停规则，更新调解规则和事实查明规则，扩大当事方对争端解决机制的可选择范围；提高 ICSID 案件的透明度，以应对如第三方资助等行为存在的问题；继续在国家和投资者之间的利益平衡上作出努力。❷ 尽管 ICSID 成员方对 ICSID

---

❶ Susan D. Franck. The Legitimacy Crisis in Investment Treaty Arbitration：Privatizing Public International Law through Inconsistent Decisions. *Fordham Law Review*，Vol. 73，No. 4，2005. pp. 1523，1545–1546.

❷ 池漫郊、任清：《中国国际投资仲裁年度观察（2021）》，载《北京仲裁》2021 年第 2 辑，第 55 页。

的改革所持的立场不同，但绝大多数成员方认为应通过必要的修改使其完善而不是废弃，并提出改革方案。一些国家主张通过对仲裁庭的组成、仲裁员资格以及仲裁透明度等方面的改革完善 ICSID 规则，欧盟则提出司法化改革建议，即建立国际投资法庭和上诉机制，明确规定东道国的管制权并设立高标准的法官行为准则。❶ 我国积极参与 ICSID 的改革，提出了自己的建议。例如，建议设立常设上诉机制、完善仲裁员选任以及质疑仲裁员资格的规则、建立有效的投资解调机制和仲裁前磋商程序，以及要求披露第三方资助、采取秘密信息保护等。❷

针对上述改革目标与建议，经过历时 5 年的修订，2022 年 6 月 22 日 ICSID 公布了新修订的《ICSID 条例与规则》（ICSID Rules and Regulations），并于 2022 年 7 月 1 日正式生效。该条例与规则全面提高了程序效率，扩大了 ICSID 的管辖范围，其中《ICSID 附加便利规则》允许非 ICSID 成员方或成员方国民的争端各方可以合意诉诸 ICSID 进行仲裁及调解；建立了独立的《ICSID 调解规则》与《ICSID 事实调查规则》；要求受到资助的争端方及时披露任何第三方资助者的名称和地址，以避免潜在未知的利益冲突。这些新的规则着眼于公平、开放、透明、有效运转的争端解决机制的建立，从基础上化解了 ICSID 的合法性危机，也为其发展提供了新的契机。我国作为投资大国已经在 ICSID 这样最重要的国际投资仲裁机构的改革中发挥了应有的作用，之后亦应广泛参与有关 ISDS 机制的改革，充分行使话语权，积极推行自己的改革方案，以维护本国与海外投资者的利益。

4. 推动区域投资保护机制建设

为实施"一带一路"倡议，保证区域经济发展，保护投资者利益，应在"一带一路"共建国家之间建立区域性的多边投资保护机制。基于实际需要，应在"一带一路"共建国家建立两个区域性投资保护机构。

（1）区域性投资担保机构。

"一带一路"共建国家虽然多数为《华盛顿公约》的缔约国，但是波兰、老挝、缅甸、伊朗等少数国家仍未加入该公约，因此该公约无法在"一带一

---

❶ 汪梅清、吴岚：《欧盟主导的投资法庭上诉机制及其对中欧投资争端解决机制的借鉴意义》，载《国际商务研究》2019 年第 6 期，第 80 页。

❷ 池漫郊、任清：《中国国际投资仲裁年度观察（2021）》，载《北京仲裁》2021 年第 2 辑，第 55 页。

路"共建国家得到统一适用。考虑到 MIGA 担保的条件比较高，能够得到 MIGA 担保的项目十分有限，而"一带一路"共建国家又亟须进行大规模的基础设施建设，需要大规模的基础设施投资，因而建立共建国家组成的担保机构，对"一带一路"共建国家的基础设施项目投资提供担保，可促进社会资本投向这些国家，解决共建国家的资金需求，助力区域基础设施建设。

"一带一路"区域性担保机构应该是一个具有完全独立法人地位的国际组织，拥有独立的缔约能力、诉讼能力以及处分财产的能力，主要面向"一带一路"共建国家，为成员方提供政治风险担保，包括政府违约风险担保，帮助成员方制定投资策略、提供投资商机，吸引外资进入成员方。

区域多边投资担保机构的成员方主要为"一带一路"共建国家，但不应局限于"一带一路"共建国家，应采取开放的立场，只要满足成员方条件，其他区域的国家也可加入担保机构中来，以扩大机构的规模，拓展规则适用的空间。

对于区域性担保机构提供担保的东道国标准应低于 MIGA 设定的东道国标准。依照 MIGA 的规定，投资者向 MIGA 投保除了需要征取东道国同意，还需要东道国具有公平公正的法律环境。而一些"一带一路"共建国家的投资环境不够完善，法律制度相对不健全，因此区域多边投资担保不宜采取与 MIGA 一样高的标准，应适当放宽对东道国投资环境的要求。同时，也需要扩大投资者的适格范围，使更多的投资者有资格获取担保。

区域性担保机构应能有效保护投资者的利益，促进投资者投资基础设施建设。为实现这一目的，应设置合理的补偿和救济措施。考虑到"一带一路"区域内的有些国家的政府部门工作效率比较低、行政审批程序长、随意性较强的实际情况，❶ 在制定投保者向区域性担保机构寻求赔偿之前的用尽东道国救济规则时，应适当减轻行政和诉讼救济环节，使投资者能够及时获得政府违约赔偿。

（2）区域性投资争端解决机制。

区域性投资争端解决机制主要为解决"一带一路"区域内发生的投资者与

---

❶ 调研显示，约旦的司法程序一般要经历 3 至 4 年，从获得判决到执行一般需要 12 到 18 个月，参见《如何正确理解并构建"一带一路争端解决机制"（二）》，载 https：//www.sohu.com/a/137850501_652123，2020 年 9 月 12 日访问。

东道国之间的投资争议而设立。对于"一带一路"共建国家而言，国际投资争端的妥善解决不只关乎一方的输赢，更重要的是当事各方长远的经济福祉。❶区域性投资争端解决机制应担当此重任。尽管该机制为区域性的，但如果区域外的投资者愿意将其纠纷提交到该机制下解决，区域投资争端解决机构也应该受理，以扩大其管辖范围和影响力，践行开放共赢和合作发展的理念。

区域性投资争端解决机制应以"一带一路"共建国家为主体，反映其共同意向，适合本地区的环境与特点，采取一站式纠纷处理模式，为当事方的调解、调停和仲裁提供全方位的支持。

区域性投资争端解决机制应能够解决在 ICSID 下海外投资者无法得到有效救济的问题。虽然《ICSID 附加便利规则》允许非 ICSID 成员方或成员方国民的争端各方在合意的前提下诉诸 ICSID 进行仲裁及调解，取消了 ICSID 只受理缔约国之间以及缔约国与其他缔约国投资者之间发生的投资争议的规定，在当事国与投资者发生争议时，即使其非 ICSID 成员方，投资者也可以向 ICSID 提出仲裁或调解请求，但是，争议是否能够被递交于 ICSID 仍需要取得当事国的同意，因此实际适用 ICSID 存在很大的困难。即便争议被受理，且最终获得了仲裁机构的支持，但因为东道国并非 ICSID 成员方，ICSID 对东道国履行裁决结果无法进行有效的监督，裁决因此可能得不到有效的执行。"一带一路"区域性投资争端解决机制应解决这些在 ICSID 之下无法很好解决的问题。

考虑到前述 ICSID 机制存在的问题以及引发的后果，应尽可能在区域投资争端解决机制中清晰地规定各项程序，如在仲裁机构规则中明确可仲裁范围、仲裁机构、仲裁庭组庭方式、仲裁规则、仲裁程序、裁决的撤销等事项。鉴于 ICSID 存在无法有效纠正裁决错误的问题，可以考虑建立独立的投资仲裁法庭，作为上诉机构专门审理投资者提出的认为仲裁庭裁决错误的案件。

基于"一带一路"共建国家的文化背景与法律制度，应重点考虑采用调解的方式处理争议。从历史上看，共建国家有着相似的重视调解的文化传统；从现实看，很多国家重视调解的方式和作用。埃及已经创设了争议解决委员会，

---

❶ 普利桑特·库玛：《重塑与重构新兴世界的争端解决框架》，载外交部、中国法学会《规则与协调——"一带一路"法治合作国际论坛文集》，法律出版社 2018 年版，第 7 页。

专门为解决投资者和政府机构之间的争议提供建议。❶ 运用调解方式解决争议易获得当事各方的认可。

"一带一路"共建国家有着与西方不同的、更为复杂的混合法律文化，包含了大陆法、英美法、伊斯兰法等多种法律体系。不同法系国家的法律分类与法律术语、法律的表现形式以及法律适用规则都存在着明显的差异。❷ 调解可以为东道国和投资者提供高度的灵活性和自主性，减少因共建国家法律多样化而产生的法律适用上的困难。与现行 ISDS 机制中的其他解决争端方式相比，调解还可在一定程度上避免因直接干预东道国管制经济的公共权力和公共利益而产生的风险，❸ 全面地平衡投资者和东道国之间的利益需求。

基于上述理由，应在区域内积极探索建立公平有效的投资调解机制，既避免冗长的仲裁程序和高昂的诉讼成本，也有利于维护投资者与东道国政府的长期合作关系。

在设置区域性投资争议调解解决机制时，需要重点关注以下问题：

第一，调解的自愿性与强制性。为促使争议当事方选择调解方式解决投资纠纷，有学者提出将调解作为提起仲裁或者诉讼的强制性前置程序。❹ 笔者认为，将调解规定为投资者与缔约国进行仲裁或诉讼前的强制性义务，通过调解解决纠纷，避免将争议升级到仲裁程序或诉讼程序固然很好，但是，不宜将调解强加于争端当事方，因为调解不能强制地普遍适用所有类型的投资争端。一般而言，调解适用于投资协定中允许当事方享有自由裁量权的问题的解决，❺ 例如，有关出资纠纷、投资赔偿等问题，较难运用于因国家变更法律规范性文件等行为所引起的争议，东道国一般不会就环境、社会以及其他公共利益方面的规定所引发的争议通过调解方式解决，在这些方面也不可能单独给予外国投资者特殊对待。此外，强制性调解会挫伤争议当事方参与调解的意愿。根据伦

❶ 《如何正确理解并构建"一带一路争端解决机制"（二）》，载 https://www.sohu.com/a/137850501_652123，2020 年 9 月 12 日访问。

❷ 李玉璧、王兰：《"一带一路"建设中的法律风险识别及应对策略》，载《国家行政学院学报》2017 年第 2 期，第 77—81 页。

❸ 刘万啸：《国际投资争端的预防机制与中国选择》，载《当代法学》2019 年第 6 期，第 50—63 页。

❹ 王寰：《投资者——国家争端解决中的调解：现状、价值及制度构建》，载《江西社会科学》2019 第 11 期，第 172—180 页。

❺ 刘万啸：《投资者与国家间争端的替代性解决方法研究》，载《法学杂志》2017 第 10 期，第 91—102 页。

敦大学皇后玛丽学院发布的《ISDS 机制改革与发展之投资者的建议和意见》，受访者认为强制性的调解可能会损害投资者的立场，并且不会促成争端当事方有效的讨论，无效地增加时间和金钱成本。❶ 基于上述原因，调解应遵循自愿原则。"一带一路"区域国家在未来签订的双边或多边投资条约中可以参考《加拿大—欧盟自由贸易协定》等投资条约有关调解的规定，设置自愿性调解条款，鼓励当事方在任何时候均可选择调解的方式解决投资争端，将调解的启动权交给当事方。

第二，调解规则问题。关于调解制度，ICSID 第三章规定了调解委员会的成立及其职责、投资者申请调解的条件等内容。但是 ICSID 的调解职能没有得到充分发挥，究其原因主要在于 ICSID 的调解规则是一项没有法律约束力的仲裁规则，没有发挥出调解制度的优点。ICSID 关于调解的规定基本上与仲裁相同，如提交调解的案件在审查标准上与仲裁案件没有多少差别，调解员的组成和指定也同仲裁员的相关程序类似。在耗费的时间和成本与仲裁程序大致相同的情况下，投资者更愿意选择明确且具有法律拘束力的国际投资仲裁而不是调解。2018 年，ICSID 提出了仲裁机制和调解机制的全面改革方案草案，希望推动 ICSID 中心的争端解决机制迈向现代化。方案对调解规则作出了重大修改，使调解程序更加灵活，增强了调解的保密性，细化了调解员的职能，突出了和解协议的可执行性。但是草案尚未形成最终的改革方案。区域调解制度可以借鉴 ICSID 的调解实践和改革方案，针对本区域的特点，在调解员的指定、调解程序、调解规则、调解效力等方面作出规定，增强调解的规范性和可操作性。

第三，调解的强制执行问题。如果投资者与政府方达成了和解协议而不能得到实际执行的话，那么争议只能算作"解而未决"，调解失去了价值，直接影响各方在国际投资中的实际利益与参与国际合作的积极性。❷ 如果争议一方恶意拖延或者不履行协议，不仅用于调解花费的时间和精力将付诸东流，可能

---

❶ Queen Mary University of London – Corporate Counsel International Arbitration Group. 2020 QMUL – CCIAG Survey: Investors' Perceptions of ISDS. http：//www. arbitration. qmul. ac. uk/media/arbitration/docs/QM – CCIAG – Survey – ISDS –2020. pdf. visited on 15 March 2021.

❷ 杨松：《"一带一路"下国际投资争议协同治理机制的构建》，载《国际法学刊》2019 年第 1 期，第 85—105 页。

还需要再次诉诸成本极高的仲裁程序或烦琐的诉讼程序。

对于和解协议是否具有强制执行力，"一带一路"共建国家有着不同的理解，审查门槛也各不相同，这使得和解协议的执行存在极大的不确定性。《新加坡调解公约》的生效在一定程度上可以解决这一问题。虽然《新加坡调解公约》旨在解决商事调解达成的国际和解协议的跨境执行问题，增强调解在国际争议解决中的竞争力，但在该公约第 1 条有关适用范围的规定中并未排除 ISDS 机制下达成的和解协议，对该条款，仅有伊朗、白俄罗斯以及沙特阿拉伯等 3 个缔约国作出保留："对于成员方或者政府相关机构为当事方的和解协议不适用本公约。"而共建"一带一路"的 65 个国家中已有 23 个国家签署了该公约，❶ 占公约签署国总数的 45.3% 。这在一定程度上表明区域国家对于该公约未来适用于 ISDS 机制总体上持欢迎态度。❷ 因此，"一带一路"区域内投资者与缔约国之间达成的国际投资和解协议可能根据该公约获得承认和履行。

"一带一路"共建国家在未来签订的投资条约中可考虑纳入和解协议的执行力条款，以与《新加坡调解公约》规定相协调。在具体的条文设计上，可以参考中国—乌兹别克斯坦 BIT 中确认的仲裁裁决效力的条款，明确和解协议对争议双方均具有拘束力，要求争议双方真诚地、毫不拖延地予以执行，并提示争议双方可援引《新加坡调解公约》寻求和解协议的执行。在投资条约中确认和解协议的跨境执行力，可免除投资者对和解协议无法执行的担心，推动投资调解更广泛的运用。

➢ 本章小结

从前述政府违约的原因可以看到，风险是在一定的环境下出现的。防范政府违约风险需要从改善环境入手。仅通过当事方订立的合同防范条款并不能完全控制风险的发生，还需要从可能引发风险的其他方面采取防范性措施。防范

---

❶ 数据来自联合国国际贸易法委员会网站：《联合国关于调解所产生的国际和解协议公约》状况，载 https://uncitral.un.org/zh/texts/mediation/conventions/international_settlement_agreements/status，2021 年 3 月 12 日访问。

❷ 戚咪娜：《〈新加坡调解公约〉在 ISDS 机制中的适用性研究》，载《上海法学研究》集刊 2020 年第 22 卷，第 10 页。

政府违约风险的主体应该是投资者，因此本章首先从企业角度分析了在合同之外应该采取的防范措施，然后从本国政府角度阐述了应该采取的风险防范措施。

就海外投资企业而言，应在投资基础设施项目前做好风险评估，风险评估是控制政府违约风险的基础性工作。如果在对外投资之前没有对项目及项目所在地国进行全面和细致的考量，不知道项目所在国的具体情况及其需求，一旦与政府方签订了合同，在履行过程中就可能出现各种问题。中国企业在进行投资之前需要清楚了解项目所在地国家的政治环境、法律制度、经济政策、产业政策与发展现状以及东道国政府的信用，获取一切与建设项目相关的信息，以便对项目的潜在风险作出准确的评估。

如果评估结果表明政府方有可能违约，企业应该采取海外投资保险等预防性措施，以避免或减少政府违约可能产生的损失。海外投资保险是投资者本国鼓励和保护本国海外投资的一项重要措施。通过特设的或基于特殊政策支持的保险机构向遭受风险的投资者予以赔偿，可以及时化解投资者的风险。投资者也可以向国际担保机构如 MIGA 进行投保以避免政府违约所产生的损失。

就政府而言，对海外投资者提供保护是投资者母国的职责。海外投资者的利益在很大程度上体现为国家利益，因此保护海外投资者利益即维护了国家利益。正因为如此，发达国家一直将保护海外投资者的利益作为对外交往的重要内容。海外投资者保护的发展历程表明，从最初母国主要通过外交保护途径，重在对一案一事的投资者利益保护，已经进入通过稳定的国际规则进行整体性保护的途径。

我国政府也采取了对海外投资予以鼓励与保护的做法，通过协调与其他国家的政府间的关系为企业的海外投资提供帮助，通过签订或参与国际公约的制定来协调与其他国家之间的投资关系，为海外投资创设良好的投资环境。BIT作为协调两国之间投资关系的基本规则，对于控制政府违约具有特殊意义。两国政府相互承诺遵守保护投资者的规则，一旦政府方违反 BIT，投资者即可以依据相关的规定寻求救济。BIT 在一定程度上可以弥补东道国法律的不足，特别是法治不完善的国家的法律上的缺欠，而政府违约的风险也主要发生在这些国家。BIT 是约束东道国违约行为的最直接与相对有效的方式，因此，我国应重视 BIT 各项条款的拟定，修改对我国投资者保护不利的规则，为中国企业的海外基础设施投资提供保障。

我国在与相关国家签订 BIT 时应尽可能做到内容清晰完整、权利与义务明确，提高用语、概念、制度和内容的精确度，以便得到缔约方的有效遵守，在出现纠纷时能够为投资者进入仲裁或诉讼程序提供据以力争的依据，亦为纠纷解决机构提供正确的解释与引导。总括条款、投资和投资者的界定、投资者待遇条款、征收与国有化条款、汇兑条款、投资争议解决条款均是我国在签订 BIT 时应重点关注的条款。这些条款构成了东道国对我国海外投资者的制度性保障。

相比数量众多的 BIT，目前有关投资的国际多边协定数量极少。国际多边投资协定具有参加国家多、规则覆盖面广的特点，可以在相关国家之间形成制度约束，有效避免一国随意根据自己的意愿和目的变更法律规定。我国应重视并积极参与多边投资协定的订立，在规则的制定中充分表达自己的主张，争取制定对我国投资者有利的规则。为有效实施"一带一路"倡议，可以考虑在"一带一路"沿线国家建立区域性投资担保机构与区域性投资纠纷解决机制，保护和推动区域投资的发展。

第六章　政府违约后的救济

　　尽管中国企业能够通过合同以及合同外的措施防范政府违约，但由于国际关系的复杂性，企业仍然无法完全避免政府违约的情形。一旦政府违约给投资者和项目公司造成了损害，投资者或项目公司应及时依照合同约定与法律规定行使救济权利，做好政府违约发生后的争议解决工作，维护自身利益。本章首先阐述政府违约后中国企业可采取的救济途径和法律救济措施，之后，结合中国企业在国际仲裁机构提起的仲裁案件以及比较典型的国际仲裁案例，解读在仲裁争议解决过程中，中国企业已经遇到或需要予以重点关注的几个问题，以便为中国企业在国际仲裁中运用相关的法律规则进行应对提供参考。

一、政府违约后的救济途径

　　救济是在合同一方没有合法事由却不履行或不完全履行合同义务，合同另一方请求其履行义务或赔偿损失的行为。目前，国际社会尚未建立政府违约时投资者可采用的救助机制，当投资风险发生后，基本上依靠投资者自救。因此投资者需要选择有利于己的纠纷解决方式，这是维护其利益的关键。

　　如前所述，投资者寻求救济，要求政府方承担违约责任的途径主要为非诉讼纠纷解决方式及诉讼方式。政府方违约之后，投资者应首先依照基础设施项目合同约定的方式寻求救济。如果合同约定了协商、调解等方式，应先与政府方进行协商或调解。在争议无法通过协商或调解方式解决时，投资者才应采用仲裁或者诉讼的方式。如果在基础设施项目合同中直接作出"双方发生与本协议有关的任何争议均可提交国际仲裁"的约定，那么，投资者可依据该约定，直接向国际仲裁机构请求仲裁，也可以利用国际投资协定规定的投资者与东道国间的仲裁机制启动投资仲裁。如果合同中没有约定仲裁解决争议条款，或者在纠纷发生之后，当事方没有达成仲裁协议，投资者即可向法院提起诉讼。

（一）友好协商

在纠纷发生之后，当事方应在第一时间进行沟通，寻求问题的解决。投资者直接与东道国政府协商解决争议，是应对政府违约最直接和便捷的方式。许多 BIT 都规定，外国投资者应尽量采用友好协商方式与东道国政府解决争议。双方协商的期限基于个案而定，不同的案件需要的时间不同，但一般为 3—36 个月不等，以 6 个月为限的居多。

通过协商方式解决纠纷对投资者是有利的，可以减少通过诉讼或仲裁的方式解决纠纷时所需要的比较多的时间成本，能够尽快解决纠纷，也有利于获得政府方的承诺，及时获得补偿。而且，通过协商解决纠纷，投资者与东道国政府能够相互理解，并可能在其他的项目上寻求继续合作。

（二）进行调解

如果合同中约定了通过调解方式解决纠纷，投资者应根据合同约定进行调解。如某特许经营协议规定："因本合同引起或者与本合同有关的任何争议，当事人应当首先根据最新修订的国际商会调解规则将争议提交调解程序。如果在提出调解请求后 45 天内，或在当事人书面规定的期限内，争议仍未按照上述规则得到解决，在超出提交调解的期限后，应根据国际商会仲裁规则进行仲裁。"❶ 该协议明确约定了调解机构、调解应采用的规则以及调解不成后可寻求的救济。如果合同中没有作出该种约定，投资者和政府方在纠纷发生之后可协商签订独立的调解协议。

调解员对于调解是否能够达成起着重要的作用。调解员如何进行调解、选择何种调解策略，均显示出其水平与能力。调解可由一位调解员组织进行，如果案件比较复杂，也可选择多位调解员参与调解。投资者和政府方需要为聘请调解员签订合同，明确调解员的权利和义务、调解规则、调解员费用的支付以及是否承担连带支付义务等内容。

调解虽然具有很大的灵活性，但也需要遵循一定的规则，调解规则既包括实体规则，也包括程序规则。调解规则决定调解的成本与成功率。在规则的选

---

❶ 吴丹盈、洪泉寿：《欧洲跨界调解"多层次争端解决条款"的实例解读》，载《人民法院报》2020 年 3 月 20 日。

择上投资者应在了解规则的基础上，综合考虑调解地点的中立性、调解的可获得性、调解的成本效益等因素予以确定。

关于调解合同的法律适用，依照《罗马条例》第 3 条规定，当事方可以自行选择。如果当事方没有选择合同适用的法律，则适用与合同有最密切联系的国家的法律。一般来说，提供调解服务的合同应受服务提供者即调解员经常居住国家的法律管辖。在有多位调解员的情况下，而这些调解员来自不同国家就需要采用最密切联系原则确定调解合同的法律适用。❶

调解的主要目的是达成和解。在调解员的主持下，双方当事人在求同存异的基础上可能达成和解，也可能无法达成和解。如果调解成功，双方签订和解协议，这时就涉及调解协议的可执行性问题。❷ 一些国家或区域立法规定了和解协议的执行问题，如《罗马条例》为成员方设定了如下义务："欧洲联盟成员方应确保当事各方或其中一方在其他各方明确同意的情况下，具备强制执行调解产生的书面协议的内容的可能性。"❸ 如果调解没有获得成功，那么，按照上例合同的约定，在一方提出调解请求后 45 天内，或在当事方书面规定的期限内争议仍未得到解决，之后，当事方即可根据国际商会仲裁规则提请仲裁。

（三）提请仲裁

如果双方无法通过协商解决彼此之间的争议，而合同中明确规定了仲裁解决争议条款，即双方之间存在书面仲裁协议，投资者可依据合同约定直接向仲裁机构提起仲裁。如果当事人没有在合同中约定仲裁，也可以在纠纷发生之后，协商达成仲裁协议，选择仲裁机构仲裁或临时仲裁方式进行仲裁。临时仲裁也称特别仲裁或专设仲裁，在争议发生后由双方当事人选择仲裁员临时组成仲裁庭，负责审理当事人之间的纠纷，在审理终结并作出裁决后即行解散。

投资者也可依据 BIT 请求仲裁。如前引中国—希腊 BIT（1992）第 10 条规定，在 6 个月内投资者与政府方不能协商解决争议时，投资者可直接向国际仲

---

❶ 吴丹盈、洪泉寿：《欧洲跨界调解"多层次争端解决条款"的实例解读》，载《人民法院报》2020 年 3 月 20 日。

❷ 吴丹盈、洪泉寿：《欧洲跨界调解"多层次争端解决条款"的实例解读》，载《人民法院报》2020 年 3 月 20 日。

❸ 吴丹盈、洪泉寿：《欧洲跨界调解"多层次争端解决条款"的实例解读》，载《人民法院报》2020 年 3 月 20 日。

裁机构提请仲裁。

作为解决投资者与国家之间争议的重要机构，ICSID 近些年处理了许多具有重大影响的案件。比较典型的案件如 2012 年 10 月裁决的厄瓜多尔政府向美国西方石油公司赔偿 18 亿美元，加上利息超过 23 亿美元的案件；2014 年 7 月裁决的俄罗斯联邦赔偿尤科斯石油公司三家股东的损失，金额高达 500 亿美元的案件。本节中下述的雷普索尔公司也是向 ICSID 提出了仲裁申请，请求阿根廷政府赔偿其 105 亿美元，之后，双方达成和解，案件终止审理。涉及中国投资者的中国平安诉比利时案和北京城建诉也门案也是在 ICSID 审理的。根据 ICSID 最新统计数据，2020 年 ICSID 共受理了 58 起投资仲裁案，创历史新高。❶

国际投资仲裁是对海外投资者在东道国因政治风险而遭受损失进行救济的主要途径。根据 UNCTAD 于 2020 年 7 月发布的《2019 年投资者与东道国间争端解决案件报告》，截至 2020 年 1 月 1 日，已知的根据国际投资协定提起的投资仲裁案件总数达到 1023 起。❷ 根据 ICSID 官方统计数据，中国企业运用 ICSID 机制的案件较少，截至 2020 年 6 月 30 日，ICSID 受理的案件共计 768 件，中国投资者提起的案件仅有 13 件。❸ 超过 100 多个国家被提起投资仲裁，其中 80 多个被诉国为发展中国家或转型经济国家。被诉案件在 10 件以上的有 15 个国家，其中 13 个为亚非拉国家和东欧国家，其中阿根廷、委内瑞拉、捷克、埃及、厄瓜多尔、墨西哥、印度、哈萨克斯坦等国被诉的案件最多。在此意义上，中国企业在对这些国家投资时应当更加审慎。❹

截至 2020 年 2 月，公开报道与我国有关的投资纠纷仲裁案件除表 6-1 中中国企业诉外国政府的之外，还有 2 起是外国投资者诉中国政府的案件。而表黑龙江国际经济和技术合作有限公司诉蒙古国案是依照《联合国贸易法委员会

---

❶ ICSID, The ICSID Caseload – Statistic（ISSUE 2021 – 1），https：//icsid. worldbank. org/resources/publications/icsid – caseload – statistics，visited on 27 April 2021.

❷ UNCTAD. Investor – State Dispute Settlement Cases Pass the 1, 000 Mark：Cases and Outcomes in 2019. https：//unctad. org/en/PublicationsLibrary/diaepcbinf2020d6. pdf，visited on 27 May 2021.

❸ ICSID. The ICSID Caseload – Statistic（ISSUE 2020 – 2），https：//icsid. worldbank. org/resources/publications/icsid – caseload – statistics，visited on 29 March 2021.

❹ 任清：《海外投资的条约保护：规则、案例与对策》，载《海外投资与出口信贷》2015 年第 5 期，第 8 页。

仲裁规则》设立的专设仲裁庭进行的仲裁❶，其余案件均依照投资合同或 BIT，根据《华盛顿公约》规定提交 ICSID 进行的仲裁。

表 6-1　中国投资者已提起的国际投资仲裁案

序号	案件简称	登记日期	仲裁平台	案由	核心争议点	管辖权依据	案件状态
1	谢业深（香港）诉秘鲁❷	2007	ICSID	因税收问题冻结银行账户	间接征收	中国—秘鲁 BIT	仲裁庭作出有利于投资者的裁定
2	黑龙江国际经济和技术合作有限公司诉蒙古国❸	2010	PCA	采矿许可证被取消	征收数额	中国—蒙古 BIT	仲裁庭裁定缺乏管辖权，驳回投资者的仲裁请求
3	渣打银行（香港）诉坦桑尼亚电力供应公司❹	2010	ICSID	能源		投资合同	仲裁庭作出有利于投资者的裁决
4	Philip Morris 公司（香港）诉澳大利亚❺	2011	PCA			澳大利亚—香港 BIT	仲裁庭裁定缺乏管辖权，驳回投资者的仲裁请求

---

❶ 《PPP 项目中的投资方如何应对与政府之间的争议?》，载 https：//mp. weixin. qq. com/s? __biz = MzUyNTQxMjc2OQ = = &mid = 2247483726&idx = 1&sn = ca80e8aac7db5616b649ae246d730bba&chksm = fa1f3180cd68b89644f815e4347857f22fdc0e8ad66315de03e9b5b664aa366c661178a51d4c&scene = 27，2019 年 7 月 8 日访问。

❷ Tza Yap Shum v. Republic of Peru, ICSID Case No. ARB/07/6, https：//icsid. worldbank. org/en/Pages/cases/casedetail. aspx?CaseNo = ARB/07/6. visited on 3 March 2021.

❸ China Heilongjiang International Economic & Technical Cooperative Corp. , et al v. Mongolia, PCA Case（China – Mongolia BIT1991）, http：//www. pca – cpa. org/showpage. asp?pag_id = 1378. visited on 27 March 2021.

❹ Standard Chartered Bank（Hong Kong）Limited v. Tanzania Electric Supply Company Limited, ICSID Case No. ARB/10/20, https：//icsid. worldbank. org/en/Pages/cases/casedetail. aspx?CaseNo = ARB/10/20. visited on 27 March 2021.

❺ Philip Morris Asia Limited（Hong Kong）v. The Commonwealth of Australia（PCA Case No. 2012 – 12）https：//pca – cpa. org/en/cases/5/. visited on 27 March 2021.

续表

序号	案件简称	登记日期	仲裁平台	案由	核心争议点	管辖权依据	案件状态
5	中国平安诉比利时❶	2012	ICSID	股权收购等措施	新约与旧约的时间；公平公正待遇、直接征收等	中国—比利时卢森堡经济联盟 BIT 1984/2005	仲裁庭裁定缺乏管辖权，驳回投资者的仲裁请求
6	Sanum 公司（澳门）诉老挝❷	2012	PCA	Sanum 的赌博等投资项目被中止	BIT 是否适用于澳门地区	中国—老挝 BIT	仲裁庭作出有利于东道国的裁决
7	北京城建诉也门❸	2014	ICSID	也门机场建造工程受阻	国企投资者；征收；工程承包的投资	中国—也门 BIT	实体审理阶段双方达成和解
8	渣打银行（香港）诉坦桑尼亚❹	2015	ICSID			投资合同	仲裁庭作出有利于东道国的裁决
9	Sanum 公司（澳门）诉老挝❺	2017	ICSID			中国—老挝 BIT	案件仍在审理中

❶ Ping An Life Insurance Company of China, Limited and Ping An Insurance (Group) Company of China, Limited v. Kingdom of Belgium, ICSID Case No. ARB/12/29, https：//icsid. worldbank. org/en/Pages/cases/casedetail. aspx?CaseNo = ARB/12/29. visited on 27 March 2021.

❷ Sanum Investments Limited v. Lao People's Democratic Republic, UNCITRAL, PCA Case No. 2013 - 13 https：//www. italaw. com/cases/2050. visited on 27 August 2021.

❸ Beijing Urban Construction Group Co. Ltd. v. Republic of Yemen, ICSID Case No. ARB/14/30, https：//icsid. worldbank. org/en/Pages/cases/casedetail. aspx?CaseNo = ARB/14/30.

❹ Standard Chartered Bank (Hong Kong) Limited v. United Republic of Tanzania, ICSID Case No. ARB/15/41, https：//icsid. worldbank. org/en/Pages/cases/casedetail. aspx?CaseNo = ARB/15/41. visited on 5 August 2020.

❺ Sanum Investments Limited v. Lao People's Democratic Republic, ICSID Case No. ADHOC/17/1, https：//icsid. worldbank. org/en/Pages/cases/casedetail. aspx? CaseNo = ADHOC/17/1. visited on 27 August 2021.

续表

序号	案件简称	登记日期	仲裁平台	案由	核心争议点	管辖权依据	案件状态
10	Jetion 及 T－Hertz 诉希腊❶	2019	UNCITRAL			中国—希腊 BIT	投资者撤回仲裁程序
11	Ecuagoldmining 诉厄瓜多尔❷	2020	Ad Hoc Arbitration			中国—厄瓜多尔 BIT	投资者已向东道国政府发出启动争端解决程序通知
12	Fengzhen Min 诉韩国❸	2020	ICSID			中国—韩国 BIT	仲裁庭裁定缺乏管辖权，驳回投资者的仲裁请求
13	北京天骄诉乌克兰❹	2020	Ad Hoc Arbitration			中国—乌克兰 BIT	案件仍在审理中
14	Alpene 有限公司（香港）诉马耳他❺	2021	ICSID			中国—马耳他 BIT（2009）	案件仍在审理中
15	叶琼、杨建萍诉柬埔寨❻	2021	ICSID			中国—东盟全面经济合作框架协议投资协议（2009）	案件仍在审理中

❶ Jetion Solar Co. Ltd and Wuxi T－Hertz Co. Ltd. v. Hellenic Republic. https：//investmentpolicy. unctad. org/investment－dispute－settlement/cases/975/jetion－and－t－hertz－v－greece. visited on 27 August 2021.

❷ 张生：《国际投资条约与仲裁年度观察 2020》，载 https：//www. sohu. com/a/447816404_652123，2021 年 2 月 1 日。

❸ Fengzhen Min v. Republic of Korea, ICSID Case No. ARB/20/26, https：//icsid. worldbank. org/cases/case－database/case－detail?CaseNo = ARB/20/26. visited on 27 August 2021.

❹ Wang Jing et al. v. Ukraine, Investment Arbitration Reporter, https：//www. iareporter. com/arbitration－cases/wang－jing－et－al－v－ukraine/. visited on 2 June 2021.

❺ Alpene Ltd v. Republic of Malta, ICSID Case No. ARB/21/36, https：//icsid. worldbank. org/cases/pending. visited on the 2021－08－09.

❻ Qiong Ye and Jianping Yang v. Kingdom of Cambodia, ICSID Case No. ARB/21/42, https：//icsid. worldbank. org/cases/case－database/case－detail?CaseNo = ARB/21/42. visited on 27 August 2021.

续表

序号	案件简称	登记日期	仲裁平台	案由	核心争议点	管辖权依据	案件状态
16	Beijing Everyway Traffic and Linghting Tech Co. led. 诉加纳	2021				中国—加纳 BIT（1989）	2021 年 2 月 10 日，申请人向被申请人提交《仲裁通知》，启动临时仲裁程序

　　在上述中国投资者诉其他国家政府案件中，北京城建诉也门案是中国企业因建筑工程争议将东道国政府诉诸国际仲裁的第一起案件，因此受到格外关注。北京城建集团于 2006 年中标了也门民航气象局招标的也门萨那国际机场二期改造工程，中标价为 1.15 亿美元。2006 年北京城建集团与也门民航气象局签署了以 1987 版 FIDIC 红皮书加特殊条款为合同条件的建设工程合同。北京城建集团按照合同采购货物并进行施工，但也门民航气象局未遵守合同约定按照施工的不同阶段拨付工程款，而是无限期地拖延付款，甚至将北京城建集团交付的 3000 万美元的履约保函款全部扣除。到工程三期时，萨那国际机场新航站楼主体结构已完成，装修材料也已大量运至也门境内，但也门民航气象局仍不按期付款。2009 年 7 月，也门当局袭击并扣留北京城建员工，强行阻碍施工人员进入工程现场并强制撤离，致使工程建设无法继续进行。双方虽进行了多次协商，但问题均未得到解决。北京城建集团根据中国—也门 BIT 有关仲裁规定，以也门政府单方面违反合同约定，剥夺其在当地的资产为案由，于 2014 年 12 月 3 日向 ICSID 提出仲裁。❶

　　本案中，北京城建集团是与也门民航气象局签订的项目建设合同。在仲裁实践中，可能遇到的问题是，如果合同中的一方为政府授权的项目实施机构而不是政府部门，投资者可否以政府为被申请人向仲裁机构提出仲裁？如果基础设施合同被定义为民事合同，那么，依照代理关系，可将政府视为委托人，项目实施机构以自己的名义，在委托人的授权范围内订立合同。但投资者需要证

---

❶　Beijing Urban Construction Group Co. Ltd. v. Republic of Yemen（ICSID Case No. ARB/14/30）.

明在订立合同时知道政府与项目实施机构之间存在代理关系，由此导致政府应作为委托人受合同约束，否则，投资者没有依据将政府作为仲裁的被申请人。因此，投资者意欲将政府作为被申请人提请仲裁，需要证明政府为该项目合同的委托人。投资者可以从授权书、项目来源、合同约定、实际履行阶段政府的行为以及结算审核和付款主体等方面寻找并提交证据。

（四）提起诉讼

投资者提起诉讼的依据为基础设施项目合同与项目所在地国家的法律，以及投资者本国与东道国签订的 BIT 和其他国际投资协定。如果在合同、政府方国家的法律以及国际投资协定中约定或规定了诉讼解决纠纷条款，投资者即可以此向法院提起诉讼。通常来说，政府方国家的法律可能规定必须采用诉讼方式解决纠纷，而合同或投资协定则更多地为当事方提供仲裁与诉讼之间的选择。如中国—乌兹别克斯坦第 12 条第 2 款即规定，如果投资者主张缔约国违反本协议条款规定之下的争议，自争议提出协商解决之日起 6 个月内未能解决，则投资者可选择以下救济途径：缔约另一方国家的有管辖权的法院；依据《华盛顿公约》设立的 ICSID 仲裁解决；依据 UNCITRAL 仲裁规则设立的专设仲裁庭；经争议双方同意的任何其他仲裁机构或专设仲裁庭。但也有个别的 BIT 或多边国际投资协定没有规定岔路口条款，直接限制投资者通过仲裁方式解决纠纷。如美国—墨西哥—加拿大协定（United States—Mexico—Canada Agreement，USMCA）取消了美国与加拿大之间的 ISDS 后，投资者主要依靠当地救济。在美国与墨西哥之间，投资者就东道国间接征收、违反准入前国民待遇和最惠国待遇以及其他类型的争议，应通过当地救济解决。CPTPP 冻结了投资协议与投资授权的有关规定，投资者不能根据东道国违反投资授权或者投资协议条款启动仲裁程序。这些规定均凸显了诉讼解决国家与投资者争议的地位和重要性。

如果基础设施项目合同中约定采用仲裁方式解决当事方之间的争议，那么投资者就不能提起诉讼，除非该约定欠缺主要内容或约定违反仲裁地法，否则投资者无法通过仲裁解决争议时，只能向法院提起诉讼。东道国的法律也可能禁止通过仲裁方式解决纠纷，此时合同关于仲裁解决争议的条款可能变为无效，投资者只能诉诸司法解决。但如果 BIT 与其他国际投资协定规定了投资者与东道国之间的投资争议可以采取仲裁方式解决，那么，根据《维也纳条约法公约》（Vienna Convention on the Law of Treaties，VCLT）第 27 条"当事人不得引用国内法规定作为其不遵守条约的辩护"规定，在东道国没有对仲裁解决争议方式作出条约保留的情况下，东道国法律关于基础设施项目合同只能通过诉讼解决的规定不应被认可。

投资者在 BIT 与其他国际投资协定项下寻求司法解决通常为两种情形。一种情形是协定中规定了通过国际仲裁方式解决纠纷，但以投资者用尽当地司法救济为前提，那么，投资者只有经过东道国法院的审理并作出判决才能向仲裁机构提起仲裁，或者仲裁机构才能进行实体问题的审理。在 Vivendi 仲裁案中，仲裁庭发现申请人所有的请求都与特许协议的履行有关，因此，仲裁庭只能在投资者通过国内法院寻求救济失败后才能审理实体问题。❶ 另一种情形是协定中规定了岔路口条款。如果存在该条款，在政府违约之后，投资者须进行选择，决定通过仲裁还是通过诉讼解决争议。如前述中国—乌兹别克斯坦第 12 条第 2 款规定四种程序可供当事方选择，如果投资者已将争议提交缔约另一方有管辖权的法院或国际仲裁，则选择是终局的。依此规定，投资者可以选择诉诸法院解决纠纷，但同时丧失了通过仲裁解决纠纷的机会。因此，投资者在面对岔路口条款时，必须根据具体案情和对结果的预判，考虑选择仲裁或诉讼的利弊，在协定规定的时间内谨慎作出选择，避免因为时效或对程序规则的违反丧失其认为对己有利的救济权利和救济方式。

岔路口条款对投资者比较苛刻，一些 BIT 因此设定了相对宽松的条件。对已经选择当地救济的投资者，在国内救济程序尚未作出生效裁决之前，可以通过撤诉的方式再行选择国际仲裁。例如，中国—新西兰自由贸易协定投资章中的 ISDS 条款就规定，如果争议已被提交国内管辖法院，只有在最终裁决前投资者从国内法院撤诉，该争议才可被提交国际争议解决。在仲裁实践中，一些仲裁庭也采取了较为宽泛的解释减少诉诸法院解决纠纷与通过国际仲裁解决纠纷的冲突。如在 Vivendi v. Argentine 仲裁案、Genin v. Estonia 仲裁案❷中，仲裁庭从国内程序与国际程序的当事人、争端事项以及提起的时间等方面的不同进行

---

❶ Vivendi v. Argentine, ICSID Case NO. ARB/97/3. Decision on Annulment of July 3. 2002. 该案当事方签订的特许协议约定发生纠纷由阿根廷地方行政法院管辖。申请人依照法国—阿根廷 BIT 向 ICSID 提出仲裁请求，以阿根廷政府没有及时阻止合同当事人的违约行为，违反 BIT 有关公平公正待遇及禁止征收的义务，要求其承担责任。

❷ Alex Genin, Eastern Credit Limited, Ine. and A. S. Baltoil v. The Republic of Estonia, ICSID Case No. ARB/99/2, Award.

阐述，认为申请人在东道国提起的诉讼和基于 BIT 寻求的救济不同，因而没有违反岔路口条款。这些裁决告诉投资者如果其能够以不同于国内诉讼请求的依据、理由或事项提起仲裁是可能得到仲裁庭支持的，也即避开了岔路口条款设置的约束。

在实践中可能出现的情形是按照用尽当地救济原则，诉诸法院的争议，如果在规定时间没有得到解决，投资者可能会以"拒绝司法"等理由提交国际仲裁，由此产生诉讼程序与国际仲裁程序的并存问题。在此情形下，一些仲裁庭可能依照司法礼让原则，为避免出现矛盾性裁决，在确认其管辖权的基础上，中止案件的审理程序，直至东道国法院作出判决之后再行审理，通过自我限制避免两个不同的解决方式所可能产生的程序与实体问题。

投资者在向法院提起诉讼时需要注意当地法律对基础设施项目合同的性质的认定。如前所述，在一些国家，PPP 项目合同可能被视为行政合同，在我国亦存在对 PPP 项目合同为民事合同或行政合同的性质的不同认定，因此，投资者在向法院提起诉讼时，首先需要确定管辖案件的国家法律对 PPP 项目合同的定性，之后，才能依其性质确定提起行政诉讼还是民事诉讼。

（五）其他救济途径

如果无法通过上述途径解决纠纷，投资者只能寻求其他的救济途径。寻求其他的救济途径同样需要法律依据。如中国企业在比利时海外基础设施项目建设中受到不公正对待，可以依据 2005 年中国—比利时卢森堡 BIT 第 8 条第 1 款规定，在必要的情况下通过寻求第三方的专业建议或通过缔约方间经由外交途径进行磋商来解决争议。

1. 专家仲裁

在实践中，有一种类似仲裁的纠纷解决方式，即通过业内专家对专业性或技术性纠纷进行裁决，即专家裁决。该种方式只适用于当事方对案件事实不存在异议的纠纷的解决，专家采用专业知识和经验进行专业性评估，以此解决当事方自身无法解决的争议，为争议的解决提供依据。

2. 外交保护

外交保护是国家依据自己的权利对受到他国损害的国民提供的保护。依照联合国国际法委员会 2006 年二读通过的《外交保护条款草案》第 1 条的规定，外交保护主要用于本国公民遭到所在国的非法侵害时，本国通过外交行动或其他和平手段援引另一国的责任,以期该国责任得到履行的行为。可见外交保护并非直接针对违反合同或条约行为提供的保护。

作为传统上的投资者母国保护其投资者的形式,外交保护随着 ISDS 投资争端机制的出现和扩展实际使用的机会较少,但仍不失为一种重要的补充保护形式,特别是对于企业到母国尚未与之签订 BIT 的国家进行投资无法受到 BIT 保护、被国际争议解决机构判定应向投资者承担赔偿的国家不履行赔偿责任,以及投资者通过其他途径无法获得救济时,外交保护仍可发挥其重要的作用。在基础设施项目建设与运营中,如果政府违约导致无法通过上述途径获得有效救济,我国企业可尝试采用外交保护方式。

国家行使外交保护权的前提条件之一是投资者持续具有本国国籍,这是将投资者与国家之间的争议上升为国家与国家之间的争端的必要条件,只有持续性地具有本国国籍的投资者,本国政府才有理由且有必要启动外交保护方式。因此企业在寻求外交保护时,首先需要确认是否符合这一条件。企业国籍以企业成立地或注册地为标准。该标准来自 1970 年巴塞罗那电车、电灯和电力有限公司案。❶ 将公司实体的外交保护权授予公司依其法律成立并在其领土内拥有注册办事处的国家为国际法的一项传统规则。❷ 按此规则,在我国注册成立的企业具有我国国籍,我国政府可以提供外交保护。但我国投资者在外国设立的企业由于不具有我国国籍,依照我国现有的法律难以提供外交保护。如果局限于一般意义上的国籍的持续存在为实现外交保护的唯一条件,那么,在跨国经济全球化发展的当下是无法为海外投资者提供有效的保护的。为解决这一问题,2006 年通过的《外交保护条款草案》第 9 条扩大了"国籍"的认定标准,明确国籍国是指公司依照其法律成立的国家。但当"公司受到另一国或另外数国国民的控制,并在成立地没有实质性商业活动,且公司的管理总部和财务控制权均在另一国时,那么该国应视为国籍国"。❸ 该条款将"经济控制标准"纳入考量范围,为扩大"国籍"范围提出了扩展标准与思路,值得我国重视。以"经济控制标准"作为辅助性条件,以此扩大"国籍"的范围,可以扩大外交保护

❶ Barcelona Traction, Light and Power Company, Limited, Judgment, I. C. J. Reports 1970. p. 3.

❷ I. C. J. Reports 1970. p. 42.

❸ Report of International Law Commission, U. N. General Assembly Document A/61/10, August 11, 2006, pp. 18 – 19.

的范围，特别是当我国企业面临着美欧等国家不公正待遇的时候，扩大外交保护的范围，从国家层面助力企业对外发展，保护我国海外企业的合法利益是非常必要的。在我国企业所控制的海外企业遭受政府违约损害时，我国企业可尝试以该标准提出外交保护请求。

国家行使外交保护权的前提条件之二是用尽当地救济。用尽当地救济原则是卡尔沃主义的核心。卡尔沃主义主张外国投资者在请求本国政府给予外交保护之前须用尽当地的行政救济和司法救济，否则，本国政府不应行使外交保护权追究东道国的责任。卡尔沃主义虽然力图通过用尽当地救济原则的实施将跨国争议限制在东道国的法律规制框架下，但同时也为东道国主动纠正其违法行为提供了机会，可以减少国家间的冲突。依此原则，中国企业在提起外交保护之前也同样需要依照东道国的法律规定寻求当地救济。但是，受制于东道国的行政与司法体制以及法律环境，企业要完成所有的行政与司法救济是比较困难的，即使能够完成，其冗长的时间，救济可能已经变得无意义。为解决这一问题，《外交保护条款草案》第 15 条❶对用尽当地救济原则规定了例外，企业在寻求外交保护时可参照该条规定向政府提出无须用尽当地救济的例外情形。可主张的情形主要有：（1）没有在当地能够获得合理有效救济的可能性。例如，当地法院对所涉争端没有管辖权、当地没有适当的司法保护制度等。（2）救济过程受到不当拖延，且这种不当拖延是东道国造成的。（3）投资者明显地被排除了寻求当地救济的可能性，如无法入境、不能到当地法庭提起诉讼等。（4）东道国放弃了用尽当地救济的要求。如果企业主张的情形有相关的证据支持，受到政府的认可，那么，政府即可能启动外交保护救济。

3. 国家间的投资争端解决机制

投资者也可通过国际投资协定规定的 SSDS 机制寻求争议解决。前已述及，巴西最新的投资协定范本（CFIA）规定了 SSDS 投资争端方式。根据 CFIA 中的投资争端解决条款，当发生投资争端时，投资者母国和东道国共同设立联合委员会，由联合委员会对投资争端解决做出建议报告。若联合委员会做出的建议报告无法解决争端，投资者母国和东道国则可诉诸国家—国家争端解决。如果

---

❶ Report of International Law Commission, U. N. General Assembly Document A/61/10, August 11, 2006, pp. 76 – 77.

巴西与莫桑比克、安哥拉、墨西哥、马拉维、智利、哥伦比亚等国家政府与投资者发生了纠纷，即可按照该种模式解决纠纷。

一般意义上的 SSDS 机制主要适用于以下三种情形产生的争议：①条约规定含义不明或缔约方对条约规定有不同解读时所引发的条约解释争端；②缔约一方投资者遭受缔约另一方侵害时所触发的外交保护争端；③缔约一方提出损害赔偿请求之前，先行确认缔约另一方违反条约的程序。❶ 可见投资者通过 SSDS 途径进行救济是受到严格限制的。在 SSDS 机制下，解决纠纷的方法为国家之间的外交谈判或国家间的仲裁。从现有采用 SSDS 途径进行救济的情况而言，选择诉诸国家之间仲裁的案件很少，目前已知的只有三例。❷

SSDS 解决的是国家之间的争端，因此，投资者拟采用该种途径，在必要且可能的情况下，投资者可以向本国政府提出请求，通过国家之间的外交谈判予以解决。当本国企业在境外遭受东道国不公正待遇时，本国政府通常会给予其保护。我国政府在投资者向其求助时，也会根据情况向违约方政府提出必要的交涉，但考虑到两国之间的关系，只在非常必要时才会采用外交保护的方式，一般情况下不会行使外交保护权，以避免将投资者与东道国之间的争议上升为两国之间的争端。但是，如果东道国不执行已经发生法律效力的仲裁裁决，而投资者履行了合同与裁决或判决确定的义务，依照《华盛顿公约》第 27 条规定，投资者可以请求本国政府行使外交保护，要求违约方政府履行裁决。

4. 国际法院诉讼

依照《华盛顿公约》规定，如果投资者在败诉东道国的国内法院提起承认与执行程序时遭到拒绝，那么该东道国违反了适用于所有缔约国的承认与执行裁决的义务，本国政府也可以援引《华盛顿公约》第 64 条规定，在国际法院提起诉讼，要求其承担不遵守公约的国际责任。

5. 国际舆论

政府一旦违约，例如对项目实施征收或国有化，投资者还可以充分利用国

---

❶ 《如何正确理解并构建"一带一路争端解决机制"（二）》，载 https：//www.sohu.com/a/137850501_652123，2020 年 9 月 12 日访问。

❷ 《如何正确理解并构建"一带一路争端解决机制"（二）》，载 https：//www.sohu.com/a/137850501_652123，2020 年 9 月 12 日访问。

际舆论、股东和贷款方的国际影响力迫使东道国政府归还项目资产或给予合理补偿。

上述各种争议解决措施各有所长，投资者应根据案件的具体情况与合同约定加以选择。虽然每一种救济措施都有特定的适用范围，但如果案件比较复杂，采取单一措施不能获得有效的救济时，投资者应考虑采用综合性的救济手段。一个比较典型的运用综合救济手段的案件是雷普索尔公司诉阿根廷案。该案发生于 2012 年 4 月，当时阿根廷政府颁布了"石油主权法案"，强行收购了西班牙雷普索尔公司所持有的阿根廷第一大石油企业 YPF 公司 51% 的股份，并将该公司收归国有。事件发生之后，雷普索尔公司一方面同阿根廷政府进行协商寻求赔偿，另一方面充分利用国际舆论的作用，不断地向媒体阐述阿根廷政府强行收购行为的不合法性。同时，启动外交手段，发动西班牙、美国等国家和欧盟等国际组织对阿根廷政府施加压力。2012 年 12 月雷普索尔公司还向 ICSID 提出了仲裁申请，请求阿根廷政府赔偿其 105 亿美元的损失。面对这套组合拳，阿根廷政府承受了巨大的压力，被迫在 2014 年 2 月与雷普索尔公司达成和解协议，同意补偿雷普索尔公司 50 亿美元，雷普索尔公司则同意终止 ICSID 仲裁程序。通过不同救济措施的综合使用，最终雷普索尔公司获得了赔偿。❶ 雷普索尔公司成功获得索赔的事实表明，国际投资受到经济、政治、外交等多方面的影响，投资者需要根据具体情况适时选择不同的方式维护其利益。

二、政府违约后的救济措施

合同是当事人之间订立的协议，虽然合同订立与否以及合同的内容均源于当事人的自愿与协商，具有明显的任意性，但是合同一旦成立，即成为有约束力的文件，当事人均应依照合同约定行使权利，履行义务。如果一方当事人不履行合同义务，合同的另外一方作为守约方可依照合同约定及法律规定行使请求权，要求违约方承担违约责任。如果政府方违反基础设施项目合同，导致投资者受到损害，投资者可以采取以下救济措施要求政府方履行合同义务，承担违约责任。

---

❶ 任清：《海外投资的条约保护：规则、案例与对策》，载《海外投资与出口信贷》2015 年第 5 期，第 8 页。

（一）继续履行合同义务

如果合同一方没有履行合同义务或者没有完全履行合同义务，合同另一方当事人可以行使请求权，要求违约方继续履行合同义务。继续履行合同是守约方经常要求违约方采取的救济形式，通过合同的继续履行实现尚未达到而应该达到的合同目的。

但继续履行合同受到许多因素的制约，如应以合同有效存在并能够履行为前提。如果违约方根本违约，合同已被解除，那么，继续履行即成为事实上的不可能；或者因不可抗力等情形的出现，导致履行不可行，那么要求继续履行合同的请求也不会得到支持。因此，守约方要求违约方继续履行合同的请求得到支持要以存在继续履行合同的条件为必要。

在基础设施项目合同履行过程中，如果出现政府违约，投资者需要根据政府违约的原因和具体情况决定是否要求政府方继续履行。一般而言，如果政府方不履行或不完全履行合同的行为源于政府政策的改变，而这种政策的改变是政府方可以控制的，例如，政府方为鼓励投资人建设项目，曾允诺颁发项目公司使用权批准文件，但其后政府不履行该承诺，不向项目公司提供该文件，此种情形下，政府应当承担违约责任，投资者可向仲裁机构或法院提出继续履行合同的请求。类似的情形还有政府方以新的政策修改已有政策为由，不履行应给予投资者的补贴，不按照承诺向项目公司付费等，这些均属于政府方可履行的情形，投资者可要求政府方继续履行合同。

投资者和项目公司在请求政府方实际履行合同的同时，也可以请求政府方赔偿其损失，两者并不排斥，可以并用。

（二）支付违约金

违约金本质上是合同当事人事先约定的赔偿金。一旦出现了合同中约定的需要支付违约金的情形，违约方即须按照合同约定的数额和方式向守约方支付。如 PPP 项目合同中约定，如果政府方未履行在合同期限内保持政策不变的承诺，对有关政策进行了修改，政府方即应承担支付违约金的责任。投资者或项目公司可以请求政府方支付约定的违约金，不管实际上是否产生了损失以及损失的大小，甚至也与政府方主观上是否有过错无关。约定违约金有助于保护投资人或项目公司的利益。通常情况下，即使合同解除也不会影响违约金条款的效力。

投资者请求政府方支付违约金可以较好地获得损失补偿。一个典型的案例是前述墨西哥政府因取消中国投资者中标的高铁项目而支付的违约金赔偿案件。在墨西哥政府单方面宣布撤销中国铁建及其联合体中标的墨西哥城至第三大城市克雷塔罗的高铁项目合同，以及之后再次取消该项目招标后，中国铁建牵头的联合体向墨西哥政府提交了竞标高铁项目期间的成本清单，对墨西哥提出索赔，❶ 要求支付违约金。该案件虽然不是正式基础设施项目合同下的违约金支付，属于招投标期间的违约金支付，但可以表明，政府违约应承担其认可的违约金。

（三）解除合同

当事人一方根本不履行合同义务时，另一方可以依约或依法单方面宣布终止合同履行，合同因此被解除。

因为合同解除导致当事人之间的合同关系消灭，合同当事人的权益受到重大影响，因此许多国家的法律对当事人的合同解除权作出了严格的限定。其条件之一是违约方应根本违约。只有违约方达到根本违约的程度，守约方才可以解除合同。

当政府方不履行合同规定义务并且构成根本违反合同时，投资者或项目公司可以宣布解除合同。根本违约的主要表现是在合同履行期限届满之前，政府方明确表示或者以其行为表明将不履行合同义务，如政府方不向项目公司支付项目补贴，或者迟延履行支付项目补贴，经催告后在合理期限内仍未履行，以及其他的违约行为，这些行为导致项目公司订立合同的目的无法实现。如果政府方没有实际违约，但政府方明确告知项目公司其将不会在合同约定的时间内履行某项义务如补贴义务，或者向项目公司表示将不会批准之前承诺批准的项目等，会构成预期根本违约，项目公司同样可以宣告解除合同。

投资者或项目公司欲解除合同，应在政府方违约或预期违约后的合理时间内提出，包括在给予政府方履行合同宽限期届满后或在政府方拒绝接受履行义务后的合理时间内宣布解除合同。投资者或项目公司可以给予政府方一段合理

---

❶ 《墨西哥将因取消高铁项目 赔中国铁建近 131 万美元》，载 https：//finance. huanqiu. com/article/9CaKrnJLi15，2019 年 12 月 15 日访问。

的时间让其履行合同义务，如果政府方不在这一合理时限内履行其义务，投资者或项目公司即可以解除合同。如果合同为民事合同，通常情况下，为使合同目的得以实现，合同一方会给予另一方一个合理的额外时间让其履行合同义务，而不是立即解除合同。我国《民法典》第563条规定的当事人可以解除合同的情形即包括"当事人一方迟延履行主要债务，经催告后在合理期限内仍未履行"。给予政府方履行合同义务的一定的宽限时间是必要的，毕竟基础设施项目中政府方的义务不同于一般商事合同当事人的义务。如果在此期间内其仍未履行，或者在此期间政府明确表示不履行义务，项目公司即可以提出解除合同。

解除合同须履行相关的程序。投资者或项目公司欲解除合同，需要采取妥当的方式通知政府方，或者由仲裁机构裁决或法院判决解除合同。

（四）赔偿损失

赔偿损失指合同守约方请求违约方采用金钱补偿的方式填补由于其违约所遭受的损失。赔偿损失是合同违约救济最常用的救济方式，也是最后的救济方式，在其他救济方式无法得以实现或虽然能够实现但不足以补偿守约方因违约方的违约所造成的损失时被采用。赔偿损失不影响守约方采取其他救济措施，通常来说可以与其他救济方式并用。

在政府方违反基础设施项目合同时，投资者或项目公司通常也是采取赔偿损失的方式要求政府方承担违约责任。基础设施项目争议金额大，经过漫长和复杂的仲裁程序之后，再要求政府方实际履行合同已经不太可能，因此获得足够的赔偿才是投资者最期待的结果。根据 UNCTAD 的统计，在投资者成功获赔的案例中，不包括利息或法律费用，平均获赔金额是请求金额的 40%；申请人平均请求金额为 13 亿美元（中间数为 1.18 亿美元），获得仲裁庭支持的平均金额为 5.04 亿美元（中间数为 2000 万美元）。❶

合同一方主张损失赔偿的前提是因他方违约而遭受了损失，但违约并不以违约方存在故意或者过失为要件。除非损失是不可抗力等因素造成的，只要违

---

❶ UNCTAD. Investor – State Dispute Settlement：Review of Developments in 2017，June 2018，p. 5. 转引自孙华伟、刘畅、张天舒：《对外承包工程争议解决的新路径》，载 https：//www.sohu.com/a/335563433_120141145，2022 年 1 月 10 日访问。

约行为产生了损失，守约方即可行使赔偿损失请求权。赔偿损失的核心和关键是对损失的认定。一般而言，如果当事人在合同中约定了计算损失的办法和标准则应按照合同的约定进行认定和计算，如果合同中没有明确约定，则可以根据 BIT 的相关规定或其他合理的计算方法予以确定。如 2006 年中国—印度 BIT 第 5 条第 1 款规定，东道国对投资者实施国有化、征收或采取效用等同于国有化或征收的措施，应给予公平和公正的补偿。"此等补偿，应等于采取征收前或征收为公众所知时较早一刻被征收投资的真实价值，并应包括支付前按公平和公正的利率计算的利息，补偿的支付不应不合理地迟延，并应可有效实现和自由转移。"虽然该条款不是针对合同违约赔偿所做的规定，但是其确定的补偿原则、补偿范围和补偿方法可以作为确定与计算违约损失的参考。

在国际仲裁实践中，仲裁庭除依照 BIT 规定的补偿原则与方法进行裁决之外，经常以常设国际法院（Permanent Court of International Justice，PCIJ）在霍佐夫工厂案（Chorzów Factory）中确立的"充分赔偿"（full reparation）原则作为赔偿的起点。❶"充分赔偿"是指"赔偿必须尽可能地抹去非法行为所造成的一切后果，并重建该行为出现之前的状态"。❷ 这一原则被《责任条款草案》吸收为成文规则，并被国际司法实践持续遵循。

补偿损失的范围一般包括利润损失在内的实际损失和可得利益损失。如前述中国铁建牵头的联合体向墨西哥政府提交的赔偿清单中，包括了标书提交成本、会议成本、实地考察差旅费、误工费以及保安、办公费用等各项实际损失。根据墨西哥法律，在工程招标后招标方单方面取消招标结果，投标方有权在 3 个月内提出索赔，索赔范围为"不可追回的费用"。联合体提交的赔偿清单中所列各项费用均属于"不可追回的费用"，属于因墨西哥政府单方面取消招标结果而遭受的实际损失。可得利益是期待利益的一种，是合同当事人在订立合同时所预期的合同实现之后可获得的收益。我国《民法典》第 584 条规定：

---

❶ 例如 Biwater Gauff（Tanzania）Ltd. v. United Republic of Tanzania，ICSID Case No. ARB/05/22，Award，24 July 2008，paras. 776 – 777. 转引自孙华伟、刘畅、张天舒：《对外承包工程争议解决的新路径》，载 https：//www. sohu. com/a/335563433_120141145，2022 年 1 月 10 日访问。

❷ PCIJ. Case Concerning the Factory at Chorzów（Germany v. Poland）（Claim for Indemnity），Merits，Judgment of 13 September 1928，PCIJ Ser. A，No. 17（1928），para. 125. 转引自孙华伟、刘畅、张天舒：《对外承包工程争议解决的新路径》，载 https：//www. sohu. com/a/335563433_120141145，2022 年 1 月 10 日访问。

"当事人一方不履行合同义务或者履行合同义务不符合约定，造成对方损失的，损失赔偿额应当相当于因违约所造成的损失，包括合同履行后可以获得的利益。"可得利益损失被包含在损失赔偿范围之内。但是，该条同时规定，损失赔偿额"不得超过违约一方订立合同时预见到或者应当预见到的因违约可能造成的损失"。强调可得利益必须是实际可能发生的利益而不是假想的利益。在Metalclad 诉墨西哥案中，仲裁庭判令墨西哥政府补偿 Metalclad 公司 1600 万美元。本案中，Metalclad 公司的子公司 COTERN 在墨西哥的 Guadalcar 市购入了一块土地，计划建立废物处理厂，墨西哥政府为其签发了许可证，并承诺该项目后续无须再申请其他许可证。但项目开工后，Guadalcar 市政府以该项目有可能污染环境为由，否定了墨西哥政府签发的许可证。于是，Metalclad 将墨西哥政府诉至 ICSID。在计算补偿额时，仲裁庭认为，Metalclad 公司考虑任何预期可得利益都是不合适的，因为垃圾掩埋场已经停止经营了，且对预期利益的任何补偿都完全是一种推测。❶ 此外，因守约方造成的损失的扩大，亦不应计算到损失的范围。

在仲裁实践中，除违约产生的实际损失和可得利益损失如利息外，在少数特定情况下，仲裁庭基于"充分赔偿"原则也会裁决东道国赔偿投资者商誉损失、名誉损失、管理费用等间接损失，投资者有时还会主张精神赔偿（moral damage），例如，在 Desert Line v. Yemen 案中，投资者 DLP 向也门索赔了价值等于 4000 万阿曼里亚尔（现约为 1 亿美元）的精神损害赔偿，"仲裁庭认定投资者遭受了实质的损害，因为投资者管理人员的身体健康和投资者本身的信用和声誉均受到了影响。但仲裁庭将相关金额降至 100 万美元且没有裁予利息。仲裁庭强调，对比涉案项目的巨大金额，其裁予的精神损害金额更具有象征意义"。❷

基础设施项目的政府违约赔偿原则上应保证无过错的投资者或项目公司获得预期的收益。概括起来，投资者或项目公司可要求政府方赔偿损失的范围包括但不限于以下项目的损失与收益：投资人尚未偿还的所有贷款；因政府

---

❶ Patrick Dumberry. Expropriation Under NAFTA Chapter 11 Investment Dispute Settlement Mechanism: Some Comments on the Latest Case Law. International Arbitration Law Review, 2001, 4（3）. pp. 96 – 104.

❷ 孙华伟、刘畅、张天舒：《对外承包工程争议解决的新路径》，载 https://www.sohu.com/a/335563433_120141145，2022 年 1 月 10 日访问。

方违约所产生的支付承包商的违约金、劳动者的补偿金等；投资人已投资的项目的总资金等；项目公司的预期收益等。赔偿的具体数额应通过合理评估确定。如果双方对赔偿金额争议较大，无法达成一致，或者考虑到合同涉及的工程量大面广，可以聘请专业人员进行项目鉴定，确定赔偿数额，并作为政府方赔偿的依据。这样做可以防止政府方随意限定损失，损害投资者和项目公司的利益。

在国际仲裁中，经常采用的确定损失的方法有市场价格法、贴现法、账目价值法、可比财产市场价值法及重置成本法等确定损失与计算方法，而采用不同的方法计算出的损失存在很大的差异。因此选择哪种计算方法极其重要。在 Walter Bau v. Thailand 案中，由于争议涉及高速公路工程建设、收费和复杂的投融资问题，争议双方分别聘用了交通问题专家和估值专家向仲裁庭提交意见并出庭作证。仲裁庭发现，双方专家基于不同的假设而得出了差异巨大的结论：投资者方面的估值专家预计损失高达 1.183 亿欧元，而东道国方面的专家的计算结果为负 310 万欧元。出现如此大的差异的主要原因是前者采用了"股权内部收益率"（internal rate of return on equity）的计算方法，后者采用的是"已投金额法"（amount invested approach）的计算方法。仲裁庭认为两者的计算方法均存在问题，认为采用贴现现金流（DCF）法才是该案计算投资者出售 DMT 股份时合理期待的价值损失的最佳方法。最终，仲裁庭判定东道国应支付投资者的损失金额为 2921 万欧元。❶

（五）其他救济措施

除上述一般民事救济形式外，当事人还可以在合同中约定其他的救济形式，如可以约定，如果因法律或政策变化导致政府方不能继续履行合同，政府方有义务回购项目设施。依此约定，投资者可要求政府方依照合同约定的时间与条件回购项目设施。

（六）政府的担保责任与第三方责任

如果基础设施项目合同是政府授权的项目实施机构订立并履行的，政府作为担保人为其提供了履约担保，在项目实施机构未履行合同时，投资者或项目

---

❶ 孙华伟、刘畅、张天舒：《对外承包工程争议解决的新路径》，载 https://www.sohu.com/a/335563433_120141145，2022 年 1 月 10 日访问。

公司即可要求政府履行担保义务。

如果政府方违约，又不能承担责任，而合同约定了第三方担保，投资者或项目公司即可要求第三方承担担保责任。

投资者或项目公司应根据担保合同性质和范围要求担保人承担责任。担保人的担保主要为一般担保和连带责任担保两种。如果为一般担保，投资人或项目公司可首先要求项目实施机构或政府方履行义务，如果项目实施机构或政府方不执行仲裁机构的裁决或法院的判决，才能够要求担保人承担担保责任。如果合同约定的责任方式为连带担保，投资者或项目公司既可要求项目实施机构或政府方履行合同义务，也可要求保证人在其担保范围内承担担保责任。政府方与担保人均有义务向投资者或项目公司履行合同义务。

投资人或项目公司要求担保人履行担保义务必须在合同约定或法律规定的时间内提出，超出担保时间提出的请求，担保人有权拒绝履行担保义务。在合同约定的担保期间和法律规定的期间，投资者或项目公司如果没有要求担保人承担担保责任，担保人则免除一般担保和连带责任担保下的担保责任。因此，投资者或项目公司应当特别注意其权利行使的有效期间，在担保合同约定的期间，按照双方约定或项目所在地国法律规定的方式及时行使权利，避免由于怠于行权所产生的不利后果。

（七）救济措施的灵活运用

企业在寻求救济之前与救济过程中需要根据案情的发展、政府方的主张以及自身的预期，确定或修改救济措施。上述救济措施在许多情况下可以综合运用。例如，在庭审中，如果政府方主张因情势变更而免除其责任，企业即需要根据案件的具体情况进行分析决定相应的救济方式。

1. 根据情势变更的情形决定是否接受解除合同

情势变更应以当事人在订立合同时不能预见且不能控制为前提。如果在订立合同时政府就已经在对相关政策或法律进行调整，或计划调整，但政府方仍与投资者或项目公司订立合同，由此产生的变更不应属于情势变更的范畴，投资者或项目公司不应接受政府方解除合同的请求，而应当主张政府方违约，请求政府方向其支付违约金并赔偿损失。如果政策与法律的变更属于政府方不可控制的情形，则需要根据情势变更的程度，决定是否解除合同。对于政府不可控制的判断应主要从政府方是否拥有变更政策与法律的权限以及能否直接加以实施等方面进行认定。

2. 如果政府方没有按时履行义务，在迟延履行义务期间发生情势变更，一般认为，政府方已经违反了合同约定，那么，投资者或项目公司可主张不构成情势变更

因为政府未按时履行合同义务已经违约，此时发生的情势变更并不能改变政府违约的事实，并因此可以不承担违约责任。

3. 在出现情势变更时，投资者或项目公司如果认为继续履行合同对其是有利的而且也有可能性，应首先要求变更合同的相关内容，通过给予政府方延期履行义务、减少义务履行以及变更同种类给付等方式，减少政府方履行合同的压力，使合同能够继续履行

只有无法通过合同内容的变更排除不公平的后果，或给自己带来极大的负担时，才考虑解除合同。

三、中国企业在国际仲裁救济中需要注意的重点问题

基础设施项目的建设和运营为投资行为。许多国际投资纠纷是在基础设施项目建设与运营中产生的。有数据显示，供电供水供气、建筑、金融保险、交通、信息等行业是 ISDS 高发产业。如石油、天然气、采矿业的 ISDS 数量占 ICSID 全部案件的 24%，电力和其他能源争端占 17%。❶

在基础设施项目纠纷案件中，尽管涉及的法律问题不同，但有些问题是具有共性的。本部分从已有 ICSID 仲裁案件中归纳出几个涉及面广且比较复杂的问题，从学理和实用角度进行分析，以便中国企业能够熟悉与利用相关的法律规则与仲裁规则，一旦在国际仲裁中遇到此类问题时能够充分地进行应对。

（一）国有企业的投资者身份问题

我国国有企业是投资海外基础设施项目建设的主力队员，在"一带一路"建设中发挥着重要的作用，但是，由于国有企业这一身份而常常被施加以不同的待遇。已有的国际投资仲裁案件告诉我们，投资者身份是国有企业在实施救济中首先可能遇到的问题。我国签订的绝大多数 BIT 未对国有企业的投资者身

---

❶ 陶立峰：《投资者与国家争端解决机制的变革发展及中国的选择》，载《当代法学》2019 年第 6 期，第 38 页。

份作出明确的规定，在国际投资仲裁中，国有企业的投资者身份一旦被否认，那么，企业的救济将无法进行。因此，我国国有企业作为投资者投资基础设施项目建设时，不仅需要在基础设施项目建设合同中要求政府方确认其投资者的身份，还需要在国际仲裁中合理有效地运用国际投资规则，一旦遇到其投资者身份被质疑，能够为自己寻求公正的对待并为获得救济打开第一道大门。

1. 国有企业投资者身份问题的缘起

在国际投资仲裁中，仲裁庭首先需要确定的问题是仲裁申请人是否适格，只有申请人适格，仲裁庭对申请人提起的案件才享有管辖权。如果中国企业作为仲裁申请人在 ICSID 提起仲裁请求，仲裁庭首先需要依照《华盛顿公约》的规定确认其管辖权。关于 ICSID 受理案件的管辖权，《华盛顿公约》第 25 条第 1 款明确规定："中心的管辖适用于缔约国（或缔约国向中心指定的该国的任何组成部分或机构）和另一缔约国国民之间直接因投资而产生并经双方书面同意提交给中心的任何法律争端。"依照该规定，仲裁申请人须证明其为该条规定的合格的"另一缔约国国民"。这里的"国民"，按照该公约该条第 2 款的规定可为自然人，也可为法人。仅从"国民"或"法人"这一宽泛的视角认定国有企业为合格的仲裁申请人并无太大的问题，问题在于仲裁庭还可能进一步根据仲裁申请人的本国与投资东道国签订的 BIT 或者双方参加的国际投资协定认定申请人是否符合"投资者"的条件，即申请人是否属于这些协定中规定的"投资者"。如果仲裁庭依照 BIT 或者其他的多边国际投资协定的规定确认申请人不具有投资者身份，则会终止案件的审理。因此，申请人具有投资者的身份是其在 ICSID 等国际仲裁机构获得救济的基本条件。

国有企业因其具有的社会公共属性，在许多时候不被与私人投资者一样对待。为了限制新兴经济体国家的国有企业的竞争优势，近年来一些发达国家和国际组织，特别是美欧采取了许多抑制其发展的政策，不断推行贸易和投资保护主义，从国际投资区域及多边层面推进国有企业造法进程，试图构建一套取代原有规则的国有企业规则体系，在各个领域实行对国有企业的控制，如通过扩大反补贴的范围、对国有企业的市场进入实施更严格的限制、实施反垄断政策和国家安全审查等措施。在 USMCA 关于投资章节附件 14 - D 中，美国与墨西哥之间规定，当来自非市场经济体的投资者控制了缔约方的一家企业，如果此时这家企业与另一缔约方发生了投资争议，则该企业不能运用 ISDS 机制。换言之，如果投资者来自美墨以外的第三方，而该方被美或墨认定为非市场经济体，那么这一投资者不能成为申诉方提起投资仲裁。假如中国在墨西哥拥有或控制的企业在美国投资，如果该企业与美国政府之间发生了投资争议，该企业很可能不能作为申诉方对美国政府提起仲裁。显然，这些措施的针对性非常明显，其规定旨在限制国有企业的发展，并使得国有企业难以公正取得私人投资者身份，进而导致其无法享有国际投资仲裁救济。

近些年，欧美等西方国家将我国国有企业视为政府的"代理人和工具"，经常质疑其投资者身份。"当前涉华投资仲裁案表明，中国国企投资者毫无例外会在管辖权审查阶段遭受东道国对其合格投资者身份的异议。这主要与中国投资协定对国企投资者定义和身份判断规则不当的处理模式有关。"❶ 在我国签订的许多 BIT 中"没有以所有权区分'投资者'，只概括规定'投资者'包括'自然人'和'经济实体'。但事实上，近84%的国际投资协定在投资者定义条款中都只概括规定'投资者'"。❷

在我国已缔结的 BIT 中，绝大多数文本没有对"投资者"的定义从所有制形式上进行界定，由此赋予了仲裁庭很大的自由裁量权，这是导致国有企业投资者身份问题的重要原因之一。但为什么中国签订的 BIT 中概括规定"投资者"会遇到问题，而其他国家签订同样的 BIT 条款却很少遇到同样的问题呢？究其根本原因是美欧等国家或国际组织将政治问题投资化，不是按照市场逻辑对待我国国有企业。我国国有企业的强大竞争力导致美欧等国家或国际组织需要采用另类的规则审视其投资者的身份。如果将国有企业认定为"国家代表"，将导致国有企业与东道国政府之间的投资争议上升为主权国家之间的争端，中国企业将无法启用国际投资仲裁程序。中国企业应充分认识到这种风险，做好应对。

2. ICSID 仲裁庭对国有企业投资者身份的认定

依照《华盛顿公约》第 25 条第 1 款的规定，ICSID 仅受理私人投资者与东

---

❶ 《美国国会通过里程碑式的 CFIUS 改革法案》，载 http://www.sohu.com/a/246597252_822816，2021 年 2 月 1 日访问。

❷ Shima, Y. The Policy Landscape for International Investment by Government – controlled Investors: A Fact Finding Survey. OECD Working Papers on International Investment, 2015/01, p. 5. OECD Publishing. http://dx.doi.org/10.1787/5js7svp0jkns – en.

道国之间因投资所产生的法律争议。而国有企业是否属于私人投资者，该公约对此并未作出规定，因此需要仲裁庭根据案件的具体情况，依照该公约、缔约国签订的 BIT 以及参加的多边国际投资协定进行判断并加以确认。

《华盛顿公约》没有对与东道国直接因投资而产生争端的"另一缔约国国民"作出明确的限定，因此其并未排除对国有企业的管辖。有资料表明，在该公约谈判时，缔约方当时已注意到"另一缔约国国民"并不限于私有企业，是"允许政府所有或政府部分所有的企业以申请方与被申请方身份参与与另一缔约国的投资仲裁"的，❶ 除非这些公司以政府代理人的身份行事或履行了政府的基本职能，否则并不必然被排除在该公约的管辖范围之外。ICSID 之所以没有明确排除对国有企业的管辖权，既是为了扩大公约的管辖权，也是为了给不同类型的投资者享有 ICSID 仲裁救济预留空间。

对于 BIT 中有关"投资者"定义或范围中是否包含国有企业，2015 年 OECD 曾发布了《国家控制投资者的国际投资政策环境：事实调查》的工作报告。❷ 该报告调查了 46 个国家❸签订的 1813 份国际投资协定关于"国家控制投资者"❹ 的投资者身份的规定情况，调查结果显示，其中的 1523 份 BIT 中规定的"投资者"未涉及"国家控制投资者"，占比达到 84%；287 份 BIT 中明确规定"投资者"包括国有企业，有 3 份 BIT 明确将国有企业排除在"投资者"的范围之外。这表明，绝大多数 BIT 未明确将国有企业排除在投资者的范围之外，有些甚至明确将国有企业纳入"投资者"范围，基本上秉持了"所有权中性"原则，将国有企业视同私人投资者。即便如此，在国际仲裁实践中，国有企业的投资者身份也经常成为仲裁中需要解决的关键问题。

中国企业在国际仲裁中已经遭遇到此类问题。在前述黑龙江国际经济和技术合作有限公司等诉蒙古国案中，黑龙江国际经济和技术合作有限公司和北京

---

❶ Christoph H. Schreuer, Loretta Malintoppi, August Reinisch, Anthony Sinclair. *The ICSID Convention*: *A Commentary*. Cambridge: Cambridge University Press, 2009, p. 161.

❷ ShimaY. The Policy Landscape for International Investment by Government – controlled Investors: A Fact Finding Survey. OECD Working Papers on International Investment, Jan, 2015.

❸ 被调查的 46 个国家包括 34 个 OECD 成员方，5 个 OECD 国家主要合作伙伴（中国、印度、巴西、印尼和南非），以及拥有大量国有投资基金或国有企业的国家（如科威特、卡塔尔、沙特阿拉伯、阿联酋、马来西亚、俄罗斯和新加坡等国）。

❹ 此处的"国家控制投资者"包括国有企业、国有投资基金（如国家主权财富基金）和国家本身。

首钢矿业投资有限责任公司作为仲裁申请人，其投资者的身份即受到蒙古国的质疑。蒙古国认为，两公司不符合中国—蒙古国 BIT 第 1 条所规定的"经济实体"定义，因此不能视为"投资者"，❶ 并且提出申请人是"中国政府的准机构"（quasi-instrumentalities of the Chinese government），因此在任何情况下都不属于适格投资者。❷ 仲裁庭经审理后认为：第一，从中国—蒙古国 BIT 第 1 条文本无法看出缔约双方有意对该条所规定的"经济实体"施加其他限制性条件。❸ 在没有限制性条件的情况下，认定国有企业为非"经济实体"。第二，因为缺乏证据证明上述两公司为中国政府的"准机构"，是根据中国政府的指示进行的海外投资并服务于中国外交政策目标，所以仲裁庭不接受蒙古国的主张。❹

前文提及的北京城建诉也门案中的申请人北京城建集团有限责任公司（以下简称北京城建）也是一家国有独资企业。北京城建以也门政府单方违反合同，剥夺北京城建在当地的资产，违反了征收条款为由，依据相关 BIT 将也门政府诉至 ICSID。❺ 2016 年 10 月 14 日，也门政府向仲裁庭提交了《管辖权备忘录》，依据中国—也门 BIT 第 10 条第 3 款相关规定，主张在中国—也门 BIT 项下，其只同意将与征收赔偿款数额相关的争议提交 ICSID 仲裁，ICSID 对也门政府所采取的措施是否构成征收这一事项并不享有管辖权。也门政府还提出，申请人北京城建作为一家国有企业，既是中国政府的代理人，也在商事交易中行使政府职能，因此本案属于国家间争端，不受 ICSID 管辖。对于北京城建的投资者身份问题，仲裁庭逐一进行了如下分析。

关于北京城建是否为中国政府的代理人问题，仲裁庭认为在中国国有企业

❶ Beijing Shougang et al. v. Mongolia, Petition to vacate and final award, para. 269. 转引自孙华伟、刘畅、张天舒：《对外承包工程争议解决的新路径（二）》，载 https://www.sohu.com/a/302403217_120051855，2022 年 1 月 10 日访问。

❷ Beijing Shougang et al. v. Mongolia, Petition to vacate and final award, para. 271. 转引自孙华伟、刘畅、张天舒：《对外承包工程争议解决的新路径（二）》，载 https://www.sohu.com/a/302403217_120051855，2022 年 1 月 10 日访问。

❸ Beijing Shougang et al. v. Mongolia, Petition to vacate and final award, paras. 412-417. 转引自孙华伟、刘畅、张天舒：《对外承包工程争议解决的新路径（二）》，载 https://www.sohu.com/a/302403217_120051855，2022 年 1 月 10 日访问。

❹ Beijing Shougang et al. v. Mongolia, Petition to vacate and final award, para. 418. 转引自孙华伟、刘畅、张天舒：《对外承包工程争议解决的新路径（二）》，载 https://www.sohu.com/a/302403217_120051855，2022 年 1 月 10 日访问。

❺ Beijing Urban Construction Group Co. Ltd. v. Republic of Yemen (ICSID Case No. ARB/14/30).

的背景下，公司的结构和运行机制并不能决定其充当了政府代理人，应当考量其在特定情境下是否以政府代理人的身份行事，对此，被申请人的举证并不充分。相反，有证据显示，北京城建是以商业总承包商的身份在公开竞争中参与投标并中标的，中标的原因在于其自身的商业优势；北京城建与也门政府的民航局签订了《工程承包合同》，该行为为商务行为。同时，也门政府也承认合同终止是由于商业原因而非政治因素，因此，北京城建在本案中的身份为商业主体。❶

关于北京城建是否履行了基本政府职能问题，仲裁庭认为也门政府对北京城建集团的定位是具有说服力的，但在很大程度上是无关紧要的。问题的关键是北京城建"在特定情境下"的职能，而本案中的"特定情境"是指争议双方合作的萨那国际机场航站楼项目，现有证据不足以表明北京城建在萨那国际机场航站楼项目中行使了中国政府的职能，并且也门政府主张的"中国政府是北京城建管理、运营和战略的最终决策者"，与项目的实际情况相差甚远。

基于上述分析，2017 年 5 月 31 日，仲裁庭对也门政府提出的管辖权异议作出裁决，裁定北京城建具有适格投资者身份，仲裁庭对本案争议拥有管辖权。❷

被申请人也门政府提出的两个异议以及仲裁庭据以判断北京城建是否为适格主体的两个标准，是以 Broches 标准和国家责任归因理论为依据的。

Broches 标准主要是由世界银行法律总顾问、领衔起草《华盛顿公约》并曾担任 ICSID 秘书长的 Aron Broches 先生提出的，对于国有企业的投资者问题，Aron Broches 先生认为，虽然按照资本来源划分私人投资和公共投资的做法没有彻底过时，但也没有意义了。因为当今世界许多公司都是社会资本和政府资本的结合，在法律特征和商业活动上它们与完全私有化的公司没有什么差别，

---

❶ Beijing Urban Construction Group Co. Ltd. v. Republic of Yemen, ICSID Case No. ARB/14/30, Decision onJurisdiction, 31 May 2017.

❷ Beijing Urban Construction Group. Co. Ltd. v. Republic of Yemen, ICSID Case No. ARB/14/30, Decision onJurisdiction, 31 May 2017. 虽然在管辖权决定中，仲裁庭认定其对于申请人与征收相关的请求具有管辖权，但最终北京城建与也门达成和解，终止了案件程序。参见 Global Arbitration Review (GAR). Chinese state entity and Yemen settle airport dispute. 12 June 2018, https://globalarbitrationreview. com/article/1170476/chinese – state – entity – and – yemen – settle – airport – dispute. visited on 27 April 2021.

尽管其中的一些公司仍然是由政府全资持有的。从《华盛顿公约》的目的考虑，混合所有制公司或者政府所有的公司不应当排除在"另一缔约国国民"的范围之外，"除非该公司充当政府代理人或者履行基本政府职能"。❶ 基于此种观点，Broches 提出了区分私人投资和公共投资的两个标准，即该投资者是否"充当政府代理人"及是否"履行基本政府职能"。如果某一投资满足了其中的一个标准，即可将其认定为公共投资，否则，应予以否认。就国有企业而言，虽然不能当然地认为政府投资其中便当然地被归为公共投资，但是，如果其在海外投资活动中"充当政府代理人"或"履行基本政府职能"，那么，即应认定为公共投资，不能以私人投资者身份提请仲裁。按照此标准，ICSID 在大量案件中对国有企业是否具有私人投资者身份作出了认定。❷

ICSID 的仲裁庭运用 Broches 标准判断国有企业投资者身份的首例案件是 CSOB. v. The Slovak Republic 案（以下简称 CSOB 案）。该案的申请人 CSOB 是捷克的一家国有银行，捷克政府持有该银行 65% 的股份。CSOB 认为被申请人斯洛伐克政府违反了双方签订的"重整协议"，因此提起仲裁。被申请人斯洛伐克政府提出管辖权异议，认为 CSOB 属于捷克的国家机构而非独立的商业实体，捷克政府才是本案真正的当事人，CSOB 不具备《华盛顿公约》第 25 条下的"另一缔约国国民"资格。

对于被申请人提出的管辖权异议，仲裁庭进行了全面的分析。首先，根据《华盛顿公约》的缔约历史与立法背景，企业部分或全部由政府所有并不能当然得出企业不属于"另一缔约国国民"的结论。其次，仲裁庭结合 CSOB 的行为特征详细分析了其是否"履行基本政府职能"。仲裁庭认为判断是否"履行基本政府职能"应区分"行为目的"和"行为性质"。在确定 CSOB 是否"履行基本政府职能"时应该重点考察"行为性质"而非行为背后的目的，尽管无法否认在大多数时候 CSOB 从事了以促进或执行国家希望或者国家支持的国际银行业务和外国商业活动，存在代表国家行事的情形，但在确定其是否行使了政府权力时，应将重点放在对其行为性质的认定而不是对行为目的认定上。

---

❶ Aron Broches. Selected Essays, World Bank, ICSID, and Other Subjects of Public and Private International Law. Martinus Nijhoff Publishers, 1995, pp. 201 – 202.

❷ CSOB v. The Slovak Republic 案、Hrvatska Elektroprivreda v. Slovenia 案、CDC Group v. Seychelles 案和 Telenor v. Hungary 案等。

CSOB 为了改善自身财务与经营状况，根据其与斯洛伐克政府签订的"重整协议"转移不良资产的行为本质上仍具有商业性质。[1] 该分析表明，仲裁庭注意到了 CSOB 大部分的交易行为和银行业务可能受到国家经济目标和政策的驱动，也受益于政府政策和补贴，具有"履行基本政府职能"的行为目的，但是，仲裁庭仍然认为，从本质上看，CSOB 与斯洛伐克政府投资合作行为仍属于在自由竞争的市场中所进行的商业行为，从"行为性质"上考虑，不能认定 CSOB 是在"履行政府基本职能"。因此，仲裁庭裁定 CSOB 具有《华盛顿公约》第25 条下的"另一缔约国国民"的身份。

在 CSOB 案中，仲裁庭主要对 CSOB 是否"履行基本政府职能"要件进行了分析，对"投资行为目的"并未给予特别的考虑。因为对目的的判断主观性较强，而国有企业对外投资的目的又是比较复杂的，对其进行判断容易受到质疑。该仲裁庭也未按照 Broches 标准对 CSOB 是否构成"政府代理人"和"履行基本政府职能"两个要件进行详细阐释。仲裁庭所作"即使不良资产来自于 CSOB 作为国家代理人从事的行为，但其根据'重整协议'将其转移不良资产以改善余额和巩固财务状况的行为仍具有商业性"的结论表明，其也没有对两个要件明确加以区分。Broches 标准本身具有模糊性，没有为仲裁庭提供详细指引，导致仲裁庭将两种情形混为一谈。

在后续 ICSID 仲裁实践中，为了增强对 Broches 标准的理解与适用，提高 Broches 标准的可操作性，许多仲裁庭引入了国家责任归因理论，作为运用 Broches 标准的具体参考，帮助阐释"政府代理人"和"履行基本政府职能"的要件与构成。国家责任归因理论源于 2001 年联合国国际法委员会颁布的《责任条款草案》，是公认的关于"什么样的行为才构成国家行为"的权威成果。该草案第 5 条和第 8 条规定了非国家行为者的行为归因于国家的两种情况，与 Broches 标准所蕴含的法律逻辑一致，但内容更为详细。

《责任条款草案》第 5 条规定："经该国法律授权而行使政府权力要素的个人或实体，其行为应视为国际法所指的国家行为，但以该个人或实体在特定情况下以此种资格行事者为限。"该条与 Broches 标准中的"履行基本政府职能"

---

[1] Ceskoslovenska Obchodni Banka. A. S. v. The Slovak Republic. ICSID Case No. ARB/97/4，Decision on Objections toJurisdiction，24 May 1999.

要件的作用相同，确定了非政府实体行为归因于国家行为的通常情形，即需要具备"法律授权"和以"此种资格行事"两个要素。在该条评注中，对于两个要素的认定作出了进一步解释：当将"半国营"实体的行为归因于国家时，该行为必须属于政府活动，而不是该实体从事的其他私人或商业活动。对政府权力的行使的界定应参照特定的社会、历史和传统，主要依据赋予权力的方式、行使权力的目的以及该实体就行使权力对政府负责的程度，而不是权力的内容。❶

《责任条款草案》第 8 条规定："如果一个个人或实体实际上是在按照国家的指示或在其指挥或控制下行事，其行为应视为国际法所指的一国的行为。"该条与 Broches 标准中的"充当政府代理人"要件十分相似，明确规定了个人或实体行为虽然没有得到政府的授权但受到政府指示、控制而行事，从这个意义上应认为"充当政府代理人"。该条评注亦进一步阐释了受控的情形和判断依据，"国家最初建立公司实体这一事实不能作为将该实体后来的行为归因于国家的充分依据，国有企业虽然为国家所有并在某种意义上受国家控制，但仍然是独立的，除非国有企业在行使第 5 条所指的政府权力"，以及"每一个案件将根据本身的事实而定，特别是有关的国家指示、指挥、控制与被控具体行为之间的关系，根据第 8 条的文本，'指示''指挥'和'控制'三个术语相互独立，满足任一即可成立"。❷

《责任条款草案》第 5 条和第 8 条的规定明显比 Broches 标准更详细清晰。但需要注意的是，该草案中的国家责任归因理论旨在追究国家就其国际不法行为所应承担的法律责任，主要用于解决被申诉国被指控通过第三方代理人侵犯另一实体或另一国家权利的情形，本质上与投资仲裁庭评估国有企业在海外投资合作中的行为能否归因于投资母国有所区别。因此，"Broches 标准 +《责任条款草案》第 5 条和第 8 条"并不是一个可以解决一切国有企业投资者身份问题的完美公式。从上述案例可以看出，不管是运用 Broches 标准还是援引《责任条款草案》第 5 条和第 8 条，仲裁庭都将重心放在了在涉案投资合作这个特定情形下国有企业的"行为性质"上。如果国有企业所实施的海外投资活动，

---

❶ Draft Articles on Responsibility of States for Internationally Wrongful Acts with Commentaries 2001，Article 5 para. 5，para. 6，p. 47.

❷ Draft Articles on Responsibility of States for Internationally Wrongful Acts with Commentaries 2001，Article 8 para. 6，para. 7，p. 47.

符合《责任条款草案》第 5 条和第 8 条的规定，可能被归结于国家行为，进而其投资被认定为公共投资而非私人投资，无法获得 ICSID 有效投资者身份。

当前正处于国际投资规则重塑之际，在未来，仲裁庭的考察范围很有可能不仅限于"行为性质"，还将包括"所有权""控制权""影响力""受益情况""目的"和"目标"等多方面内容，通过综合因素的考量作出综合判断。在 2018 年的 Rumeli and Telsim v. Kazakhstan 案中，❶ 仲裁庭不仅考虑了申请人的行为性质，还考虑了政府是不是行为的最终受益人，体现了仲裁庭逐渐支持包含"目的""受益情况"在内的综合判断标准。❷ 判断标准的变化会直接影响到对投资者身份的认定。

3. 中国国有企业的应对

如前章所述，中国与其他国家签订的 BIT 对"投资者"的定义与范围作出了不同规定，而国际投资仲裁本身存在的"系统性问题"以及一些国家对国有企业的歧视性立场，使对国有企业的投资者身份认定呈现出比较复杂的局面，裁决结果的不确定性明显增加，需要企业在仲裁中采取有效措施加以应对。

（1）针对 BIT 中有关投资者的不同规定作出合理的论证。

针对前章中归纳的我国与其他国家签订的 BIT 对"投资者"定义与范围所做的不同规定，我国国有企业应作出不同的应对。

如果 BIT 中明确规定了投资者的身份不因其"是否私有、由政府所有或控制"而不同，那就意味着国有企业与私人企业一样具有投资者资格，仲裁庭依据该条款能够认定国有企业的投资者身份，在被申请人没有提出异议或相反的证据时，无须采用其他的标准另行加以判断。

如果 BIT 中的缔约一方对国有企业的投资者身份缺少明确的规定，那么仲裁庭即需要对 BIT 中的"投资者"条款进行必要的解释，以便进一步确认是否符合投资者标准。以中国—加纳 BIT（1989）为例，在中国方面，BIT 规定的投资者为"（一）具有中华人民共和国国籍的自然人；（二）依照中华人民共和国的法律设立，其住所在中华人民共和国领土内的经济组织。"在加纳方面，规

---

❶ Rumeli Telekom A. S. and Telsim Mobil Telekomunikasyon Hizmetleri A. S. v. Republic of Kazakhstan, ICSID Case No. AR – B/05/16，Award，July 29 2008.

❷ 张晓通、宋铮铮：《国有企业在投资仲裁中适格投资者身份认定及对中国国企的启示》，载《中国商论》2021 年第 3 期，第 162—166 页。

定的投资者为"（一）依照加纳共和国现行法律获得加纳国民地位的自然人；（二）国家公司和代理机构以及依照加纳法律登记从事对外投资或贸易的公司。"在我国方面所认可的"投资者"中仅包括自然人和经济组织，没有明确将国有企业列入"投资者"范围；而在加纳方面的"投资者"定义中明确列举了"国家公司和代理机构"。在一个条约中出现对投资者范围的不同规定，仲裁庭即需要考虑出现这种不同的原因，探寻缔约双方的真实意图，投资者因此也具有阐述其为合格投资者的机会。既然加纳方面的"投资者"定义中明确包含了国有企业，说明缔约双方在缔约过程中曾就这一问题进行过探讨，可能在某些方面存在不同意见，没有达成一致或没有统一考虑在条约中明确国有企业的投资者身份，但并不能因此就将国有企业排除在投资者的范围之外。因为该条规定的条件是"依照中华人民共和国的法律设立，其住所在中华人民共和国领土内的经济组织"，企业如能提供相关的证据证明其经济组织的身份且没有其他的受制于政府控制的情形，即可能被认定为适格的投资者。

如果 BIT 中的"投资者"定义条款只笼统规定"依据一方法律设立的经济组织或实体"，那么，仲裁庭就需要"依据一方法律"进一步查明缔约双方的国内法中对国有企业的规定，进而确定国有企业是否满足"投资者"要件。[1] 例如，在 1994 年中国—秘鲁 BIT 中，两国对"投资者"分别作出定义，但均未明确是否包含国有企业。秘鲁方面规定的"投资者"包括："（一）依照秘鲁共和国法律具有其国籍的自然人；（二）依照秘鲁共和国法律设立，其住所在秘鲁共和国领土内的所有法人。包括直接或间接由秘鲁共和国国民控制的，在本协定规定范围内进行经济活动的民营公司、商业公司和其他具有或不具有法人资格的组织。"我国方面关于"投资者"的规定包括："（一）具有中华人民共和国国籍的自然人；（二）依照中华人民共和国法律设立，其住所在中华人民共和国领土内的经济组织。"对秘鲁而言，秘鲁的国内法律通过专门规定民营或商业公司和其他组织的方式，将国有企业或类似实体排除在这些条款之外，因此仲裁庭很大概率会排除秘鲁的国有企业。[2] 对我国而言，国有企业显然是

---

[1] 梁一新：《论国有企业在 ICSID 的仲裁申请资格》，载《法学杂志》2017 年第 10 期，第 103—110 页。

[2] 陈嘉、杨翠柏：《国际投资仲裁中的国有企业投资者地位认定：构造、趋势与因应》，载《现代经济探讨》2018 年第 6 期，第 119—127 页。

依据我国法律设立的经济组织,但这并不意味着仲裁庭会当然得出其具备适格投资者身份的结论。针对同一 BIT 中缔约双方均未明确将国有企业纳入"投资者"定义中的情况,仲裁庭很有可能对缔约双方的国有企业投资者身份得出完全不同的结论,甚至是与缔约国本意相悖的结论。在此情况下,企业证明的责任会更大。

(2)证明国有企业的非政府代理人身份。

北京城建诉也门案的裁决表明,是否以政府代理人身份行事或者行使政府职能,是决定国有企业是否为投资者的关键。投资者只有向仲裁庭提供了充分的证据证明其非以政府代理人身份行事,也没有行使政府职能,不是具有非商业身份的"公共机构",才能够被认定为适格的投资者。中国企业应以充分的证据阐述其非政府代理人身份,以获得仲裁庭的认可。

以政府代理人身份行事或者行使政府职能在很大程度上是基于"政府控制"。中国企业应针对美国等国家主张的"政府控制说",❶证明政府并未对其商业行为进行控制,也没有通过决策权的约束即政府通过投票权之外的任何其他所有者权益控制企业。

由于中国国有企业数量多、体量大,投资者是否以政府代理人身份行事或者行使政府职能,国有企业的行为是否可以归因于国家等问题,对于中国企业而言均具有重要意义,❷也是决定企业是否为独立的投资者且独立承担责任的重要问题,需要我国政府和企业保持高度的关注。

此外,虽然在国际投资仲裁中,许多仲裁庭不会对企业投资的目的进行重点考虑,但鉴于投资目的的认定对于确定企业行为是否为商业行为具有重要的作用,企业不应忽视对其目的强调并提供相应的证据予以证明。

(3)及时与政府相关部门联系。

国有企业投资者身份的确认与国家存在着密切的关系,因此,争议发生以后,企业应及时与有关政府部门联系,请求获得必要的帮助,通过政府部门提供法律与政策、与涉案东道国缔结 BIT 过程中所准备的各种文件以及之后签订的一些协定等,表明政府投资者的关系,证明在国有企业的身份与待遇等问题

---

❶ United States – Countervailing Duty Measures on Certain Products from China（AB – 2014 – 8）. Report of the Appellate Body，WT/DS437/AB/R，18 December 2014.

❷ 池漫郊、任清:《中国国际投资仲裁年度观察（2021）》,载《北京仲裁》2021 年第 2 辑,第 55 页。

上的官方立场，为企业获得投资者身份提供依据和支持。

（4）有效利用各种法律途径维护其利益。

从 CSOB 案、北京城建诉也门案等案件可以看出，ICSID 在实践中并未将国有企业排除在管辖权之外。我国国有企业在面对以美国为首的西方发达国家试图制定一套限制新兴经济体国有企业竞争优势的新型国有企业规则的行为，应当有效利用包括 ICSID 机制在内的各种法律途径，维护自己的利益，通过国际投资仲裁实践来赢得国际社会对中国国有企业私人投资者身份的认可，以实践引导国有企业投资者身份判断标准的发展方向。❶

（二）公平公正待遇条款的运用

公平公正待遇（Fair and Equitable Treatment，FET）条款是国际投资条约中最具争议的条款之一，也是投资者在国际仲裁中运用最多的条款。虽然到目前为止，中国企业在国际仲裁中尚未运用 FET 条款，但从公平公正方面寻求支持是企业获得救济的重要依据，有必要通过正确运用 FET 条款，维护自己的合法利益。

1. 运用 FET 条款的空间

FET 与国民待遇、最惠国待遇是国际投资协定中规定的外国投资者享有的基本待遇。FET 与国民待遇和最惠国待遇不同之处在于该待遇没有后两者那么清晰，缺少明确的参照标准。在国民待遇条款下，外国投资者享有与东道国国民相同的待遇；在最惠国待遇条款下，外国投资者享有与东道国给予其他国家的投资者相同的待遇。在国民待遇和最惠国待遇条款下，外国投资者可参照东道国本国投资者待遇或者赋予第三国投资者待遇向东道国主张无歧视的对待。而在 FET 条款下并没有明确的参照标准，只是抽象地要求用一种国际社会公认的 FET 来对待外国投资者，属于绝对的、无条件的待遇标准。❷

为什么会在国民待遇、最惠国待遇之外赋予外国投资者以 FET，德国著名学者 Rudolf Dolzer 等作出了比较好的诠释，即 FET 条款的主要职能是为了填补具体标准可能留下的漏洞，以达到协定规定的投资者保护标准，其作用类似于大陆法系民法中的诚实信用原则，在具体条款没有规定或者存有争议的情况下

---

❶ 张晓通、宋铮铮：《国有企业在投资仲裁中适格投资者身份认定及对中国国企的启示》，载《中国商论》2021 年第 3 期，第 162—166 页。

❷ 温先涛：《〈中国投资保护协定范本〉（草案）论稿（一）》，载《国际经济法学刊》2011 年第 4 期，第 169—204 页。

发挥填补漏洞或辅助理解的作用。❶

FET 条款所具有的指导原则地位和补缺作用，使其具有明显的抽象性和原则性。特别是早期的国际投资条约中所订立的 FET 条款，既不符合法律规则所要求的语义具体、明确之要件，也不具备法律规则"行为模式 + 处理结果"的逻辑结构。❷ 即使在近些年订立的国际投资条约中细化了该条款，但总体上还是呈现出文义抽象、内容宽泛的特点，在适用时其具体内涵取决于案件的特定情况。❸ 因此，认定外国投资者是否受到 FET 就成为一个相对主观的判断。外国投资者经常利用该条款的原则性与抽象性对东道国提起仲裁，一些国家不得不疲于应对投资者的指控。为改变此种状况，许多国家修改了国际投资条约中的 FET 条款，以此来限制投资者的诉权。尽管通过细化 FET 的具体标准，对FET 的内容和外延作出一定的规定，有些国际投资协定甚至采用封闭式列举清单的方式明确违反 FET 条款的具体情形，但是，FET 条款本性所具有的补漏和辅助作用决定其不可能非常具体明确。如《中国—东盟全面经济合作框架协议投资协议》（2009）第 7 条规定"公平与公正待遇要求各方在任何法定或行政程序中有义务不拒绝给予公正待遇"，2020 年签订的 RCEP 明确规定 FET 标准限于"不得在任何司法程序或行政程序中拒绝司法"。这两条规定虽然都明确了 FET 的范围，但对于"法定或行政程序""司法程序""拒绝司法"等内涵与外延仍需要仲裁庭结合案情作出阐释。

如果东道国违反了 FET 条款，如在投资者具有确切的证据证明东道国损害其权益却不给予任何司法救济时，投资者即可以东道国违反 FET 条款向国际仲裁机构提出仲裁请求。如果东道国的行为不具有明确的定性，但投资者的利益确实受到侵害时，投资者仍可依据 FET 条款提出仲裁，通过仲裁庭的审理来确定政府方是否违反了协定。FET 条款的抽象、宽泛与模糊的特点，使得仲裁庭拥有很大的自由裁量空间，仲裁庭往往站在自己的立场上解释 FET 标准，对东道国是否违反了合同与条约义务作出判定。

---

❶ Rudolf Dolzer and Christoph Schreuer. *Principles of International Investment Law.* 2nd Editon, Oxford University Press, 2012, p. 91.

❷ 梁开银：《公平公正待遇条款的法方法困境及出路》，载《中国法学》2015 年第 6 期，第 179—199 页。

❸ Merrill&Ring Forestry v. Canada, Award, 31 March 2010, para. 210.

从字面看来，公平和公正待遇很容易被人们理解并接受，但是，在面对具体的案件时，认定政府行为是否"公平"和"公正"，不是件容易的事情。不同的仲裁庭对 FET 概念与内涵有不同的理解，因此经常对 FET 采取限制性或扩大性的解释。限制性解释通常是依照习惯国际法中的最低待遇标准来解释 FET 条款的，而扩大性解释则以国际法渊源作为解释 FET 条款的标准。限制性解释与扩大性解释所依据的标准差异极大，由此导致适用不同的标准必然产生截然不同的法律后果。限制性解释对东道国违反 FET 的情形作出了明确限制，从而提高了 FET 条款的适用门槛，相反，扩大性解释降低了 FET 条款的适用门槛，比较容易得出东道国存在违反 FET 的结论。❶

2. 违反 FET 条款的主要表现

通常认为，FET 是国际法承认的善意原则的表现和组成部分。何为善意？"善意是国家的一项基本义务，东道国不得以不适当的方式故意破坏或是损害投资。FET 标准是在善意原则基础上建立的，是善意原则的一部分。"❷ 在 Neer 案中，仲裁庭从正反两个方面解读了 FET 标准。正面意义上的 FET 表现为东道国实行了透明度和对投资者合理期待的保护；免于强制和骚扰的自由；程序适当、正当程序和善意。反面意义上的 FET 表现为东道国故意忽视其义务，其行为远远低于国际标准，存在主观恶意；采取明显不一致、不透明、不合理或歧视行为；采取专断的、严重不公正不公平或异常的、歧视的和包含部门或基于种族而有偏见的对待。❸ 对于违反 FET 正反两方面的概括，反映了违反 FET 行为的复杂性和多面性。FET 的抽象与概括，使得很多不友好对待投资者的行为都可能被归结到该待遇的违反上。由此带来了 FET 内涵与外延的不确定。从维护国家权力考虑，欧盟主张对 FET 外延予以限制。只有当证据表明国际法中出现了 FET 标准的新元素且缔约双方明确同意在 FET 标准内容中添加此类元素时，FET 标准才可以扩展到此类新元素。❹

---

❶ 余劲松：《国际投资法》（第五版），法律出版社 2010 年版，第 207 页。

❷ Elizabeth Snodgrass. Protecting Investors' Legitimate Expectations: Recognizing and Delimiting a General Principle. *ICSID Review – Foreign Investment Law Journal*, Vol. 21, 2006, p. 47.

❸ 王彦志：《国际投资仲裁中公共健康保护的条约解释进路——以 Philip Morris v. Uruguay 案中 VCLT 第 31 条第 3 款 c 项的适用为视角》，载《当代法学》2017 年第 6 期，第 7 页。

❹ European Commission. Online Public Consultation on Investment Protection and Investor – to – State Dispute Settlement (ISDS) in the Transatlantic Trade and Investment Partnership Agreement (TTIP). Brussels, 13. 1. 2015, pp. 55 – 56.

综合现有 FET 条款文本和仲裁实践，从违反 FET 的角度观察，违反 FET 的主要表现有以下几种：

（1）违反投资者的合理期待。

根据善意原则，FET 要求东道国对待外国投资者的行为应一致、明确、透明，不损害投资者在进行投资时的合理预期。国际投资法中的投资者合理期待来自国内法中的合理期待原则。合理期待原则是许多国家行政法中的一个基本原则。随着国际投资的发展，合理期待原则逐渐被运用到国际投资法中，并逐步发展为 FET 的重要内容之一。❶

Metalclad 诉墨西哥案是比较早的涉及投资者合理期待的案例。Metalclad 公司主张其出于对墨西哥政府的信赖，以为该项目建设不需要市级许可证，同时基于对墨西哥政府承诺的信赖而在墨西哥进行了投资。仲裁庭认为 Guadalcar 市政府的行为构成了对投资者合理期待的干预，影响了 Metalclad 公司的投资，❷ 裁定墨西哥政府赔偿 Metalclad 公司的损失。

在另外一起将墨西哥政府诉诸仲裁的案件中，仲裁庭对于"投资者的合法期待"进行了比较深入的阐述。在 2003 年 Tecmed 诉墨西哥案中，西班牙 Tecmed 公司获得了墨西哥政府签发的无限期的营业许可证，允许其对危险废物进行垃圾掩埋处理。后来墨西哥政府改变了无期限的许可政策，而是每年均需要 Tecmed 公司提出申请，以获得许可。1998 年墨西哥政府拒绝给 Tecmed 公司签发运营许可证并责令其关闭。Tecmed 公司认为墨西哥政府违反了 FET，遂根据西班牙—墨西哥两国签订的 BIT 提起了仲裁。仲裁庭在裁决中作出如下阐述：根据国际法确立的善意原则，外国投资者预期东道国会以一致的方式行事，在投资时东道国会保证充分的透明度，使其事先了解规制其投资的所有法律与规章，以及相关政策、行政行为和指令的目标；在投资过程中，东道国始终如一，"不会任意武断地取缔在投资者作出投资承诺、规划并进行商务活动时所依赖的那些早已存在的政府决定与许可"。❸

任何一个外国投资者对东道国进行投资都是建立在一定的预期基础上的，

❶ Thomas J. Westcott. Recent Practice on Fair and Equitable Treatment. *Journal of World Investment and Trade*, Vol. 8, June 2007, p. 414.

❷ Metalclad Corporation v. United Mexican States, ICSID Case No. ARB（AF）/97/1.

❸ Tecmed v. Mexico, ICSID Case No. ARB（AF）/00/2, Award, 29 May 2003, para. 154.

如本书第一章所述，外国投资者进行海外投资首先是为了获得一定的投资回报。投资回报作为投资者预期获得的利益，是建立在对投资项目及其投资环境充分的评估基础上，但预期毕竟是主观上的期望，投资者的预期到底有多大、是否合理是很难准确认定的。在遭遇政治风险后，投资者往往会以没有实现预期目标为由要求东道国政府承担赔偿责任。因此，什么样的期待才属于"合理期待"就成为仲裁实践中非常重要的问题。在 Greentech v. Italy 案中，仲裁庭认为，作为被申请人的意大利政府发布的《2007 年 2 月 19 日经济发展部的部长法令》中所作的"根据第 6 条第 1 款，在尾部表格中确定的价格自该电站投入运营之日起 20 年有效，且在整个 20 年期间应保持当前货币不变"规定，申请人可以合理地认为在其 20 年投资期间，政府的上述规定不会改变。❶

综合一些案件的裁决，❷ 可以从以下几个方面确定投资者的合理期待：❸ 第一，投资者合理期待产生的基础是东道国在投资者投资时作出的承诺和提供的条件；第二，合理期待不是单方面确立的，而必须是双方达成一致的；第三，合理期待必须是合法的且可执行的；第四，如果合理期待受到损害，投资者有请求补偿的权利，但国家紧急状态下的或是特定情形下造成的损害除外；第五，如果投资者利益受损来自普通商业风险，则此种情形不属于损害投资者的合理期待。

关于第一点投资者合理期待的基础问题，一般来说，外国投资者投资东道国是以良好的投资环境能为其带来稳定的收益为基础的，而政府的承诺又为投资者提供了良好的保证，在此基础上，投资者才能作出判断并产生合理的预期。一旦投资环境和东道国作出的承诺受到破坏，合理预期的基础不复存在，那么东道国应对投资者预期利益的无法实现承担一定的责任。在一些仲裁案中，仲裁庭明确指出，东道国有义务为投资者提供稳定的、可预见的法律与商业环境。

---

❶ Greentech Energy Systems A/S，NovEnergia II Energy & Environment（scA）SICAR，and NovEnergia II Italian Portfolio SA v. The Italian Republic，scC Arbitration V（2015/095），Final Award，23 December 2018，para. 409.

❷ LG&E Energy Corp.，LG&E Capital Corp. and LG&E International，Inc. v. Argentine Republic，ICSID Case No. ARB/02/1，Decision on Liability，3 October 2006，para. 162；Georg Gavrilovic and Gavrilovic d. o. o. v. Republic of Croatia，ICSID Case No. ARB/12/39，Award，26 July 2018，para. 985；Allard v. The Government of Barbados，PCA Case No. 2012 – 06，Award，27 June 2016，paras. 192 – 194.

❸ Mark Friedman etc. International Arbitration. *The International Lawyer*，VOL. 41，NO. 2，Summer 2007，p278，p283；余劲松：《国际投资法》（第五版），法律出版社 2010 年版，第 212 页。

例如，在 CMS 案中，仲裁庭参考了阿根廷与美国 BIT 的序言部分，指出稳定的法律与商业环境是 FET 标准的必要内涵，本案中阿根廷颁布的《紧急状态法》在事实上完全改变了投资者在作出投资决定时所依赖的法律和商业环境，在当时的法律体制下阿根廷政府给出的承诺和其他方面的文件，是投资者制定投资决策的重要因素，阿根廷采取的争议措施破坏了其法律框架的稳定性和可预见性，因此违反了 FET 标准。❶ 在 LG&E 案中，仲裁庭裁定，"稳定和可预见的法律和商务框架是公平公正待遇的重要组成部分"，因为"投资条约的序言规定，东道国应为投资提供公平公正待遇，以确保稳定的投资环境以及对经济资源的最大化利用。签订双边条约，双方意在促成更加全面的经济合作，并促进各方的经济发展与资本流动"。❷ 在 Enron 案以及其他一些案件的裁决中，仲裁庭同样认为东道国是否提供稳定的、可预见的法律和商业环境是判断其是否违反 FET 标准的重要因素。

将投资者合理期待作为 FET 的重要内容可以较好地保护外国投资者的利益，防止政府不顾投资者的利益随意改变其承诺和法律与政策，保持东道国投资环境的稳定。但是，东道国为投资者提供稳定的、可预见的法律与商业环境的义务并不是绝对的。有学者认为，合理期待的保护应当受到情势变更原则限制，如东道国在不断变化的国内形势下有权制定法律制度，维护公共利益。❸ 在一些国际仲裁案件中，仲裁庭也认为："任何明智的投资者都不会期待投资时的环境完全保持不变。在判断外国投资者的期待被挫败是否公正与合理时，东道国在公共利益方面规范国内事务的正当权利同样必须考虑。"❹ 例如，在 Enron 案的裁决中，仲裁庭认为，"公平公正待遇要求东道国提供稳定和可预见的法律和商务框架并非限制一国司法体制或使东道国丧失规制权。"❺ 在

---

❶ CMS Gas Transmission Company v. The Republic of Argentina, ICSID Case No. ARB/01/8, Award, 12 May 2005, para. 191. CMS 案是第一起因东道国未能满足投资者的合理期待而被仲裁庭裁定承担巨额补偿的案例。

❷ LG&E Energy Corp., LG&E Capital Corp., and LG&E International, Inc. v. Argentine Republic, ICSID Case No. ARB/02/1, Decision on Liability, 3 October 2006, para. 130.

❸ 丁瑞：《设立政府违约险问题探究》，载《山西省政法管理干部学院学报》2017 年第 3 期，第 11 页。

❹ 丁瑞：《设立政府违约险问题探究》，载《山西省政法管理干部学院学报》2017 年第 3 期，第 11 页。

❺ Enron Corp. v. Argentine Republic, ICSID Case No. ARB/01/3, Award, 22 May 2007, para. 261.

Parkerings 案的裁决中，仲裁庭认为：东道国具有主权国家的立法权是不可否认的特权。东道国有权自由地制定、修改和取消某一法律。东道国基于协定中的稳定条款对投资者在作出投资时已经存在的法律框架进行修改并非令人反感的行为。事实上，任何商务人士或投资者应预见法律会随着时间演变而变更。应该被禁止的东道国行为是其以不公平、不合理或不平等的方式行使立法权的行为。❶ 在 Philip Morris 案的裁决中，仲裁庭认为："公平公正待遇从未禁止东道国改变法律规范，除非该法律规范与东道国在吸引投资时作出的具体承诺和表示有关。"❷ 这些裁决均认同东道国有义务为投资者提供稳定的、可预见的法律与商业环境，但是，这并不意味着限制东道国在投资合作期间行使对社会与经济的管制权，以及改变政策或修改立法的权力。这些观点体现出对东道国政府权力行使必要性的认同。但政府如何行使权力以及行使到何种程度才不会构成对稳定的、可预见的法律与商业环境的破坏，仲裁庭没有给出确切的回答。有些国际投资协定对此做出了必要的回应，例如，《欧盟与加拿大全面经济贸易协定》（Comprehensive Economic and Trade Agreement，CETA）第 8.9 条规定，缔约方修改法律的管制行为对投资产生负面影响或者挫败了投资者包括对利润的预期的期望，不构成对本节下投资保护义务的违反。

上述裁决和 CETA 第 8.9 条的规定表明，缔约国仅对投资者的特别陈述而产生的合理期待承担义务，对投资者基于缔约国法律稳定性等一般性承诺而产生的合理期待不负有责任。如果政府在行使权力时没有采取公平、合理或平等的方式，特别是东道国在吸引外资时已经对投资者作出了明确、具体的承诺而政府违背这些承诺应构成对其义务的违反。如果投资者基于东道国的一般性政治声明或鼓励投资的言论而产生的期待很难被认为是合理的期待。

政府对投资者期待的承诺应该为正式的承诺，如果不是正式的承诺，而投资者却据此产生了期待，应为不合理期待。特别陈述或正式的承诺可以从投资者或项目公司与东道国签订的合同中获得，也可能来自合同之外的政府的某种有意识的行为。

---

❶ Parkerings Compagniet AS v. Lithuania, ICSID Case No. ARB/05/8, Award, 11 September 2007, para. 332.

❷ Philip Morris Brands Sàrl and ors v. Uruguay, Award, ICSID Case No. ARB/10/7, 28th June 2016, para. 422.

　　投资者要求东道国提供稳定的、可预见的法律与商业环境义务的前提，是其投资符合东道国的公共利益。在 Thunderbird 案中，Thunderbird 承认其在墨西哥进行投资时已知悉依照该国法律经营赌博业务是非法行为，仲裁庭最终认定 Thunderbird 知悉投资赌博性质的投资具有的潜在风险，[1] 投资者自然也不能期待政府对其认为不符合社会公共利益的投资维持法律稳定。

　　（2）明显的专断或歧视。

　　对外国投资者的专断或歧视行为构成对 FET 的违反。关于专断行为的定义，在 CMS 案、Lauder 案、Occidental 案等案件中，[2] 仲裁庭将专断行为定义为"基于偏见或偏好而非理性事实所做出的行为"。在 UAB E energija 案中，仲裁庭将专断行为定义为"蓄意无视正当法律程序，使人震惊或至少使人吃惊的司法正当性意识"。[3] 由于对专断行为违法性的认定来自仲裁实践，对专断并未有法律上的明确的界定，但无视法律程序、基于非理性做出的行为是构成专断行为的基本特点。在 UAB E energija 案中，仲裁庭认为在界定专断行为时可以参考国际法院的判决，ELSI 案中法庭曾将专断行为与法治进行了对比。[4] 在 S. D. Myers 案中，仲裁庭指出，当事实表明投资者受到东道国不公正的、专断的行为达到了从国际角度来看不能接受的程度时，东道国的行为就触犯了 FET 标准。[5]

　　关于歧视行为的认定，仲裁庭主要将相似情况下东道国的行为作为参照标准，判断投资者是否被区别对待，并且这种区别对待是否出于正当原因。[6] 在 Saluka 案中，仲裁庭认为投资者期望东道国不会以明显不一致、不透明、不合

[1] Thunderbird v. Mexico, Award, 26 January 2006, para. 197.

[2] CMS Gas Transmission Company v. The Republic of Argentina, ICSID Case No. ARB/01/8, Award, 12 May 2005；Ronald S. Lauder v. Czech Republic, UNCITRAL Award, 3 September 2001；Occidental Exploration and Production Company v. Republic of Ecuador, LCIA Case No. UN3467, Award, 1 July 2004.

[3] UAB E energija (Lithuania) v. Republic of Latvia, ICSID Case No. ARB/12/33, Award, 22 December 2017, para. 697.

[4] UAB E energija (Lithuania) v. Republic of Latvia, ICSID Case No. ARB/12/33, Award, 22 December 2017, para. 697.

[5] 该案基本案情是申请人美国 S. D. Myers 公司在加拿大投资设立了子公司，从加拿大进口聚乙烯联苯废物到美国进行处理，加拿大政府以废物生产安全与环保为由签署法令，禁止出口。见 S. D. Myers Inc. v. Canada, UNCITRAL, First Partial Award, 13 November 2000, para. 263. 308.

[6] 林燕萍、朱玥：《论国际投资协定中的公平公正待遇——以国际投资仲裁实践为视角》，载《上海对外经贸大学学报》2020 年第 3 期，第 72—89 页。

理或者歧视性（即基于不正当差别）的方式行事，而捷克政府的行为存在专断、严重不公与歧视性，因此认定捷克政府违反了FET标准。仲裁庭还进一步认定在相似情况下投资者受到区别对待，并且东道国无法给出合理解释的行为属于歧视行为。❶ 该裁决得到 Philip Morris 案仲裁庭的支持并被援引。❷

专断与歧视作为两种违反 FET 的行为，从性质上应该有所不同。但是，从上述案件的裁决中，仲裁庭并未明确区分两种行为的差别，裁决中两者常常相伴而行，两种行为的概念与关系还有待未来的仲裁实践进一步解答。❸

（3）"拒绝司法"。

"拒绝司法"一般是指"与外国人有关的民事和刑事司法处置机制的不当，包括禁止诉诸法院、程序失当和判决明显不公"。❹ 在仲裁实践中，许多仲裁庭都认可 FET 包括了"不得拒绝司法"行为，这一行为也被许多采取清单式的 FET 条款明确列入其中。

FET 下的"拒绝司法"比一般概念上的"拒绝司法"范围更广，不仅限于司法程序中的"拒绝司法"，还包括行政程序中的"拒绝司法"；不管是哪种类型的"拒绝司法"，都需要严重程度达到传统"拒绝司法"带来的后果时才构成对 FET 标准的违反。❺ 对于"拒绝司法"与正当程序的关系，ICSID 仲裁员 Jan Paulsson 认为，"仲裁庭不应依据'自己的法律'审查东道国法院裁决的实质内容，因此 ICSID 无权裁定司法不公之实质内容。国际法下，司法公平即正当程序（Due Process），这已经足够，从而不包含其他内容"。❻

在仲裁实践中，曾被仲裁庭认定为违反 FET 的"拒绝司法"的行为主要表现为以下几种：第一种为干涉投资者行使行政程序或司法程序中的正当权利。在 Metaclad 案中，东道国政府在市镇理事会会议上作出拒绝颁发建设许可证的决定，但并未履行对投资者的通知义务，Metaclad 没有收到任何有关会议的通

---

❶ Saluka Investments BV v. Czech Republic, UNCITRAL, Partial Award, 17 March 2006, paras. 313, 407.

❷ Philip Morris Brands Sàrl and ors v. Uruguay, Award, ICSID Case No. ARB/10/7, 28th June 2016, paras. 322—324.

❸ 王衡、惠坤：《国际投资法之公平公正待遇》，载《法学》2013 年第 6 期，第 84—92 页。

❹ 杨慧芳：《外资待遇法律制度研究》，中国人民大学出版社 2012 年版，第 190 页。

❺ Thunderbird v. Mexico, Award, 26 January 2006, para. 201.

❻ Jan Paulsson. *Denial of Justice in International Law*. Cambridge University Press. 2005, p. 7.

知或出席会议的邀请，仲裁庭认为东道国的行为存在程序上的重大缺陷，剥夺
了投资者表明立场的机会，构成"拒绝司法"。❶ 第二种为不当拖延诉讼程序。
在 Pey Casado 案中，仲裁庭认为投资者向智利法院起诉后，法院无故拖延判决
长达 7 年，加上当局迟迟不就投资者的要求作出回复，违反了 FET 标准。❷ 第
三种为不执行生效判决。在 Siag 案中，投资者已在前期东道国国内法院的诉讼
中多次胜诉，而埃及政府并没有实际履行这些判决，仲裁庭因此裁定埃及政府
构成"拒绝司法"。❸

（4）威胁或虐待投资者。

免受东道国胁迫与骚扰的自由也被许多学者认为是 FET 的内容之一。❹ 在
Talbot 案中，证据显示加拿大政府监管机构对投资者的投资进行了激进的、严
苛的"验证审查"。仲裁庭认为，加拿大当局的行为实质上属于竞争手段，而
非合法管理，构成挑衅的、不公正的、难以应对的行为，因此违反了 FET 标
准。❺ 在 Tecmed 诉墨西哥案中，仲裁庭认为胁迫行为包括施以投资者各种形式
的压力。墨西哥政府拒绝与投资者续签合同，通过拒绝更新许可证的方式将垃
圾填埋场的无限许可替换为有限许可，以此强迫投资者更换垃圾填埋场选址，
墨西哥政府的行为显然违反了 FET 标准。❻ 在 Total 案中，仲裁庭认为，阿根廷
政府采取的政策和行为导致了投资者不得不接受比最初协议更为不利的条件，
其中包括以债换股的交易，这种交易是强制性的而且是不公平的，不是由于不
利的市场环境或者企业危机所产生的，因此阿根廷政府的行为违反了 FET
标准。❼

---

❶ Metalclad Corporation v. The United Mexican States, ICSID Case No. ARB (AF) /97/1, Award, 30
August 2000, para. 91; Corona Materials LLC v. Dominican Republic, ICSID Case No. ARB (AF) /
14/3, Award, 31 May 2016, para. 248.

❷ Pey Casado and Foundation President Allende v. Republic ofChile, ICSID Case No. ARB/98/2, Award,
13 September 2016, para. 225.

❸ Petrobart v. Kyrgyz Republic, Award, 29 March 2005, 13ICSID Reports 464.

❹ Schreuer. Fair and Equitable Treatment in Arbitral Practice. *The Journal of World Invest. & Trade*, June
2005, (CLA-275), pp. 373-374.

❺ Pope & TalbotInc. v. The Government of Canada, UNCITRAL, Award on Merits, 10April 2001,
para. 156-181.

❻ Tecmed v. Mexico, ICSID Case No. ARB (AF) /00/2, Award, 29 May 2003, para. 163.

❼ Total S. A. v. The Argentine Republic, ICSID Case No. ARB/04/01, Decision on Liability, 27 December
2010, para. 163.

上述案例与观点表明，东道国针对投资者所进行的胁迫与骚扰行为的表现形式不同，但均表现为东道国政府采取了强迫投资者做出并非出于真实意思表示的利益让渡行为。这些行为是否构成违反 FET 需要仲裁庭结合具体案情予以认定。

3. 中国企业的应对措施

（1）寻求解释和利用不同类型的 FET 条款的空间。

中国企业以 FET 条款作为索赔依据须以我国与东道国签订的 BIT 中包含 FET 条款为前提。如果 BIT 中包含 FET 条款，那么即需要对 FET 条款进行分析，根据条款规定，寻求解释和利用的空间，制定相应的应诉策略。

前已述及，我国早期签订的 BIT 中有关 FET 条款多为概括性质，语义比较抽象，容易对其进行宽泛解释，投资者可以利用这点从有利于自己的角度进行阐释。即使 FET 条款将国际法一般原则/规则以及国民待遇、最惠国待遇纳入其中作为具体运用的参照，但同样具有解释空间，特别是对与国际法一般原则/规则相联系的 FET 条款进行扩大化解释的可能性更大，因为"普遍接受的国际法原则"或"公认的国际法规则"两种表述并非严格的法律概念，管制范畴及其效力尚为有限且孱弱不堪，"普遍接受"或"公认"的普适规则即使不虚无也只会更加抽象化，[1] 同样可以广泛包括《国际法院规约》第 38 条第 1 款所列各种渊源。[2]

我国最近几年签订的 BIT 中主要订立了与习惯国际法相结合或开放式清单模式的 FET 条款，该类条款涵盖的范围较窄，不利于海外投资企业，但条款文本并未绝对限定范围，因此依然具有一定解释空间。

（2）证明政府方没有履行相关的义务。

虽然东道国具有对经济行使管制的权力，但关键在于东道国行使经济管制权的具体时间、方式和内容。而这些恰是投资者可提供证据并加以证明政府方违约的核心点。

---

❶ 温先涛：《〈中国投资保护协定范本〉（草案）论稿（一）》，载《国际经济法学刊》2011 第 4 期，第 169—204 页。

❷ 《国际法院规约》第 38 条第 1 款："法院对于陈诉各项争端，应依国际法裁判之，裁判时应适用：（子）不论普通或特别国际协约，确立诉讼当事国明白承认之规条者。（丑）国际习惯，作为通例之证明而经接受为法律者。（寅）一般法律原则为文明各国所承认者。（卯）在第五十九条规定之下，司法判例及各国权威最高之公法学家学说，作为确定法律原则之补助资料者。"

在许多涉及 FET 的仲裁案中，仲裁庭要求投资者承担证明东道国违反习惯国际法的证明责任。❶ 这对投资者来说既是机会，也是挑战。投资者应从以下方面证明东道国违反了公平公正的国际法义务：

第一，证明东道国没有向投资者提供稳定和可预见的法律与商业环境是重要的辩由之一，投资者应有效加以利用并提供证据加以证明。一些仲裁庭的裁决表明，东道国因为没有向投资者提供稳定和可预见的法律与商业环境，因而被判向投资者承担一定的赔偿责任。投资者应证明政府调整法律与政策以及违反订立合同时的承诺，导致事实上完全改变了投资者在作出投资决定时所依赖的法律和商业环境，其利益受到严重侵害。投资者应重点从东道国行使经济管制权的时间点、方式和具体内容方面证明东道国存在过错。

第二，对于法律与政策的调整与变更，政府方可能以情势变更为理由，证明行为的正当性。对此，投资者应承认政府拥有在涉及本国公共利益时调整政策与法律的权力，确因情势变更也可以调整合同，但是，政府方必须证明其维护的具体公共利益是什么，因维护公共利益而损害投资者利益是否正当与适当。

第三，证明东道国存在"拒绝司法"等行为。在我国签订的 BIT 中如果订有 FET 条款并采用了封闭式清单列举的方式，那么基本上都会将东道国"不得拒绝司法"列入其中。一旦发生海外基础设施项目政府违约事件，企业选择仲裁解决纠纷，应首先考虑东道国是否存在行政程序与司法程序上的重大欠缺以及由此产生的损失，以证明东道国拒绝行政与司法救济的严重程度。如果查明我国与涉案东道国签订的 BIT 中未订有岔路口条款，企业也不应完全放弃当地救济，因为东道国是否存在违法行为，该行为是否属于协定仲裁管辖的"可诉事项"需要通过救济过程和结果予以证实。如果东道国存在"拒绝司法"的行为，即可满足封闭式清单列举的 FET 条款的规定，投资者因此可以提请仲裁。当然，司法解决必然带来一定的时间成本与经济损失，企业务必权衡用尽当地救济的成本和风险（即有可能东道国不存在"拒绝司法"的行为）与利用 FET 条款获得胜诉的可能性，以便作出正确的决策。

第四，证明东道国政府没有履行透明度义务。在 Tecmed 诉墨西哥案中，仲

---

❶ Glamis Gold, Ltd. v. The United States of America. UNCITRAL, Award, 8 June 2009, para. 600 – 605.

裁庭认为透明度是由善意原则衍生出的，是应与投资者的合理期待并行考虑的FET标准的辅助要素。该案仲裁庭认为，"墨西哥政府的行为具有含糊不清、不确定的特点，不利于投资者提前对投资所处的法律环境进行评估、制定经营计划以及为维护自身权利而作出相应调整"。❶ 在 Metalclad 诉墨西哥案的裁决中，仲裁庭对透明度的标准作出了很好的阐释：依据本协定，"透明度要求东道国保证与投资者投资活动相关的法律规定，应当在投资者建立、开展、完成投资或计划投资的过程中，被投资者所知悉，而且不能包含任何令人疑惑或不确定的信息"。❷ 可见，透明度原则要求东道国有关外商投资的法律与政策应为外国投资者所知晓，而是否知晓可从东道国与投资者之间信息交互的内容、时间及效果等方面进行认定，确定在制定投资决策和项目运营的全周期中，政府是否使投资者清楚地了解东道国有关外国投资的法律与政策以及之后发生的变动。相较于政府应提供"稳定的、可预见的法律与商业环境"以及保护"投资者的合理期待"义务，对东道国是否履行透明度义务的考量只起到补充判断其行为正当与否的作用。但投资者仍然可以以此为理由，要求政府方承担一定的责任。

（3）综合使用救济条款。

由于 FET 条款的宽泛和原则，投资者一旦与政府方发生争议，可以比较灵活地运用该条款主张其权益。但是，也因为 FET 条款在性质、具体内涵、与最低待遇标准的关系及规定方式等方面存在的模糊与不确定，企业应避免将 FET 条款作为向东道国索赔的唯一依据，最好能与合同中的其他条款，以及 BIT 中的如国民待遇条款、最惠国待遇条款、"保护伞"条款、征收和赔偿条款等一起作为向东道国索赔的法律依据，加大仲裁请求被支持的可能性。

（三）遭遇间接征收时的救济权行使

自 20 世纪 80 年代以来，东道国政府对外资的间接征收成为国际投资法领域的焦点问题。在国际仲裁中，很大比例的案件为投资者要求东道国政府赔偿因其征收所造成的损失案件。间接征收也因此成为仅次于 FET 的第二大诉由。❸

---

❶ Tecmed v. Mexico, ICSID Case No. ARB （AF）/00/2, Award, 29 May 2003, para. 167.

❷ Metalclad Corporation v. The United Mexican States, ICSID Case No. ARB （AF）/97/1, Award, 30 August 2000, para. 76.

❸ 刘雪红：《中国海外投资保护的法律障碍与制度重构——基于北京城建诉也门等五案的分析》，载《华东政法大学学报》2019 年第 2 期，第 170 页。

在基础设施项目建设中企业极易遭受间接征收，因此必须格外注意此问题。一旦遭受间接征收，则要及时采取救济措施维护自己的权益。

1. 间接征收情形下的救济权行使依据

如前所述，间接征收是政府所采取的剥夺投资者财产的行为。剥夺投资者财产是严重侵害投资者利益的行为，因此成为许多国际投资条约关注与规制的对象。但最早规定间接征收问题的并非政府间的国际条约，而是非政府组织于1959 年起草的《保护私人海外投资公约草案》。该草案规定不得"以任何直接或间接的方式"剥夺其他缔约国国民的财产。1967 年 OECD 制定的《保护外国人财产公约（草案）》将间接征收定义为"最终剥夺外国人所享有价值的财产，没有任何具体的可确认为公然的剥夺的行为"，并明确禁止采用"直接或间接的剥夺措施"剥夺外国投资者的财产。对于"直接或间接的剥夺措施"，该公约在注释中将其解释为有意地、错误地剥夺投资者财产权利并导致其损失的措施，如以下措施均构成间接征收：过度或随意征税；禁止伴随强制贷款的股利分配；强迫指定管理人员；禁止解雇员工；拒绝提供原材料或必要的进出口许可等。❶ 虽然该公约并未生效，但该公约直接对间接征收的构成条件所做的规定为后来国际投资条约提供了模板。之后，一些涉及间接征收的国际投资条约逐渐对实施间接征收的条件和具体情形进行了细化。例如，NAFTA 第 1110 条以"相当于国有化或征收的行为"描述间接征收，规定了东道国实施合法征收的条件应具有公共目的、采取非歧视和正当程序并给予赔偿，并明确了不构成间接征收的例外情形。TTIP 草案规定了原则上禁止间接征收，但如为保护公共利益的目的则可以实行间接征收。草案附件对间接征收进行了界定，将投资者的财产权利解释为适用、经营和处置的权利，同时明确构成间接征收的三要素，即措施对经济的影响、持续时间或严重程度以及措施的性质。在绝大多数 BIT 中都规定了间接征收条款。美国 2004 BIT 范本在其附件 B（征收）第 4 条规定，东道国应给予被征收者"充分、及时和有效的补偿"。2012 年的范本第 4 条（b）项直接规定："除非在极少数情况下，当事一方为了保护合法的公共目标（如公共健康、安全和环境）而采取的非歧视性的管制行为，不构成间接

---

❶ 杨丽艳、张新新：《再论国际投资仲裁中间接征收的认定及扩大适用》，载《时代法学》2017 年第 1 期，第 115 页。

征收。"

如前章所述，中国签订的许多 BIT 也对此作出了规定，但在不同时期签订的 BIT 对间接征收采取了不同的立场，条款的内容因而存在差异。2006 年中国—印度 BIT 主要参考了美国 BIT 范本，对认定间接征收所需要考察的因素作出了明确规定，并详细列举了间接征收的情形。但此后，中国与俄罗斯、韩国、墨西哥等国家签订的 BIT 基本上采取了 20 世纪 90 年代签订的 BIT 中有关间接征收的表述，对间接征收及其标准做了简单化处理。再之后，随着我国对外签订 BIT 数量增多，关于间接征收的规定又变得详尽起来。2011 年中国—乌兹别克斯坦签订的 BIT 首次在协定正文中规定了间接征收的认定标准。不仅在 BIT 中规定间接征收问题，而且在一些涉及投资的贸易协定中也将间接征收纳入其中，典型的如 2008 年中国与新西兰签订的自由贸易协定。虽然这些协定对间接征收的规定粗细不同，但均为外国投资者在遭遇间接征收时提供了救济依据。

涉及中国投资者的两个间接征收案例为前已述及的北京城建诉也门案件，以及中国平安诉比利时案。2007 年中国平安保险（集团）股份有限公司（以下简称平安公司）购入跨国公司富通集团的股份一亿一千万股，成为该集团最大的单一股东。2008 年，比利时政府强制购买富通集团下属的富通银行股份，随后又向法国巴黎银行转售富通银行四分之三的股份。富通集团股价因此巨幅缩水，贬值 80% 以上。依照转售协议，转售过程中的溢价收益可补偿给欧盟境内的个人投资者，平安公司因此无法获得相应补偿，并陷入严重亏损。2012 年，平安公司依据中国与比利时—卢森堡经济联盟 BIT 向 ICSID 提起仲裁，指控比利时政府采取的强制拆分富通银行股份的行为损害其合法权益。平安公司认为比利时政府实施的歧视性的拆分行为，虽然没有改变平安公司在富通集团中的持股比例，但是其股权的实际价值发生了根本性减损，已构成间接征收。❶

间接征收不同于直接征收的关键点在于，东道国政府实施的措施没有直接剥夺投资者的财产所有权。投资者的财产所有权表面上没有发生变化，但该措

---

❶ Ping An Life Insurance Company of China, Limited and Ping An Insurance（Group）Company of China, Limited v. Kingdom of Belgium,（ICSID Case No. ARB/12/29）. https：//icsid. worldbank. org/en/ Pages/cases/casedetail. aspx?CaseNo = ARB/12/29. visited on 27 March 2021.

施导致投资者无法实施其财产所有权，经济利益受到严重损害。虽然在不同的案件中政府实行间接征收的理由与方式不同，但后果确与直接征收一样，使投资者的投资目的无法实现，因此在发生间接征收时，投资者会据理力争，要求东道国政府承担其行为所遭受的损失。

　　2. 认定间接征收的标准

　　东道国政府不是采取直接征收的方式剥夺投资者的财产，而是采取"隐形"或"逐步"的措施实现对外资的控制或财产的剥夺，因此许多时候难以区分政府措施为间接征收还是政府的管制经济行为，东道国也因此会否认其行为为间接征收，并且不向投资者支付补偿。间接征收是国家出于公共利益的需要对投资者实施的措施，政府管制经济行为亦出于维护社会经济发展和服务于社会利益的目的，难免触及投资者的利益。因此，在实践中，对两者进行区分就成为认定政府措施是否为间接征收的关键。一些学者通过对间接征收进行分类的做法，进而对政府措施是否构成间接征收作出判断。如将间接征收分为逐渐征收、事实上的征收及管制性征收，合法的征收和本身非法的征收❶，合法的间接征收、非法的间接征收及不构成间接征收的政府管理行为❷等。这些分类表明了间接征收的复杂性以及在认定上的困难程度。

　　目前国际投资条约对于间接征收的认定并没有确定的、统一的标准，因此，在国际仲裁中，仲裁庭主要根据涉案主体所缔结的 BIT 及其参加的国际条约进行认定。前已述及，我国所签订的 BIT 对间接征收的规定是不同的，有简有繁，有略有详，适用不同的 BIT 很可能产生不同的裁决结果。比较简单的关于间接征收的规定，如中国—也门 BIT 第 4 条"征收和补偿"将直接征收与间接征收同时作出规定："缔约一方当局对缔约另一方投资者进行的投资所可能采取的国有化、征收或者其他任何具有同样效果或同样性质的措施（以下简称'征收'），均应满足下列条件：（1）为了公共利益；（2）依照合法程序；（3）不具有歧视性；（4）支付补偿。"依此规定，只要间接征收满足了公共利益、合法程序、无歧视性并支付补偿的条件后，即为合法的征收。但有些协定将直接征收与间接征收加以区分，对间接征收作出了较为详细的规定。如中国与新西

---

❶ 伊恩·布朗利：《国际公法原理》，曾令良等译，法律出版社 2003 年版，第 589—590 页。

❷ 徐崇利：《"间接征收"之界分——东道国对外资管理的限度》，载《福建法学》2008 年第 2 期，第 3 页。

兰 FTA 附件即明确规定，征收可以是直接的也可以是间接的，直接征收发生在政府完全取得投资者财产的情况下，包括通过国有化、法律强制或没收等手段；间接征收发生在政府尽管没有采取直接征收的方式，但通过等同于直接征收的方式取得投资者财产，实质上剥夺了投资者对其财产的使用权。对于如何认定"等同于直接征收"且"实质上剥夺了投资者对其财产的使用权"，是认定政府措施是否构成间接征收的核心。

其中，中国—乌兹别克斯坦 BIT 和中国与新西兰 FTA 关于间接征收的规定具有一定的典型性，笔者将两个协定关于间接征收的条款见表 6 - 2。

表 6 - 2　中乌 BIT 第 6 条与中新 FTA 附件十三比较

	《中华人民共和国政府和乌兹别克斯坦共和国政府关于促进和保护投资的协定》第 6 条	《中华人民共和国政府和新西兰政府自由贸易协定》附件十三
经济影响	该措施或该一系列措施的经济影响，但仅有缔约一方的一项或一系列措施对于投资的经济价值有负面影响这一事实不足以推断已经发生了间接征收	一方采取的一项或一系列举措干涉到投资的有形或无形财产权利或财产利益
合理预期原则	该措施或该一系列措施对缔约另一方投资者明显、合理的投资期待的损害程度，这种投资期待是依据缔约一方对缔约另一方投资者作出的具体承诺产生的	对财产的剥夺被认为构成间接征收必须在效果上是歧视性的，或者违反政府对事前向投资者所做的具有约束力的书面承诺，无论此种承诺是通过协议、许可还是其他法律文件作出的
性质与目的	该措施或该一系列措施的性质和目的，是否是为了善意的公共利益目标而采取，以及前述措施和征收目的之间是否成比例	间接征收发生在政府通过等同于直接征收的方式取得投资者财产的情况下，政府实质上剥夺了投资者对其财产的使用权。政府剥夺投资者财产的行为必须为严重的或无限期的；并且与公共目的不相称

续表

	《中华人民共和国政府和乌兹别克斯坦共和国政府关于促进和保护投资的协定》第6条	《中华人民共和国政府和新西兰政府自由贸易协定》附件十三
例外情形	除非在例外情形下，例如，所采取的措施严重超过维护相应正当公共福利的必要时，缔约一方采取的旨在保护公共健康、安全及环境等在内的正当公共福利的非歧视的管制措施，不构成间接征收	除极少数情况外，政府为履行管理权而采取的、可被合理地判定为基于保护包括公共健康、安全及环境在内的公共利益的目的而采取的措施，不应构成间接征收

比较两个协定关于间接征收的规定可见，两者均将政府措施对投资者的影响、对投资者合理预期的影响、政府措施的性质与目的，以及不构成间接征收的例外情形作为判断政府措施是否构成间接征收的主要考察因素。在国际仲裁实践中，仲裁庭也基本上是从这些方面分析和认定政府采取的措施是否构成间接征收的。

从已裁决的 ICSID 仲裁案件中可以看出，政府干预外国投资者的措施主要表现为强制转让财产、禁止转让或支配财产、实质干预企业的管理控制权、禁止向股东分配利润、大幅提高税率、实行价格管制和进出口限制、撤销颁发给投资者的特许权或投资许可等。例如，厄瓜多尔在 2007 年开征的 99% 的石油"暴利税"、印度尼西亚实行矿石出口禁令等措施，都使投资者无法继续经营活动，不得不退出对该国的投资。在仲裁实践中，一些仲裁庭即将上述政府措施确认为间接征收。如在 Occidental v. Ecuador 案中，仲裁庭认为厄瓜多尔政府终止石油开采特许协议的行为等同于征收。在 Tza Yap Shum v. Peru 案中，仲裁庭认为秘鲁税收机关冻结 Tza Yap Shum 银行账户的行为构成间接征收。在赔偿额高达 500 亿美元的 Yokus v. Russia 案中，仲裁庭认为，俄罗斯当局对尤科斯公司的高额罚款、低价拍卖核心资产以及迫使其破产的措施在效果上"等同于国有化或征收"。从这些案例可以看出，政府所采取的措施不同于直接征收，对是否构成间接征收作出判断难度很大，因此明确规定间接征收的认定标准或者要件就很重要。"越来越多国际投资协定选择细化规定间接征收条款，以获得

更大的国内管制空间，最大化地减少投资仲裁的诉讼。"❶

在 ICSID 仲裁案件中，仲裁庭认定政府措施是否构成间接征收主要从"目的"与"效果"两个方面进行判断。对"目的"的判断可确定政府实施措施的正当性，而对"效果"的判断主要评估其措施对投资者的影响，两者分别从不同的主体视角考虑措施的正当性，前者倾向于维护东道国的管制权，而后者倾向于维护外国投资者的财产权，❷ 由此使得仅从"目的"与"效果"两个方面评价政府措施存在偏颇，于是出现了兼顾"目的"与"效果"的第三种标准。

（1）目的标准。

该标准主要从政府行为的目的判断其行为的正当性。"'目的说'又被分为'政府获利说''针对性意图说'和'公共福利说'，其中'公共福利说'被广为接受。这种观点主要将东道国政府职能和国内公共利益考虑在内，认为政府出于保护环境、维持国家安全、公共卫生等公共利益而进行的无差别管制行为不构成间接征收。"❸

对政府实施措施的目的判断一般是从该措施是否针对外国投资者、措施实施的持续时间以及政府是否获利等方面进行考量。如果考量的结果确认政府是为了社会公共目的而采取的措施，那么，政府采取的措施即有正当性，即便对外国投资者或其投资产生影响，也不构成间接征收。如果不构成间接征收，政府无须对外国投资者进行赔偿。目的标准从社会公共利益角度考察政府措施的正当性，对于政府正当履行其管理社会与经济的职能、维护社会公共利益具有重要的意义。

但是，仅从政府行为的目的认定政府行为的正当性显然是不全面的。目的作为主观内容，难以对其进行准确的判断，且具有很大的不确定性。间接征收的一个重要特征在于政府否认存在征收并且不考虑支付补偿。❹ 有些时候，一

---

❶ 见 2017 World Investment Report，UNCTAD，p. 120. 转引自刘雪红：《中国海外投资保护的法律障碍与制度重构——基于北京城建诉也门等五案的分析》，载《华东政法大学学报》2019 年第 2 期，第 178 页。

❷ 吴一鸣：《间接征收三题——兼论〈外国投资法（草案）〉间接征收制度之设计》，载《河北法学》2018 年第 7 期，第 46 页。

❸ 王安琪：《间接征收：东道国与投资者的利益博弈——以 ICSID 仲裁为视角》，载《北京仲裁》2017 年第 1 期，第 89 页。

❹ 鲁道夫·多尔查、克里斯托弗·朔伊尔编：《国际投资法原则》，补欢、施进译，中国政法大学出版社 2014 年版，第 103 页。

国政府也可能以公共利益之名实施侵害外国投资者之实。因此，目的标准极易产生纵容东道国滥用外资管理权的行为，对外国投资者造成不公。❶ 而且，政府措施和间接征收的共同基础是公共目的性，仅通过公共目的将二者加以区分的做法是不现实的。❷ 出于这些考虑，有些仲裁庭将东道国的公共目的这一因素排除在外。在 Metalclad 诉墨西哥案中，仲裁庭认为只要政府行为给外国投资者带来了类似于直接征收一样后果的经济损害，那么就应当认定为间接征收，无须考虑该行为的动机或意图。❸ 在 Starrett Housing 诉伊朗案中，仲裁庭认为伊朗政府所采取的措施干涉了申请人财产权并达到了无法行使的程度，以至于必须被认定为征收，即使从主观上说该国没有意图征收上述财产。因此，行为效果对于判断间接征收具有决定性意义。❹

（2）效果标准。

该标准主张判断政府措施是否构成间接征收取决于该措施对外国投资者造成影响的程度，如果其影响足以剥夺投资者的财产，达到了与直接征收同样的效果，则构成间接征收。在 Azurix v. Argentina 案中，仲裁庭将东道国措施对外国投资者所造成的经济影响的严重程度作为认定是否构成征收的重要指标。❺ 许多 BIT 只是粗略地规定了影响程度，如前述中国—印度 BIT 与中国—乌兹别克斯坦 BIT 中都使用了"该措施或该一系列措施的经济影响"，并未详细规定影响的程度以及如何判断影响的程度，因此对影响程度的判断依赖仲裁庭的认定。已有的一些仲裁裁决对经济影响程度的分析，主要从财产的控制权、财产价值、投资者期待及效果所持续的时间等方面进行判断。

效果标准从政府措施的后果判定是否构成间接征收，无疑有助于保护外国投资者的利益。但如不考虑或不适当考虑政府措施实施的正当性，就会抑制政府发挥其调整社会经济活动的功能，而不考虑公共利益的投资者保护是很难得

---

❶ 徐崇利：《利益平衡与对外资间接征收的认定及补偿》，载《环球法律评论》2008 年第 6 期，第 32 页。

❷ 王安琪：《间接征收：东道国与投资者的利益博弈——以 ICSID 仲裁为视角》，载《北京仲裁》2017 年第 1 期，第 89 页。

❸ Metalclad Corp v. Mexico, Award, 30 August 2000.

❹ 鲁道夫·多尔查、克里斯托弗·朔伊尔：《国际投资法原则》，祁欢、施进译，中国政法大学出版社 2014 年版，第 103 页。转引自吴一鸣：《间接征收三题——兼论〈外国投资法（草案）〉间接征收制度之设计》，载《河北法学》2018 年第 7 期，第 47 页。

❺ Azurix Corp. v. Argentine Republic, ICSID Case No. ARB/01/12.

到广泛认可的。效果标准因被认为明显偏向投资者利益，限制了国家的经济主权而被诟病。

（3）目的与效果兼顾标准。

该标准综合考虑政府措施对公共利益和外国投资者的影响，从目的与效果两个方面综合评估政府措施，关注了政府与投资者之间的利益平衡，因此比较容易得到投资者和东道国两方面的认可，目的与效果兼顾标准也因此成为通说，❶ 是目前处理有关间接征收纠纷的主要标准。例如，在 LG&E v. Argentine 案中，仲裁庭即指出，在考虑东道国措施对投资者造成的影响的同时，还需要考虑东道国措施实施的背景与目的。东道国在行使管制权时，有权采取出于公共目的的行为，而此种行为可免于承担责任。❷

（4）其他考量因素。

虽然目的与效果兼顾标准比单一目的或效果标准更客观，能够较好地平衡投资者与东道国之间的利益，但如果该标准仅为两个单一标准的叠加也很难达到利益上的平衡，因此，需要细化或采用更为具体化的考量因素。在仲裁实践中，仲裁庭还经常通过对以下因素的辅助考量来确定政府措施是否构成间接征收：

第一，征收目的与措施是否成比例？

在一些仲裁案件中，仲裁庭运用比例原则（proportionality principle）来判断间接征收是否具有正当性。最早在仲裁审理中引入比例原则的案件是前述 Tecmed 诉墨西哥案。Tecmed 公司认为墨西哥政府拒绝续签许可证的行为构成间接征收。仲裁庭综合考虑了拒绝为 Tecmed 公司续签许可证的行为对投资者的经济影响与负担、东道国的公共利益以及法律赋予投资者的保护等因素，❸ 最终认定墨西哥政府的行为构成间接征收。❹ 之后，许多仲裁庭援引了比例原则用以评估政府措施的正当与否。

比例原则是随着对政府行为限制的必要性，为保证政府正当行使权力的需

---

❶ U. kriebaum. Regulatory Taking：Balancing the Interests of the Investor and the States. *The Journal of Word Investment & Trade*，Vol. 8，2007，pp. 724 – 729.

❷ LG&E Corp. v. Argentine Republic，ICSID Case No. ARB/02/1.

❸ 韩秀丽：《论比例原则在有关征收的国际投资仲裁中的开创性适用》，载《甘肃政法学院学报》2008 年第 6 期，第 117 页。

❹ Tecnicas Medioambientales Tecmed S. A. v. United Mexican States，ICSID Case No. ARB（AF）/00/2.

要，从警察权力的行使❶逐渐扩展到行政法学领域而形成的一项基本原则。该原则为政府权力行使提供了必要的指引，因此，在行政法学中具有"帝王条款"的地位。比例原则主要用于评估政府措施所产生的利益与损失，并以此确认权力行使的正当与否，因此，比例原则对于政府正确行使权力、防止滥用权力具有重要的意义。在评估政府权力行使是否符合比例原则时，通常需要考察以下三个方面：第一，政府行为是否适当。政府权力行使应具有合法性和正当性，以达到或者有助于实现一定的目的为前提。第二，政府行为是否必要，即考量政府行为是否合乎尺度，是否在一个"衡平的幅度"范围内。如果有多种措施可以选择，政府应选择最有必要、对私人利益不造成损害或者损害最小的措施，否则，不符合比例原则。这"是适当性原则的后序原则"。❷ 第三，政府行为的相称性，指政府行使权力须考虑公共利益和私人利益的平衡，不能因其管制给私人利益造成过重的负担。如果实施措施的负面影响大于其所带来的好处，那么即应该放弃该措施。

比例原则在认可政府行使权力的正当性的同时又要求政府必须考虑其行为对相对人的影响，平衡了政府与行为相对人之间的利益关系，因此在国际投资法领域得到了一定程度的运用。一些国际投资协定将比例原则纳入其中，以此作为判断政府行为责任的基本依据。如加拿大—罗马尼亚 BIT 规定，"当一项措施或一系列措施因其目的而过于严厉，以致不能合理地认为它们是出于善意而采用和实施时"即构成间接征收。前述中国—乌兹别克斯坦 BIT 也将比例原则纳入其中，在判断东道国措施是否构成间接征收时，应考察"该措施或该一系列措施的性质和目的，是否是为了善意的公共利益目标而采取，以及前述措施和征收目的之间是否成比例"。虽然该条规定比较简单，但确为比例原则的运用提供了依据，仲裁机构在权衡东道国措施时需要考量"措施和征收目的之间是否成比例"，需要考虑目的正当性、措施的必要性以及目的与效果之间的相称性。只有符合比例原则的政府措施才能够被承认，否则即应认为缺少正当性与合理性而予以否认。此外，在一些涉及投资的自贸协定中也吸收了比例原则。如中国—新西兰 FTA 将"政府剥夺投资者财产的行为与公共目的不相称"作为

---

❶ 刘权：《目的正当性与比例原则的重构》，载《中国法学》2014 年第 4 期，第 136 页。
❷ 韩秀丽：《论比例原则在有关征收的国际投资仲裁中的开创性适用》，载《甘肃政法学院学报》
   2008 年第 6 期，第 116 页。

判定是否构成间接征收的依据之一。《中华人民共和国政府、日本国政府及大韩民国政府关于促进、便利及保护投资的协定议定书》第 2 条第 3 款规定："除非特殊情况下，如缔约一方的一项或一系列措施极其严厉或与目的极不相称，否则缔约一方为正当的公共福利采取的非歧视性管制措施不构成征收。"此处规定的"极其严厉或与目的极不相称"进一步强调了比例原则的运用。只有目的与措施存在严重失衡的情况下才会构成间接征收。

虽然比例原则对于解决政府措施的目的和效果之间的平衡关系具有积极的作用，但是，比例原则的适用建立在正确评估政府措施的目的基础上，需要从公共利益的认定、政府实施措施的正当性与必要性等方面进行评估，而这种评估难以准确，特别是比例原则不会考虑到在不同的历史时期一国针对外资的政策走向以及不同时期的经济环境可能存在的差别等因素进行调整。因此，有学者主张采用权重原则来兼顾效果与目的标准。[1] 权重原则不同于比例原则的核心点在于强调兼顾两个单一标准，同时允许保有一定的权重性，且这个权重可以随着不同时期的需要发生一定的变化。[2]

第二，是否考虑了投资者的合理期待？

禁止间接征收的目的在于保护投资者产生于东道国的具体承诺或声明的合理期待。[3] 中国—印度 BIT 与中国—乌兹别克斯坦 BIT 都将投资者的合理期待纳入间接征收的考量因素中。中国—印度 BIT 规定东道国的措施不得超出"明显的、合理的、有投资支持的"期待；中国—乌兹别克斯坦 BIT 对此进行了缩小解释，将合理期待限制于东道国"对投资者作出的具体承诺"，即期待应该来源于政府的具体承诺而不是原则性或一般性的规定。

在一些 ICSID 仲裁案件中，仲裁庭将投资者的合理期待纳入政府措施是否构成间接征收的考量因素中。如前述 Metalclad 诉墨西哥案中，仲裁庭认为 Guadalcar 市政府的行为构成了对投资者合理期待的干预，影响了 Metalclad 公司

---

❶ 王亚男：《权重理论下间接征收之视阈及制度思考——法益兼顾的倾斜、严控及进程》，载《政治与法律》2017 年第 7 期，第 144 页。

❷ U. Kriebaum. Regulatory Takings: Balancing the Interests of the Investor and the State, *The Journal of World Investment & Trade*, Vol. 8, 2007, pp. 724–727.

❸ 邓婷婷：《国际投资仲裁中"投资者的期待"原则》，载《湘潭大学学报》（哲学社会科学版）2010 年第 5 期，第 90 页。

的投资，构成间接征收。❶

第三，是否达到征收的严重程度？

构成间接征收须以东道国所采取的措施对外国投资者的财产权利造成了实质上和根本上的影响。当东道国的措施完全剥夺了投资的使用与收益能力，或者对投资的使用与收益能力产生了毁灭性的影响，外国投资者失去了在商业上利用该投资的可能，则可判定该措施对投资者的财产权利造成了实质性影响，并达到了严重程度，因而构成了间接征收。在 Metalclad 诉墨西哥案中，仲裁庭认为，是否构成间接征收，需要更多关注东道国是否完全地和实质地进行了实施行为，且只有该实施行为达到了剥夺外国投资者全部或者实质上对其财产的使用权或者合理期待的财产利益时才构成间接征收。❷ 在 Tecmed 诉墨西哥案中，仲裁庭强调东道国措施的不可逆转性与持久性，构成间接征收必须达到投资者的经济权利因为东道国的措施而不复存在这一标准，本案中 Tecmed 公司对于垃圾填埋场以及利用该填埋场可产生的收益自此不可逆转地停止存在。❸

在前文提到的中国平安诉比利时案中，经拆分的富通集团股权的实际价值不及拆分前的 20%，平安公司的投资受到了大幅度的价值减损，并且因为公司不在欧盟境内而受到歧视性对待，无法获得相应补偿。平安公司的投资受到了实质性与根本性的减损，因此可以认定比利时政府的措施构成间接征收。

判断东道国措施是否达到征收的严重程度的重要考量因素之一，是该措施是否持续了一定的时间。"不同于东道国对投资者财产权利的直接剥夺，间接征收往往以一系列的措施进行，体现在具有时间连续性的过程当中。"❹ "持续时间"对于东道国措施所产生的效果具有很重要的参考意义。如果东道国采取措施的时间较短甚至为临时性的管制措施，则很难认定构成间接征收。

第四，是否实行了透明度原则？

在判断东道国措施的"目的"的合理性时，需要考虑作为私人主体的投资

---

❶ Metalclad Corporation v. United Mexican States, ICSID Case No. ARB（AF）/97/1.

❷ Metalclad Corporation v. United Mexican States, ICSID Case No. ARB（AF）/97/1.

❸ Tecnicas Medioambientales Tecmed S. A. v. United Mexican States, ICSID Case No. ARB（AF）/00/2.

❹ 王安琪：《间接征收：东道国与投资者的利益博弈——以 ICSID 仲裁为视角》，载《北京仲裁》2017 年第 1 期，第 87 页。

者由于信息不对称所产生的劣势。

透明度原则旨在使外国投资者能够方便地知悉东道国关于投资设立、经营等一系列法律与政策信息，使外国投资者对相关事项不会存有疑惑、误解或者混淆，在东道国与外国投资者之间建立起无歧视关系。若东道国的法律环境缺乏透明度，不仅会挫伤外国投资者的投资意愿，而且会使外国投资者对其未来投资的保护状况丧失合理预期，❶ 从这个意义上说，对投资者的合理期待的判断，也需要考量政府是否全面履行了信息披露义务。尽管透明度原则只是辅助认定政府措施是否构成间接征收的考量因素，但如果确因东道国不遵守透明度原则不履行披露义务，导致投资者利益受损，东道国应承担一定的责任。

3. 中国企业的应对措施

（1）根据 BIT 的相关规定寻求赔偿。

我国签订的绝大多数 BIT 都规定了间接征收的救济措施，如果发生相关争议，企业可以申请国际仲裁机构进行仲裁。仲裁庭在认定东道国的措施是否构成间接征收时，由于我国 BIT 中的"老一代投资条约只是笼统宽泛地规定了征收，而没有具体规定如何认定间接征收，更没有区分间接征收和不须补偿的管制行为"❷，不存在限制性条件，投资者可以比较容易提请仲裁，仲裁庭运用前述评判政府措施是否构成间接征收的标准与考虑因素的空间很大，仲裁请求容易得到仲裁庭的认可。但如果 BIT 中有细化的间接征收条款，中国企业需要仔细考虑条款规定的认定标准与赔偿条件，以准确判断仲裁请求获得支持的可能性。

（2）利用比例原则维护其利益。

比例原则具有很大的弹性和抽象性。在国际投资法领域运用比例原则，既肯定了东道国出于公共利益的考虑行使管制权的正当性，同时又为防止东道国滥用公权力提供了有效的监管与审查。❸ 但这一原则给予了仲裁庭极大的自由裁量权，如何运用比例原则在一定意义上决定了投资者的请求能否获得支持。

---

❶ 张光：《国家安全审查的国际投资仲裁救济探析》，载《国际商务研究》2019 年第 5 期，第 60 页。

❷ OECD. "Indirect Expropriation" and the "Right to Regulate" in International Investment Law. OECD Working Papers on International Investment, 2004/4, 2004. pp. 6 – 7.

❸ 董静然：《论欧盟对国际投资公平公正待遇条款的革新》，载《广西社会科学》2019 年第 12 期，第 123 页。

企业应充分利用比例原则维护自己的利益。在主张政府措施构成间接征收时，可从适当性、必要性和相称性三方面进行阐述。首先，论证东道国所采取的措施并非出于合法目的。其次，即使政府的行为具有合法目的，但东道国所采取的措施不是其中最有必要、对投资者损害最小的措施，还有其他损害更小的措施可以替代，那么东道国采取的措施不具有"不可替代性"和"平衡性"。只有对其造成的损害为最小时，才能不被认定为间接征收。❶ 最后，论证东道国措施对其造成的损害。例如，在北京城建诉也门案中，也门政府阻挠项目正常施工的目的不具有正当性。也门政府多次利用其军事力量与安保设施对其员工进行骚扰与拘禁，强制禁止员工进入施工现场，违反了适当性原则，以至于不得不终结项目建设，给其造成严重的损失。

（3）充分收集与运用证据。

中国企业向东道国寻求救济的案件不多，应对能力与发达国家的投资者和应诉经验丰富的一些东道国相比也不够强，因此，在纠纷解决中需要付出更多的精力与时间。而要在国际仲裁中获得仲裁庭的支持，企业必须充分运用证据规则和诉讼规则。

证据是否充分在一定程度上决定了企业救济的成功与否。如前所述，ICSID的仲裁员大部分来自英美法系国家，而英美法系国家的证据法比较复杂，证据的认定是庭审的重心之一，仲裁庭高度重视证据的资格和可采性。在 ICSID 获得胜诉的案件在很大程度上取决于投资者能够提供充分与翔实的证据证明东道国行为的违法性。为证明东道国措施构成间接征收，企业应组织专门团队，收集能够证明其诉求的各种证据，包括东道国在投资初期对企业的承诺和保证、东道国外资法律法规的修改、东道国不当使用措施的行为、东道国行为给其带来的影响等证据。企业应根据仲裁庭的组成情况，合理运用上述证据，如果需要运用英美法系的证据规则，应在书状与庭审中充分表现出来。

为避免在政府违约之后临时抱佛脚式的收集证据的困难，企业应重视日常证据的收集与整理，企业应建立证据库，组建专门的团队负责收集和保存与东道国之间交涉的所有文件，实行书面及电子化管理，在每次与东道国交涉后应

❶ R. Dolzer. Indirect Expropriations：New Development. *New York University Environmental Law Journal*, Vol. 11，2002. p. 65.

迅速将相关文件正式化、书面化，以提高证据的公信力。这样即可防止在陷入争议解决机制之后难以提交充足的证据或者证据公信力弱而不得不将重心放在条约解释和完全理论性的说理上的困境。

（四）国际条约解释规则的运用

在国际投资仲裁中，不同的仲裁庭据以分析案件所运用的解释规则不同，导致即使案件的基本事实相同，但仲裁庭作出了不同的裁决，由此表明合同或条约的解释直接关系到裁决结果。

中国企业要维护自己的利益，防止出现对己不利的裁决结果，就需要了解国际仲裁实践中仲裁庭经常采用的条约解释规则，了解不同解释规则的适用可能产生的不同后果，以便在仲裁中积极应对，运用对自己有利的解释规则和为仲裁庭所接受的证据，以获得仲裁庭对仲裁请求的支持。

合同与条约在本质上是一样的，均为当事方在自愿基础上订立的为明确彼此权利与义务关系所作出的约定。不同点在于合同通常是在企业、自然人、政府或其他组织之间所作的约定，而条约则是在两国或多国之间达成的协议。虽然合同与条约的主体不同，内容各异，但在解释规则与方法上是相通的。从下述对条约解释规则的阐释可以发现，条约的解释规则与国内法规定的合同解释规则异曲同工。其实，作为解释国际条约的基本规则或称国际习惯规则的 VCLT，即来自国内法的解释规则。❶

在国际投资仲裁中，相比较而言，对国际投资条约进行解释相比对基础设施项目合同的解释更为复杂，涉及的问题更广泛，因此，本部分只分析在国际仲裁中遇到的条约解释问题，但其解释规则与应对措施同样适用于基础设施项目合同。

1. 为什么需要关注国际条约解释问题

如果案件涉及相同的事实和相关当事人以及相似的投资权利；或者案件涉及相似的商业情况和相似的投资权利；或者案件涉及不同的当事人、不同的商业情况，但相同的投资权利，都可能被认定为同案。❷ 理论上说，如果为同案，

---

❶ 吴卡：《国内法院解释条约的路径选择与优化生成》，载《法商研究》2021 年第 4 期，第 148 页。

❷ Susan D. Franck. The Legitimacy Crisis in Investment Treaty Arbitration: Privatizing Public International Law through Inconsistent Decisions. *Fordham Law Review*, Vol. 73, No. 4, 2005. pp. 1523, 1545–1546.

仲裁庭即应该作出同样的裁决结果，但事实上并非如此。在 ICSID 仲裁机构所裁决的案件中即出现了不同仲裁庭在审理案情相似、涉及投资条约内容相似的案件时却作出了不同甚至相反的裁决，出现同案不同判的结果。

最为典型的同案不同判的案件之一是 SGS 系列案件，即 SGS 公司诉巴基斯坦案和 SGS 公司诉菲律宾案。SGS 为瑞士通用公证行，主要从事国际货物的检验与测试服务，对检验结果出具质量保证与认证报告。在两个案件中，SGS 分别为巴基斯坦政府和菲律宾政府提供与货物进口有关的关税分级、装船前检验、进口监督等方面的服务，在履行服务合同过程中，因为服务费支付等发生争议，SGS 分别依据瑞士—巴基斯坦 BIT 和瑞士—菲律宾 BIT 中的"保护伞条款"在 ICSID 分别对巴基斯坦政府和菲律宾政府提起仲裁，意图将两个东道国政府违反合同的行为上升为违反 BIT 的行为。

前已述及，保护伞条款也称总括条款，是指缔约国在 BIT 中约定的、保证履行其对另一缔约国投资者所作出的承诺的条款。不同 BIT 对保护伞条款规定了不同的适用范围。SGS 案件中的两个仲裁庭分别对两起案件进行审理，对于两个 BIT 中的保护伞条款能否适用于合同争议采取了完全相反的态度，对保护伞条款也作出了不同的解释。

SGS 公司诉巴基斯坦案的仲裁庭否定了 SGS 公司的主张，认为 BIT 中的保护伞条款不能将政府违反合同的义务自动上升到违反条约的义务。仲裁庭审查了保护伞条款的法律效力，按照 VCLT 确定的条约解释规则对瑞士—巴基斯坦 BIT 中第 11 条有关"保护伞条款"进行了详细的阐释，在充分平衡当事人利益的基础上，按照"遇有疑义从轻解释"原则，从该条的用语、上下文以及条约的目的和宗旨等方面进行分析，仲裁庭认为，没有充分的证据证明缔约双方有意通过"保护伞条款"将合同之诉上升到条约之诉。如果按照 SGS 公司的主张，将"保护伞条款"进行扩张解释，可能会过分扩大"保护伞条款"的范围，从而将投资合同囊括在投资条约的保护之下，这样就会加重缔约国的负担。据此，仲裁庭认定该条规定的"保护伞条款"不能将东道国违反合同行为上升为违反条约行为，但仲裁庭同时也认为不排除一些例外

的可能性。❶

在 SGS 公司诉菲律宾案中，仲裁庭则采取了与前述仲裁庭相反的观点。仲裁庭详细分析了瑞士—菲律宾 BIT 第 10 条第 2 款有关"保护伞条款"的文本，从条约目的和宗旨等方面进行阐释。仲裁庭认为，SGS 公司诉巴基斯坦案的裁决对"保护伞条款"的解释"过于限制"，与"保护伞条款"的基本原理不符。"保护伞条款"并非将合同法问题变为条约法问题，其目的不在于强调特定投资所承担的义务的范围，而在于对此类义务的履行。❷"保护伞条款"应被解释为"包括因合同而产生的任何义务，此种解释更加符合双边投资条约'创立并维持有利投资条件'的目的"。仲裁庭据此认定其对因投资合同产生的争端拥有管辖权。❸ 根据"保护伞条款"的规定，东道国若不遵守其与特定投资相关的有约束力的承诺，包括合同承诺，将违反 BIT 的规定。BIT 的目的和宗旨是促进和相互保护投资，对"保护伞条款"进行扩大解释符合 BIT 的目的和宗旨。因此，依据该条款的规定可以将东道国违反合同行为认定为违反条约行为。这并不意味着将此义务的范围和内容转为国际法问题。在本案中，应当支付多少服务费问题依然受投资合同支配。❹

两案仲裁庭对于 BIT 中的保护伞条款给予了不同的解释，投资者是否有权利依照 BIT 的"保护伞条款"追究政府违约责任，仲裁庭作出了不同的裁决。

对于 ICSID 仲裁裁决的拘束力问题，SGS 公司诉菲律宾案的仲裁庭对此进行了较好的阐释，仲裁庭认为，按照 ICSID 第 35 条第 1 款的规定，仲裁庭的裁决仅对当事人具有拘束力。SGS 公司诉巴基斯坦案"仲裁庭的裁决仅具有既判效力，而对后案不具有任何先例效力。国际仲裁庭并不存在任何等级体系，即使有，也没有充分理由要求随后的仲裁庭遵守首个仲裁庭（first tribunal）的裁决"。因此，"本案的仲裁庭并不完全同意'SGS 公司诉巴基斯坦案'的仲裁庭就与本案所涉条约条款具有相似语言的解释"具有正

---

❶ SGS Société Générale de Surveillance S. A. v. Islamic Republic of Pakistan, ICSID Case No. ARB/01/13, Decision on Jurisdiction, 6 August 2003.

❷ Societe General de Surveillance S. A. v. Philippines, Decision of the Tribunal on Objections to Jurisdiction, ICSID CaseNo. ARB/02/6（2004）.

❸ 王斌：《试论政府违约风险的法律控制》，载《浙江社会科学》2007 年第 4 期，第 114 页。

❹ SGS Société Générale de Surveillance S. A. v. Republic of the Philippines, ICSID Case No. ARB/02/6, Decision of the Tribunal on Objections to Jurisdiction, 29 January 2004.

当依据。❶

SGS 公司诉菲律宾案作出裁决后，多数仲裁庭采取了本案仲裁庭的观点，依据"保护伞条款"，如果东道国没有履行其对某项具体投资承诺的义务，包括具体合同项下的义务，即可能被视为东道国也违反了 BIT 创设的国际法上的义务，所不同的，仅在适用于全部合同义务还是部分合同义务问题上存在分歧。❷

上述 SGS 两案件在本质上属于相同争议的案件，不同仲裁庭作出了不一致的裁决，由此引发了国际社会对国际投资规则的可预测性与可靠性的怀疑。因为不一致的裁决，无论对投资者还是东道国均难以确认其行为的合法性及其后果。这里的合法性是指规则（rules）或规则制定机制（rule – making Insitution）能够使争端双方规范地遵守的特性，因为争端双方相信规则和机制是根据普遍接受的原则和正当程序制定的。合法性包含了"确定性"（determinacy）、"象征性批准"（symbolic validation）、"一致性"（coherence）和"依附性"（adherence）四个方面的要素。其中，确定性和一致性是合法性中最为重要的要素，并且在很大程度上决定着规则的"可预测性"（predictability）和"可靠性"（reliability）。❸ 国际投资仲裁裁决的不一致无法保证当事人权利与义务的确定性和一致性，无法获得对国际投资规则所要求的可靠性与可预测性，也无法给予投资者的投资行为和东道国的监管行为以确定性的指引。

国际投资仲裁中的裁决不一致问题加剧了国际社会对 ISDS 机制的信任危机，叠加 ISDS 机制遇到的"正当性危机"，其实际后果是一些国家抛弃 ISDS 机制而代之以调解等方式解决投资争端。

2. 国际条约解释的基本规则

国际投资仲裁中出现的裁决不一致源于对条约解释的不同。由于包括 BIT 在内的国际投资协定文本的模糊和抽象给予了仲裁庭解释的极大空间，如前述关于投资者、公平公正待遇、充分保护与安全等概念和原则均需要仲裁庭通过对条约的解释作出界定，而不同的仲裁庭基于对这些概念与原则的理解会作出

---

❶ SGS Société Générale de Surveillance S. A. v. Republic of the Philippines, ICSID Case No. ARB/02/6, Decision of the Tribunal on Objections to Jurisdiction, 29 January 2004.

❷ 王斌：《试论政府违约风险的法律控制》，载《浙江社会科学》2007 年第 4 期，第 114 页。

❸ Homas M. Franck. *The Power of Legitimacy among Nations*. Oxford University Press, 1990, p. 24.

不同的阐释。此外，下述方面也是产生条约解释问题的原因。首先，国际投资仲裁庭是由成百上千个常设仲裁机构中的仲裁庭和依据 BIT 组建的临时仲裁庭构成的，❶ 特别是临时组建的仲裁庭，不是由固定仲裁员组成，因此裁决缺乏一致性就不足为奇了。❷ 不同仲裁庭之间相互独立且平行地进行裁决，由此产生裁决不一致的概率极高。就 ICSID 而言，作为国际投资仲裁机构，虽然其承担了必要的管理工作并为投资仲裁提供了程序性规则，但其并不对各个仲裁庭的案件审理产生实质性影响。其次，国际投资仲裁缺少遵循先例的制度也是导致仲裁裁决不一致、缺乏连贯性的原因之一。如前述 SGS 公司诉菲律宾案中的仲裁庭阐述的那样，处于平行关系的各个仲裁庭所作出的裁决对其他仲裁庭来说仅具有参考价值。后案仲裁庭没有义务必须遵循先案仲裁庭就相同条款或相似条款所做的解释，加上仲裁采取保密性做法，也在一定程度上影响了先例的收集与评估，即使是同一仲裁机构下的不同仲裁庭也很难寻求先例的指引。每一个仲裁庭都可以自由地对条约进行解释，不同意其他仲裁庭的观点，甚至对其他仲裁庭的推理进行批评的现象也十分普遍。❸ 还有学者认为，造成国际投资仲裁条约解释不一致及裁决冲突问题的根源在于将商事仲裁制度不适当地移植到投资争端领域。❹ 国际投资争端中的争议行为往往涉及东道国的立法或行政管理措施，涉及东道国的公共利益与经济主权，因此，国际投资争端解决在实质上更接近于一种具有国际性质的行政诉讼。❺ 国际商事仲裁所具有的较高的保密性以及为商事主体设计的程序规则，并不完全适合投资者与国家之间的投资争议。

　　虽然上述原因对于仲裁庭的裁决均会产生影响，但最核心的问题还在于仲裁庭如何解释和适用条约。除了仲裁庭明显不公正地进行裁决，或者在法律适

❶ Nicolette Butler. Possible Improvements to the Framework of International Investment Arbitration. *The Journal of World Investment&Trade 14*, 2013 pp. 613–637.

❷ Irene M. Ten Cate, The Costs of Consistency: Precedent in Investment Treaty Arbitration. *Columbia Journal of Transnational Law*, Vol. 51, 2013. p. 418.

❸ Silvia Karina Fiezzoni. Striking Consistency and Predictability in International Investment Law Form the Perspective of Developing Countries. *Frontiers L. China*, Vol. 7, 2012. p. 201.

❹ Thomas W. Walde. *Interpreting Investment Treaties: Experiences and Examplein International Investment Law for the 21st Century.* Oxford University Press, 2009. pp. 726–726.

❺ Andreas Kulick. *Global Public Interest in International Investment Law.* Cambridge University Press, 2012. pp. 94–97.

用上存在错误而导致同案不同判，仲裁庭对法律规则解释上的不同是导致案件裁决不一致的关键。绝大多数国际投资争议的核心问题是条约解释问题。正确的条约解释是仲裁庭作出公正裁决的基础与保证。

条约解释本质上是为了还原缔约国在制定条约约文时的目的和意图，以便明确缔约双方或多方的权利和义务，在出现争议时，能够作出合理解释以解决争议。❶ 探寻条约缔约方的真实意图也因此成为条约解释的基本目的。只有对条约的解释符合缔约国的真实意图，条约才能够客观公正地得以适用，只有当条约可以依据缔约国的真实缔约意图被解释或适用时，条约才会被缔约国所信赖，❷ 仲裁庭作出的裁决也才能够获得当事人的认可并得到自愿的履行。因此探寻缔约国的真实缔约意图成为仲裁庭审理的核心。

探寻缔约国真实缔约意图的过程，其实就是对条约文本进行合理解释的过程。条约解释应遵循条约解释的基本规则。VCLT 为国际条约的解释作出了一般性的规定。VCLT 缔约国应遵守其解释规则。联合国国际法院（International Court of Justice，ICJ）在 1994 年领土争端案中明确，VCLT 条约解释规则具有习惯国际法的地位。❸ 对于那些承认 VCLT 为习惯国际法的国家亦应遵守该条约的解释规则。

VCLT 关于条约解释的国际法规则，体现在第 31 条第 1 款关于三种条约解释方法以及第 31 条与第 32 条之间的适用顺序上，具体内容涵盖条约解释的通则、条约解释的补充资料以及两种以上文字认证的条约解释。❹ 联合国国际法委员会（International Law Commission of the United Nations，ILC）在对 VCLT 的释义中指出："条约解释应当逐个阶段推进，即先从文义解释出发考察待解释的具体条文，然后考察条文所在章节、法律文件整体，而后依据与该法律文件相关的其他法律文件、法律原则和实践来解释，最后引入对法外

---

❶ 万鄂湘等：《国际条约法》，武汉大学出版社 1998 年版，第 204 页。

❷ Kelley Connolly. Say What You Mean: Improved Drafting Resources as a Means for Increasing the Consistency of Interpretation of Bilateral Investment Treaties. *Vanderbilt Journal of Transnational Law*, Vol. 40, 2007.

❸ 张乃根：《ICSID 仲裁的条约解释：规则及其判理》，载《经贸法律评论》2018 年第 1 期，第 56—77 页。

❹ 刘志一：《论国际投资条约解释诸因素的位阶关系》，载《西部法学评论》2012 年第 4 期，第 125—132 页。

因素的考量。"❶ 根据 VCLT 上述条款及 ILC 的释义，条约解释应遵循对条约的用语进行解释、依据条款上下文进行解释以及根据条约的目的和宗旨进行解释的顺序进行解释。

依据条约的"用语"对条约进行解释的方法，即文义解释方法或称约文解释方法。VCLT 第 31 条第 1 款规定，"条约应依其用语按其上下文并参照条约之目的及宗旨所具有之通常意义，善意解释之"。阐明条约约文是正确理解和适用条约的起点，因为条约约文一般来说应为当事国意图的真实表达。❷ 依条约用语进行解释即依照约文解释，是 VCLT 第 31 条第 1 款解释通则的核心。ILC 在关于 VCLT 的评注中明确指出，约文为条约解释之基础。❸ 当条约"用语"规定清楚时，忠实于文字的含义，根据条约文本进行客观性解释即可，不必再去探求缔约方的缔约意图。

依据条款上下文进行解释，是结合条款的"上下文"对条约进行解释的方法。当条约文本的用语不够清楚、用语比较模糊、当事人对条款的用语存在歧义时，应结合条约上下文进行解释。对于上下文的范围，VCLT 第 31 条第 2 款规定，"上下文"除了包含"条约的前言及附件"，还包含"全体当事国间因缔结条约所订与条约有关之任何协定"以及"一个以上当事国因缔结条约所订并经其他当事国接受为条约有关文书之任何文书"。VCLT 第 31 条第 3 款规定，除了"上下文"，还应考虑缔约国嗣后协定、嗣后惯例及适用于缔约国间关系的国际法规则。特别是"嗣后协定"，对于补充理解之前缔约国之间达成的条约更有意义，代表了缔约国的权威解释，构成有关缔约国对条约意义理解的客观证据，有利于澄清条约的义务，提高条约的透明度。

依据条约的目的和宗旨进行解释是对条约订立的目的与宗旨所做的解释，通过阐释条约的目的及宗旨来探究缔约方的真实缔约意图。尽管条约是通过文字形式体现缔约方的意志的，但如果单纯按照文义解释已经严重偏离了缔约方缔结条约时最初的意图，而且已经严重损害了一方的利益时，那么就有必要寻

---

❶ ILC. Draft Articles on the Law of Treaties with Commentaries. United Nations Conferences on the Law of Treaties, Official Records, Vol. 3, English Version, New York: William S. Hein & Co. Inc. 2011. pp. 39 – 40.

❷ Richard Gardiner. Treaty Interpretation. Oxford University Press, 2009, p. 9.

❸ 张乃根：《ICSID 仲裁的条约解释：规则及其判理》，载《经贸法律评论》2018 年第 1 期，第 60 页。

求其他解释原则予以纠正。❶ 目的和宗旨解释方法是在文义解释出现偏差时采用的补充手段，相比文义解释与上下文解释方法，体现为仲裁庭对条约的主观性理解，是一种由表及里的、深层挖掘文字背后的内涵的解释方式。该种方法可以比较好地探寻条款的内在含义，发现缔约方的真实意图。但是，对缔约方真实意愿的了解可能更多地带有主观性，极易产生对条约目的和宗旨的政策性误读。

为避免上述解释存在的局限，VCLT 第 32 条补充规定，当按照第 31 条所做的条约解释出现了"意义仍属不明或难解"或"所获结果显属荒谬或不合理"情况时，需要使用补充资料进行解释，补充资料包括"条约之准备工作及缔约之情况"等。比较常见的补充资料如各种决定、会议记录、议定书、换文等。

VCLT 虽然并未严格规定上述条约解释方法的适用位阶，体现出条约解释方法上的价值中立性，但在适用上存在先后顺序，即按照文本用语解释、上下文解释、条约的目的和宗旨解释、缔约国的嗣后协议或嗣后惯例进行顺序解释，在必要时使用缔约准备资料作为条约解释的辅助工具。如果严格适用 VCLT 条约的解释规则，通过对文本的客观解释，加之探析缔约国真实缔约意图的主观解释，应能够保证对相同条款理解上的一致性。如果出现不一致的解释结果，除非出于主观上的故意，应为对条约的误读。在此情况下，通过适当的理解，仍存在达成一致理解的可能性。

如前所述，在黑龙江国际经济和技术合作有限公司诉蒙古国案中，仲裁庭在解释中国—蒙古国 BIT 第 8 条所规定的"征收补偿款额的争议"时，将其解释为不包括"征收是否存在"，因为蒙古政府仅同意将"涉及征收补偿款额的争议"提交仲裁，因此，仲裁庭对"征收是否存在"的认定无管辖权，并以此驳回了中国投资者的全部仲裁请求。这里就涉及"涉及征收补偿款额的争议"应当如何理解与解释的问题。该表述是否如仲裁庭所认可的那样仅指涉及征收补偿款数额问题，并不包括对征收本身合法与否的认定？在谢业深诉秘鲁案、世能公司诉老挝案与北京城建诉也门案三个涉及中国投资者利益的案件中，关于"涉及征收补偿款额的争议"也是中国—秘鲁 BIT、中国—老挝 BIT、中国—

---

❶ 安托尼·奥斯特：《现代条约法与实践》，江国青译，中国人民大学出版社 2005 年版，第 182 页。

也门 BIT 中的规定，仲裁庭按照 VCLT 规定的条约解释方法，依次从文字、上下文、目的等方面进行分析，并得出了与前案仲裁庭不同的结论。在谢业深诉秘鲁案中，仲裁庭根据 VCLT 第 31 条对中国—秘鲁 BIT 项下第 8 条进行了解释，参考了缔约时双方的谈判文件、参与缔约筹备工作的证人证言。通过综合性分析，仲裁庭认为，"'为使该条的每一因素都赋有含义，与征收赔偿金额相关的争议'一语不应仅包括对金额的认定，同时还应包括其他一切与征收相关的争议，例如是否确实存在征收"。❶ 在世能公司诉老挝案中，新加坡最高法院虽然不认同谢业深诉秘鲁案中仲裁庭所采取的扩大解释，认为对于"与赔偿金额相关的争议"应当进行限缩解释。"如果缔约国双方当时确实同意所有争议都可提交仲裁，其将采用类似'任何与投资相关的争议'的表述，而非像当前文本一样特别强调，投资者只能提交与征收赔偿金额相关的争议。"❷ 但仲裁庭作出了与扩大解释同样的裁决。三起案件的仲裁庭最后均认定"涉及征收补偿款额的争议"并不仅涉及征收补偿额的争议，也包括了征收是否发生及是否符合 BIT 规定的条件的争议。❸

在 El Paso v. Argentine 案中，美国能源公司 El Paso 在阿根廷从事石油和电力的开发与生产。为了提供承诺和保证，阿根廷政府制定了《能源管理协议》，因为自 2001 年发生了经济危机，阿根廷政府采取了一系列的应对危机的措施，包括修改了《能源管理协议》，规定即使政府单方面修改合同，配电公司也不得终止履行合同等。El Paso 认为其遭受了损失，于是依据其与阿根廷政府签订的合同中关于"每一方应遵守其可能对投资承担的任何义务"的保护伞条款，意图将阿根廷的违约行为视为对美国—阿根廷 BIT（1991年）的违反。仲裁庭拒绝对保护伞条款作出广义解释，认为美国—阿根廷BIT 中的保护伞条款应根据该 BIT 第 7 条第 1 款加以解释，由于该条款明确将BIT 规定的投资争端限制在作为主权国家之间通过协议、授权或违反 BIT 承诺而引起的所有争端，即作为主权国家以合同形式同意的额外投资保护，不应将

---

❶ 环中仲裁团队：《涉中投资仲裁案例评析：北京城建诉也门案（一）》，载 https://www.sohu.com/a/308276749_650578，2022 年 2 月 5 日访问。

❷ 环中仲裁团队：《涉中投资仲裁案例评析：北京城建诉也门案（一）》，载 https://www.sohu.com/a/308276749_650578，2022 年 2 月 5 日访问。

❸ 任清：《海外投资须重视"国籍筹划"》，载《中国外汇》第 17 期，第 18 页。

条约保护扩大到违反国家或国有实体订立的普通商业合同上。❶ 仲裁庭采取严格的文字解释和限制性解释方法，将国家主权行为与商业行为相区分，否定了 El Paso 的主张。

在 Maffezini v. Spain 中，阿根廷投资者 Maffezini 没有遵守阿根廷—西班牙 BIT 项下的争议解决条款，即首先将争议提交至当地法院，由当地法院对该争议作出判决，或者经过 18 个月后法院仍未作出判决，方能将争议提交仲裁的规定，而是通过援引智利—西班牙 BIT 项下的 MFN 条款，绕过西班牙当地法院，径直将争议提交 ICSID 仲裁。仲裁庭通过剖析东道国在签署相关 BIT 时对 MFN 条款是否可延伸适用于争端解决机制问题的真实意图，得出了在该案中适用的阿根廷—西班牙 BIT 项下的 MFN 条款，能够用于触发智利—西班牙 BIT 项下更为优惠的争端解决机制的结论。Maffezini 仲裁庭采用目的解释方法，通过对阿根廷与西班牙在订立 BIT 时的意图进行分析，进而扩大适用了 MFN 条款下的争端解决规则。该判决之后，一些仲裁庭采用文义解释方法，对 BIT 项下的 MFN 条款作出了限缩解释，因为"缔约国在签署一项双边或多边投资协定之时，缔约国不可能期待经双方协商一致所确认的争端解决机制可能因 MFN 条款的适用而被其他争端解决机制所取代"。因此，投资者不得直接依据 MFN 条款适用第三方投资协定项下的争端解决机制。❷

上述仲裁案例的裁决结果表明，VCLT 作为"条约解释的权威性国际准则"❸ 受到了仲裁庭的认可。依据该规则，"条约解释的主要任务是查明当事国的缔约意图。但在 VCLT 体制下，当事国的意图不再是一个独立自主的解释要素……相反，意图必须从该公约中所规定的诸如约文、目的与宗旨或其他解释要素中查明"。❹ 虽然 VCLT 明确了条约解释的目的与基本方法，但是，正如国

---

❶ El Paso Energy International Company v. The Argentine Republic, ICSID Case No. ARB/03/15, Decision on Jurisdiction, 27 April 2006, para. 81.

❷ 环中仲裁团队：《投资者是否有权基于 MFN 条款，主张适用更优惠的争端解决机制?》，载 https：//www. sohu. com/a/286871408_650578，2022 年 2 月 5 日访问。

❸ EvanJ. Criddle. The Vienna Convention on the Law of Treatiesin U. S. Treaty Interpretation. 44 （2） *Virginia Journal of International Law*，2004. p. 499.

❹ Alexander Orakhelashvili. The Interpretation of Acts and Rules in Public International Law. Oxford University Press，2008，p. 312. 转引自吴卡：《国内法院解释条约的路径选择与优化生成》，载 《法商研究》2021 年第 4 期，第 154 页。

际法委员会指出的那样，VCLT 的所有解释规则都呈现出"指南"的特征，即便投资仲裁庭没有遵循 VCLT 规定的解释方法排序进行解释，其裁决也不能因此理由被撤销。❶ VCLT 只是为条约的解释提供基本指导，并未提供一个统一的解释标准，加之国际投资法律体系的碎片化和条约解释的价值取向的不一致，也使得 VCLT 的解释规则无法得到统一的运用。❷ 在此情况下，仲裁庭不遵守条约文本解释法，随意扩大或缩小解释，在关于习惯国际法的解释、一般法律原则的适用等方面都存在随意性。❸

引发条约解释问题的原因是多方面的，因此，需要从不同的方面予以解决。如果能够改变 BIT 等国际投资规范的表述与用语过于原则和抽象的问题，即可在很大程度上解决仲裁庭需要通过条约解释才能够准确地理解规则和适用条款的问题，减少裁判者过大的自由裁量空间。因为"无论仲裁庭享有多大的自由裁量权，它们只能以条约解释者的名义行事"。其解释结论必须依据国际投资协定的文本作出。文本的措辞越精细，仲裁庭可自由裁量的空间就越小。❹ 但是条约的修改受制于缔约国之间的关系和利益，耗费时日，而且即使修改，也不会达到取消仲裁庭自由裁量的高度，因此，完全期待依靠文本的完善限制争议解决机构的自由裁量权是不现实的。但从规则与程序上制约仲裁庭自由裁量权则是可行的。一些多边投资协定中规定的缔约国条约解释权的行使，便具有明显的合理性和实际作用。例如，2008 年中国—新西兰 FTA 第 155 条规定，应争议缔约方要求，仲裁庭应当要求缔约双方就争端问题涉及的 FTA 条款进行共同解释。缔约双方就相关解释问题在 60 日内以书面形式作出。双方联合作出的决定对仲裁庭具有约束力。仲裁庭所作裁决应当与该联合决定相一致。在一些多边投资协定中，还确定了专门解释机构对投资仲裁过程中存在的条约解释问题进行解释的权力。如根据 CETA 第 8.31.3 条的规定，CETA 建立的联合委员

---

❶ 李庆灵：《国际投资仲裁中的缔约国解释：式微与回归》，载《华东政法大学学报》2016 年第 5 期，第 135 页。

❷ 靳也：《国际投资争端解决中条约解释的一致性：实践冲突、价值反思与改革目标》，载《环球法律评论》2020 年第 5 期，第 5—7 页。

❸ 刘笋：《仲裁庭的条约解释权及〈维也纳条约法公约〉的引导与制约》，载《华南师范大学学报》（社会科学版）2021 年第 1 期，第 143—147 页。

❹ 李庆灵：《国际投资仲裁中的缔约国解释：式微与回归》，载《华东政法大学学报》2016 年第 5 期，第 135 页。

会有权对协定的相关条款进行解释，并决定该解释的具体生效时间。联合委员会的解释对法庭具有约束力。又如在 USCMCA 附件 14 - D 中也规定，由美国、加拿大、墨西哥三国代表组成的自由贸易委员会对于仲裁庭提出的相关问题有权在 90 天内作出书面解释，针对协议条款的解释作出的决定对仲裁庭具有约束力，仲裁庭作出的任何决定或裁决必须与该决定一致。这些规定均强调缔约国享有绝对优于仲裁庭的解释权，极大地限制了仲裁庭条约解释的权限，使其能够更准确地表达缔约国的真实意愿。

值得一提的是，中国在 ICSID 机制改革建议中，提出了在仲裁规则第四章增加如下"条约解释"条款的建议："在作出命令、决定和裁决时，仲裁庭应当根据 VCLT 第 31 条和第 32 条，以及当事方间适用的其他国际法规则和原则，对《ICSID 公约》第 42 条提及的国际法规则予以解释。"❶ 该条款为仲裁庭适用 VCLT 条约解释规则提供了强制性约束，有助于仲裁庭正确使用条约解释规则，避免无视 VCLT 条约解释规则随意进行解释的行为。仲裁庭在遵循条文的基础上，参照相关的国际法规则与原则，通过比较分析和价值判断，从众多可能性中选择其认为最合理的条款内涵，在探寻缔约方的真实缔约意图的基础上，作出符合具体案件事实的裁决。

3. 中国企业的应对措施

同样的条约文本，不同的仲裁庭可给出不同的解读，这提示我国海外企业，在仲裁实践中，如何对条约进行解释至关重要，投资者必须重视条约的解释问题，应清楚地知道条约解释规则，并据此提供相关的证据，通过合理的解释，获得仲裁庭对其请求的支持。

（1）提请仲裁庭全面适用 VCLT 条约解释规则，主动提供相关文件。

尽管判断一项条约解释是否正确取决于是否正确援引和运用 VCLT 条约解释规则，❷ VCLT 第 31 条第 1 款规定中使用的"应当"（shall）一词也表明对条约解释规则的适用是强制性的，但是仲裁庭常常不太重视适用 VCLT 条约解释方法。有的仲裁庭根本不适用 VCLT 的解释规则，有的裁决即使援引了 VCLT

---

❶ 池漫郊、任清：《中国国际投资仲裁年度观察（2021）》，载《北京仲裁》2021 年第 2 辑，第 55 页。

❷ Ulf Linderfalk. On the Interpretation of Treaties: The Modern International Law as Expressed in the 1969 Vienna Convention on the Law of Treaties. *SpringerEbooks*, Vol. 83, 2007. p. 3.

第 31 条第 1 款解释通则，却又采用不同于该通则的约文解释方法。❶ 大多数仲裁庭都将论证重点放在案件事实和双方提交的证据上，在具体运用 VCLT 条约解释规则时显得十分"漫不经心"，甚至存在有意或无意的忽视、扭曲或篡改 VCLT 条约解释规则的问题。❷ 即使仲裁庭在裁决中明确援引了 VCLT 条约解释规则，也没有严格适用条约解释规则认真探讨相关条款，往往只在适用 VCLT 条约解释规则能够推导出仲裁庭早已认定的结论时，才会提及 VCLT 第 31 条和第 32 条。在 ADF v. US 案中，仲裁庭在解释 NAFTA 投资章节时仅在脚注中列举出 VCLT 第 31 条和第 32 条的规定，在具体解释过程中从没有引用这两条的规定。❸ 再如，在 Metalclad 诉墨西哥案中，仲裁庭尽管在裁决中详细列举出了 VCLT 第 31 条第 1 款的规定，但是在仲裁裁决中没有对条约解释进行任何认真详细的分析。❹ 出现此种情形的原因是多方面的，如仲裁的保密性使得裁决往往只对争端双方公开，裁决往往以说服一方承担败诉结果为目的，这使得仲裁员并不愿意在法律推理和法律解释方面多费笔墨。❺

条约解释不仅是裁判者的工作，也包括说服条约解释者采纳某一最恰当的解释的过程。❻ 因此，如果中国企业提起仲裁，需要充分了解前述 VCLT 相关条约解释规则，在仲裁过程中清楚地阐述自己的观点，以说服仲裁庭理解和采纳。同时，提供尽可能多的可供解释的条约。例如，我国与一些国家签订的 BIT 中关于"投资者"定义条款没有对国有企业是否具有投资者身份予以明确，在此情况下，仲裁庭需要对国有企业是否具有投资者身份，按照我国与相关国家签订的 BIT 中的相关条款进行详细解读。我国国有企业应充分利用这一条款，请

---

❶ 张乃根：《ICSID 仲裁的条约解释：规则及其判理》，载《经贸法律评论》2018 年第 1 期，第 58 页。

❷ Jan Klabbers. On Rationalism in Politics: Interpretation of Treaties and the World Trade Organization. *Nordic Journal of International Law*, 2005. p. 416.

❸ ADF Group Inc. v. United States of America, ICSID Case No. ARB (AF) /00/1, Award, January 9, 2003, para. 149.

❹ Metalclad Corporation v. The United Mexican States, ICSID Case No. ARB (AF) /97/1, Award, August 30, 2000, paras. 70 – 71.

❺ Thomas W. Walde. *Interpreting Investment Treaties: Experiences and Example in International Investment Law for the 21st Century*. Oxford University Press, 2009. pp. 726 – 726.

❻ Michael Waibel. *Uniformity Versus Specialisation: A Uniform Regime of Treaty Interpretation?* The University of Cambridge Faculty of Law, Legal Studies Research Paper Series, No. 54/2013, November 2013. pp. 4 – 5.

求仲裁庭适用 VCLT 条约解释规则，并依据 VCLT 的条约解释方法进行解释。即使 BIT 没有明确规定国有企业的投资者身份，只要 BIT 中存在其他有关国有企业投资保护的条款，仲裁庭便很难得出国有企业不是适格投资者的结论。同时，向仲裁庭提交与 BIT 有关的能够证明国有企业具有投资者身份的各种文件，包括我国国内相关的法律法规等，以便为仲裁庭进行解释提供充分的依据。在适用条约"上下文"解释方法以获得结论时，各种文件的提供尤其重要。

由于我国第一代 BIT 通常仅规定投资者有权将涉及征收赔偿金额的争议提交国际仲裁，当投资者将投资纠纷提交 ICSID 仲裁时，东道国政府即会主张仲裁庭只能对"涉及征收赔偿金额争议"进行裁决，对于东道国的行为是否构成征收，以及是否构成合法征收等问题并不享有管辖权，通过限缩解释，排除仲裁庭的管辖权。从前述我国投资者涉入的几起有关间接征收案件可以看出，仲裁庭对此可能作出不同的解释，而限缩解释与扩大解释会产生不同的结果。如果采用限缩解释，投资者请求仲裁庭确认征收赔偿金额就必须在提起仲裁之前由东道国国内法院判决存在征收，而东道国法院不大可能认定本国政府所采取的行为构成间接征收，那么，也就堵住了投资者寻求国际仲裁解决争议的途径。ICSID 仲裁机构也考虑到了此问题，因而往往会采取支持投资者提出的扩大解释的主张。中国企业应向仲裁庭主张扩大解释，直接将征收的认定和征收赔偿金额等请求一并提起国际仲裁，"从 ICSID 仲裁实践来看，因这种扩大解释符合双边投资协定促进投资的目的，将有很大可能获得 ICSID 仲裁庭的支持"。❶

世能公司诉老挝案也是一个涉及条约解释的典型案例。2013 年 8 月 14 日注册成立于澳门的 Sanum 公司依据中国—老挝 BIT 将老挝政府告上荷兰海牙常设仲裁院，认为老挝政府吊销其在老挝投资、运营的酒店赌场综合娱乐城项目的经营许可和"歧视性"的税款征收违反了公平公正待遇条款、征收条款与最惠国待遇条款。仲裁庭依据《UNCITRAL 仲裁规则》裁定 Sanum 公司属于中国—老挝 BIT 下的合格投资者，仲裁庭享有管辖权。由于该案的仲裁地点为新加坡，2014 年 1 月 10 日老挝政府依据新加坡《国际仲裁法》向新加坡高等法院

---

❶ 环中仲裁团队：《涉中投资仲裁案例评析：北京城建诉也门案（一）》，载 https：//www. sohu. com/a/308276749_650578，2022 年 2 月 5 日访问。

请求撤销仲裁庭的管辖权裁决，为此，向新加坡高等法院提交了 2014 年 1 月 7 日老挝外交部致中国驻老挝首都万象大使馆的函件和中国大使馆的回函，在回函中，中国大使馆明确，中国—老挝 BIT "不适用于澳门特别行政区，除非中老双方将来另行做出安排"。老挝政府向新加坡高等法院提交了 2001 年 WTO 报告也表明，当时澳门除与葡萄牙之间签订了 BIT 外，没有再签订其他 BIT 或者双边税收协定。新加坡高等法院据此作出一审裁定，撤销 Sanum 案仲裁庭的管辖权，认为中国—老挝 BIT 不适用于澳门特别行政区。❶ Sanum 不服判决，上诉至新加坡最高法院上诉庭。2016 年 9 月底，上诉庭作出终审裁决，根据习惯国际法上的 "移动条约边界规则" （moving treaty frontiers rule）裁定中国—老挝 BIT 适用于澳门投资者，仲裁庭有权审理相关的实体问题。❷ 从该案管辖权的肯定—否定—再肯定的变化，可以看出，不同的解释规则和证据的极端重要性。新加坡高等法院撤销 Sanum 案仲裁庭管辖权的主要依据是中国驻老挝大使馆的回函与 WTO 报告，新加坡最高法院上诉庭又通过对 1987 年《中葡联合声明》和中国—老挝 BIT 适用的解释判定仲裁庭享有对案件的管辖权。该案给予中国企业的启示是必须用好条约解释权，从不同的视角对有利于己的条款进行充分解读。

（2）监督仲裁庭依照正当程序正确运用解释规则。

在国际仲裁中，仲裁庭经常使用的条约解释规则包括有效解释规则、限制性解释规则与扩大性解释规则。在运用这些规则时，又需要从约文、体系、目的、比较和历史等方面进行解释。采用何种条约的解释规则以及是否能够正确运用条约解释规则，直接关系到投资者的利益。ICSID 仲裁庭通常认为其具有完全的自主权决定条约解释的可适用规则。"各个临时仲裁庭在 ICSID 公约无明文规定条约解释规则的情况下，酌定采用其认为合适的解释规则。"❸ 这样极易导致仲裁庭滥用解释规则。因此，在仲裁过程中，中国企业应积极行使程序性权利，监

---

❶ 以上资料来自陈鲁明、陈雨崴：《从 Sanum 案裁决被撤销看港澳央企适用中国 BIT 的困境》，载 http：//www.junhe.com/law-reviews/126，2020 年 2 月 15 日访问。

❷ 对于新加坡最高法院上诉庭所据以裁定的规则，有学者存在不同的看法。参见戴瑞君：《中国缔结的双边条约在特别行政区的适用问题——兼评 "世能诉老挝案" 上诉判决》，载《环球法律评论》2017 年第 5 期，第 166—176 页。

❸ 张乃根：《ICSID 仲裁的条约解释：规则及其判理》，载《经贸法律评论》2018 年第 1 期，第 61 页。

督仲裁庭在解释 BIT 等协定时是否善意地适用了 VCLT 条约解释规则，包括文本、上下文、嗣后协定等，要求仲裁庭对解释原则与方法进行必要的正当性论证。

在国际仲裁中，仲裁员的职业背景、道德标准、价值取向直接影响仲裁庭对案件的理解，也因此影响到其在案件审理与裁决中的独立与公正，特别是当仲裁庭的仲裁员大多为西方发达国家商事领域的律师或学者的时候，可能出现某些偏颇。因此，对仲裁员的行为实施监督，促使其在法律解释准则的框架内行使条约解释权极其重要。国际投资仲裁的正当性来自仲裁庭的独立性，仲裁庭必须作为独立的第三方行使权力，依照正当程序原则处理争议，作出裁决。如果发现"仲裁庭明显超越其权力""有严重背离基本程序规则的情况"等问题，中国企业应提出异议，可以依据仲裁规则的规定或相关的法律规定申请撤销裁决。

（3）寻找判例和第三方支持，为仲裁庭裁决提供参考与帮助。

国际投资仲裁中同案不同判问题的成因之一，是国际投资仲裁中缺少遵循先例制度。判例法为普通法系下国家的重要法律规则，是法律赋予的法官造法。面对不断更新的社会生活，判例法的不断发展及时推动了法律规则的改革和完善。同时，判例法也起着限制法官自由裁量权，防止司法过分偏离法律轨道的作用。资料显示，超过 95% 的仲裁庭都会援引先例作为解释论据。❶ 大陆法系下的判例虽然不具有法律拘束力，但为保持裁决的一致性，避免同案不同判等问题的出现，裁判者也需要在一定程度上考虑判例所依据的理由和作出的结论，因而具有一定的事实上的拘束力。由于判例的作用逐渐得到认同，在国际仲裁实践中，仲裁庭会考虑已有判例所作出的裁决，绝大部分 ICSID 仲裁庭在分析案件时均或多或少地参考或者引用了相关的案例。在 Metalclad v. Mexico 案件和 Methanex v. United States 案件中，仲裁庭均强调了其遵循的先例是令人信服并具有说服力的。❷ 正是经过仲裁庭不断的引用先例并在此基础上进行改进性的发展，才逐渐形成了为后案可参考甚至遵循的规则。如关于 FET 标准的裁决，ICSID 仲裁实践已形成了一系列、可供后续参考的判例，涵盖了对东道国"提

---

❶ 王贵国：《略论晚近国际投资法的几个特点》，载《比较法研究》2010 年第 1 期，第 69 页。

❷ Metalclad Corporation v. The United Mexican States, ICSID Case No. ARB（AF）/97/1, Award, 30 August 2000, para. 108. Methanex Corporation v. United States of America, UNCITRAL, 2005, Final Award of Tribunal on Jurisdiction and Merits, para. 6.

供稳定的、可预见的法律与商业环境""免受胁迫与骚扰"以及其他行为所做的认定，这些判例在后续的"一带一路"国家涉及的 FET 仲裁案，如 Ioan（罗马尼亚）案、Flemingo（波兰）案、Karkey（巴基斯坦）案、UAB（拉脱维亚）案、Gavrilović（克罗地）案等案件中被引用或被认可。❶

投资者应重视案例的搜集，并应知道判例如何才能够被仲裁庭所认可。对于是否以及如何遵循先例进行裁决，Daimler v. Argentina 案的仲裁庭概括为三点：①考虑之前的案件与本案的相似度；②考虑针对某一个具体的法律问题是否已经出现一定程度的"判例一致性"；③仲裁庭需要对先前的仲裁庭的推理所具有的说服力进行独立的评估。❷ 这一思路也是中国企业应该具有的思维路径。企业在搜集判例的基础上，按照这一思路进行分析，如果已有案例有利于案件的处理，即应及时向仲裁庭提供，证明其与本案的相似度及其适用或借鉴的合理性，充分阐述适用先例的必要性，以便获得仲裁庭的认同。

投资者寻求非争议第三方的帮助即法庭之友也是非常重要的一个环节。第三方就案件争议范围内的事项向仲裁庭提交相关的材料和观点在《UNCITRAL 透明度规则》第 4.1 条和《华盛顿公约》第 37.2 条中均有规定。在仲裁实践中，非争议第三方可以主动或被邀请向仲裁庭提交相关的材料。例如，在 Achmea 案中，荷兰政府便应邀提交了一份呈件，以阐明荷兰—斯洛伐克 BIT 中的仲裁条款是否违反了欧洲联盟运作条约（FEU Treaties）的若干规定。❸ 虽然第三方提交的证据或观点是否被采纳取决于仲裁庭，但对于投资者而言，第三方可以证明某些事实，澄清某些问题，以说服仲裁庭，对案件的裁决还是有一定的影响力的。因此，如果存在第三方能够提供支持的情形，中国企业应积极争取第三方的支持。

（4）及时行使撤销权。

中国企业因东道国违约受到重大损失、寻求国际投资仲裁救济时，如仲裁庭作出对其不利的裁决，或者出现同案不同判的情形，中国企业能否对裁决提

---

❶ 林燕萍、朱玥：《论国际投资协定中的公平公正待遇——以国际投资仲裁实践为视角》，载《上海对外经贸大学学报》2020 年第 3 期，第 72—89 页。

❷ Daimler Financial Services AG v. Argentine Republic，ICSID Case No. ARB/05/1，Award，22 August 2012，para. 52.

❸ 详见 Achmea BV v. The Slovak Republic，Case C－284/16。

出异议并请求撤销？国际投资仲裁实行"一裁终局"原则，作出裁决之后，即发生法律效力，当事方应该履行裁决所确定的责任。但是，如果裁决确有错误，当事方仍然必须履行，必然导致仲裁庭滥用权力，损害公平公正的仲裁机制。因此，虽然目前的仲裁裁决具有终局性，不得上诉，但国际仲裁规则通常会规定一定的纠错机制。如 ICSID 即规定了裁决异议程序，当事人对 ICSID 仲裁裁决有异议，可以运用 ICSID 内部纠错机制寻求救济。

依照 ICSID 仲裁规则，当事方可以向 ICSID 提出修改或撤销仲裁裁决的申请。裁决的修改是指任何当事方均可依据对裁决具有决定性影响的事实提出修改裁决的申请。但具有决定性影响的事实通常难以发现并被获得认定，因此依据该理由请求修改裁决的可能性极小，提出修改裁决的概率很低。裁决的撤销是应当事方的申请而使裁决归于无效。ICSID 第 52 条第 1 款规定裁决撤销须由专门委员会作出，如果存在以下几种情形，专门委员会可以作出撤销仲裁裁决的决定：仲裁庭组成不适当；仲裁庭明显超越其权力；仲裁庭成员存在受贿行为；有严重背离基本程序规则的情况；裁决未陈述其所依据的理由。这些可撤销裁决的情形均属于程序上具有重大缺陷的情形，这表明专门委员会只能对仲裁裁决的程序合法性进行审查，并不审查案件的实体性问题，因此即使仲裁庭在条约解释方面出现错误，也难以通过撤销程序加以纠正。

虽然在 ICSID 下的仲裁裁决很难通过 ICSID 机制得到修改或撤销，中国企业亦不应当就此放弃该机制赋予的权利与机会，而应充分理解和运用仲裁裁决的纠错机制。裁决撤销的审查范围取决于当事人提出申请时所主张的理由。如果 ICSID 仲裁庭作出了有损企业权益的不公正裁决，企业首先须判断此错误为程序性错误还是实体性错误，如果为程序性错误，为获得 ICSID 专门委员会对案件的审理并作出撤销裁决的决定，应从上述五方面寻找理由，如仲裁庭违反程序或滥用权力等。投资者提请撤销裁决的最经常的理由是仲裁庭越权，如仲裁庭背离仲裁协议或条约规定、不行使管辖权、未按当事人约定适用法律、适用法律错误等。仲裁庭管辖权缺陷和法律适用缺陷是确定存在越权的主要理由。❶

---

❶ 孙南申：《"一带一路"背景下对外投资 PPP 项目的风险应对机制》，载《法治现代化研究》2018
年第 3 期，第 39 页。

➤ 本章小结

本章阐述了中国企业在政府方违约之后如何行使救济权利的问题。首先指出了政府方违约后企业可采取的救济途径和法律救济措施，之后，对中国企业在国际投资争议解决过程中可能遇到的几个重要问题进行了分析，结合中国企业在国外被仲裁的案件，为企业在仲裁中如何应对此类问题提供思路与对策。

目前国际社会尚未建立政府违约时投资者可采用的救助机制，因此当投资风险发生后，基本上依靠投资者自救。在救济方式上，企业应依照合同约定及法律规定行使请求权，要求政府方承担继续履行合同义务、支付违约金、解除合同、赔偿损失以及其他责任。

在救济途径上，企业应首先依照合同约定的方式寻求救济。如果合同约定了协商、调解等方式，应先与政府方进行协商或调解解决纠纷。协商或调解是企业解决政府方违约的成本最低的方式。在争议无法通过协商或调解解决时，企业才应采用仲裁或者诉讼的方式寻求救济。如果在基础设施项目合同中直接作出了"双方发生与本协议有关的任何争议均可提交国际仲裁"的约定，那么，企业可依据该约定，直接向国际仲裁机构请求仲裁。如果合同中没有约定仲裁解决争议，或者在纠纷发生之后，企业与政府方没有达成仲裁协议，即应向东道国的司法机关提起诉讼。

基础设施项目的建设和运营在许多国际投资条约中被定义为投资行为。在国际仲裁实践中，基础设施项目建设与运营纠纷也占有一定的比例。投资者要在国际仲裁中获得胜诉，需要充分了解国际投资条约与仲裁规则。一旦走上仲裁庭，能够自如地予以应对，以获得有利于己的裁决。

国有企业投资者身份问题是在国际投资仲裁中经常触及的问题。国有企业因其具有的社会公共属性，在许多时候不被与私人投资者一样对待，特别是当下欧美等西方国家将我国国有企业视为政府的"代理人和工具"，质疑其投资者身份的情况下，这一问题就更值得关注。由于绝大多数国际投资协定只概括规定投资者定义，并未将国有企业排除到投资者之外，企业对此应有足够的信心，在遇到东道国质疑其投资者身份时，应采取有针对性的抗辩策略，证明其为适格的投资者。已有的仲裁裁决对国有企业的投资者资格作出的肯定或否定的不同结论也表明该问题的复杂性和可抗辩性，企业具有很大的解释与抗辩空间。

公平公正待遇是投资者在东道国最常享有的待遇，但也是投资者待遇中争议最大的待遇。虽然在国际仲裁实践中，仲裁庭认定了东道国的一些行为属于违反 FET 条款的行为，亦确定了一些认定标准，但仍存在模糊与不确定性。企业可以以东道国违反 FET 条款为由，通过寻求解释和利用不同类型的 FET 条款，证明东道国没有向投资者提供稳定和可预见的法律与商业环境、存在"拒绝司法"等行为，要求东道国承担责任。

间接征收是国际投资争议案中排名仅次于公平公正待遇的第二大诉由。间接征收与直接征收一样导致投资者的投资目的无法实现，因此绝大多数 BIT 中均规定了有关间接征收的条件与后果，要求政府方向投资者提供补偿。我国签订的大多数 BIT 中规定了有关间接征收的相关争议可以请求国际仲裁机构进行仲裁。但很多 BIT 对间接征收的规定比较原则，导致不同的仲裁庭在认定东道国实施的措施是否构成间接征收以及如何赔偿等关键问题上采用不同的标准，并产生了不同的裁决结果。中国企业在仲裁中应主张采用目的与效果兼具标准，充分利用比例原则，从适当性、必要性和相称性等方面论证政府行为的非正当性和对其造成的损失，以获得救济支持。

国际投资条约解释贯穿于国际仲裁的始终。仲裁庭采用何种原则与规则对争议案件所适用的法律规则进行解释，直接关系到企业仲裁请求是否能够得到支持。同案不同判问题足以表明条约解释规则的重要性。企业应充分运用 VCLT 条约解释规则，监督仲裁庭正确运用条约解释规则，主动提供相关文件，寻找相关的判例，为仲裁庭裁决提供参考，争取作出对己有利的解释和裁决。

参考文献

（一）中文专著

[1] 世界银行.1994 年世界发展报告：为发展提供基础设施［M］. 毛晓威，译. 北京：中国财政经济出版社.1994.

[2] E. S. 萨瓦斯. 民营化与公私部门的伙伴关系［M］. 周志忍，等译. 北京：中国人民大学出版社，2002.

[3] 傅宏宇，张秀. 政府与社会资本合作（PPP）法律问题国别研究［M］. 北京：中国法制出版社，2016.

[4] 周兰萍.PPP 项目运作实务［M］. 北京：法律出版社，2016.

[5] 姚梅镇. 国际投资法成案研究［M］. 北京：武汉大学出版社，1989.

[6] 陈安. 国际经济法学专论（下编）［M］. 北京：高等教育出版社，2002.

[7] 王贵国. 国际投资法（第二版）［M］. 北京：法律出版社，2008.

[8] 蔡丛燕，李尊然. 国际投资法上的间接征收问题［M］. 北京：法律出版社，2015.

[9] 外交部，中国法学会. 规则与协调——"一带一路"法治合作国际论坛文集［M］. 北京：法律出版社，2018.

[10] 余劲松. 国际投资法（第五版）［M］. 北京：法律出版社，2020.

[11] 杨慧芳. 外资待遇法律制度研究［M］. 北京：中国人民大学出版社，2012.

[12] 伊恩·布朗利. 国际公法原理［M］. 曾令良，等译. 法律出版社，2003.

[13] 鲁道夫·多尔查，克里斯托弗·朔伊尔. 国际投资法原则［M］. 补

欢，施进，译．北京：中国政法大学出版社，2014.

[14] 万鄂湘，石磊，杨成铭，邓洪武．国际条约法［M］．武汉：武汉大学出版社，1998.

（二）期刊文章

[1] 李强．基础设施投资与经济增长的关系研究［J］．改革与战略，2010（9）.

[2] 王丽辉．基础设施概念的演绎与发展［J］．中外企业家，2010（4）.

[3] 郑世林，周黎安，何维达．电信基础设施与中国经济增长［J］．经济研究，2014（5）.

[4] 张鹏飞，黄烨菁．中国企业参与"一带一路"基础设施建设 PPP 合作模式的影响因素研究——以亚洲发展中国家为合作对象的分析［J］．新金融，2019（1）.

[5] 陈小宁．国际基础设施建设新趋势及建议［J］．国际经济合作，2018（9）.

[6] 梁晓蓓．"一带一路"战略下中国对印尼投资高铁产业风险分析与规避［J］．沿海企业与科技，2016（2）.

[7] 赵佃龙．大型国有建筑企业海外基建项目投建营模式研究［J］．石家庄铁道大学学报（社会科学版），2020（3）.

[8] 毛艳华．"一带一路"对全球经济治理的价值与贡献［J］．人民论坛，2015（3）.

[9] 杨海燕．"一带一路"沿线国家的基础设施状况及供给模式——基于区域性混合产品理论的研究［J］．复旦国际关系评论，2008（1）.

[10] 李新．丝绸之路经济带对接欧亚经济联盟：共建欧亚共同经济空间［J］．东北亚论坛，2016（4）.

[11] 孙海泳．巴西—秘鲁"两洋铁路"：地缘经济意义、挑战与对策建议［J］．太平洋学报，2016（5）.

[12] 金中夏．中国的"马歇尔计划"——探讨中国对外基础设施投资战略［J］．国际经济评论，2012（6）.

[13] 孙南申．"一带一路"背景下对外投资 PPP 项目的风险应对机制［J］．法治现代化研究，2018（3）.

[14] 刘思昊，朱晖．"一带一路"视角下企业 PPP 模式政治风险的法律防范［J］．南海法学，2019（1）.

[15] 王守清."一带一路"PPP项目的政治风险管理[J].施工企业管理,2017(11).

[16] 郑一争,宣增益."一带一路"建设中对外工程承包的法律风险及应对[J].河南大学学报(社会科学版),2018(2).

[17] 王卓甫,安晓伟,丁继勇.海外重大基础设施投资项目风险识别与评估框架[J].土木工程与管理学报,2018(1).

[18] 王顺洪,马蓉,郭强.海外跨境高铁投资风险因素结构关系分析:以"新马高铁"为例[J].科技管理研究,2016(19).

[19] 刘丽娟.国内企业参与"一带一路"沿线国家PPP投资面临的主要风险与防范机制[J].对外经贸实务,2018(2).

[20] 齐晓凡,丁新举."一带一路"战略下中国企业海外投资风险应对[J].企业管理,2017(1).

[21] 周显峰,田野."一带一路"倡议下应重视的两大"结构性风险"[J].国际工程与劳务,2016(10).

[22] 潘晓明.从墨西哥高铁投资受阻看中国对外基础设施投资的政治风险管控[J].国际经济合作,2015(3).

[23] 徐飞.中国高铁"走出去"的十大挑战与战略对策[J].人民论坛·学术前沿,2016(7).

[24] 崔建远.行政合同族的边界及其确定根据[J].环球法律评论,2017(4).

[25] 徐玉德,张若丹,李化龙.国际视域下PPP模式演进的逻辑与经验借鉴[J].财会月刊,2019(13).

[26] 贾康.PPP机制创新的三大正面效应[J].先锋,2015(3).

[27] 黄思维,等."一带一路"背景下越南公路建设投融资模式分析与建议[J].交通企业管理,2018(5).

[28] 卢一夫."一带一路"的PPP项目对中国全球价值链地位的影响[J].经济研究导刊,2019(16).

[29] 张晓慧,丘健雄,程丹."走出去"PPP项目中合同群争议解决机制[J].国际工程与劳务,2018(7).

[30] 邢钢."一带一路"建设背景下PPP项目提前终止法律问题研究

［J］. 法学论坛，2018（2）.

［31］丁建勇. PPP 合同的法律性质及争议解决方式探析［J］. 人民法治，2018（5）.

［32］胡改蓉. PPP 模式中公私利益的冲突与协调［J］. 法学，2015（11）.

［33］刘飞. PPP 协议的法律性质及其争议解决途径的一体化［J］. 国家检察官学院学报，2019（4）.

［34］江国华. 政府和社会资本合作项目合同性质及争端解决机制［J］. 法商研究，2018（2）.

［35］龚莉，郭菊娥，高峰. 基础项目政府担保因素组成及其对投资激励作用［J］. 运筹与管理，2011（1）.

［36］李铮. 卡西姆电站项目风险控制纪实［J］. 国际工程与劳务，2016（7）.

［37］刘烨. 海外基础设施投资中的国家担保问题［J］. 国际工程与劳务，2017（7）.

［38］梁咏. 我国海外投资之间接征收风险及对策——基于"平安公司—富通集团案"的解读［J］. 法商研究，2010（1）.

［39］黄思维，等. "一带一路"背景下越南公路建设投融资模式分析与建议［J］. 交通企业管理，2018（5）.

［40］孙南申. PPP 模式投资风险的法律规制［J］. 国际商务研究，2018（3）.

［41］谭璐. 驾驭政府违约风险［J］. 中国外汇，2018（20）.

［42］卫志民，于松浩. 地方政府和社会资本合作风险防范机制研究［J］. 理论视野，2019（5）.

［43］余莹. 我国对外基础设施投资模式与政治风险管控——基于"一带一路"地缘政治的视角［J］. 经济问题，2015（12）.

［44］傅宏宇. 美国 PPP 法律问题研究——对赴美投资的影响以及我国的立法借鉴［J］. 财政研究，2015（12）.

［45］王斌. 试论政府违约风险的法律控制［J］. 浙江社会科学，2007（4）.

［46］王凤瑛. PPP 模式下市政公用产品定价方法研究［J］. 商讯，2019（11）.

［47］任兵杰，李瑶瑶，王子甲. 城市轨道交通 PPP 投融资模式探讨［J］. 铁道运输与经济，2019（6）.

［48］徐玖玖. 公私合作制 PPP 项目法律激励机制的制度重估及其优化

[J]. 商业研究，2019（6）.

[49] 丁瑞. 设立政府违约险问题探究 [J]. 山西省政法管理干部学院学报，2017（3）.

[50] 李家标，韦小泉. PPP 模式下政府信用风险评估模型探究及管理建议 [J]. 中国财政，2019（6）.

[51] 杨宏恩，等. 双边投资协定对中国对外直接投资的影响：基于投资协定异质性的视角 [J]. 管理世界，2016（4）.

[52] 任清. 海外投资的条约保护：规则、案例与对策 [J]. 海外投资与出口信贷，2015（5）.

[53] 王尊. 中国与"一带一路"沿线国家签订 BIT 的现状研究 [J]. 企业改革与管理，2019（14）.

[54] 刘雪红. 中国海外投资保护的法律障碍与制度重构——基于北京城建诉也门等五案的分析 [J]. 华东政法大学学报. 2019（2）.

[55] 许小平，陆靖，李江. 签订双边投资协定对中国 OFDI 的影响——基于"一带一路"沿线国家的实证研究 [J]. 工业技术经济，2016（5）.

[56] 王彦志. RCEP 投资章节：亚洲特色与全球意蕴 [J]. 当代法学，2021（2）.

[57] 单文华，等. 和谐世界理念和中国 BIT 范本建设——一个"和谐 BIT 范本"建议案 [J]. 国际经济法学刊，2010（1）.

[58] 吕娜. 中国双边投资保护协定的发展和对比研究 [J]. 云南民族大学学报（哲学社会科学版），2016（5）.

[59] 林燕萍，朱玥. 论国际投资协定中的公平公正待遇——以国际投资仲裁实践为视角 [J]. 上海对外经贸大学学报，2020（3）.

[60] 张庆麟. 论晚近南北国家在国际投资法重大议题上的不同进路 [J]. 现代法学，2020（3）.

[61] 王彦志. 国际投资法上公平与公正待遇条款改革的列举式清单进路 [J]. 当代法学，2015（6）.

[62] 余劲松，梁丹妮. 公平公正待遇的最新发展动向及我国的对策 [J]. 法学家，2007（6）.

[63] 刘笋. 论投资条约中的国际最低待遇标准 [J]. 法商研究，2011（6）.

［64］王衡，惠坤．国际投资法之公平公正待遇［J］．法学，2013（6）．

［65］梁开银．公平公正待遇条款的法方法困境及出路［J］．中国法学，2015（6）．

［66］吴一鸣．间接征收三题——兼论《外国投资法（草案）》间接征收制度之设计［J］．河北法学，2018（7）．

［67］张光．论东道国的环境措施与间接征收——基于若干国际投资仲裁案例的研究［J］．法学论坛，2016（4）．

［68］李玉璧，王兰．"一带一路"建设中的法律风险识别及应对策略［J］．国家行政学院学报，2017（2）．

［69］刘万啸．国际投资争端的预防机制与中国选择［J］．当代法学，2019（6）．

［70］王寰．投资者——国家争端解决中的调解：现状、价值及制度构建［J］．江西社会科学，2019（11）．

［71］刘万啸．投资者与国家间争端的替代性解决方法研究［J］．法学杂志，2017（10）．

［72］杨松．"一带一路"下国际投资争议协同治理机制的构建［J］．国际法学刊，2019（1）．

［73］蒂莫西·施纳贝尔，王徽．《新加坡调解公约》：跨境承认和执行调解而产生的和解协议的制度基础［J］．国际法研究，2020（6）．

［74］戚咪娜．《新加坡调解公约》在 ISDS 机制中的适用性研究［A］．上海法学研究集刊，2020（22）．

［75］张晓通，宋铮铮．国有企业在投资仲裁中适格投资者身份认定及对中国国企的启示［J］．中国商论，2021（3）．

［76］梁一新．论国有企业在 ICSID 的仲裁申请资格［J］．法学杂志，2017（10）．

［77］陈嘉，杨翠柏．国际投资仲裁中的国有企业投资者地位认定：构造、趋势与因应［J］．现代经济探讨，2018（6）．

［78］温先涛．中国投资保护协定范本（草案）论稿（一）［J］．国际经济法学刊，2011（4）．

［79］杨丽艳，张新新．再论国际投资仲裁中间接征收的认定及扩大适用

［J］．时代法学，2017（1）．

［80］徐崇利．"间接征收"之界分——东道国对外资管理的限度［J］．福建法学，2008（2）．

［81］王安琪．间接征收：东道国与投资者的利益博弈——以 ICSID 仲裁为视角［J］．北京仲裁，2017（1）．

［82］徐崇利．利益平衡与对外资间接征收的认定及补偿［J］．环球法律评论，2008（6）．

［83］张光．国家安全审查的国际投资仲裁救济探析［J］．国际商务研究，2019（5）．

［84］董静然．论欧盟对国际投资公平公正待遇条款的革新［J］．广西社会科学，2019（12）．

［85］韩秀丽．论比例原则在有关征收的国际投资仲裁中的开创性适用［J］．甘肃政法学院学报，2008（6）．

［86］刘权．目的正当性与比例原则的重构［J］．中国法学，2014（4）．

［87］王亚男．权重理论下间接征收之视阈及制度思考——法益兼顾的倾斜、严控及进程［J］．政治与法律，2017（7）．

［88］邓婷婷．国际投资仲裁中"投资者的期待"原则［J］．湘潭大学学报（哲学社会科学版），2010（5）．

［89］任清．海外投资须重视"国籍筹划"［J］．中国外汇，2017（17）．

［90］张乃根．ICSID 仲裁的条约解释：规则及其判理［J］．经贸法律评论，2018（1）．

［91］刘志一．论国际投资条约解释诸因素的位阶关系［J］．西部法学评论，2012（4）．

［92］王贵国．略论晚近国际投资法的几个特点［J］．比较法研究，2010（1）．

［93］蔡从燕．中国与国际投资规则制定中的法律话语权［J］．上海政法学院学报（法治论丛），2022（1）．

［94］靳也．国际投资争端解决中条约解释的一致性：实践冲突、价值反思与改革目标［J］．环球法律评论，2020（5）．

［95］李庆灵．国际投资仲裁中的缔约国解释：式微与回归［J］．华东政

法大学学报，2016（5）.

［96］刘笋. 仲裁庭的条约解释权及《维也纳条约法公约》的引导与制约［J］. 华南师范大学学报（社会科学版），2021（1）.

［97］池漫郊，任清. 中国国际投资仲裁年度观察（2021）［J］. 北京仲裁，2021（2）.

（三）英文著作

［1］Christoph H. Schreuer, Loretta Malintoppi, August Reinisch, Anthony Sinclair. The ICSID Convention：A Commentary［M］. Cambridge University Press，2009.

［2］Aron Broches. Selected Essays，World Bank，ICSID，and Other Subjects of Public and Private International Law［M］. Martinus Nijhoff Publishers，1995.

［3］Rudolf Dolzer, Christoph Schreuer. Principles of International Investment Law［M］. 2nd Editon，Oxford University Press，2012.

［4］Jan Paulsson. Denial of Justice in International Law［M］. Cambridge University Press，2005.

［5］Homas M. Franck. The Power of Legitimacy among Nations［M］. Oxford University Press，1990.

［6］ThomasW. Walde. Interpreting Investment Treaties：Experiences and Examplein International Investment Law for the 21st Century［M］. Oxford University Press，2009.

［7］Andreas Kulick. Global Public Interest in International Investment Law［M］. Cambridge University Press，2012.

［8］ILC. Draft Articles on the Law of Treaties with Commentaries，United Nations Conferences on the Law of Treaties［M］. Official Records，William S. Hein & Co. Inc，2011，3.

［9］Ulf Linderfalk. On the Interpretation of Treaties：The Modern International Law as Expressed in the 1969 Vienna Convention on the Law of Treaties［M］. SpringerEbooks，2007，83.

［10］The United Nations. Investor – State Disputes：Prevention and Alternatives to Arbitration〔R〕. U. N. Doc. UNCTAD/DIAE/IA/2009/11. 2010. 14.

〔11〕International Law Commission. Identification of Customary International Law: Statement of the Chair of the Drafting Committee〔R〕. Seventieth Session, 2018.

〔12〕Elizabeth Snodgrass. Protecting Investors' Legitimate Expectations: Recognizing and Delimiting a General Principle〔R〕. ICSID Review – Foreign Investment Law Journal, 2006, 21.

〔13〕OECD. "Indirect Expropriation" and the "Right to Regulate" in International Investment Law〔R〕. OECD Working Papers on International Investment, 2004, 4.

〔14〕Brinkerhoff DW, Brinkerhoff J M. Public – Private Partnerships: Perspectives on Purposes, Publicness, and Good Governance〔J〕. Public Administration and Development, 2011, 31 (1).

〔15〕Stephen J. Kobrin. When Does Political Instability Result in Increased Investment Risk?〔J〕. Columbia Journal of World Business, 1978, 13 (2).

〔16〕Adel Al Khattab, John Anchor, Eleanor Davies. Managerial Perceptions of Political Risk in International Projects〔J〕. International Journal of Project Management, 2007, 25 (7).

〔17〕Christopher H. Bu. Future Directions in Public Service Partnership in theEU〔J〕. European Business Law Review, 2013, 24.

〔18〕Ahwireng – Obeng F, MokgohlwaJ P. Entrepreneurial Risk Allocationin Public – Private Infrastructure Provision in South Africa〔J〕. South African Journal of Business Management, 2002, 33 (4).

〔19〕Zhang Xue – qing. Critical Success Factors for Public – Private Partnerships in Infrastructure〔J〕. Journal of Construction Engineering and Management, 2005, 131 (1).

〔20〕Gilberto M L, Ma C G S. Government Guarantees in Infrastructure Projects: A Second, Third Look at the Policy〔J〕. Philippine Institute for Development Studies, 1997 (11).

〔21〕Irwin T, Klein M, Perry G E. et al. Managing Government Exposure to

Private Infrastructure Risk [J]. The Word BankResearch Observer, 1999, 14 (2).

[22] Abdel – Aziz, A M, Russell, A D. A Structure for Government Requirements in Public – Private Partnerships [J]. Canadian Journal of Civil Engineering, 2001, 28 (6).

[23] Dinah Shelton. Reconcilable Difference? The Interpretation of Multilingual Treaties [J]. Hastings In t'l &Comp. L. Rev, 1996, 20.

[24] Anthea Roberts. Clash of Paradigms: Actors and Analogies Shaping the Investment Treaty System [J]. American Journal of International Law, 2013, 107.

[25] Todd Allee, Clint Peinhardt. Delegating Diferences: Bilateral Investment Treaties an Bargaining over Dispute Resolution Provisions [J]. International Studies Quarterly, 2010, 54 (1).

[26] Susan D. Franck. Foreign Direct Investment: Investment Treaty Arbitratinon, and the Rule of Law [J]. Mc – George Global Business and Development Law Journal, 2007, 199.

[27] Thomas J. Westcott. Recent Practice on Fair and Equitable Treatment [J]. Journal of World Investment and Trade, 2007, 8.

[28] Mark Friedman etc. International Arbitration [J]. The International Lawyer, 2007, 41 (2).

[29] U. kriebaum. Regulatory Taking: Balancing the Interests of the Investor and the States [J]. The Journal of Word Investment & Trade, 2007, 8.

[30] Susan D. Franck. The Legitimacy Crisis in Investment Treaty Arbitration: Privatizing Public International Law through Inconsistent Decisions [J]. Fordham Law Review, 2005, 73 (4).

[31] Nicolette Butler. Possible Improvements to the Framework of International Investment Arbitration [J]. The Journal of World Investment & Trade, 2013, 14.

[32] Silvia Karina Fiezzoni. Striking Consistency and Predictability in International Investment Law form the Perspective of Developing Countries [J]. Frontiers L. China, 2012, 7.

[33] Kelley Connolly. Say What You Mean: Improved Drafting Resources as

a Means for Increasing the Consistency of Interpretation of Bilateral Investment Treaties［J］. Vanderbilt Journal of Transnational Law，2007，40.

（四）网络资料

［1］中国对外承包工程商会. 2017"一带一路"国家基础设施发展指数报告［EB/OL］.［2019 - 07 - 19］. https：//www. sohu. com/a/194389950_99917590.

［2］商务部发布. 中国对外投资合作发展报告 2020［EB/OL］.［2021 - 03 - 25］. http：//www. mofcom. gov. cn/article/i/jyjl/j/202102/20210203038329. shtml.

［3］陈春霞，孙莉."一带一路"工程承包保函索赔风险研究［EB/OL］.［2019 - 09 - 28］. https：//www. goalfore. cn/a/430. html.

［4］王丽新，郭冀川. 中国铁建推出"海外优先"战略 境外业务合同规模超 1200 亿美元［EB/OL］.［2021 - 09 - 10］. https：//baijiahao. baidu. com/s？id = 1669475689425693049&wfr = spider&for = pc.

［5］刘梦."一带一路"这五年：互联互通交出靓丽成绩单［EB/OL］.［2019 - 12 - 12］. https：//www. yidaiyilu. gov. cn/p/67936. html.

［6］郭淼. 中国铁路技术标准走向世界［EB/OL］.［2020 - 07 - 19］. https：//www. dqzyxy. net/bzh/info/1066/1167. htm.

［7］Simeon Djankov，范璐晶编译. 中国"一带一路"战略的理论基础（节选）［EB/OL］.［2019 - 12 - 20］. https：//www. wells. org. cn/index. php/home/Literature/detail/id/349. html.

［8］监管新政下的企业海外投资风险管控建议［EB/OL］.［2020 - 05 - 08］. https：//www. sohu. com/a/146580425_618572.

［9］海外投资 40 年数据回顾及发展趋势［EB/OL］.［2020 - 09 - 10］. https：//zhuanlan. zhihu. com/p/93588238？utm_id = 0.

［10］"一带一路"PPP 项目案例——东非亚吉铁路项目［EB/OL］.［2019 - 07 - 02］. https：//www. sohu. com/a/167917441_444154.

［11］翁燕珍. 英国公路基础设施运用 PPP 模式的做法及经验［EB/OL］.［2019 - 08 - 10］. http：//www. cnbridge. cn/html/2017/zhuanjia_1226/463. html.

［12］项目案例——巴基斯坦卡西姆港燃煤电站 PPP 项目［EB/OL］.［2019 - 07 - 02］. http：//www. sgcio. com/jyxxhlw/33770. html.

［13］国外代表性 PPP 项目案例英法海底隧道 PPP 模式［EB/OL］.［2019 -

12－09］．https：//www. docin. com/p－3282821097. html.

［14］黄建球，谭慧仪，刘明鸿．PPP 项目合同的性质及争议解决机制问题研究（下）［EB/OL］．［2021－04－15］．http：//www. 360doc. com/content/22/0124/00/70808058_1014638067. shtml.

［15］郑雅方．论我国 PPP 协议中公私法律关系的界分［EB/OL］．［2019－10－15］．http：//www. zhaiquanlawyer. com/html/detail/694. html.

［16］竞天公诚．东南亚：政府担保——是否靠谱？［EB/OL］．［2020－02－15］．https：//www. jingtian. com/Content/2018/09－11/1928467480. html.

［17］马来西亚铁路项目折戟，政府违约风险如何应对［EB/OL］．［2020－09－08］．https：//api. goalfore. cn/a/2184. html.

［18］王欢．墨西哥启动 37 亿美元高铁新招标 中企有望再中标［EB/OL］．［2020－04－18］．https：//news. fznews. com. cn/fuzhou/20150115/54b723fd9f36f. shtml.

［19］2017 年"一带一路"遭遇的十大质疑［EB/OL］．［2019－12－20］．https：//zhuanlan. zhihu. com/p/37556878？utm_source＝wechat_session.

［20］当初中国帮助巴基斯坦修建瓜达尔港，现在怎么样？［EB/OL］．［2019－12－20］．https：//baijiahao. baidu. com/s？id＝1783072223175190681&wfr＝spider&for＝pc.

［21］从中英高铁合作项目看英国公共工程建设的理念［EB/OL］．［2020－01－20］．http：//www. cbs. shisu. edu. cn/15/ab/c3038a71083/page. htm.

［22］中缅密松水电站合作项目能否重启？［EB/OL］．［2020－06－20］．https：//www. sohu. com/a/152730787_402008.

［23］海外电力投资项目融资三个阶段的关键点［EB/OL］．［2020－08－12］．https：//www. 163. com/dy/article/EM82SJBF0514AN1F. html.

［24］对外投资合作国别（地区）指南——法国（2019 年版）［EB/OL］．［2021－02－20］．https：//www. doc88. com/p－28247071700169. html.

［25］PPP 项目中的投资方如何应对与政府之间的争议［EB/OL］．［2019－12－15］．http：//www. 360doc. com/content/20/1224/16/32872179_953238445. shtml.

［26］中国电建欲投资巴基斯坦卡西姆港燃煤应急电站项目［EB/OL］．

［2021 - 02 - 10］. http：//www. hlfdw. com/xiangmujianshe/20150410.

　　［27］环中投资仲裁团队. 征收风险考量对仲裁庭认定应补投资估值的影响——以委内瑞拉相关的 ICSID 裁决为视角. ［2020 - 09 - 10］. 微信号：环中商事仲裁（ID：HZ - Arb）.

　　［28］环中仲裁团队. 保护伞条款——BIT 项下的合同违约救济. ［2020 - 12 - 05］. 微信号：环中商事仲裁（ID：HZ - Arb）.

　　［29］墨西哥将因取消高铁项目 赔偿中国铁建 131 万美元［EB/OL］. ［2019 - 12 - 15］. https：//finance. huanqiu. com/article/9CaKrnJLi15.

　　［30］美国国会通过里程碑式的 CFIUS 改革法案［EB/OL］. ［2021 - 02 - 01］. http：//www. sohu. com/a/246597252_822816.

　　［31］张生. 国际投资条约与仲裁年度观察 2020. 微信公众号"中国国际投资仲裁常设论坛"，［2021 - 2 - 1］.

　　［32］如何正确理解并构建"一带一路争端解决机制"（二）［EB/OL］. ［2021 - 02 - 01］. https：//www. sohu. com/a/137850501_652123.

　　［33］The World Bank. Private Participation Infrastructure Annual 2019 Report ［EB/OL］. ［2020 - 06 - 24］. https：//ppi. World bank. org/en/ppi.

　　［34］China Heilongjiang International Economic & Technical Cooperative Corp. , Beijing Shougang Mining Investment Company Ltd. , and Qinhuangdaoshi Qinlong International Industrial Co. Ltd. v. Mongolia, UNCITRAL, PCA. ［2021 - 10 - 02］. http：//www. italaw. com/cases/279.

　　［35］Y. Shima. The Policy Landscape for International Investment by Government - Controlled Investors：A Fact Finding Survey. 2015, OECD Publishing. ［2021 - 06 - 03］. http：//dx. doi. org/10. 1787/5js7svp0jkns - en.

　　［36］Queen Mary University of London - Corporate Counsel International Arbitration Group. 2020 QMUL - CCIAG Survey：Investors' Perceptions of ISDS ［EB/OL］. ［2021 - 03 - 15］. http：//www. arbitration. qmul. ac. uk/media/arbitration/docs/QM - CCIAG - Survey - ISDS - 2020. pdf. ICSID, The ICSID Caseload - Statistic（ISSUE 2021 - 1）.

　　［37］UNCTAD. Investor - State Dispute Settlement Cases Pass the 1, 000 Mark：Cases and Outcomes in 2019. ［2021 - 05 - 27］. https：//unctad. org/en/

PublicationsLibrary/diaepcbinf2020d6. pdf.

［38］ICSID. The ICSID Caseload – Statistic（ISSUE 2020 – 2）.［2021 – 03 – 29］. https：//icsid. worldbank. org/resources/publications/icsid – caseload – statistics.

［39］Tza Yap Shum v. Republic of Peru, ICSID Case No. ARB/07/6.［2021 – 03 – 03］. https：//icsid. worldbank. org/en/Pages/cases/casedetail. aspx？CaseNo = ARB/07/6.

［40］China Heilongjiang International Economic & Technical Cooperative Corp. , et al v. Mongolia, PCA Case（China – Mongolia BIT1991）.［2021 – 03 – 27］. http：//www. pca – cpa. org/showpage. asp？pag_id = 1378.

［41］Standard Chartered Bank（Hong Kong）Limited v. Tanzania Electric Supply Company Limited, ICSID Case No. ARB/10/20.［2021 – 03 – 27］. https：//icsid. worldbank. org/en/Pages/cases/casedetail. aspx？CaseNo = ARB/10/20.

［42］Philip Morris Asia Limited（Hong Kong）v. The Commonwealth of Australia（PCA Case No. 2012 – 12）.［2021 – 03 – 27］. https：//pca – cpa. org/en/cases/5/.

［43］Standard Chartered Bank（Hong Kong）Limited v. United Republic of Tanzania, ICSID Case No. ARB/15/41.［2020 – 08 – 05］. https：//icsid. worldbank. org/en/Pages/cases/casedetail. aspx？

［44］Sanum Investments Limited v. Lao People's Democratic Republic, ICSID Case No. ADHOC/17/1.［2021 – 08 – 27］. https：//icsid. worldbank. org/en/Pages/cases/casedetail. aspx？

［45］Jetion Solar Co. Ltd and Wuxi T – Hertz Co. Ltd. v. Hellenic Republic.［2021 – 08 – 27］. https：//investmentpolicy. unctad. org/investment – dispute – settlement/cases/975/.

［46］Fengzhen Min v. Republic of Korea, ICSID Case No. ARB/20/26.［2021 – 08 – 27］. https：//icsid. worldbank. org/cases/case – database/case – detail？CaseNo = ARB/20/26.

［47］Wang Jing et al. v. Ukraine, Investment Arbitration Reporter.［2021 – 06 – 02］. https：//www. iareporter. com/arbitration – cases/wang – jing – et – al – v – ukraine.

［48］Alpene Ltd v. Republic of Malta，ICSID Case No. ARB/21/36. ［2021 - 08 - 09］. https：//icsid. worldbank. org/cases/pending.

［49］Qiong Ye and Jianping Yang v. Kingdom of Cambodia，ICSID Case No. ARB/21/42. ［2021 - 08 - 27］. https：//icsid. worldbank. org/cases/case - database/case - detail？CaseNo = ARB/21/42.

［50］ICSID. The ICSID Caseload - Statistic（ISSUE 2021 - 1）. ［2021 - 04 - 27］. https：//icsid. worldbank. org/resources/publications/icsid - caseload - statistics.